劳动保障监察执法法律性规范汇编

栾居沪　谢彩红　主编

山东大学出版社
SHANDONG UNIVERSITY PRESS
·济南·

图书在版编目(CIP)数据

劳动保障监察执法法律性规范汇编/栾居沪,谢彩红主编.—济南:山东大学出版社,2022.7
ISBN 978-7-5607-7539-5

Ⅰ.①劳… Ⅱ.①栾… ②谢… Ⅲ.①劳动就业—社会保障—监察—法规—汇编—中国 Ⅳ.①D922.592.9

中国版本图书馆 CIP 数据核字(2022)第 098511 号

责任编辑 李艳玲
封面设计 王秋忆

出版发行 山东大学出版社
社　　址 山东省济南市山大南路 20 号
邮政编码 250100
发行热线 (0531)88363008
经　　销 新华书店
印　　刷 济南乾丰云印刷科技有限公司
规　　格 787 毫米×1092 毫米 1/16
　　　　 28.25 印张 600 千字
版　　次 2022 年 7 月第 1 版
印　　次 2022 年 7 月第 1 次印刷
定　　价 78.00 元

《劳动保障监察执法法律性规范汇编》

编　委　会

主　任　刘　博

主　编　栾居沪　谢彩红

参编人员（以姓氏笔画为序）

王相萌　卢　鹏　许　跃　孙　力　孙　龙
孙　鹏　吴学伟　张　涛　张　颖　和永丽
周晓燕　姚　蕾　高洪伟　曹国政　梁国杰

前言

劳动保障监察是人力资源社会保障行政部门对劳动保障法律、法规和规章贯彻实施情况开展监督检查，对违法行为依法进行纠正和处理的行政执法活动，是维护劳动者合法权益的重要法律制度，对促进社会公平正义、构建和谐劳动关系和维护社会稳定具有不可或缺的重要作用。在当前和今后一个时期，劳动保障监察工作既面临新的历史机遇，又面临严峻挑战。党和政府历来高度重视劳动者权益维护问题，2022年政府工作报告首次提出，加强劳动保障监察执法，着力解决侵害劳动者合法权益的突出问题。近年来，随着改革的深入和社会关系变化，我国人力资源社会保障法律法规体系建设得到了长足发展，对维护劳动者的合法权益发挥了积极作用。我们高兴地看到，我国保障劳动者权益的法律制度建设在提速，劳动者劳动权益状况有了很大改善。就业与劳动关系形式的多样化、复杂化趋势明显，劳动者维权意识提高，维权途径与方式也呈现多样化趋势。劳动保障权益的诉求范围越来越广，从以前的基本劳动报酬权，逐步扩展到违法延长工作时间、休息休假、全面的经济补偿等全方位权益的诉求，这对做好新形势下劳动保障监察工作提出了新的更高的要求，更需要劳动保障监察工作人员、劳动者等熟练掌握相关法律法规知识，提高法律水平。

我国现行人力资源社会保障法律法规体系庞杂。中华人民共和国成立以来，国家和地方颁布了诸多效力不同的法律、法规、规章及其他政策性文件。这些法律性规范为用人单位规范自己的行为、劳动者维护自己的合法权益、劳动监察部门依法执法提供了依据。尤其是党的十八届四中全会的召开，掀开了全面推进依法治国的崭新一页。国家和地方颁布了诸多劳动保障监察适用的法律法规和文件，尤其是出台了一系列保障农民工工资支付工作的法规政策，修改了《中华人民共和国行政处罚法》等法律法规，加之国务院、人力资源和社会保障部相继废止了大量的规范性文件，因而从浩如烟海的规范性文件中查找适合案件的法律依据变得困难重重。

为方便劳动保障监察员对法律性规范的使用，我们整理了当下适用的劳动保障监察法律、法规、规章、司法解释和政策性文件，汇总成了《劳动保障监察执法法律性规范汇编》，尽力做到系统、全面。本书具有如下四个特点：一是全面系统。本书全面收录了现行有效的劳动监察法律、法规、规章、司法解释、政策性文件，是建立劳动保障监察制度以来的法律性规范大全，与市场上其他的法律性规范汇编相比，具有鲜明的专业性、实用性和可操作性。二是编排合理，查找方便。本书除了以法律性文件内容为主题将内容分为劳动保障监察执法、就业和社会保障、保障农民工工资支付三编并列入目录外，还在文后以法律性文件的效力为主题将内容分为法律和法律性文件、行政法规、部门规章、司法解释与其他规范性文件并列出了文件索引，便于读者根据自己的需求进行检索。三是节选了部分与劳动保障监察执法相关的法律、行政法规，按照“言简意赅”的标准进行摘选，方便读者快速准确地了解相关规范。四是适用推广。本书既是劳动保障监察执法工作人员的工具用书，更是帮助广大劳动者了解相关法律政策的维权指南。同时，本书还为那些关心劳动保障监察工作的其他部门工作人员、理论工作者、在校学生等广大读者提供了一个全面了解劳动保障监察执法法律、法规、政策的窗口。

本书在编辑的过程中得到了山东省人力资源和社会保障厅领导的关心和支持，特别在目录的设置与编排、法律性规范的选定等方面给予了方向性的指导，才使本书具备了全面、权威的独特优势。

本书的出版对于提升劳动保障监察执法水平，促进劳动关系和谐稳定、打造良好营商环境、促进经济社会高质量发展，必将起到积极的作用。由于编者水平所限，可能对劳动保障监察适用的法律性规范资料收集不全，疏漏差错之处亦在所难免，恳请读者批评指正。

编　者

2022 年 6 月

目　录

第一编　劳动保障监察执法

第二编 就业和社会保障

第三编 保障农民工工资支付

第一编 劳动保障监察执法

中华人民共和国行政处罚法（2021 年修订）

中华人民共和国主席令第 63 号　1996 年 3 月 17 日

（1996 年 3 月 17 日第八届全国人民代表大会第四次会议通过　根据 2009 年 8 月 27 日第十一届全国人民代表大会常务委员会第十次会议《关于修改部分法律的决定》第一次修正　根据 2017 年 9 月 1 日第十二届全国人民代表大会常务委员会第二十九次会议《关于修改〈中华人民共和国法官法〉等八部法律的决定》第二次修正　2021 年 1 月 22 日第十三届全国人民代表大会常务委员会第二十五次会议修订）

第一章　总则

第一条　为了规范行政处罚的设定和实施，保障和监督行政机关有效实施行政管理，维护公共利益和社会秩序，保护公民、法人或者其他组织的合法权益，根据宪法，制定本法。

第二条　行政处罚是指行政机关依法对违反行政管理秩序的公民、法人或者其他组织，以减损权益或者增加义务的方式予以惩戒的行为。

第三条　行政处罚的设定和实施，适用本法。

第四条　公民、法人或者其他组织违反行政管理秩序的行为，应当给予行政处罚的，依照本法由法律、法规、规章规定，并由行政机关依照本法规定的程序实施。

第五条　行政处罚遵循公正、公开的原则。

设定和实施行政处罚必须以事实为依据，与违法行为的事实、性质、情节以及社会危害程度相当。

对违法行为给予行政处罚的规定必须公布；未经公布的，不得作为行政处罚的依据。

第六条　实施行政处罚，纠正违法行为，应当坚持处罚与教育相结合，教育公民、法人或者其他组织自觉守法。

第七条　公民、法人或者其他组织对行政机关所给予的行政处罚，享有陈述权、申辩权；对行政处罚不服的，有权依法申请行政复议或者提起行政诉讼。

公民、法人或者其他组织因行政机关违法给予行政处罚受到损害的，有权依法提出赔偿要求。

第八条　公民、法人或者其他组织因违法行为受到行政处罚，其违法行为对他人造成损害的，应当依法承担民事责任。

违法行为构成犯罪,应当依法追究刑事责任的,不得以行政处罚代替刑事处罚。

第二章　行政处罚的种类和设定

第九条　行政处罚的种类:

(一)警告、通报批评;

(二)罚款、没收违法所得、没收非法财物;

(三)暂扣许可证件、降低资质等级、吊销许可证件;

(四)限制开展生产经营活动、责令停产停业、责令关闭、限制从业;

(五)行政拘留;

(六)法律、行政法规规定的其他行政处罚。

第十条　法律可以设定各种行政处罚。

限制人身自由的行政处罚,只能由法律设定。

第十一条　行政法规可以设定除限制人身自由以外的行政处罚。

法律对违法行为已经作出行政处罚规定,行政法规需要作出具体规定的,必须在法律规定的给予行政处罚的行为、种类和幅度的范围内规定。

法律对违法行为未作出行政处罚规定,行政法规为实施法律,可以补充设定行政处罚。拟补充设定行政处罚的,应当通过听证会、论证会等形式广泛听取意见,并向制定机关作出书面说明。行政法规报送备案时,应当说明补充设定行政处罚的情况。

第十二条　地方性法规可以设定除限制人身自由、吊销营业执照以外的行政处罚。

法律、行政法规对违法行为已经作出行政处罚规定,地方性法规需要作出具体规定的,必须在法律、行政法规规定的给予行政处罚的行为、种类和幅度的范围内规定。

法律、行政法规对违法行为未作出行政处罚规定,地方性法规为实施法律、行政法规,可以补充设定行政处罚。拟补充设定行政处罚的,应当通过听证会、论证会等形式广泛听取意见,并向制定机关作出书面说明。地方性法规报送备案时,应当说明补充设定行政处罚的情况。

第十三条　国务院部门规章可以在法律、行政法规规定的给予行政处罚的行为、种类和幅度的范围内作出具体规定。

尚未制定法律、行政法规的,国务院部门规章对违反行政管理秩序的行为,可以设定警告、通报批评或者一定数额罚款的行政处罚。罚款的限额由国务院规定。

第十四条　地方政府规章可以在法律、法规规定的给予行政处罚的行为、种类和幅度的范围内作出具体规定。

尚未制定法律、法规的,地方政府规章对违反行政管理秩序的行为,可以设定警告、通报批评或者一定数额罚款的行政处罚。罚款的限额由省、自治区、直辖市人民代表大会常务委员会规定。

第十五条　国务院部门和省、自治区、直辖市人民政府及其有关部门应当定期组织评估行政处罚的实施情况和必要性，对不适当的行政处罚事项及种类、罚款数额等，应当提出修改或者废止的建议。

第十六条　除法律、法规、规章外，其他规范性文件不得设定行政处罚。

第三章　行政处罚的实施机关

第十七条　行政处罚由具有行政处罚权的行政机关在法定职权范围内实施。

第十八条　国家在城市管理、市场监管、生态环境、文化市场、交通运输、应急管理、农业等领域推行建立综合行政执法制度，相对集中行政处罚权。

国务院或者省、自治区、直辖市人民政府可以决定一个行政机关行使有关行政机关的行政处罚权。

限制人身自由的行政处罚权只能由公安机关和法律规定的其他机关行使。

第十九条　法律、法规授权的具有管理公共事务职能的组织可以在法定授权范围内实施行政处罚。

第二十条　行政机关依照法律、法规、规章的规定，可以在其法定权限内书面委托符合本法第二十一条规定条件的组织实施行政处罚。行政机关不得委托其他组织或者个人实施行政处罚。

委托书应当载明委托的具体事项、权限、期限等内容。委托行政机关和受委托组织应当将委托书向社会公布。

委托行政机关对受委托组织实施行政处罚的行为应当负责监督，并对该行为的后果承担法律责任。

受委托组织在委托范围内，以委托行政机关名义实施行政处罚；不得再委托其他组织或者个人实施行政处罚。

第二十一条　受委托组织必须符合以下条件：

（一）依法成立并具有管理公共事务职能；

（二）有熟悉有关法律、法规、规章和业务并取得行政执法资格的工作人员；

（三）需要进行技术检查或者技术鉴定的，应当有条件组织进行相应的技术检查或者技术鉴定。

第四章　行政处罚的管辖和适用

第二十二条　行政处罚由违法行为发生地的行政机关管辖。法律、行政法规、部门规章另有规定的，从其规定。

第二十三条　行政处罚由县级以上地方人民政府具有行政处罚权的行政机关管辖。法律、行政法规另有规定的，从其规定。

第二十四条　省、自治区、直辖市根据当地实际情况，可以决定将基层管理迫切需要的县级人民政府部门的行政处罚权交由能够有效承接的乡镇人民政府、街道办事处行使,并定期组织评估。决定应当公布。

承接行政处罚权的乡镇人民政府、街道办事处应当加强执法能力建设,按照规定范围、依照法定程序实施行政处罚。

有关地方人民政府及其部门应当加强组织协调、业务指导、执法监督,建立健全行政处罚协调配合机制,完善评议、考核制度。

第二十五条 两个以上行政机关都有管辖权的,由最先立案的行政机关管辖。

对管辖发生争议的,应当协商解决,协商不成的,报请共同的上一级行政机关指定管辖;也可以直接由共同的上一级行政机关指定管辖。

第二十六条 行政机关因实施行政处罚的需要,可以向有关机关提出协助请求。协助事项属于被请求机关职权范围内的,应当依法予以协助。

第二十七条 违法行为涉嫌犯罪的,行政机关应当及时将案件移送司法机关,依法追究刑事责任。对依法不需要追究刑事责任或者免予刑事处罚,但应当给予行政处罚的,司法机关应当及时将案件移送有关行政机关。

行政处罚实施机关与司法机关之间应当加强协调配合,建立健全案件移送制度,加强证据材料移交、接收衔接,完善案件处理信息通报机制。

第二十八条 行政机关实施行政处罚时,应当责令当事人改正或者限期改正违法行为。

当事人有违法所得,除依法应当退赔的外,应当予以没收。违法所得是指实施违法行为所取得的款项。法律、行政法规、部门规章对违法所得的计算另有规定的,从其规定。

第二十九条 对当事人的同一个违法行为,不得给予两次以上罚款的行政处罚。同一个违法行为违反多个法律规范应当给予罚款处罚的,按照罚款数额高的规定处罚。

第三十条 不满十四周岁的未成年人有违法行为的,不予行政处罚,责令监护人加以管教;已满十四周岁不满十八周岁的未成年人有违法行为的,应当从轻或者减轻行政处罚。

第三十一条 精神病人、智力残疾人在不能辨认或者不能控制自己行为时有违法行为的,不予行政处罚,但应当责令其监护人严加看管和治疗。间歇性精神病人在精神正常时有违法行为的,应当给予行政处罚。尚未完全丧失辨认或者控制自己行为能力的精神病人、智力残疾人有违法行为的,可以从轻或者减轻行政处罚。

第三十二条 当事人有下列情形之一,应当从轻或者减轻行政处罚:

(一)主动消除或者减轻违法行为危害后果的;

(二)受他人胁迫或者诱骗实施违法行为的;

(三)主动供述行政机关尚未掌握的违法行为的;

(四)配合行政机关查处违法行为有立功表现的;

(五)法律、法规、规章规定其他应当从轻或者减轻行政处罚的。

第三十三条 违法行为轻微并及时改正，没有造成危害后果的，不予行政处罚。初次违法且危害后果轻微并及时改正的，可以不予行政处罚。

当事人有证据足以证明没有主观过错的，不予行政处罚。法律、行政法规另有规定的，从其规定。

对当事人的违法行为依法不予行政处罚的，行政机关应当对当事人进行教育。

第三十四条 行政机关可以依法制定行政处罚裁量基准，规范行使行政处罚裁量权。行政处罚裁量基准应当向社会公布。

第三十五条 违法行为构成犯罪，人民法院判处拘役或者有期徒刑时，行政机关已经给予当事人行政拘留的，应当依法折抵相应刑期。

违法行为构成犯罪，人民法院判处罚金时，行政机关已经给予当事人罚款的，应当折抵相应罚金；行政机关尚未给予当事人罚款的，不再给予罚款。

第三十六条 违法行为在二年内未被发现的，不再给予行政处罚；涉及公民生命健康安全、金融安全且有危害后果的，上述期限延长至五年。法律另有规定的除外。

前款规定的期限，从违法行为发生之日起计算；违法行为有连续或者继续状态的，从行为终了之日起计算。

第三十七条 实施行政处罚，适用违法行为发生时的法律、法规、规章的规定。但是，作出行政处罚决定时，法律、法规、规章已被修改或者废止，且新的规定处罚较轻或者不认为是违法的，适用新的规定。

第三十八条 行政处罚没有依据或者实施主体不具有行政主体资格的，行政处罚无效。

违反法定程序构成重大且明显违法的，行政处罚无效。

第五章 行政处罚的决定

第一节 一般规定

第三十九条 行政处罚的实施机关、立案依据、实施程序和救济渠道等信息应当公示。

第四十条 公民、法人或者其他组织违反行政管理秩序的行为，依法应当给予行政处罚的，行政机关必须查明事实；违法事实不清、证据不足的，不得给予行政处罚。

第四十一条 行政机关依照法律、行政法规规定利用电子技术监控设备收集、固定违法事实的，应当经过法制和技术审核，确保电子技术监控设备符合标准、设置合理、标志明显，设置地点应当向社会公布。

电子技术监控设备记录违法事实应当真实、清晰、完整、准确。行政机关应当审核记录内容是否符合要求；未经审核或者经审核不符合要求的，不得作为行政处罚的证据。

行政机关应当及时告知当事人违法事实，并采取信息化手段或者其他措施，为当事人查询、陈述和申辩提供便利。不得限制或者变相限制当事人享有的陈述权、申辩权。

第四十二条 行政处罚应当由具有行政执法资格的执法人员实施。执法人员不得少于两人，法律另有规定的除外。

执法人员应当文明执法，尊重和保护当事人合法权益。

第四十三条 执法人员与案件有直接利害关系或者有其他关系可能影响公正执法的，应当回避。

当事人认为执法人员与案件有直接利害关系或者有其他关系可能影响公正执法的，有权申请回避。

当事人提出回避申请的，行政机关应当依法审查，由行政机关负责人决定。决定作出之前，不停止调查。

第四十四条 行政机关在作出行政处罚决定之前，应当告知当事人拟作出的行政处罚内容及事实、理由、依据，并告知当事人依法享有的陈述、申辩、要求听证等权利。

第四十五条 当事人有权进行陈述和申辩。行政机关必须充分听取当事人的意见，对当事人提出的事实、理由和证据，应当进行复核；当事人提出的事实、理由或者证据成立的，行政机关应当采纳。

行政机关不得因当事人陈述、申辩而给予更重的处罚。

第四十六条 证据包括：

（一）书证；

（二）物证；

（三）视听资料；

（四）电子数据；

（五）证人证言；

（六）当事人的陈述；

（七）鉴定意见；

（八）勘验笔录、现场笔录。

证据必须经查证属实，方可作为认定案件事实的根据。

以非法手段取得的证据，不得作为认定案件事实的根据。

第四十七条 行政机关应当依法以文字、音像等形式，对行政处罚的启动、调查取证、审核、决定、送达、执行等进行全过程记录，归档保存。

第四十八条 具有一定社会影响的行政处罚决定应当依法公开。

公开的行政处罚决定被依法变更、撤销、确认违法或者确认无效的，行政机关应当在三日内撤回行政处罚决定信息并公开说明理由。

第四十九条 发生重大传染病疫情等突发事件，为了控制、减轻和消除突发事件引起的社会危害，行政机关对违反突发事件应对措施的行为，依法快速、从重处罚。

第五十条 行政机关及其工作人员对实施行政处罚过程中知悉的国家秘密、商业秘密或者个人隐私，应当依法予以保密。

第二节 简易程序

第五十一条 违法事实确凿并有法定依据，对公民处以二百元以下、对法人或者其他组织处以三千元以下罚款或者警告的行政处罚的，可以当场作出行政处罚决定。法律另有规定的，从其规定。

第五十二条 执法人员当场作出行政处罚决定的，应当向当事人出示执法证件，填写预定格式、编有号码的行政处罚决定书，并当场交付当事人。当事人拒绝签收的，应当在行政处罚决定书上注明。

前款规定的行政处罚决定书应当载明当事人的违法行为，行政处罚的种类和依据、罚款数额、时间、地点，申请行政复议、提起行政诉讼的途径和期限以及行政机关名称，并由执法人员签名或者盖章。

执法人员当场作出的行政处罚决定，应当报所属行政机关备案。

第五十三条 对当场作出的行政处罚决定，当事人应当依照本法第六十七条至第六十九条的规定履行。

第三节 普通程序

第五十四条 除本法第五十一条规定的可以当场作出的行政处罚外，行政机关发现公民、法人或者其他组织有依法应当给予行政处罚的行为的，必须全面、客观、公正地调查，收集有关证据；必要时，依照法律、法规的规定，可以进行检查。

符合立案标准的，行政机关应当及时立案。

第五十五条 执法人员在调查或者进行检查时，应当主动向当事人或者有关人员出示执法证件。当事人或者有关人员有权要求执法人员出示执法证件。执法人员不出示执法证件的，当事人或者有关人员有权拒绝接受调查或者检查。

当事人或者有关人员应当如实回答询问，并协助调查或者检查，不得拒绝或者阻挠。询问或者检查应当制作笔录。

第五十六条 行政机关在收集证据时，可以采取抽样取证的方法；在证据可能灭失或者以后难以取得的情况下，经行政机关负责人批准，可以先行登记保存，并应当在七日内及时作出处理决定，在此期间，当事人或者有关人员不得销毁或者转移证据。

第五十七条 调查终结，行政机关负责人应当对调查结果进行审查，根据不同情况，分别作出如下决定：

（一）确有应受行政处罚的违法行为的，根据情节轻重及具体情况，作出行政处罚决定；

（二）违法行为轻微，依法可以不予行政处罚的，不予行政处罚；

（三）违法事实不能成立的，不予行政处罚；

（四）违法行为涉嫌犯罪的，移送司法机关。

对情节复杂或者重大违法行为给予行政处罚，行政机关负责人应当集体讨论决定。

第五十八条 有下列情形之一，在行政机关负责人作出行政处罚的决定之前，应当由从事行政处罚决定法制审核的人员进行法制审核；未经法制审核或者审核未通过的，不得作出决定：

（一）涉及重大公共利益的；

（二）直接关系当事人或者第三人重大权益，经过听证程序的；

（三）案件情况疑难复杂、涉及多个法律关系的；

（四）法律、法规规定应当进行法制审核的其他情形。

行政机关中初次从事行政处罚决定法制审核的人员，应当通过国家统一法律职业资格考试取得法律职业资格。

第五十九条 行政机关依照本法第五十七条的规定给予行政处罚，应当制作行政处罚决定书。行政处罚决定书应当载明下列事项：

（一）当事人的姓名或者名称、地址；

（二）违反法律、法规、规章的事实和证据；

（三）行政处罚的种类和依据；

（四）行政处罚的履行方式和期限；

（五）申请行政复议、提起行政诉讼的途径和期限；

（六）作出行政处罚决定的行政机关名称和作出决定的日期。

行政处罚决定书必须盖有作出行政处罚决定的行政机关的印章。

第六十条 行政机关应当自行政处罚案件立案之日起九十日内作出行政处罚决定。法律、法规、规章另有规定的，从其规定。

第六十一条 行政处罚决定书应当在宣告后当场交付当事人；当事人不在场的，行政机关应当在七日内依照《中华人民共和国民事诉讼法》的有关规定，将行政处罚决定书送达当事人。

当事人同意并签订确认书的，行政机关可以采用传真、电子邮件等方式，将行政处罚决定书等送达当事人。

第六十二条 行政机关及其执法人员在作出行政处罚决定之前，未依照本法第四十四条、第四十五条的规定向当事人告知拟作出的行政处罚内容及事实、理由、依据，或者拒绝听取当事人的陈述、申辩，不得作出行政处罚决定；当事人明确放弃陈述或者申辩权利的除外。

第四节　听证程序

第六十三条 行政机关拟作出下列行政处罚决定，应当告知当事人有要求听证的权利，当事人要求听证的，行政机关应当组织听证：

（一）较大数额罚款；

（二）没收较大数额违法所得、没收较大价值非法财物；

（三）降低资质等级、吊销许可证件；

（四）责令停产停业、责令关闭、限制从业；

（五）其他较重的行政处罚；

（六）法律、法规、规章规定的其他情形。

当事人不承担行政机关组织听证的费用。

第六十四条 听证应当依照以下程序组织：

（一）当事人要求听证的，应当在行政机关告知后五日内提出；

（二）行政机关应当在举行听证的七日前，通知当事人及有关人员听证的时间、地点；

（三）除涉及国家秘密、商业秘密或者个人隐私依法予以保密外，听证公开举行；

（四）听证由行政机关指定的非本案调查人员主持；当事人认为主持人与本案有直接利害关系的，有权申请回避；

（五）当事人可以亲自参加听证，也可以委托一至二人代理；

（六）当事人及其代理人无正当理由拒不出席听证或者未经许可中途退出听证的，视为放弃听证权利，行政机关终止听证；

（七）举行听证时，调查人员提出当事人违法的事实、证据和行政处罚建议，当事人进行申辩和质证；

（八）听证应当制作笔录。笔录应当交当事人或者其代理人核对无误后签字或者盖章。当事人或者其代理人拒绝签字或者盖章的，由听证主持人在笔录中注明。

第六十五条 听证结束后，行政机关应当根据听证笔录，依照本法第五十七条的规定，作出决定。

第六章 行政处罚的执行

第六十六条 行政处罚决定依法作出后，当事人应当在行政处罚决定书载明的期限内，予以履行。

当事人确有经济困难，需要延期或者分期缴纳罚款的，经当事人申请和行政机关批准，可以暂缓或者分期缴纳。

第六十七条 作出罚款决定的行政机关应当与收缴罚款的机构分离。

除依照本法第六十八条、第六十九条的规定当场收缴的罚款外，作出行政处罚决定的行政机关及其执法人员不得自行收缴罚款。

当事人应当自收到行政处罚决定书之日起十五日内，到指定的银行或者通过电子支付系统缴纳罚款。银行应当收受罚款，并将罚款直接上缴国库。

第六十八条 依照本法第五十一条的规定当场作出行政处罚决定，有下列情形之一，执法人员可以当场收缴罚款：

（一）依法给予一百元以下罚款的；

（二）不当场收缴事后难以执行的。

第六十九条 在边远、水上、交通不便地区，行政机关及其执法人员依照本法第五十一条、第五十七条的规定作出罚款决定后，当事人到指定的银行或者通过电子支付系统缴纳罚款确有困难，经当事人提出，行政机关及其执法人员可以当场收缴罚款。

第七十条 行政机关及其执法人员当场收缴罚款的，必须向当事人出具国务院财政部门或者省、自治区、直辖市人民政府财政部门统一制发的专用票据；不出具财政部门统一制发的专用票据的，当事人有权拒绝缴纳罚款。

第七十一条 执法人员当场收缴的罚款，应当自收缴罚款之日起二日内，交至行政机关；在水上当场收缴的罚款，应当自抵岸之日起二日内交至行政机关；行政机关应当在二日内将罚款缴付指定的银行。

第七十二条 当事人逾期不履行行政处罚决定的，作出行政处罚决定的行政机关可以采取下列措施：

（一）到期不缴纳罚款的，每日按罚款数额的百分之三加处罚款，加处罚款的数额不得超出罚款的数额；

（二）根据法律规定，将查封、扣押的财物拍卖、依法处理或者将冻结的存款、汇款划拨抵缴罚款；

（三）根据法律规定，采取其他行政强制执行方式；

（四）依照《中华人民共和国行政强制法》的规定申请人民法院强制执行。

行政机关批准延期、分期缴纳罚款的，申请人民法院强制执行的期限，自暂缓或者分期缴纳罚款期限结束之日起计算。

第七十三条 当事人对行政处罚决定不服，申请行政复议或者提起行政诉讼的，行政处罚不停止执行，法律另有规定的除外。

当事人对限制人身自由的行政处罚决定不服，申请行政复议或者提起行政诉讼的，可以向作出决定的机关提出暂缓执行申请。符合法律规定情形的，应当暂缓执行。

当事人申请行政复议或者提起行政诉讼的，加处罚款的数额在行政复议或者行政诉讼期间不予计算。

第七十四条 除依法应当予以销毁的物品外，依法没收的非法财物必须按照国家规定公开拍卖或者按照国家有关规定处理。

罚款、没收的违法所得或者没收非法财物拍卖的款项，必须全部上缴国库，任何行政机关或者个人不得以任何形式截留、私分或者变相私分。

罚款、没收的违法所得或者没收非法财物拍卖的款项，不得同作出行政处罚决定的行政机关及其工作人员的考核、考评直接或者变相挂钩。除依法应当退还、退赔的外，财政部门不得以任何形式向作出行政处罚决定的行政机关返还罚款、没收的违法所得或者没收非法财物拍卖的款项。

第七十五条 行政机关应当建立健全对行政处罚的监督制度。县级以上人民政府应当定期组织开展行政执法评议、考核，加强对行政处罚的监督检查，规范和保障行政处罚的实施。

行政机关实施行政处罚应当接受社会监督。公民、法人或者其他组织对行政机关实施行政处罚的行为，有权申诉或者检举；行政机关应当认真审查，发现有错误的，应当主动改正。

第七章　法律责任

第七十六条　行政机关实施行政处罚，有下列情形之一，由上级行政机关或者有关机关责令改正，对直接负责的主管人员和其他直接责任人员依法给予处分：

（一）没有法定的行政处罚依据的；

（二）擅自改变行政处罚种类、幅度的；

（三）违反法定的行政处罚程序的；

（四）违反本法第二十条关于委托处罚的规定的；

（五）执法人员未取得执法证件的。

行政机关对符合立案标准的案件不及时立案的，依照前款规定予以处理。

第七十七条　行政机关对当事人进行处罚不使用罚款、没收财物单据或者使用非法定部门制发的罚款、没收财物单据的，当事人有权拒绝，并有权予以检举，由上级行政机关或者有关机关对使用的非法单据予以收缴销毁，对直接负责的主管人员和其他直接责任人员依法给予处分。

第七十八条　行政机关违反本法第六十七条的规定自行收缴罚款的，财政部门违反本法第七十四条的规定向行政机关返还罚款、没收的违法所得或者拍卖款项的，由上级行政机关或者有关机关责令改正，对直接负责的主管人员和其他直接责任人员依法给予处分。

第七十九条　行政机关截留、私分或者变相私分罚款、没收的违法所得或者财物的，由财政部门或者有关机关予以追缴，对直接负责的主管人员和其他直接责任人员依法给予处分；情节严重构成犯罪的，依法追究刑事责任。

执法人员利用职务上的便利，索取或者收受他人财物、将收缴罚款据为己有，构成犯罪的，依法追究刑事责任；情节轻微不构成犯罪的，依法给予处分。

第八十条　行政机关使用或者损毁查封、扣押的财物，对当事人造成损失的，应当依法予以赔偿，对直接负责的主管人员和其他直接责任人员依法给予处分。

第八十一条　行政机关违法实施检查措施或者执行措施，给公民人身或者财产造成损害、给法人或者其他组织造成损失的，应当依法予以赔偿，对直接负责的主管人员和其他直接责任人员依法给予处分；情节严重构成犯罪的，依法追究刑事责任。

第八十二条　行政机关对应当依法移交司法机关追究刑事责任的案件不移交，以行政处罚代替刑事处罚，由上级行政机关或者有关机关责令改正，对直接负责的主管人员和其他直接责任人员依法给予处分；情节严重构成犯罪的，依法追究刑事责任。

第八十三条　行政机关对应当予以制止和处罚的违法行为不予制止、处罚，致使公民、法人或者其他组织的合法权益、公共利益和社会秩序遭受损害的，对直接负责的主管人员和其他直接责任人员依法给予处分;情节严重构成犯罪的,依法追究刑事责任。

第八章　附则

第八十四条　外国人、无国籍人、外国组织在中华人民共和国领域内有违法行为,应当给予行政处罚的,适用本法,法律另有规定的除外。

第八十五条　本法中“二日”“三日”“五日”“七日”的规定是指工作日,不含法定节假日。

第八十六条　本法自2021年7月15日起施行。

中华人民共和国行政复议法(2017年修正)

中华人民共和国主席令第16号　1999年4月29日

(1999年4月29日第九届全国人民代表大会常务委员会第九次会议通过　根据2009年8月27日第十一届全国人民代表大会常务委员会第十次会议《关于修改部分法律的决定》第一次修正　根据2017年9月1日第十二届全国人民代表大会常务委员会第二十九次会议《关于修改〈中华人民共和国法官法〉等八部法律的决定》第二次修正)

第一章　总则

第一条　为了防止和纠正违法的或者不当的具体行政行为,保护公民、法人和其他组织的合法权益,保障和监督行政机关依法行使职权,根据宪法,制定本法。

第二条　公民、法人或者其他组织认为具体行政行为侵犯其合法权益,向行政机关提出行政复议申请,行政机关受理行政复议申请、作出行政复议决定,适用本法。

第三条　依照本法履行行政复议职责的行政机关是行政复议机关。行政复议机关负责法制工作的机构具体办理行政复议事项,履行下列职责:

(一)受理行政复议申请;

(二)向有关组织和人员调查取证,查阅文件和资料;

(三)审查申请行政复议的具体行政行为是否合法与适当,拟订行政复议决定;

(四)处理或者转送对本法第七条所列有关规定的审查申请;

(五)对行政机关违反本法规定的行为依照规定的权限和程序提出处理建议;

(六)办理因不服行政复议决定提起行政诉讼的应诉事项;

(七)法律、法规规定的其他职责。

行政机关中初次从事行政复议的人员，应当通过国家统一法律职业资格考试取得法律职业资格。

第四条　行政复议机关履行行政复议职责，应当遵循合法、公正、公开、及时、便民的原则，坚持有错必纠，保障法律、法规的正确实施。

第五条　公民、法人或者其他组织对行政复议决定不服的，可以依照行政诉讼法的规定向人民法院提起行政诉讼，但是法律规定行政复议决定为最终裁决的除外。

第二章　行政复议范围

第六条　有下列情形之一的，公民、法人或者其他组织可以依照本法申请行政复议：

（一）对行政机关作出的警告、罚款、没收违法所得、没收非法财物、责令停产停业、暂扣或者吊销许可证、暂扣或者吊销执照、行政拘留等行政处罚决定不服的；

（二）对行政机关作出的限制人身自由或者查封、扣押、冻结财产等行政强制措施决定不服的；

（三）对行政机关作出的有关许可证、执照、资质证、资格证等证书变更、中止、撤销的决定不服的；

（四）对行政机关作出的关于确认土地、矿藏、水流、森林、山岭、草原、荒地、滩涂、海域等自然资源的所有权或者使用权的决定不服的；

（五）认为行政机关侵犯合法的经营自主权的；

（六）认为行政机关变更或者废止农业承包合同，侵犯其合法权益的；

（七）认为行政机关违法集资、征收财物、摊派费用或者违法要求履行其他义务的；

（八）认为符合法定条件，申请行政机关颁发许可证、执照、资质证、资格证等证书，或者申请行政机关审批、登记有关事项，行政机关没有依法办理的；

（九）申请行政机关履行保护人身权利、财产权利、受教育权利的法定职责，行政机关没有依法履行的；

（十）申请行政机关依法发放抚恤金、社会保险金或者最低生活保障费，行政机关没有依法发放的；

（十一）认为行政机关的其他具体行政行为侵犯其合法权益的。

第七条　公民、法人或者其他组织认为行政机关的具体行政行为所依据的下列规定不合法，在对具体行政行为申请行政复议时，可以一并向行政复议机关提出对该规定的审查申请：

（一）国务院部门的规定；

（二）县级以上地方各级人民政府及其工作部门的规定；

（三）乡、镇人民政府的规定。

前款所列规定不含国务院部、委员会规章和地方人民政府规章。规章的审查依照法律、行政法规办理。

第八条 不服行政机关作出的行政处分或者其他人事处理决定的，依照有关法律、行政法规的规定提出申诉。

不服行政机关对民事纠纷作出的调解或者其他处理，依法申请仲裁或者向人民法院提起诉讼。

第三章 行政复议申请

第九条 公民、法人或者其他组织认为具体行政行为侵犯其合法权益的，可以自知道该具体行政行为之日起六十日内提出行政复议申请；但是法律规定的申请期限超过六十日的除外。

因不可抗力或者其他正当理由耽误法定申请期限的，申请期限自障碍消除之日起继续计算。

第十条 依照本法申请行政复议的公民、法人或者其他组织是申请人。

有权申请行政复议的公民死亡的，其近亲属可以申请行政复议。有权申请行政复议的公民为无民事行为能力人或者限制民事行为能力人的，其法定代理人可以代为申请行政复议。有权申请行政复议的法人或者其他组织终止的，承受其权利的法人或者其他组织可以申请行政复议。

同申请行政复议的具体行政行为有利害关系的其他公民、法人或者其他组织，可以作为第三人参加行政复议。

公民、法人或者其他组织对行政机关的具体行政行为不服申请行政复议的，作出具体行政行为的行政机关是被申请人。

申请人、第三人可以委托代理人代为参加行政复议。

第十一条 申请人申请行政复议，可以书面申请，也可以口头申请；口头申请的，行政复议机关应当当场记录申请人的基本情况、行政复议请求、申请行政复议的主要事实、理由和时间。

第十二条 对县级以上地方各级人民政府工作部门的具体行政行为不服的，由申请人选择，可以向该部门的本级人民政府申请行政复议，也可以向上一级主管部门申请行政复议。

对海关、金融、国税、外汇管理等实行垂直领导的行政机关和国家安全机关的具体行政行为不服的，向上一级主管部门申请行政复议。

第十三条 对地方各级人民政府的具体行政行为不服的，向上一级地方人民政府申请行政复议。

对省、自治区人民政府依法设立的派出机关所属的县级地方人民政府的具体行政行为不服的，向该派出机关申请行政复议。

第十四条 对国务院部门或者省、自治区、直辖市人民政府的具体行政行为不服的，向作出该具体行政行为的国务院部门或者省、自治区、直辖市人民政府申请行政复议。

对行政复议决定不服的，可以向人民法院提起行政诉讼；也可以向国务院申请裁决，国务院依照本法的规定作出最终裁决。

第十五条 对本法第十二条、第十三条、第十四条规定以外的其他行政机关、组织的具体行政行为不服的，按照下列规定申请行政复议：

（一）对县级以上地方人民政府依法设立的派出机关的具体行政行为不服的，向设立该派出机关的人民政府申请行政复议；

（二）对政府工作部门依法设立的派出机构依照法律、法规或者规章规定，以自己的名义作出的具体行政行为不服的，向设立该派出机构的部门或者该部门的本级地方人民政府申请行政复议；

（三）对法律、法规授权的组织的具体行政行为不服的，分别向直接管理该组织的地方人民政府、地方人民政府工作部门或者国务院部门申请行政复议；

（四）对两个或者两个以上行政机关以共同的名义作出的具体行政行为不服的，向其共同上一级行政机关申请行政复议；

（五）对被撤销的行政机关在撤销前所作出的具体行政行为不服的，向继续行使其职权的行政机关的上一级行政机关申请行政复议。

有前款所列情形之一的，申请人也可以向具体行政行为发生地的县级地方人民政府提出行政复议申请，由接受申请的县级地方人民政府依照本法第十八条的规定办理。

第十六条 公民、法人或者其他组织申请行政复议，行政复议机关已经依法受理的，或者法律、法规规定应当先向行政复议机关申请行政复议、对行政复议决定不服再向人民法院提起行政诉讼的，在法定行政复议期限内不得向人民法院提起行政诉讼。

公民、法人或者其他组织向人民法院提起行政诉讼，人民法院已经依法受理的，不得申请行政复议。

第四章 行政复议受理

第十七条 行政复议机关收到行政复议申请后，应当在五日内进行审查，对不符合本法规定的行政复议申请，决定不予受理，并书面告知申请人；对符合本法规定，但是不属于本机关受理的行政复议申请，应当告知申请人向有关行政复议机关提出。

除前款规定外，行政复议申请自行政复议机关负责法制工作的机构收到之日起即为受理。

第十八条 依照本法第十五条第二款的规定接受行政复议申请的县级地方人民政府，对依照本法第十五条第一款的规定属于其他行政复议机关受理的行政复议申请，应当自接到该行政复议申请之日起七日内，转送有关行政复议机关，并告知申请人。接受转送的行政复议机关应当依照本法第十七条的规定办理。

第十九条 法律、法规规定应当先向行政复议机关申请行政复议、对行政复议决定不服再向人民法院提起行政诉讼的，行政复议机关决定不予受理或者受理后超过行政复议期限不作答复的，公民、法人或者其他组织可以自收到不予受理决定书之日起或者行政复议期满之日起十五日内，依法向人民法院提起行政诉讼。

第二十条 公民、法人或者其他组织依法提出行政复议申请，行政复议机关无正当理由不予受理的，上级行政机关应当责令其受理；必要时，上级行政机关也可以直接受理。

第二十一条 行政复议期间具体行政行为不停止执行；但是，有下列情形之一的，可以停止执行：

（一）被申请人认为需要停止执行的；

（二）行政复议机关认为需要停止执行的；

（三）申请人申请停止执行，行政复议机关认为其要求合理，决定停止执行的；

（四）法律规定停止执行的。

第五章 行政复议决定

第二十二条 行政复议原则上采取书面审查的办法，但是申请人提出要求或者行政复议机关负责法制工作的机构认为有必要时，可以向有关组织和人员调查情况，听取申请人、被申请人和第三人的意见。

第二十三条 行政复议机关负责法制工作的机构应当自行政复议申请受理之日起七日内，将行政复议申请书副本或者行政复议申请笔录复印件发送被申请人。被申请人应当自收到申请书副本或者申请笔录复印件之日起十日内，提出书面答复，并提交当初作出具体行政行为的证据、依据和其他有关材料。

申请人、第三人可以查阅被申请人提出的书面答复、作出具体行政行为的证据、依据和其他有关材料，除涉及国家秘密、商业秘密或者个人隐私外，行政复议机关不得拒绝。

第二十四条 在行政复议过程中，被申请人不得自行向申请人和其他有关组织或者个人收集证据。

第二十五条 行政复议决定作出前，申请人要求撤回行政复议申请的，经说明理由，可以撤回；撤回行政复议申请的，行政复议终止。

第二十六条 申请人在申请行政复议时，一并提出对本法第七条所列有关规定的审查申请的，行政复议机关对该规定有权处理的，应当在三十日内依法处理；无权处理的，应当在七日内按照法定程序转送有权处理的行政机关依法处理，有权处理的行政机关应当在六十日内依法处理。处理期间，中止对具体行政行为的审查。

第二十七条 行政复议机关在对被申请人作出的具体行政行为进行审查时，认为其依据不合法，本机关有权处理的，应当在三十日内依法处理；无权处理的，应当在七日内按照法定程序转送有权处理的国家机关依法处理。处理期间，中止对具体行政行为的审查。

第二十八条 行政复议机关负责法制工作的机构应当对被申请人作出的具体行政

行为进行审查，提出意见，经行政复议机关的负责人同意或者集体讨论通过后，按照下列规定作出行政复议决定：

（一）具体行政行为认定事实清楚，证据确凿，适用依据正确，程序合法，内容适当的，决定维持；

（二）被申请人不履行法定职责的，决定其在一定期限内履行；

（三）具体行政行为有下列情形之一的，决定撤销、变更或者确认该具体行政行为违法；决定撤销或者确认该具体行政行为违法的，可以责令被申请人在一定期限内重新作出具体行政行为：

1. 主要事实不清、证据不足的；

2. 适用依据错误的；

3. 违反法定程序的；

4. 超越或者滥用职权的；

5. 具体行政行为明显不当的。

（四）被申请人不按照本法第二十三条的规定提出书面答复、提交当初作出具体行政行为的证据、依据和其他有关材料的，视为该具体行政行为没有证据、依据，决定撤销该具体行政行为。

行政复议机关责令被申请人重新作出具体行政行为的，被申请人不得以同一的事实和理由作出与原具体行政行为相同或者基本相同的具体行政行为。

第二十九条　申请人在申请行政复议时可以一并提出行政赔偿请求，行政复议机关对符合国家赔偿法的有关规定应当给予赔偿的，在决定撤销、变更具体行政行为或者确认具体行政行为违法时，应当同时决定被申请人依法给予赔偿。

申请人在申请行政复议时没有提出行政赔偿请求的，行政复议机关在依法决定撤销或者变更罚款，撤销违法集资、没收财物、征收财物、摊派费用以及对财产的查封、扣押、冻结等具体行政行为时，应当同时责令被申请人返还财产，解除对财产的查封、扣押、冻结措施，或者赔偿相应的价款。

第三十条　公民、法人或者其他组织认为行政机关的具体行政行为侵犯其已经依法取得的土地、矿藏、水流、森林、山岭、草原、荒地、滩涂、海域等自然资源的所有权或者使用权的，应当先申请行政复议；对行政复议决定不服的，可以依法向人民法院提起行政诉讼。

根据国务院或者省、自治区、直辖市人民政府对行政区划的勘定、调整或者征收土地的决定，省、自治区、直辖市人民政府确认土地、矿藏、水流、森林、山岭、草原、荒地、滩涂、海域等自然资源的所有权或者使用权的行政复议决定为最终裁决。

第三十一条　行政复议机关应当自受理申请之日起六十日内作出行政复议决定；但是法律规定的行政复议期限少于六十日的除外。情况复杂，不能在规定期限内作出行政复议决定的，经行政复议机关的负责人批准，可以适当延长，并告知申请人和被申请人；但是延长期限最多不超过三十日。

行政复议机关作出行政复议决定，应当制作行政复议决定书，并加盖印章。

行政复议决定书一经送达，即发生法律效力。

第三十二条 被申请人应当履行行政复议决定。

被申请人不履行或者无正当理由拖延履行行政复议决定的，行政复议机关或者有关上级行政机关应当责令其限期履行。

第三十三条 申请人逾期不起诉又不履行行政复议决定的，或者不履行最终裁决的行政复议决定的，按照下列规定分别处理：

（一）维持具体行政行为的行政复议决定，由作出具体行政行为的行政机关依法强制执行，或者申请人民法院强制执行；

（二）变更具体行政行为的行政复议决定，由行政复议机关依法强制执行，或者申请人民法院强制执行。

第六章 法律责任

第三十四条 行政复议机关违反本法规定，无正当理由不予受理依法提出的行政复议申请或者不按照规定转送行政复议申请的，或者在法定期限内不作出行政复议决定的，对直接负责的主管人员和其他直接责任人员依法给予警告、记过、记大过的行政处分；经责令受理仍不受理或者不按照规定转送行政复议申请，造成严重后果的，依法给予降级、撤职、开除的行政处分。

第三十五条 行政复议机关工作人员在行政复议活动中，徇私舞弊或者有其他渎职、失职行为的，依法给予警告、记过、记大过的行政处分；情节严重的，依法给予降级、撤职、开除的行政处分；构成犯罪的，依法追究刑事责任。

第三十六条 被申请人违反本法规定，不提出书面答复或者不提交作出具体行政行为的证据、依据和其他有关材料，或者阻挠、变相阻挠公民、法人或者其他组织依法申请行政复议的，对直接负责的主管人员和其他直接责任人员依法给予警告、记过、记大过的行政处分；进行报复陷害的，依法给予降级、撤职、开除的行政处分；构成犯罪的，依法追究刑事责任。

第三十七条 被申请人不履行或者无正当理由拖延履行行政复议决定的，对直接负责的主管人员和其他直接责任人员依法给予警告、记过、记大过的行政处分；经责令履行仍拒不履行的，依法给予降级、撤职、开除的行政处分。

第三十八条 行政复议机关负责法制工作的机构发现有无正当理由不予受理行政复议申请、不按照规定期限作出行政复议决定、徇私舞弊、对申请人打击报复或者不履行行政复议决定等情形的，应当向有关行政机关提出建议，有关行政机关应当依照本法和有关法律、行政法规的规定作出处理。

第七章 附则

第三十九条 行政复议机关受理行政复议申请，不得向申请人收取任何费用。行政复议活动所需经费，应当列入本机关的行政经费，由本级财政予以保障。

第四十条 行政复议期间的计算和行政复议文书的送达，依照民事诉讼法关于期间、送达的规定执行。

本法关于行政复议期间有关“五日”、“七日”的规定是指工作日，不含节假日。

第四十一条 外国人、无国籍人、外国组织在中华人民共和国境内申请行政复议，适用本法。

第四十二条 本法施行前公布的法律有关行政复议的规定与本法的规定不一致的，以本法的规定为准。

第四十三条 本法自 1999 年 10 月 1 日起施行。1990 年 12 月 24 日国务院发布、1994 年 10 月 9 日国务院修订发布的《行政复议条例》同时废止。

中华人民共和国行政诉讼法（2017 年修正）

中华人民共和国主席令第 16 号　1989 年 4 月 4 日

（1989 年 4 月 4 日第七届全国人民代表大会第二次会议通过　根据 2014 年 11 月 1 日第十二届全国人民代表大会常务委员会第十一次会议《关于修改〈中华人民共和国行政诉讼法〉的决定》第一次修正　根据 2017 年 6 月 27 日第十二届全国人民代表大会常务委员会第二十八次会议《关于修改〈中华人民共和国民事诉讼法〉和〈中华人民共和国行政诉讼法〉的决定》第二次修正）

第一章 总则

第一条 为保证人民法院公正、及时审理行政案件，解决行政争议，保护公民、法人和其他组织的合法权益，监督行政机关依法行使职权，根据宪法，制定本法。

第二条 公民、法人或者其他组织认为行政机关和行政机关工作人员的行政行为侵犯其合法权益，有权依照本法向人民法院提起诉讼。

前款所称行政行为，包括法律、法规、规章授权的组织作出的行政行为。

第三条 人民法院应当保障公民、法人和其他组织的起诉权利，对应当受理的行政案件依法受理。

行政机关及其工作人员不得干预、阻碍人民法院受理行政案件。

被诉行政机关负责人应当出庭应诉。不能出庭的，应当委托行政机关相应的工作人员出庭。

第四条 人民法院依法对行政案件独立行使审判权，不受行政机关、社会团体和个人的干涉。

人民法院设行政审判庭，审理行政案件。

第五条 人民法院审理行政案件，以事实为根据，以法律为准绳。

第六条 人民法院审理行政案件，对行政行为是否合法进行审查。

第七条 人民法院审理行政案件，依法实行合议、回避、公开审判和两审终审制度。

第八条 当事人在行政诉讼中的法律地位平等。

第九条 各民族公民都有用本民族语言、文字进行行政诉讼的权利。

在少数民族聚居或者多民族共同居住的地区，人民法院应当用当地民族通用的语言、文字进行审理和发布法律文书。

人民法院应当对不通晓当地民族通用的语言、文字的诉讼参与人提供翻译。

第十条 当事人在行政诉讼中有权进行辩论。

第十一条 人民检察院有权对行政诉讼实行法律监督。

第二章 受案范围

第十二条 人民法院受理公民、法人或者其他组织提起的下列诉讼：

（一）对行政拘留、暂扣或者吊销许可证和执照、责令停产停业、没收违法所得、没收非法财物、罚款、警告等行政处罚不服的；

（二）对限制人身自由或者对财产的查封、扣押、冻结等行政强制措施和行政强制执行不服的；

（三）申请行政许可，行政机关拒绝或者在法定期限内不予答复，或者对行政机关作出的有关行政许可的其他决定不服的；

（四）对行政机关作出的关于确认土地、矿藏、水流、森林、山岭、草原、荒地、滩涂、海域等自然资源的所有权或者使用权的决定不服的；

（五）对征收、征用决定及其补偿决定不服的；

（六）申请行政机关履行保护人身权、财产权等合法权益的法定职责，行政机关拒绝履行或者不予答复的；

（七）认为行政机关侵犯其经营自主权或者农村土地承包经营权、农村土地经营权的；

（八）认为行政机关滥用行政权力排除或者限制竞争的；

（九）认为行政机关违法集资、摊派费用或者违法要求履行其他义务的；

（十）认为行政机关没有依法支付抚恤金、最低生活保障待遇或者社会保险待遇的；

（十一）认为行政机关不依法履行、未按照约定履行或者违法变更、解除政府特许经营协议、土地房屋征收补偿协议等协议的；

（十二）认为行政机关侵犯其他人身权、财产权等合法权益的。

除前款规定外，人民法院受理法律、法规规定可以提起诉讼的其他行政案件。

第十三条　人民法院不受理公民、法人或者其他组织对下列事项提起的诉讼：

（一）国防、外交等国家行为；

（二）行政法规、规章或者行政机关制定、发布的具有普遍约束力的决定、命令；

（三）行政机关对行政机关工作人员的奖惩、任免等决定；

（四）法律规定由行政机关最终裁决的行政行为。

第三章　管辖

第十四条　基层人民法院管辖第一审行政案件。

第十五条　中级人民法院管辖下列第一审行政案件：

（一）对国务院部门或者县级以上地方人民政府所作的行政行为提起诉讼的案件；

（二）海关处理的案件；

（三）本辖区内重大、复杂的案件；

（四）其他法律规定由中级人民法院管辖的案件。

第十六条　高级人民法院管辖本辖区内重大、复杂的第一审行政案件。

第十七条　最高人民法院管辖全国范围内重大、复杂的第一审行政案件。

第十八条　行政案件由最初作出行政行为的行政机关所在地人民法院管辖。经复议的案件，也可以由复议机关所在地人民法院管辖。

经最高人民法院批准，高级人民法院可以根据审判工作的实际情况，确定若干人民法院跨行政区域管辖行政案件。

第十九条　对限制人身自由的行政强制措施不服提起的诉讼，由被告所在地或者原告所在地人民法院管辖。

第二十条　因不动产提起的行政诉讼，由不动产所在地人民法院管辖。

第二十一条　两个以上人民法院都有管辖权的案件，原告可以选择其中一个人民法院提起诉讼。原告向两个以上有管辖权的人民法院提起诉讼的，由最先立案的人民法院管辖。

第二十二条　人民法院发现受理的案件不属于本院管辖的，应当移送有管辖权的人民法院，受移送的人民法院应当受理。受移送的人民法院认为受移送的案件按照规定不属于本院管辖的，应当报请上级人民法院指定管辖，不得再自行移送。

第二十三条　有管辖权的人民法院由于特殊原因不能行使管辖权的，由上级人民法院指定管辖。

人民法院对管辖权发生争议，由争议双方协商解决。协商不成的，报它们的共同上级人民法院指定管辖。

第二十四条 上级人民法院有权审理下级人民法院管辖的第一审行政案件。

下级人民法院对其管辖的第一审行政案件，认为需要由上级人民法院审理或者指定管辖的，可以报请上级人民法院决定。

第四章 诉讼参加人

第二十五条 行政行为的相对人以及其他与行政行为有利害关系的公民、法人或者其他组织，有权提起诉讼。

有权提起诉讼的公民死亡，其近亲属可以提起诉讼。

有权提起诉讼的法人或者其他组织终止，承受其权利的法人或者其他组织可以提起诉讼。

人民检察院在履行职责中发现生态环境和资源保护、食品药品安全、国有财产保护、国有土地使用权出让等领域负有监督管理职责的行政机关违法行使职权或者不作为，致使国家利益或者社会公共利益受到侵害的，应当向行政机关提出检察建议，督促其依法履行职责。行政机关不依法履行职责的，人民检察院依法向人民法院提起诉讼。

第二十六条 公民、法人或者其他组织直接向人民法院提起诉讼的，作出行政行为的行政机关是被告。

经复议的案件，复议机关决定维持原行政行为的，作出原行政行为的行政机关和复议机关是共同被告；复议机关改变原行政行为的，复议机关是被告。

复议机关在法定期限内未作出复议决定，公民、法人或者其他组织起诉原行政行为的，作出原行政行为的行政机关是被告；起诉复议机关不作为的，复议机关是被告。

两个以上行政机关作出同一行政行为的，共同作出行政行为的行政机关是共同被告。

行政机关委托的组织所作的行政行为，委托的行政机关是被告。

行政机关被撤销或者职权变更的，继续行使其职权的行政机关是被告。

第二十七条 当事人一方或者双方为二人以上，因同一行政行为发生的行政案件，或者因同类行政行为发生的行政案件、人民法院认为可以合并审理并经当事人同意的，为共同诉讼。

第二十八条 当事人一方人数众多的共同诉讼，可以由当事人推选代表人进行诉讼。代表人的诉讼行为对其所代表的当事人发生效力，但代表人变更、放弃诉讼请求或者承认对方当事人的诉讼请求，应当经被代表的当事人同意。

第二十九条 公民、法人或者其他组织同被诉行政行为有利害关系但没有提起诉讼，或者同案件处理结果有利害关系的，可以作为第三人申请参加诉讼，或者由人民法院通知参加诉讼。

人民法院判决第三人承担义务或者减损第三人权益的，第三人有权依法提起上诉。

第三十条 没有诉讼行为能力的公民，由其法定代理人代为诉讼。法定代理人互相推诿代理责任的，由人民法院指定其中一人代为诉讼。

第三十一条 当事人、法定代理人，可以委托一至二人作为诉讼代理人。

下列人员可以被委托为诉讼代理人：

（一）律师、基层法律服务工作者；

（二）当事人的近亲属或者工作人员；

（三）当事人所在社区、单位以及有关社会团体推荐的公民。

第三十二条 代理诉讼的律师，有权按照规定查阅、复制本案有关材料，有权向有关组织和公民调查，收集与本案有关的证据。对涉及国家秘密、商业秘密和个人隐私的材料，应当依照法律规定保密。

当事人和其他诉讼代理人有权按照规定查阅、复制本案庭审材料，但涉及国家秘密、商业秘密和个人隐私的内容除外。

第五章 证据

第三十三条 证据包括：

（一）书证；

（二）物证；

（三）视听资料；

（四）电子数据；

（五）证人证言；

（六）当事人的陈述；

（七）鉴定意见；

（八）勘验笔录、现场笔录。

以上证据经法庭审查属实，才能作为认定案件事实的根据。

第三十四条 被告对作出的行政行为负有举证责任，应当提供作出该行政行为的证据和所依据的规范性文件。

被告不提供或者无正当理由逾期提供证据，视为没有相应证据。但是，被诉行政行为涉及第三人合法权益，第三人提供证据的除外。

第三十五条 在诉讼过程中，被告及其诉讼代理人不得自行向原告、第三人和证人收集证据。

第三十六条 被告在作出行政行为时已经收集了证据，但因不可抗力等正当事由不能提供的，经人民法院准许，可以延期提供。

原告或者第三人提出了其在行政处理程序中没有提出的理由或者证据的，经人民法院准许，被告可以补充证据。

第三十七条 原告可以提供证明行政行为违法的证据。原告提供的证据不成立的，不免除被告的举证责任。

第三十八条 在起诉被告不履行法定职责的案件中，原告应当提供其向被告提出申请的证据。但有下列情形之一的除外：

（一）被告应当依职权主动履行法定职责的；

（二）原告因正当理由不能提供证据的。

在行政赔偿、补偿的案件中，原告应当对行政行为造成的损害提供证据。因被告的原因导致原告无法举证的，由被告承担举证责任。

第三十九条 人民法院有权要求当事人提供或者补充证据。

第四十条 人民法院有权向有关行政机关以及其他组织、公民调取证据。但是，不得为证明行政行为的合法性调取被告作出行政行为时未收集的证据。

第四十一条 与本案有关的下列证据，原告或者第三人不能自行收集的，可以申请人民法院调取：

（一）由国家机关保存而须由人民法院调取的证据；

（二）涉及国家秘密、商业秘密和个人隐私的证据；

（三）确因客观原因不能自行收集的其他证据。

第四十二条 在证据可能灭失或者以后难以取得的情况下，诉讼参加人可以向人民法院申请保全证据，人民法院也可以主动采取保全措施。

第四十三条 证据应当在法庭上出示，并由当事人互相质证。对涉及国家秘密、商业秘密和个人隐私的证据，不得在公开开庭时出示。

人民法院应当按照法定程序，全面、客观地审查核实证据。对未采纳的证据应当在裁判文书中说明理由。

以非法手段取得的证据，不得作为认定案件事实的根据。

第六章　起诉和受理

第四十四条 对属于人民法院受案范围的行政案件，公民、法人或者其他组织可以先向行政机关申请复议，对复议决定不服的，再向人民法院提起诉讼；也可以直接向人民法院提起诉讼。

法律、法规规定应当先向行政机关申请复议，对复议决定不服再向人民法院提起诉讼的，依照法律、法规的规定。

第四十五条 公民、法人或者其他组织不服复议决定的，可以在收到复议决定书之日起十五日内向人民法院提起诉讼。复议机关逾期不作决定的，申请人可以在复议期满之日起十五日内向人民法院提起诉讼。法律另有规定的除外。

第四十六条 公民、法人或者其他组织直接向人民法院提起诉讼的，应当自知道或者应当知道作出行政行为之日起六个月内提出。法律另有规定的除外。

因不动产提起诉讼的案件自行政行为作出之日起超过二十年，其他案件自行政行为作出之日起超过五年提起诉讼的，人民法院不予受理。

第四十七条　公民、法人或者其他组织申请行政机关履行保护其人身权、财产权等合法权益的法定职责，行政机关在接到申请之日起两个月内不履行的，公民、法人或者其他组织可以向人民法院提起诉讼。法律、法规对行政机关履行职责的期限另有规定的，从其规定。

公民、法人或者其他组织在紧急情况下请求行政机关履行保护其人身权、财产权等合法权益的法定职责，行政机关不履行的，提起诉讼不受前款规定期限的限制。

第四十八条　公民、法人或者其他组织因不可抗力或者其他不属于其自身的原因耽误起诉期限的，被耽误的时间不计算在起诉期限内。

公民、法人或者其他组织因前款规定以外的其他特殊情况耽误起诉期限的，在障碍消除后十日内，可以申请延长期限，是否准许由人民法院决定。

第四十九条　提起诉讼应当符合下列条件：

（一）原告是符合本法第二十五条规定的公民、法人或者其他组织；

（二）有明确的被告；

（三）有具体的诉讼请求和事实根据；

（四）属于人民法院受案范围和受诉人民法院管辖。

第五十条　起诉应当向人民法院递交起诉状，并按照被告人数提出副本。

书写起诉状确有困难的，可以口头起诉，由人民法院记入笔录，出具注明日期的书面凭证，并告知对方当事人。

第五十一条　人民法院在接到起诉状时对符合本法规定的起诉条件的，应当登记立案。

对当场不能判定是否符合本法规定的起诉条件的，应当接收起诉状，出具注明收到日期的书面凭证，并在七日内决定是否立案。不符合起诉条件的，作出不予立案的裁定。裁定书应当载明不予立案的理由。原告对裁定不服的，可以提起上诉。

起诉状内容欠缺或者有其他错误的，应当给予指导和释明，并一次性告知当事人需要补正的内容。不得未经指导和释明即以起诉不符合条件为由不接收起诉状。

对于不接收起诉状、接收起诉状后不出具书面凭证，以及不一次性告知当事人需要补正的起诉状内容的，当事人可以向上级人民法院投诉，上级人民法院应当责令改正，并对直接负责的主管人员和其他直接责任人员依法给予处分。

第五十二条　人民法院既不立案，又不作出不予立案裁定的，当事人可以向上一级人民法院起诉。上一级人民法院认为符合起诉条件的，应当立案、审理，也可以指定其他下级人民法院立案、审理。

第五十三条　公民、法人或者其他组织认为行政行为所依据的国务院部门和地方人民政府及其部门制定的规范性文件不合法，在对行政行为提起诉讼时，可以一并请求对该规范性文件进行审查。

前款规定的规范性文件不含规章。

第七章　审理和判决

第一节　一般规定

第五十四条　人民法院公开审理行政案件，但涉及国家秘密、个人隐私和法律另有规定的除外。

涉及商业秘密的案件，当事人申请不公开审理的，可以不公开审理。

第五十五条　当事人认为审判人员与本案有利害关系或者有其他关系可能影响公正审判，有权申请审判人员回避。

审判人员认为自己与本案有利害关系或者有其他关系，应当申请回避。

前两款规定，适用于书记员、翻译人员、鉴定人、勘验人。

院长担任审判长时的回避，由审判委员会决定；审判人员的回避，由院长决定；其他人员的回避，由审判长决定。当事人对决定不服的，可以申请复议一次。

第五十六条　诉讼期间，不停止行政行为的执行。但有下列情形之一的，裁定停止执行：

（一）被告认为需要停止执行的；

（二）原告或者利害关系人申请停止执行，人民法院认为该行政行为的执行会造成难以弥补的损失，并且停止执行不损害国家利益、社会公共利益的；

（三）人民法院认为该行政行为的执行会给国家利益、社会公共利益造成重大损害的；

（四）法律、法规规定停止执行的。

当事人对停止执行或者不停止执行的裁定不服的，可以申请复议一次。

第五十七条　人民法院对起诉行政机关没有依法支付抚恤金、最低生活保障金和工伤、医疗社会保险金的案件，权利义务关系明确、不先予执行将严重影响原告生活的，可以根据原告的申请，裁定先予执行。

当事人对先予执行裁定不服的，可以申请复议一次。复议期间不停止裁定的执行。

第五十八条　经人民法院传票传唤，原告无正当理由拒不到庭，或者未经法庭许可中途退庭的，可以按照撤诉处理；被告无正当理由拒不到庭，或者未经法庭许可中途退庭的，可以缺席判决。

第五十九条　诉讼参与人或者其他人有下列行为之一的，人民法院可以根据情节轻重，予以训诫、责令具结悔过或者处一万元以下的罚款、十五日以下的拘留；构成犯罪的，依法追究刑事责任：

（一）有义务协助调查、执行的人，对人民法院的协助调查决定、协助执行通知书，无故推拖、拒绝或者妨碍调查、执行的；

（二）伪造、隐藏、毁灭证据或者提供虚假证明材料，妨碍人民法院审理案件的；

（三）指使、贿买、胁迫他人作伪证或者威胁、阻止证人作证的；

（四）隐藏、转移、变卖、毁损已被查封、扣押、冻结的财产的；

（五）以欺骗、胁迫等非法手段使原告撤诉的；

（六）以暴力、威胁或者其他方法阻碍人民法院工作人员执行职务，或者以哄闹、冲击法庭等方法扰乱人民法院工作秩序的；

（七）对人民法院审判人员或者其他工作人员、诉讼参与人、协助调查和执行的人员恐吓、侮辱、诽谤、诬陷、殴打、围攻或者打击报复的。

人民法院对有前款规定的行为之一的单位，可以对其主要负责人或者直接责任人员依照前款规定予以罚款、拘留；构成犯罪的，依法追究刑事责任。

罚款、拘留须经人民法院院长批准。当事人不服的，可以向上一级人民法院申请复议一次。复议期间不停止执行。

第六十条　人民法院审理行政案件，不适用调解。但是，行政赔偿、补偿以及行政机关行使法律、法规规定的自由裁量权的案件可以调解。

调解应当遵循自愿、合法原则，不得损害国家利益、社会公共利益和他人合法权益。

第六十一条　在涉及行政许可、登记、征收、征用和行政机关对民事争议所作的裁决的行政诉讼中，当事人申请一并解决相关民事争议的，人民法院可以一并审理。

在行政诉讼中，人民法院认为行政案件的审理需以民事诉讼的裁判为依据的，可以裁定中止行政诉讼。

第六十二条　人民法院对行政案件宣告判决或者裁定前，原告申请撤诉的，或者被告改变其所作的行政行为，原告同意并申请撤诉的，是否准许，由人民法院裁定。

第六十三条　人民法院审理行政案件，以法律和行政法规、地方性法规为依据。地方性法规适用于本行政区域内发生的行政案件。

人民法院审理民族自治地方的行政案件，并以该民族自治地方的自治条例和单行条例为依据。

人民法院审理行政案件，参照规章。

第六十四条　人民法院在审理行政案件中，经审查认为本法第五十三条规定的规范性文件不合法的，不作为认定行政行为合法的依据，并向制定机关提出处理建议。

第六十五条　人民法院应当公开发生法律效力的判决书、裁定书，供公众查阅，但涉及国家秘密、商业秘密和个人隐私的内容除外。

第六十六条　人民法院在审理行政案件中，认为行政机关的主管人员、直接责任人员违法违纪的，应当将有关材料移送监察机关、该行政机关或者其上一级行政机关；认为有犯罪行为的，应当将有关材料移送公安、检察机关。

人民法院对被告经传票传唤无正当理由拒不到庭，或者未经法庭许可中途退庭的，可以将被告拒不到庭或者中途退庭的情况予以公告，并可以向监察机关或者被告的上一级行政机关提出依法给予其主要负责人或者直接责任人员处分的司法建议。

第二节　第一审普通程序

第六十七条　人民法院应当在立案之日起五日内，将起诉状副本发送被告。被告应当在收到起诉状副本之日起十五日内向人民法院提交作出行政行为的证据和所依据的规范性文件，并提出答辩状。人民法院应当在收到答辩状之日起五日内，将答辩状副本发送原告。

被告不提出答辩状的，不影响人民法院审理。

第六十八条　人民法院审理行政案件，由审判员组成合议庭，或者由审判员、陪审员组成合议庭。合议庭的成员，应当是三人以上的单数。

第六十九条　行政行为证据确凿，适用法律、法规正确，符合法定程序的，或者原告申请被告履行法定职责或者给付义务理由不成立的，人民法院判决驳回原告的诉讼请求。

第七十条　行政行为有下列情形之一的，人民法院判决撤销或者部分撤销，并可以判决被告重新作出行政行为：

（一）主要证据不足的；

（二）适用法律、法规错误的；

（三）违反法定程序的；

（四）超越职权的；

（五）滥用职权的；

（六）明显不当的。

第七十一条　人民法院判决被告重新作出行政行为的，被告不得以同一的事实和理由作出与原行政行为基本相同的行政行为。

第七十二条　人民法院经过审理，查明被告不履行法定职责的，判决被告在一定期限内履行。

第七十三条　人民法院经过审理，查明被告依法负有给付义务的，判决被告履行给付义务。

第七十四条　行政行为有下列情形之一的，人民法院判决确认违法，但不撤销行政行为：

（一）行政行为依法应当撤销，但撤销会给国家利益、社会公共利益造成重大损害的；

（二）行政行为程序轻微违法，但对原告权利不产生实际影响的。

行政行为有下列情形之一，不需要撤销或者判决履行的，人民法院判决确认违法：

（一）行政行为违法，但不具有可撤销内容的；

（二）被告改变原违法行政行为，原告仍要求确认原行政行为违法的；

（三）被告不履行或者拖延履行法定职责，判决履行没有意义的。

第七十五条　行政行为有实施主体不具有行政主体资格或者没有依据等重大且明显违法情形，原告申请确认行政行为无效的，人民法院判决确认无效。

第七十六条　人民法院判决确认违法或者无效的，可以同时判决责令被告采取补救措施；给原告造成损失的，依法判决被告承担赔偿责任。

第七十七条　行政处罚明显不当，或者其他行政行为涉及对款额的确定、认定确有错误的，人民法院可以判决变更。

人民法院判决变更，不得加重原告的义务或者减损原告的权益。但利害关系人同为原告，且诉讼请求相反的除外。

第七十八条　被告不依法履行、未按照约定履行或者违法变更、解除本法第十二条第一款第十一项规定的协议的，人民法院判决被告承担继续履行、采取补救措施或者赔偿损失等责任。

被告变更、解除本法第十二条第一款第十一项规定的协议合法，但未依法给予补偿的，人民法院判决给予补偿。

第七十九条　复议机关与作出原行政行为的行政机关为共同被告的案件，人民法院应当对复议决定和原行政行为一并作出裁判。

第八十条　人民法院对公开审理和不公开审理的案件，一律公开宣告判决。

当庭宣判的，应当在十日内发送判决书；定期宣判的，宣判后立即发给判决书。

宣告判决时，必须告知当事人上诉权利、上诉期限和上诉的人民法院。

第八十一条　人民法院应当在立案之日起六个月内作出第一审判决。有特殊情况需要延长的，由高级人民法院批准，高级人民法院审理第一审案件需要延长的，由最高人民法院批准。

第三节　简易程序

第八十二条　人民法院审理下列第一审行政案件，认为事实清楚、权利义务关系明确、争议不大的，可以适用简易程序：

（一）被诉行政行为是依法当场作出的；

（二）案件涉及款额二千元以下的；

（三）属于政府信息公开案件的。

除前款规定以外的第一审行政案件，当事人各方同意适用简易程序的，可以适用简易程序。

发回重审、按照审判监督程序再审的案件不适用简易程序。

第八十三条　适用简易程序审理的行政案件，由审判员一人独任审理，并应当在立案之日起四十五日内审结。

第八十四条　人民法院在审理过程中，发现案件不宜适用简易程序的，裁定转为普通程序。

第四节　第二审程序

第八十五条　当事人不服人民法院第一审判决的，有权在判决书送达之日起十五日内向上一级人民法院提起上诉。当事人不服人民法院第一审裁定的，有权在裁定书送达之日起十日内向上一级人民法院提起上诉。逾期不提起上诉的，人民法院的第一审判决或者裁定发生法律效力。

第八十六条 人民法院对上诉案件，应当组成合议庭，开庭审理。经过阅卷、调查和询问当事人，对没有提出新的事实、证据或者理由，合议庭认为不需要开庭审理的，也可以不开庭审理。

第八十七条 人民法院审理上诉案件，应当对原审人民法院的判决、裁定和被诉行政行为进行全面审查。

第八十八条 人民法院审理上诉案件，应当在收到上诉状之日起三个月内作出终审判决。有特殊情况需要延长的，由高级人民法院批准，高级人民法院审理上诉案件需要延长的，由最高人民法院批准。

第八十九条 人民法院审理上诉案件，按照下列情形，分别处理：

（一）原判决、裁定认定事实清楚，适用法律、法规正确的，判决或者裁定驳回上诉，维持原判决、裁定；

（二）原判决、裁定认定事实错误或者适用法律、法规错误的，依法改判、撤销或者变更；

（三）原判决认定基本事实不清、证据不足的，发回原审人民法院重审，或者查清事实后改判；

（四）原判决遗漏当事人或者违法缺席判决等严重违反法定程序的，裁定撤销原判决，发回原审人民法院重审。

原审人民法院对发回重审的案件作出判决后，当事人提起上诉的，第二审人民法院不得再次发回重审。

人民法院审理上诉案件，需要改变原审判决的，应当同时对被诉行政行为作出判决。

第五节 审判监督程序

第九十条 当事人对已经发生法律效力的判决、裁定，认为确有错误的，可以向上一级人民法院申请再审，但判决、裁定不停止执行。

第九十一条 当事人的申请符合下列情形之一的，人民法院应当再审：

（一）不予立案或者驳回起诉确有错误的；

（二）有新的证据，足以推翻原判决、裁定的；

（三）原判决、裁定认定事实的主要证据不足、未经质证或者系伪造的；

（四）原判决、裁定适用法律、法规确有错误的；

（五）违反法律规定的诉讼程序，可能影响公正审判的；

（六）原判决、裁定遗漏诉讼请求的；

（七）据以作出原判决、裁定的法律文书被撤销或者变更的；

（八）审判人员在审理该案件时有贪污受贿、徇私舞弊、枉法裁判行为的。

第九十二条　各级人民法院院长对本院已经发生法律效力的判决、裁定，发现有本法第九十一条规定情形之一，或者发现调解违反自愿原则或者调解书内容违法，认为需要再审的，应当提交审判委员会讨论决定。

最高人民法院对地方各级人民法院已经发生法律效力的判决、裁定，上级人民法院对下级人民法院已经发生法律效力的判决、裁定，发现有本法第九十一条规定情形之一，或者发现调解违反自愿原则或者调解书内容违法的，有权提审或者指令下级人民法院再审。

第九十三条　最高人民检察院对各级人民法院已经发生法律效力的判决、裁定，上级人民检察院对下级人民法院已经发生法律效力的判决、裁定，发现有本法第九十一条规定情形之一，或者发现调解书损害国家利益、社会公共利益的，应当提出抗诉。

地方各级人民检察院对同级人民法院已经发生法律效力的判决、裁定，发现有本法第九十一条规定情形之一，或者发现调解书损害国家利益、社会公共利益的，可以向同级人民法院提出检察建议，并报上级人民检察院备案；也可以提请上级人民检察院向同级人民法院提出抗诉。

各级人民检察院对审判监督程序以外的其他审判程序中审判人员的违法行为，有权向同级人民法院提出检察建议。

第八章　执行

第九十四条　当事人必须履行人民法院发生法律效力的判决、裁定、调解书。

第九十五条　公民、法人或者其他组织拒绝履行判决、裁定、调解书的，行政机关或者第三人可以向第一审人民法院申请强制执行，或者由行政机关依法强制执行。

第九十六条　行政机关拒绝履行判决、裁定、调解书的，第一审人民法院可以采取下列措施：

（一）对应当归还的罚款或者应当给付的款额，通知银行从该行政机关的账户内划拨；

（二）在规定期限内不履行的，从期满之日起，对该行政机关负责人按日处五十元至一百元的罚款；

（三）将行政机关拒绝履行的情况予以公告；

（四）向监察机关或者该行政机关的上一级行政机关提出司法建议。接受司法建议的机关，根据有关规定进行处理，并将处理情况告知人民法院；

（五）拒不履行判决、裁定、调解书，社会影响恶劣的，可以对该行政机关直接负责的主管人员和其他直接责任人员予以拘留；情节严重，构成犯罪的，依法追究刑事责任。

第九十七条　公民、法人或者其他组织对行政行为在法定期限内不提起诉讼又不履行的，行政机关可以申请人民法院强制执行，或者依法强制执行。

第九章　涉外行政诉讼

第九十八条　外国人、无国籍人、外国组织在中华人民共和国进行行政诉讼，适用本法。法律另有规定的除外。

第九十九条　外国人、无国籍人、外国组织在中华人民共和国进行行政诉讼，同中华人民共和国公民、组织有同等的诉讼权利和义务。

外国法院对中华人民共和国公民、组织的行政诉讼权利加以限制的，人民法院对该国公民、组织的行政诉讼权利，实行对等原则。

第一百条　外国人、无国籍人、外国组织在中华人民共和国进行行政诉讼，委托律师代理诉讼的，应当委托中华人民共和国律师机构的律师。

第十章　附则

第一百零一条　人民法院审理行政案件，关于期间、送达、财产保全、开庭审理、调解、中止诉讼、终结诉讼、简易程序、执行等，以及人民检察院对行政案件受理、审理、裁判、执行的监督，本法没有规定的，适用《中华人民共和国民事诉讼法》的相关规定。

第一百零二条　人民法院审理行政案件，应当收取诉讼费用。诉讼费用由败诉方承担，双方都有责任的由双方分担。收取诉讼费用的具体办法另行规定。

第一百零三条　本法自 1990 年 10 月 1 日起施行。

中华人民共和国行政强制法

中华人民共和国主席令第 49 号　2011 年 6 月 30 日

第一章　总则

第一条　为了规范行政强制的设定和实施，保障和监督行政机关依法履行职责，维护公共利益和社会秩序，保护公民、法人和其他组织的合法权益，根据宪法，制定本法。

第二条　本法所称行政强制，包括行政强制措施和行政强制执行。

行政强制措施，是指行政机关在行政管理过程中，为制止违法行为、防止证据损毁、避免危害发生、控制危险扩大等情形，依法对公民的人身自由实施暂时性限制，或者对公民、法人或者其他组织的财物实施暂时性控制的行为。

行政强制执行，是指行政机关或者行政机关申请人民法院，对不履行行政决定的公民、法人或者其他组织，依法强制履行义务的行为。

第三条　行政强制的设定和实施，适用本法。

发生或者即将发生自然灾害、事故灾难、公共卫生事件或者社会安全事件等突发事件，行政机关采取应急措施或者临时措施，依照有关法律、行政法规的规定执行。

行政机关采取金融业审慎监管措施、进出境货物强制性技术监控措施，依照有关法律、行政法规的规定执行。

第四条　行政强制的设定和实施，应当依照法定的权限、范围、条件和程序。

第五条　行政强制的设定和实施，应当适当。采用非强制手段可以达到行政管理目的的，不得设定和实施行政强制。

第六条　实施行政强制，应当坚持教育与强制相结合。

第七条　行政机关及其工作人员不得利用行政强制权为单位或者个人谋取利益。

第八条　公民、法人或者其他组织对行政机关实施行政强制，享有陈述权、申辩权；有权依法申请行政复议或者提起行政诉讼；因行政机关违法实施行政强制受到损害的，有权依法要求赔偿。

公民、法人或者其他组织因人民法院在强制执行中有违法行为或者扩大强制执行范围受到损害的，有权依法要求赔偿。

第二章　行政强制的种类和设定

第九条　行政强制措施的种类：

（一）限制公民人身自由；

（二）查封场所、设施或者财物；

（三）扣押财物；

（四）冻结存款、汇款；

（五）其他行政强制措施。

第十条　行政强制措施由法律设定。

尚未制定法律，且属于国务院行政管理职权事项的，行政法规可以设定除本法第九条第一项、第四项和应当由法律规定的行政强制措施以外的其他行政强制措施。

尚未制定法律、行政法规，且属于地方性事务的，地方性法规可以设定本法第九条第二项、第三项的行政强制措施。

法律、法规以外的其他规范性文件不得设定行政强制措施。

第十一条　法律对行政强制措施的对象、条件、种类作了规定的，行政法规、地方性法规不得作出扩大规定。

法律中未设定行政强制措施的，行政法规、地方性法规不得设定行政强制措施。但是，法律规定特定事项由行政法规规定具体管理措施的，行政法规可以设定除本法第九条第一项、第四项和应当由法律规定的行政强制措施以外的其他行政强制措施。

第十二条　行政强制执行的方式：

（一）加处罚款或者滞纳金；

（二）划拨存款、汇款；

（三）拍卖或者依法处理查封、扣押的场所、设施或者财物；

（四）排除妨碍、恢复原状；

（五）代履行；

（六）其他强制执行方式。

第十三条 行政强制执行由法律设定。

法律没有规定行政机关强制执行的，作出行政决定的行政机关应当申请人民法院强制执行。

第十四条 起草法律草案、法规草案，拟设定行政强制的，起草单位应当采取听证会、论证会等形式听取意见，并向制定机关说明设定该行政强制的必要性、可能产生的影响以及听取和采纳意见的情况。

第十五条 行政强制的设定机关应当定期对其设定的行政强制进行评价，并对不适当的行政强制及时予以修改或者废止。

行政强制的实施机关可以对已设定的行政强制的实施情况及存在的必要性适时进行评价，并将意见报告该行政强制的设定机关。

公民、法人或者其他组织可以向行政强制的设定机关和实施机关就行政强制的设定和实施提出意见和建议。有关机关应当认真研究论证，并以适当方式予以反馈。

第三章 行政强制措施实施程序

第一节 一般规定

第十六条 行政机关履行行政管理职责，依照法律、法规的规定，实施行政强制措施。

违法行为情节显著轻微或者没有明显社会危害的，可以不采取行政强制措施。

第十七条 行政强制措施由法律、法规规定的行政机关在法定职权范围内实施。行政强制措施权不得委托。

依据《中华人民共和国行政处罚法》的规定行使相对集中行政处罚权的行政机关，可以实施法律、法规规定的与行政处罚权有关的行政强制措施。

行政强制措施应当由行政机关具备资格的行政执法人员实施，其他人员不得实施。

第十八条 行政机关实施行政强制措施应当遵守下列规定：

（一）实施前须向行政机关负责人报告并经批准；

（二）由两名以上行政执法人员实施；

（三）出示执法身份证件；

（四）通知当事人到场；

（五）当场告知当事人采取行政强制措施的理由、依据以及当事人依法享有的权利、救济途径；

（六）听取当事人的陈述和申辩；

（七）制作现场笔录；

（八）现场笔录由当事人和行政执法人员签名或者盖章，当事人拒绝的，在笔录中予以注明；

（九）当事人不到场的，邀请见证人到场，由见证人和行政执法人员在现场笔录上签名或者盖章；

（十）法律、法规规定的其他程序。

第十九条　情况紧急，需要当场实施行政强制措施的，行政执法人员应当在二十四小时内向行政机关负责人报告，并补办批准手续。行政机关负责人认为不应当采取行政强制措施的，应当立即解除。

第二十条　依照法律规定实施限制公民人身自由的行政强制措施，除应当履行本法第十八条规定的程序外，还应当遵守下列规定：

（一）当场告知或者实施行政强制措施后立即通知当事人家属实施行政强制措施的行政机关、地点和期限；

（二）在紧急情况下当场实施行政强制措施的，在返回行政机关后，立即向行政机关负责人报告并补办批准手续；

（三）法律规定的其他程序。

实施限制人身自由的行政强制措施不得超过法定期限。实施行政强制措施的目的已经达到或者条件已经消失，应当立即解除。

第二十一条　违法行为涉嫌犯罪应当移送司法机关的，行政机关应当将查封、扣押、冻结的财物一并移送，并书面告知当事人。

第二节　查封、扣押

第二十二条　查封、扣押应当由法律、法规规定的行政机关实施，其他任何行政机关或者组织不得实施。

第二十三条　查封、扣押限于涉案的场所、设施或者财物，不得查封、扣押与违法行为无关的场所、设施或者财物；不得查封、扣押公民个人及其所扶养家属的生活必需品。

当事人的场所、设施或者财物已被其他国家机关依法查封的，不得重复查封。

第二十四条　行政机关决定实施查封、扣押的，应当履行本法第十八条规定的程序，制作并当场交付查封、扣押决定书和清单。

查封、扣押决定书应当载明下列事项：

（一）当事人的姓名或者名称、地址；

（二）查封、扣押的理由、依据和期限；

（三）查封、扣押场所、设施或者财物的名称、数量等；

（四）申请行政复议或者提起行政诉讼的途径和期限；

（五）行政机关的名称、印章和日期。

查封、扣押清单一式二份，由当事人和行政机关分别保存。

第二十五条 查封、扣押的期限不得超过三十日；情况复杂的，经行政机关负责人批准，可以延长，但是延长期限不得超过三十日。法律、行政法规另有规定的除外。

延长查封、扣押的决定应当及时书面告知当事人，并说明理由。

对物品需要进行检测、检验、检疫或者技术鉴定的，查封、扣押的期间不包括检测、检验、检疫或者技术鉴定的期间。检测、检验、检疫或者技术鉴定的期间应当明确，并书面告知当事人。检测、检验、检疫或者技术鉴定的费用由行政机关承担。

第二十六条 对查封、扣押的场所、设施或者财物，行政机关应当妥善保管，不得使用或者损毁；造成损失的，应当承担赔偿责任。

对查封的场所、设施或者财物，行政机关可以委托第三人保管，第三人不得损毁或者擅自转移、处置。因第三人的原因造成的损失，行政机关先行赔付后，有权向第三人追偿。

因查封、扣押发生的保管费用由行政机关承担。

第二十七条 行政机关采取查封、扣押措施后，应当及时查清事实，在本法第二十五条规定的期限内作出处理决定。对违法事实清楚，依法应当没收的非法财物予以没收；法律、行政法规规定应当销毁的，依法销毁；应当解除查封、扣押的，作出解除查封、扣押的决定。

第二十八条 有下列情形之一的，行政机关应当及时作出解除查封、扣押决定：

（一）当事人没有违法行为；

（二）查封、扣押的场所、设施或者财物与违法行为无关；

（三）行政机关对违法行为已经作出处理决定，不再需要查封、扣押；

（四）查封、扣押期限已经届满；

（五）其他不再需要采取查封、扣押措施的情形。

解除查封、扣押应当立即退还财物；已将鲜活物品或者其他不易保管的财物拍卖或者变卖的，退还拍卖或者变卖所得款项。变卖价格明显低于市场价格，给当事人造成损失的，应当给予补偿。

第三节 冻结

第二十九条 冻结存款、汇款应当由法律规定的行政机关实施，不得委托给其他行政机关或者组织；其他任何行政机关或者组织不得冻结存款、汇款。

冻结存款、汇款的数额应当与违法行为涉及的金额相当；已被其他国家机关依法冻结的，不得重复冻结。

第三十条 行政机关依照法律规定决定实施冻结存款、汇款的，应当履行本法第十八条第一项、第二项、第三项、第七项规定的程序，并向金融机构交付冻结通知书。

金融机构接到行政机关依法作出的冻结通知书后，应当立即予以冻结，不得拖延，不得在冻结前向当事人泄露信息。

法律规定以外的行政机关或者组织要求冻结当事人存款、汇款的，金融机构应当拒绝。

第三十一条　依照法律规定冻结存款、汇款的，作出决定的行政机关应当在三日内向当事人交付冻结决定书。冻结决定书应当载明下列事项：

（一）当事人的姓名或者名称、地址；

（二）冻结的理由、依据和期限；

（三）冻结的账号和数额；

（四）申请行政复议或者提起行政诉讼的途径和期限；

（五）行政机关的名称、印章和日期。

第三十二条　自冻结存款、汇款之日起三十日内，行政机关应当作出处理决定或者作出解除冻结决定；情况复杂的，经行政机关负责人批准，可以延长，但是延长期限不得超过三十日。法律另有规定的除外。

延长冻结的决定应当及时书面告知当事人，并说明理由。

第三十三条　有下列情形之一的，行政机关应当及时作出解除冻结决定：

（一）当事人没有违法行为；

（二）冻结的存款、汇款与违法行为无关；

（三）行政机关对违法行为已经作出处理决定，不再需要冻结；

（四）冻结期限已经届满；

（五）其他不再需要采取冻结措施的情形。

行政机关作出解除冻结决定的，应当及时通知金融机构和当事人。金融机构接到通知后，应当立即解除冻结。

行政机关逾期未作出处理决定或者解除冻结决定的，金融机构应当自冻结期满之日起解除冻结。

第四章　行政机关强制执行程序

第一节　一般规定

第三十四条　行政机关依法作出行政决定后，当事人在行政机关决定的期限内不履行义务的，具有行政强制执行权的行政机关依照本章规定强制执行。

第三十五条　行政机关作出强制执行决定前，应当事先催告当事人履行义务。催告应当以书面形式作出，并载明下列事项：

（一）履行义务的期限；

（二）履行义务的方式；

（三）涉及金钱给付的，应当有明确的金额和给付方式；

（四）当事人依法享有的陈述权和申辩权。

第三十六条 当事人收到催告书后有权进行陈述和申辩。行政机关应当充分听取当事人的意见，对当事人提出的事实、理由和证据，应当进行记录、复核。当事人提出的事实、理由或者证据成立的，行政机关应当采纳。

第三十七条 经催告，当事人逾期仍不履行行政决定，且无正当理由的，行政机关可以作出强制执行决定。

强制执行决定应当以书面形式作出，并载明下列事项：

（一）当事人的姓名或者名称、地址；

（二）强制执行的理由和依据；

（三）强制执行的方式和时间；

（四）申请行政复议或者提起行政诉讼的途径和期限；

（五）行政机关的名称、印章和日期。

在催告期间，对有证据证明有转移或者隐匿财物迹象的，行政机关可以作出立即强制执行决定。

第三十八条 催告书、行政强制执行决定书应当直接送达当事人。当事人拒绝接收或者无法直接送达当事人的，应当依照《中华人民共和国民事诉讼法》的有关规定送达。

第三十九条 有下列情形之一的，中止执行：

（一）当事人履行行政决定确有困难或者暂无履行能力的；

（二）第三人对执行标的主张权利，确有理由的；

（三）执行可能造成难以弥补的损失，且中止执行不损害公共利益的；

（四）行政机关认为需要中止执行的其他情形。

中止执行的情形消失后，行政机关应当恢复执行。对没有明显社会危害，当事人确无能力履行，中止执行满三年未恢复执行的，行政机关不再执行。

第四十条 有下列情形之一的，终结执行：

（一）公民死亡，无遗产可供执行，又无义务承受人的；

（二）法人或者其他组织终止，无财产可供执行，又无义务承受人的；

（三）执行标的灭失的；

（四）据以执行的行政决定被撤销的；

（五）行政机关认为需要终结执行的其他情形。

第四十一条 在执行中或者执行完毕后，据以执行的行政决定被撤销、变更，或者执行错误的，应当恢复原状或者退还财物；不能恢复原状或者退还财物的，依法给予赔偿。

第四十二条 实施行政强制执行，行政机关可以在不损害公共利益和他人合法权益的情况下，与当事人达成执行协议。执行协议可以约定分阶段履行；当事人采取补救措施的，可以减免加处的罚款或者滞纳金。

执行协议应当履行。当事人不履行执行协议的，行政机关应当恢复强制执行。

第四十三条 行政机关不得在夜间或者法定节假日实施行政强制执行。但是，情况紧急的除外。

行政机关不得对居民生活采取停止供水、供电、供热、供燃气等方式迫使当事人履行相关行政决定。

第四十四条 对违法的建筑物、构筑物、设施等需要强制拆除的，应当由行政机关予以公告，限期当事人自行拆除。当事人在法定期限内不申请行政复议或者提起行政诉讼，又不拆除的，行政机关可以依法强制拆除。

第二节 金钱给付义务的执行

第四十五条 行政机关依法作出金钱给付义务的行政决定，当事人逾期不履行的，行政机关可以依法加处罚款或者滞纳金。加处罚款或者滞纳金的标准应当告知当事人。

加处罚款或者滞纳金的数额不得超出金钱给付义务的数额。

第四十六条 行政机关依照本法第四十五条规定实施加处罚款或者滞纳金超过三十日，经催告当事人仍不履行的，具有行政强制执行权的行政机关可以强制执行。

行政机关实施强制执行前，需要采取查封、扣押、冻结措施的，依照本法第三章规定办理。

没有行政强制执行权的行政机关应当申请人民法院强制执行。但是，当事人在法定期限内不申请行政复议或者提起行政诉讼，经催告仍不履行的，在实施行政管理过程中已经采取查封、扣押措施的行政机关，可以将查封、扣押的财物依法拍卖抵缴罚款。

第四十七条 划拨存款、汇款应当由法律规定的行政机关决定，并书面通知金融机构。金融机构接到行政机关依法作出划拨存款、汇款的决定后，应当立即划拨。

法律规定以外的行政机关或者组织要求划拨当事人存款、汇款的，金融机构应当拒绝。

第四十八条 依法拍卖财物，由行政机关委托拍卖机构依照《中华人民共和国拍卖法》的规定办理。

第四十九条 划拨的存款、汇款以及拍卖和依法处理所得的款项应当上缴国库或者划入财政专户。任何行政机关或者个人不得以任何形式截留、私分或者变相私分。

第三节 代履行

第五十条 行政机关依法作出要求当事人履行排除妨碍、恢复原状等义务的行政决定，当事人逾期不履行，经催告仍不履行，其后果已经或者将危害交通安全、造成环境污染或者破坏自然资源的，行政机关可以代履行，或者委托没有利害关系的第三人代履行。

第五十一条 代履行应当遵守下列规定：

(一)代履行前送达决定书，代履行决定书应当载明当事人的姓名或者名称、地址，代履行的理由和依据、方式和时间、标的、费用预算以及代履行人；

(二)代履行三日前，催告当事人履行，当事人履行的，停止代履行；

（三）代履行时，作出决定的行政机关应当派员到场监督；

（四）代履行完毕，行政机关到场监督的工作人员、代履行人和当事人或者见证人应当在执行文书上签名或者盖章。

代履行的费用按照成本合理确定，由当事人承担。但是，法律另有规定的除外。

代履行不得采用暴力、胁迫以及其他非法方式。

第五十二条 需要立即清除道路、河道、航道或者公共场所的遗洒物、障碍物或者污染物，当事人不能清除的，行政机关可以决定立即实施代履行；当事人不在场的，行政机关应当在事后立即通知当事人，并依法作出处理。

第五章 申请人民法院强制执行

第五十三条 当事人在法定期限内不申请行政复议或者提起行政诉讼，又不履行行政决定的，没有行政强制执行权的行政机关可以自期限届满之日起三个月内，依照本章规定申请人民法院强制执行。

第五十四条 行政机关申请人民法院强制执行前，应当催告当事人履行义务。催告书送达十日后当事人仍未履行义务的，行政机关可以向所在地有管辖权的人民法院申请强制执行；执行对象是不动产的，向不动产所在地有管辖权的人民法院申请强制执行。

第五十五条 行政机关向人民法院申请强制执行，应当提供下列材料：

（一）强制执行申请书；

（二）行政决定书及作出决定的事实、理由和依据；

（三）当事人的意见及行政机关催告情况；

（四）申请强制执行标的情况；

（五）法律、行政法规规定的其他材料。

强制执行申请书应当由行政机关负责人签名，加盖行政机关的印章，并注明日期。

第五十六条 人民法院接到行政机关强制执行的申请，应当在五日内受理。

行政机关对人民法院不予受理的裁定有异议的，可以在十五日内向上一级人民法院申请复议，上一级人民法院应当自收到复议申请之日起十五日内作出是否受理的裁定。

第五十七条 人民法院对行政机关强制执行的申请进行书面审查，对符合本法第五十五条规定，且行政决定具备法定执行效力的，除本法第五十八条规定的情形外，人民法院应当自受理之日起七日内作出执行裁定。

第五十八条 人民法院发现有下列情形之一的，在作出裁定前可以听取被执行人和行政机关的意见：

（一）明显缺乏事实根据的；

（二）明显缺乏法律、法规依据的；

（三）其他明显违法并损害被执行人合法权益的。

人民法院应当自受理之日起三十日内作出是否执行的裁定。裁定不予执行的，应当说明理由，并在五日内将不予执行的裁定送达行政机关。

行政机关对人民法院不予执行的裁定有异议的，可以自收到裁定之日起十五日内向上一级人民法院申请复议，上一级人民法院应当自收到复议申请之日起三十日内作出是否执行的裁定。

第五十九条　因情况紧急，为保障公共安全，行政机关可以申请人民法院立即执行。经人民法院院长批准，人民法院应当自作出执行裁定之日起五日内执行。

第六十条　行政机关申请人民法院强制执行，不缴纳申请费。强制执行的费用由被执行人承担。

人民法院以划拨、拍卖方式强制执行的，可以在划拨、拍卖后将强制执行的费用扣除。

依法拍卖财物，由人民法院委托拍卖机构依照《中华人民共和国拍卖法》的规定办理。

划拨的存款、汇款以及拍卖和依法处理所得的款项应当上缴国库或者划入财政专户，不得以任何形式截留、私分或者变相私分。

第六章　法律责任

第六十一条　行政机关实施行政强制，有下列情形之一的，由上级行政机关或者有关部门责令改正，对直接负责的主管人员和其他直接责任人员依法给予处分：

（一）没有法律、法规依据的；

（二）改变行政强制对象、条件、方式的；

（三）违反法定程序实施行政强制的；

（四）违反本法规定，在夜间或者法定节假日实施行政强制执行的；

（五）对居民生活采取停止供水、供电、供热、供燃气等方式迫使当事人履行相关行政决定的；

（六）有其他违法实施行政强制情形的。

第六十二条　违反本法规定，行政机关有下列情形之一的，由上级行政机关或者有关部门责令改正，对直接负责的主管人员和其他直接责任人员依法给予处分：

（一）扩大查封、扣押、冻结范围的；

（二）使用或者损毁查封、扣押场所、设施或者财物的；

（三）在查封、扣押法定期间不作出处理决定或者未依法及时解除查封、扣押的；

（四）在冻结存款、汇款法定期间不作出处理决定或者未依法及时解除冻结的。

第六十三条　行政机关将查封、扣押的财物或者划拨的存款、汇款以及拍卖和依法处理所得的款项，截留、私分或者变相私分的，由财政部门或者有关部门予以追缴；对直接负责的主管人员和其他直接责任人员依法给予记大过、降级、撤职或者开除的处分。

行政机关工作人员利用职务上的便利，将查封、扣押的场所、设施或者财物据为己有的，由上级行政机关或者有关部门责令改正，依法给予记大过、降级、撤职或者开除的处分。

第六十四条 行政机关及其工作人员利用行政强制权为单位或者个人谋取利益的，由上级行政机关或者有关部门责令改正，对直接负责的主管人员和其他直接责任人员依法给予处分。

第六十五条 违反本法规定，金融机构有下列行为之一的，由金融业监督管理机构责令改正，对直接负责的主管人员和其他直接责任人员依法给予处分：

（一）在冻结前向当事人泄露信息的；

（二）对应当立即冻结、划拨的存款、汇款不冻结或者不划拨，致使存款、汇款转移的；

（三）将不应当冻结、划拨的存款、汇款予以冻结或者划拨的；

（四）未及时解除冻结存款、汇款的。

第六十六条 违反本法规定，金融机构将款项划入国库或者财政专户以外的其他账户的，由金融业监督管理机构责令改正，并处以违法划拨款项二倍的罚款；对直接负责的主管人员和其他直接责任人员依法给予处分。

违反本法规定，行政机关、人民法院指令金融机构将款项划入国库或者财政专户以外的其他账户的，对直接负责的主管人员和其他直接责任人员依法给予处分。

第六十七条 人民法院及其工作人员在强制执行中有违法行为或者扩大强制执行范围的，对直接负责的主管人员和其他直接责任人员依法给予处分。

第六十八条 违反本法规定，给公民、法人或者其他组织造成损失的，依法给予赔偿。

违反本法规定，构成犯罪的，依法追究刑事责任。

第七章　附则

第六十九条 本法中十日以内期限的规定是指工作日，不含法定节假日。

第七十条 法律、行政法规授权的具有管理公共事务职能的组织在法定授权范围内，以自己的名义实施行政强制，适用本法有关行政机关的规定。

第七十一条 本法自 2012 年 1 月 1 日起施行。

劳动保障监察条例

国务院令第423号　2004年11月1日

第一章　总则

第一条　为了贯彻实施劳动和社会保障(以下称劳动保障)法律、法规和规章,规范劳动保障监察工作,维护劳动者的合法权益,根据劳动法和有关法律,制定本条例。

第二条　对企业和个体工商户(以下称用人单位)进行劳动保障监察,适用本条例。

对职业介绍机构、职业技能培训机构和职业技能考核鉴定机构进行劳动保障监察,依照本条例执行。

第三条　国务院劳动保障行政部门主管全国的劳动保障监察工作。县级以上地方各级人民政府劳动保障行政部门主管本行政区域内的劳动保障监察工作。

县级以上各级人民政府有关部门根据各自职责,支持、协助劳动保障行政部门的劳动保障监察工作。

第四条　县级、设区的市级人民政府劳动保障行政部门可以委托符合监察执法条件的组织实施劳动保障监察。

劳动保障行政部门和受委托实施劳动保障监察的组织中的劳动保障监察员应当经过相应的考核或者考试录用。

劳动保障监察证件由国务院劳动保障行政部门监制。

第五条　县级以上地方各级人民政府应当加强劳动保障监察工作。劳动保障监察所需经费列入本级财政预算。

第六条　用人单位应当遵守劳动保障法律、法规和规章,接受并配合劳动保障监察。

第七条　各级工会依法维护劳动者的合法权益,对用人单位遵守劳动保障法律、法规和规章的情况进行监督。

劳动保障行政部门在劳动保障监察工作中应当注意听取工会组织的意见和建议。

第八条　劳动保障监察遵循公正、公开、高效、便民的原则。

实施劳动保障监察,坚持教育与处罚相结合,接受社会监督。

第九条　任何组织或者个人对违反劳动保障法律、法规或者规章的行为,有权向劳动保障行政部门举报。

劳动者认为用人单位侵犯其劳动保障合法权益的,有权向劳动保障行政部门投诉。

劳动保障行政部门应当为举报人保密;对举报属实,为查处重大违反劳动保障法律、法规或者规章的行为提供主要线索和证据的举报人,给予奖励。

第二章　劳动保障监察职责

第十条　劳动保障行政部门实施劳动保障监察，履行下列职责：

（一）宣传劳动保障法律、法规和规章，督促用人单位贯彻执行；

（二）检查用人单位遵守劳动保障法律、法规和规章的情况；

（三）受理对违反劳动保障法律、法规或者规章的行为的举报、投诉；

（四）依法纠正和查处违反劳动保障法律、法规或者规章的行为。

第十一条　劳动保障行政部门对下列事项实施劳动保障监察：

（一）用人单位制定内部劳动保障规章制度的情况；

（二）用人单位与劳动者订立劳动合同的情况；

（三）用人单位遵守禁止使用童工规定的情况；

（四）用人单位遵守女职工和未成年工特殊劳动保护规定的情况；

（五）用人单位遵守工作时间和休息休假规定的情况；

（六）用人单位支付劳动者工资和执行最低工资标准的情况；

（七）用人单位参加各项社会保险和缴纳社会保险费的情况；

（八）职业介绍机构、职业技能培训机构和职业技能考核鉴定机构遵守国家有关职业介绍、职业技能培训和职业技能考核鉴定的规定的情况；

（九）法律、法规规定的其他劳动保障监察事项。

第十二条　劳动保障监察员依法履行劳动保障监察职责，受法律保护。

劳动保障监察员应当忠于职守，秉公执法，勤政廉洁，保守秘密。

任何组织或者个人对劳动保障监察员的违法违纪行为，有权向劳动保障行政部门或者有关机关检举、控告。

第三章　劳动保障监察的实施

第十三条　对用人单位的劳动保障监察，由用人单位用工所在地的县级或者设区的市级劳动保障行政部门管辖。

上级劳动保障行政部门根据工作需要，可以调查处理下级劳动保障行政部门管辖的案件。劳动保障行政部门对劳动保障监察管辖发生争议的，报请共同的上一级劳动保障行政部门指定管辖。

省、自治区、直辖市人民政府可以对劳动保障监察的管辖制定具体办法。

第十四条　劳动保障监察以日常巡视检查、审查用人单位按照要求报送的书面材料以及接受举报投诉等形式进行。

劳动保障行政部门认为用人单位有违反劳动保障法律、法规或者规章的行为，需要进行调查处理的，应当及时立案。

劳动保障行政部门或者受委托实施劳动保障监察的组织应当设立举报、投诉信箱和电话。

对因违反劳动保障法律、法规或者规章的行为引起的群体性事件，劳动保障行政部门应当根据应急预案，迅速会同有关部门处理。

第十五条　劳动保障行政部门实施劳动保障监察，有权采取下列调查、检查措施：

（一）进入用人单位的劳动场所进行检查；

（二）就调查、检查事项询问有关人员；

（三）要求用人单位提供与调查、检查事项相关的文件资料，并作出解释和说明，必要时可以发出调查询问书；

（四）采取记录、录音、录像、照像或者复制等方式收集有关情况和资料；

（五）委托会计师事务所对用人单位工资支付、缴纳社会保险费的情况进行审计；

（六）法律、法规规定可以由劳动保障行政部门采取的其他调查、检查措施。

劳动保障行政部门对事实清楚、证据确凿、可以当场处理的违反劳动保障法律、法规或者规章的行为有权当场予以纠正。

第十六条　劳动保障监察员进行调查、检查，不得少于 2 人，并应当佩戴劳动保障监察标志、出示劳动保障监察证件。

劳动保障监察员办理的劳动保障监察事项与本人或者其近亲属有直接利害关系的，应当回避。

第十七条　劳动保障行政部门对违反劳动保障法律、法规或者规章的行为的调查，应当自立案之日起 60 个工作日内完成；对情况复杂的，经劳动保障行政部门负责人批准，可以延长 30 个工作日。

第十八条　劳动保障行政部门对违反劳动保障法律、法规或者规章的行为，根据调查、检查的结果，作出以下处理：

（一）对依法应当受到行政处罚的，依法作出行政处罚决定；

（二）对应当改正未改正的，依法责令改正或者作出相应的行政处理决定；

（三）对情节轻微且已改正的，撤销立案。

发现违法案件不属于劳动保障监察事项的，应当及时移送有关部门处理；涉嫌犯罪的，应当依法移送司法机关。

第十九条　劳动保障行政部门对违反劳动保障法律、法规或者规章的行为作出行政处罚或者行政处理决定前，应当听取用人单位的陈述、申辩；作出行政处罚或者行政处理决定，应当告知用人单位依法享有申请行政复议或者提起行政诉讼的权利。

第二十条　违反劳动保障法律、法规或者规章的行为在 2 年内未被劳动保障行政部门发现，也未被举报、投诉的，劳动保障行政部门不再查处。

前款规定的期限，自违反劳动保障法律、法规或者规章的行为发生之日起计算；违反劳动保障法律、法规或者规章的行为有连续或者继续状态的，自行为终了之日起计算。

第二十一条　用人单位违反劳动保障法律、法规或者规章，对劳动者造成损害的，依法承担赔偿责任。劳动者与用人单位就赔偿发生争议的，依照国家有关劳动争议处理的规定处理。

对应当通过劳动争议处理程序解决的事项或者已经按照劳动争议处理程序申请调解、仲裁或者已经提起诉讼的事项，劳动保障行政部门应当告知投诉人依照劳动争议处理或者诉讼的程序办理。

第二十二条 劳动保障行政部门应当建立用人单位劳动保障守法诚信档案。用人单位有重大违反劳动保障法律、法规或者规章的行为的，由有关的劳动保障行政部门向社会公布。

第四章 法律责任

第二十三条 用人单位有下列行为之一的，由劳动保障行政部门责令改正，按照受侵害的劳动者每人1000元以上5000元以下的标准计算，处以罚款：

（一）安排女职工从事矿山井下劳动、国家规定的第四级体力劳动强度的劳动或者其他禁忌从事的劳动的；

（二）安排女职工在经期从事高处、低温、冷水作业或者国家规定的第三级体力劳动强度的劳动的；

（三）安排女职工在怀孕期间从事国家规定的第三级体力劳动强度的劳动或者孕期禁忌从事的劳动的；

（四）安排怀孕7个月以上的女职工夜班劳动或者延长其工作时间的；

（五）女职工生育享受产假少于90天的；

（六）安排女职工在哺乳未满1周岁的婴儿期间从事国家规定的第三级体力劳动强度的劳动或者哺乳期禁忌从事的其他劳动，以及延长其工作时间或者安排其夜班劳动的；

（七）安排未成年工从事矿山井下、有毒有害、国家规定的第四级体力劳动强度的劳动或者其他禁忌从事的劳动的；

（八）未对未成年工定期进行健康检查的。

第二十四条 用人单位与劳动者建立劳动关系不依法订立劳动合同的，由劳动保障行政部门责令改正。

第二十五条 用人单位违反劳动保障法律、法规或者规章延长劳动者工作时间的，由劳动保障行政部门给予警告，责令限期改正，并可以按照受侵害的劳动者每人100元以上500元以下的标准计算，处以罚款。

第二十六条 用人单位有下列行为之一的，由劳动保障行政部门分别责令限期支付劳动者的工资报酬、劳动者工资低于当地最低工资标准的差额或者解除劳动合同的经济补偿；逾期不支付的，责令用人单位按照应付金额50%以上1倍以下的标准计算，向劳动者加付赔偿金：

（一）克扣或者无故拖欠劳动者工资报酬的；

（二）支付劳动者的工资低于当地最低工资标准的；

（三）解除劳动合同未依法给予劳动者经济补偿的。

第二十七条　用人单位向社会保险经办机构申报应缴纳的社会保险费数额时，瞒报工资总额或者职工人数的，由劳动保障行政部门责令改正，并处瞒报工资数额1倍以上3倍以下的罚款。

骗取社会保险待遇或者骗取社会保险基金支出的，由劳动保障行政部门责令退还，并处骗取金额1倍以上3倍以下的罚款；构成犯罪的，依法追究刑事责任。

第二十八条　职业介绍机构、职业技能培训机构或者职业技能考核鉴定机构违反国家有关职业介绍、职业技能培训或者职业技能考核鉴定的规定的，由劳动保障行政部门责令改正，没收违法所得，并处1万元以上5万元以下的罚款；情节严重的，吊销许可证。

未经劳动保障行政部门许可，从事职业介绍、职业技能培训或者职业技能考核鉴定的组织或者个人，由劳动保障行政部门、工商行政管理部门依照国家有关无照经营查处取缔的规定查处取缔。

第二十九条　用人单位违反《中华人民共和国工会法》，有下列行为之一的，由劳动保障行政部门责令改正：

（一）阻挠劳动者依法参加和组织工会，或者阻挠上级工会帮助、指导劳动者筹建工会的；

（二）无正当理由调动依法履行职责的工会工作人员的工作岗位，进行打击报复的；

（三）劳动者因参加工会活动而被解除劳动合同的；

（四）工会工作人员因依法履行职责被解除劳动合同的。

第三十条　有下列行为之一的，由劳动保障行政部门责令改正；对有第（一）项、第（二）项或者第（三）项规定的行为的，处2000元以上2万元以下的罚款：

（一）无理抗拒、阻挠劳动保障行政部门依照本条例的规定实施劳动保障监察的；

（二）不按照劳动保障行政部门的要求报送书面材料，隐瞒事实真相，出具伪证或者隐匿、毁灭证据的；

（三）经劳动保障行政部门责令改正拒不改正，或者拒不履行劳动保障行政部门的行政处理决定的；

（四）打击报复举报人、投诉人的。

违反前款规定，构成违反治安管理行为的，由公安机关依法给予治安管理处罚；构成犯罪的，依法追究刑事责任。

第三十一条　劳动保障监察员滥用职权、玩忽职守、徇私舞弊或者泄露在履行职责过程中知悉的商业秘密的，依法给予行政处分；构成犯罪的，依法追究刑事责任。

劳动保障行政部门和劳动保障监察员违法行使职权，侵犯用人单位或者劳动者的合法权益的，依法承担赔偿责任。

第三十二条　属于本条例规定的劳动保障监察事项，法律、其他行政法规对处罚另有规定的，从其规定。

第五章 附则

第三十三条 对无营业执照或者已被依法吊销营业执照，有劳动用工行为的，由劳动保障行政部门依照本条例实施劳动保障监察，并及时通报工商行政管理部门予以查处取缔。

第三十四条 国家机关、事业单位、社会团体执行劳动保障法律、法规和规章的情况，由劳动保障行政部门根据其职责，依照本条例实施劳动保障监察。

第三十五条 劳动安全卫生的监督检查，由卫生部门、安全生产监督管理部门、特种设备安全监督管理部门等有关部门依照有关法律、行政法规的规定执行。

第三十六条 本条例自2004年12月1日起施行。

重大行政决策程序暂行条例

国务院令第713号　2019年4月20日

第一章 总则

第一条 为了健全科学、民主、依法决策机制，规范重大行政决策程序，提高决策质量和效率，明确决策责任，根据宪法、地方各级人民代表大会和地方各级人民政府组织法等规定，制定本条例。

第二条 县级以上地方人民政府（以下称决策机关）重大行政决策的作出和调整程序，适用本条例。

第三条 本条例所称重大行政决策事项（以下简称决策事项）包括：

（一）制定有关公共服务、市场监管、社会管理、环境保护等方面的重大公共政策和措施；

（二）制定经济和社会发展等方面的重要规划；

（三）制定开发利用、保护重要自然资源和文化资源的重大公共政策和措施；

（四）决定在本行政区域实施的重大公共建设项目；

（五）决定对经济社会发展有重大影响、涉及重大公共利益或者社会公众切身利益的其他重大事项。

法律、行政法规对本条第一款规定事项的决策程序另有规定的，依照其规定。财政政策、货币政策等宏观调控决策，政府立法决策以及突发事件应急处置决策不适用本条例。

决策机关可以根据本条第一款的规定，结合职责权限和本地实际，确定决策事项目录、标准，经同级党委同意后向社会公布，并根据实际情况调整。

第四条 重大行政决策必须坚持和加强党的全面领导，全面贯彻党的路线方针政策和决策部署，发挥党的领导核心作用，把党的领导贯彻到重大行政决策全过程。

第五条 作出重大行政决策应当遵循科学决策原则，贯彻创新、协调、绿色、开放、共享的发展理念，坚持从实际出发，运用科学技术和方法，尊重客观规律，适应经济社会发展和全面深化改革要求。

第六条 作出重大行政决策应当遵循民主决策原则，充分听取各方面意见，保障人民群众通过多种途径和形式参与决策。

第七条 作出重大行政决策应当遵循依法决策原则，严格遵守法定权限，依法履行法定程序，保证决策内容符合法律、法规和规章等规定。

第八条 重大行政决策依法接受本级人民代表大会及其常务委员会的监督，根据法律、法规规定属于本级人民代表大会及其常务委员会讨论决定的重大事项范围或者应当在出台前向本级人民代表大会常务委员会报告的，按照有关规定办理。

上级行政机关应当加强对下级行政机关重大行政决策的监督。审计机关按照规定对重大行政决策进行监督。

第九条 重大行政决策情况应当作为考核评价决策机关及其领导人员的重要内容。

第二章 决策草案的形成

第一节 决策启动

第十条 对各方面提出的决策事项建议，按照下列规定进行研究论证后，报请决策机关决定是否启动决策程序：

（一）决策机关领导人员提出决策事项建议的，交有关单位研究论证；

（二）决策机关所属部门或者下一级人民政府提出决策事项建议的，应当论证拟解决的主要问题、建议理由和依据、解决问题的初步方案及其必要性、可行性等；

（三）人大代表、政协委员等通过建议、提案等方式提出决策事项建议，以及公民、法人或者其他组织提出书面决策事项建议的，交有关单位研究论证。

第十一条 决策机关决定启动决策程序的，应当明确决策事项的承办单位（以下简称决策承办单位），由决策承办单位负责重大行政决策草案的拟订等工作。决策事项需要两个以上单位承办的，应当明确牵头的决策承办单位。

第十二条 决策承办单位应当在广泛深入开展调查研究、全面准确掌握有关信息、充分协商协调的基础上，拟订决策草案。

决策承办单位应当全面梳理与决策事项有关的法律、法规、规章和政策，使决策草案合法合规、与有关政策相衔接。

决策承办单位根据需要对决策事项涉及的人财物投入、资源消耗、环境影响等成本和经济、社会、环境效益进行分析预测。

有关方面对决策事项存在较大分歧的，决策承办单位可以提出两个以上方案。

第十三条 决策事项涉及决策机关所属部门、下一级人民政府等单位的职责，或者与其关系紧密的，决策承办单位应当与其充分协商；不能取得一致意见的，应当向决策机关说明争议的主要问题，有关单位的意见，决策承办单位的意见、理由和依据。

第二节 公众参与

第十四条 决策承办单位应当采取便于社会公众参与的方式充分听取意见，依法不予公开的决策事项除外。

听取意见可以采取座谈会、听证会、实地走访、书面征求意见、向社会公开征求意见、问卷调查、民意调查等多种方式。

决策事项涉及特定群体利益的，决策承办单位应当与相关人民团体、社会组织以及群众代表进行沟通协商，充分听取相关群体的意见建议。

第十五条 决策事项向社会公开征求意见的，决策承办单位应当通过政府网站、政务新媒体以及报刊、广播、电视等便于社会公众知晓的途径，公布决策草案及其说明等材料，明确提出意见的方式和期限。公开征求意见的期限一般不少于30日；因情况紧急等原因需要缩短期限的，公开征求意见时应当予以说明。

对社会公众普遍关心或者专业性、技术性较强的问题，决策承办单位可以通过专家访谈等方式进行解释说明。

第十六条 决策事项直接涉及公民、法人、其他组织切身利益或者存在较大分歧的，可以召开听证会。法律、法规、规章对召开听证会另有规定的，依照其规定。

决策承办单位或者组织听证会的其他单位应当提前公布决策草案及其说明等材料，明确听证时间、地点等信息。

需要遴选听证参加人的，决策承办单位或者组织听证会的其他单位应当提前公布听证参加人遴选办法，公平公开组织遴选，保证相关各方都有代表参加听证会。听证参加人名单应当提前向社会公布。听证会材料应当于召开听证会7日前送达听证参加人。

第十七条 听证会应当按照下列程序公开举行：

（一）决策承办单位介绍决策草案、依据和有关情况；

（二）听证参加人陈述意见，进行询问、质证和辩论，必要时可以由决策承办单位或者有关专家进行解释说明；

（三）听证参加人确认听证会记录并签字。

第十八条 决策承办单位应当对社会各方面提出的意见进行归纳整理、研究论证，充分采纳合理意见，完善决策草案。

第三节 专家论证

第十九条 对专业性、技术性较强的决策事项，决策承办单位应当组织专家、专业机构论证其必要性、可行性、科学性等，并提供必要保障。

专家、专业机构应当独立开展论证工作，客观、公正、科学地提出论证意见，并对所知悉的国家秘密、商业秘密、个人隐私依法履行保密义务；提供书面论证意见的，应当署名、盖章。

第二十条　决策承办单位组织专家论证，可以采取论证会、书面咨询、委托咨询论证等方式。选择专家、专业机构参与论证，应当坚持专业性、代表性和中立性，注重选择持不同意见的专家、专业机构，不得选择与决策事项有直接利害关系的专家、专业机构。

第二十一条　省、自治区、直辖市人民政府应当建立决策咨询论证专家库，规范专家库运行管理制度，健全专家诚信考核和退出机制。

市、县级人民政府可以根据需要建立决策咨询论证专家库。

决策机关没有建立决策咨询论证专家库的，可以使用上级行政机关的专家库。

第四节　风险评估

第二十二条　重大行政决策的实施可能对社会稳定、公共安全等方面造成不利影响的，决策承办单位或者负责风险评估工作的其他单位应当组织评估决策草案的风险可控性。

按照有关规定已对有关风险进行评价、评估的，不作重复评估。

第二十三条　开展风险评估，可以通过舆情跟踪、重点走访、会商分析等方式，运用定性分析与定量分析等方法，对决策实施的风险进行科学预测、综合研判。

开展风险评估，应当听取有关部门的意见，形成风险评估报告，明确风险点，提出风险防范措施和处置预案。

开展风险评估，可以委托专业机构、社会组织等第三方进行。

第二十四条　风险评估结果应当作为重大行政决策的重要依据。决策机关认为风险可控的，可以作出决策；认为风险不可控的，在采取调整决策草案等措施确保风险可控后，可以作出决策。

第三章　合法性审查和集体讨论决定

第一节　合法性审查

第二十五条　决策草案提交决策机关讨论前，应当由负责合法性审查的部门进行合法性审查。不得以征求意见等方式代替合法性审查。

决策草案未经合法性审查或者经审查不合法的，不得提交决策机关讨论。对国家尚无明确规定的探索性改革决策事项，可以明示法律风险，提交决策机关讨论。

第二十六条　送请合法性审查，应当提供决策草案及相关材料，包括有关法律、法规、规章等依据和履行决策法定程序的说明等。提供的材料不符合要求的，负责合法性审查的部门可以退回，或者要求补充。

送请合法性审查,应当保证必要的审查时间,一般不少于7个工作日。

第二十七条 合法性审查的内容包括:

(一)决策事项是否符合法定权限;

(二)决策草案的形成是否履行相关法定程序;

(三)决策草案内容是否符合有关法律、法规、规章和国家政策的规定。

第二十八条 负责合法性审查的部门应当及时提出合法性审查意见,并对合法性审查意见负责。在合法性审查过程中,应当组织法律顾问、公职律师提出法律意见。决策承办单位根据合法性审查意见进行必要的调整或者补充。

第二节 集体讨论决定和决策公布

第二十九条 决策承办单位提交决策机关讨论决策草案,应当报送下列材料:

(一)决策草案及相关材料,决策草案涉及市场主体经济活动的,应当包含公平竞争审查的有关情况;

(二)履行公众参与程序的,同时报送社会公众提出的主要意见的研究采纳情况;

(三)履行专家论证程序的,同时报送专家论证意见的研究采纳情况;

(四)履行风险评估程序的,同时报送风险评估报告等有关材料;

(五)合法性审查意见;

(六)需要报送的其他材料。

第三十条 决策草案应当经决策机关常务会议或者全体会议讨论。决策机关行政首长在集体讨论的基础上作出决定。

讨论决策草案,会议组成人员应当充分发表意见,行政首长最后发表意见。行政首长拟作出的决定与会议组成人员多数人的意见不一致的,应当在会上说明理由。

集体讨论决定情况应当如实记录,不同意见应当如实载明。

第三十一条 重大行政决策出台前应当按照规定向同级党委请示报告。

第三十二条 决策机关应当通过本级人民政府公报和政府网站以及在本行政区域内发行的报纸等途径及时公布重大行政决策。对社会公众普遍关心或者专业性、技术性较强的重大行政决策,应当说明公众意见、专家论证意见的采纳情况,通过新闻发布会、接受访谈等方式进行宣传解读。依法不予公开的除外。

第三十三条 决策机关应当建立重大行政决策过程记录和材料归档制度,由有关单位将履行决策程序形成的记录、材料及时完整归档。

第四章 决策执行和调整

第三十四条 决策机关应当明确负责重大行政决策执行工作的单位(以下简称决策执行单位),并对决策执行情况进行督促检查。决策执行单位应当依法全面、及时、正确执行重大行政决策,并向决策机关报告决策执行情况。

第三十五条　决策执行单位发现重大行政决策存在问题、客观情况发生重大变化，或者决策执行中发生不可抗力等严重影响决策目标实现的，应当及时向决策机关报告。

公民、法人或者其他组织认为重大行政决策及其实施存在问题的，可以通过信件、电话、电子邮件等方式向决策机关或者决策执行单位提出意见建议。

第三十六条　有下列情形之一的，决策机关可以组织决策后评估，并确定承担评估具体工作的单位：

（一）重大行政决策实施后明显未达到预期效果；

（二）公民、法人或者其他组织提出较多意见；

（三）决策机关认为有必要。

开展决策后评估，可以委托专业机构、社会组织等第三方进行，决策作出前承担主要论证评估工作的单位除外。

开展决策后评估，应当注重听取社会公众的意见，吸收人大代表、政协委员、人民团体、基层组织、社会组织参与评估。

决策后评估结果应当作为调整重大行政决策的重要依据。

第三十七条　依法作出的重大行政决策，未经法定程序不得随意变更或者停止执行；执行中出现本条例第三十五条规定的情形、情况紧急的，决策机关行政首长可以先决定中止执行；需要作出重大调整的，应当依照本条例履行相关法定程序。

第五章　法律责任

第三十八条　决策机关违反本条例规定的，由上一级行政机关责令改正，对决策机关行政首长、负有责任的其他领导人员和直接责任人员依法追究责任。

决策机关违反本条例规定造成决策严重失误，或者依法应当及时作出决策而久拖不决，造成重大损失、恶劣影响的，应当倒查责任，实行终身责任追究，对决策机关行政首长、负有责任的其他领导人员和直接责任人员依法追究责任。

决策机关集体讨论决策草案时，有关人员对严重失误的决策表示不同意见的，按照规定减免责任。

第三十九条　决策承办单位或者承担决策有关工作的单位未按照本条例规定履行决策程序或者履行决策程序时失职渎职、弄虚作假的，由决策机关责令改正，对负有责任的领导人员和直接责任人员依法追究责任。

第四十条　决策执行单位拒不执行、推诿执行、拖延执行重大行政决策，或者对执行中发现的重大问题瞒报、谎报或者漏报的，由决策机关责令改正，对负有责任的领导人员和直接责任人员依法追究责任。

第四十一条　承担论证评估工作的专家、专业机构、社会组织等违反职业道德和本条例规定的，予以通报批评、责令限期整改；造成严重后果的，取消评估资格、承担相应责任。

第六章　附则

第四十二条　县级以上人民政府部门和乡级人民政府重大行政决策的作出和调整程序，参照本条例规定执行。

第四十三条　省、自治区、直辖市人民政府根据本条例制定本行政区域重大行政决策程序的具体制度。

国务院有关部门参照本条例规定，制定本部门重大行政决策程序的具体制度。

第四十四条　本条例自2019年9月1日起施行。

关于实施《劳动保障监察条例》若干规定(2022年修订)

劳动和社会保障部令第25号　2004年12月31日

(根据2022年1月7日人力资源和社会保障部令第47号《人力资源社会保障部关于修改部分规章的决定》第一次修订)

第一章　总则

第一条　为了实施《劳动保障监察条例》，规范劳动保障监察行为，制定本规定。

第二条　劳动保障行政部门及所属劳动保障监察机构对企业和个体工商户(以下称用人单位)遵守劳动保障法律、法规和规章(以下简称劳动保障法律)的情况进行监察，适用本规定；对职业介绍机构、职业技能培训机构和职业技能考核鉴定机构进行劳动保障监察，依照本规定执行；对国家机关、事业单位、社会团体执行劳动保障法律情况进行劳动保障监察，根据劳动保障行政部门的职责，依照本规定执行。

第三条　劳动保障监察遵循公正、公开、高效、便民的原则。

实施劳动保障行政处罚坚持以事实为依据，以法律为准绳，坚持教育与处罚相结合，接受社会监督。

第四条　劳动保障监察实行回避制度。

第五条　县级以上劳动保障行政部门设立的劳动保障监察行政机构和劳动保障行政部门依法委托实施劳动保障监察的组织(以下统称劳动保障监察机构)具体负责劳动保障监察管理工作。

第二章 一般规定

第六条 劳动保障行政部门对用人单位及其劳动场所的日常巡视检查，应当制定年度计划和中长期规划，确定重点检查范围，并按照现场检查的规定进行。

第七条 劳动保障行政部门对用人单位按照要求报送的有关遵守劳动保障法律情况的书面材料应进行审查，并对审查中发现的问题及时予以纠正和查处。

第八条 劳动保障行政部门可以针对劳动保障法律实施中存在的重点问题集中组织专项检查活动，必要时，可以联合有关部门或组织共同进行。

第九条 劳动保障行政部门应当设立举报、投诉信箱，公开举报、投诉电话，依法查处举报和投诉反映的违反劳动保障法律的行为。

第三章 受理与立案

第十条 任何组织或个人对违反劳动保障法律的行为，有权向劳动保障行政部门举报。

第十一条 劳动保障行政部门对举报人反映的违反劳动保障法律的行为应当依法予以查处，并为举报人保密；对举报属实，为查处重大违反劳动保障法律的行为提供主要线索和证据的举报人，给予奖励。

第十二条 劳动者对用人单位违反劳动保障法律、侵犯其合法权益的行为，有权向劳动保障行政部门投诉。对因同一事由引起的集体投诉，投诉人可推荐代表投诉。

第十三条 投诉应当由投诉人向劳动保障行政部门递交投诉文书。书写投诉文书确有困难的，可以口头投诉，由劳动保障监察机构进行笔录，并由投诉人签字。

第十四条 投诉文书应当载明下列事项：

（一）投诉人的姓名、性别、年龄、职业、工作单位、住所和联系方式，被投诉用人单位的名称、住所、法定代表人或者主要负责人的姓名、职务；

（二）劳动保障合法权益受到侵害的事实和投诉请求事项。

第十五条 有下列情形之一的投诉，劳动保障行政部门应当告知投诉人依照劳动争议处理或者诉讼程序办理：

（一）应当通过劳动争议处理程序解决的；

（二）已经按照劳动争议处理程序申请调解、仲裁的；

（三）已经提起劳动争议诉讼的。

第十六条 下列因用人单位违反劳动保障法律行为对劳动者造成损害，劳动者与用人单位就赔偿发生争议的，依照国家有关劳动争议处理的规定处理：

（一）因用人单位制定的劳动规章制度违反法律、法规规定，对劳动者造成损害的；

（二）因用人单位违反对女职工和未成年工的保护规定，对女职工和未成年工造成损

害的;

(三)因用人单位原因订立无效合同,对劳动者造成损害的;

(四)因用人单位违法解除劳动合同或者故意拖延不订立劳动合同,对劳动者造成损害的;

(五)法律、法规和规章规定的其他因用人单位违反劳动保障法律的行为,对劳动者造成损害的。

第十七条 劳动者或者用人单位与社会保险经办机构发生的社会保险行政争议,按照《社会保险行政争议处理办法》处理。

第十八条 对符合下列条件的投诉,劳动保障行政部门应当在接到投诉之日起5个工作日内依法受理,并于受理之日立案查处:

(一)违反劳动保障法律的行为发生在2年内的;

(二)有明确的被投诉用人单位,且投诉人的合法权益受到侵害是被投诉用人单位违反劳动保障法律的行为所造成的;

(三)属于劳动保障监察职权范围并由受理投诉的劳动保障行政部门管辖。

对不符合第一款第(一)项规定的投诉,劳动保障行政部门应当在接到投诉之日起5个工作日内决定不予受理,并书面通知投诉人。

对不符合第一款第(二)项规定的投诉,劳动保障监察机构应当告知投诉人补正投诉材料。

对不符合第一款第(三)项规定的投诉,即对不属于劳动保障监察职权范围的投诉,劳动保障监察机构应当告诉投诉人;对属于劳动保障监察职权范围但不属于受理投诉的劳动保障行政部门管辖的投诉,应当告知投诉人向有关劳动保障行政部门提出。

第十九条 劳动保障行政部门通过日常巡视检查、书面审查、举报等发现用人单位有违反劳动保障法律的行为,需要进行调查处理的,应当及时立案查处。

立案应当填写立案审批表,报劳动保障监察机构负责人审查批准。劳动保障监察机构负责人批准之日即为立案之日。

第四章 调查与检查

第二十条 劳动保障监察员进行调查、检查不得少于2人。劳动保障监察机构应指定其中1名为主办劳动保障监察员。

第二十一条 劳动保障监察员对用人单位遵守劳动保障法律情况进行监察时,应当遵循以下规定:

(一)进入用人单位时,应佩戴劳动保障监察执法标志,出示劳动保障监察证件,并说明身份;

(二)就调查事项制作笔录,应由劳动保障监察员和被调查人(或其委托代理人)签名或盖章。被调查人拒不签名、盖章的,应注明拒签情况。

第二十二条 劳动保障监察员进行调查、检查时，承担下列义务：

（一）依法履行职责，秉公执法；

（二）保守在履行职责过程中获知的商业秘密；

（三）为举报人保密。

第二十三条 劳动保障监察员在实施劳动保障监察时，有下列情形之一的，应当回避：

（一）本人是用人单位法定代表人或主要负责人的近亲属的；

（二）本人或其近亲属与承办查处的案件事项有直接利害关系的；

（三）因其他原因可能影响案件公正处理的。

第二十四条 当事人认为劳动保障监察员符合本规定第二十三条规定应当回避的，有权向劳动保障行政部门申请，要求其回避。当事人申请劳动保障监察员回避，应当采用书面形式。

第二十五条 劳动保障行政部门应当在收到回避申请之日起3个工作日内依法审查，并由劳动保障行政部门负责人作出回避决定。决定作出前，不停止实施劳动保障监察。回避决定应当告知申请人。

第二十六条 劳动保障行政部门实施劳动保障监察，有权采取下列措施：

（一）进入用人单位的劳动场所进行检查；

（二）就调查、检查事项询问有关人员；

（三）要求用人单位提供与调查、检查事项相关的文件资料，必要时可以发出调查询问书；

（四）采取记录、录音、录像、照像和复制等方式收集有关的情况和资料；

（五）对事实确凿、可以当场处理的违反劳动保障法律、法规或规章的行为当场予以纠正；

（六）可以委托注册会计师事务所对用人单位工资支付、缴纳社会保险费的情况进行审计；

（七）法律、法规规定可以由劳动保障行政部门采取的其他调查、检查措施。

第二十七条 劳动保障行政部门调查、检查时，有下列情形之一的可以采取证据登记保存措施：

（一）当事人可能对证据采取伪造、变造、毁灭行为的；

（二）当事人采取措施不当可能导致证据灭失的；

（三）不采取证据登记保存措施以后难以取得的；

（四）其他可能导致证据灭失的情形的。

第二十八条 采取证据登记保存措施应当按照下列程序进行：

（一）劳动保障监察机构根据本规定第二十七条的规定，提出证据登记保存申请，报劳动保障行政部门负责人批准；

（二）劳动保障监察员将证据登记保存通知书及证据登记清单交付当事人，由当事人签收。当事人拒不签名或者盖章的，由劳动保障监察员注明情况；

（三）采取证据登记保存措施后，劳动保障行政部门应当在 7 日内及时作出处理决定，期限届满后应当解除证据登记保存措施。

在证据登记保存期内，当事人或者有关人员不得销毁或者转移证据；劳动保障监察机构及劳动保障监察员可以随时调取证据。

第二十九条 劳动保障行政部门在实施劳动保障监察中涉及异地调查取证的，可以委托当地劳动保障行政部门协助调查。受委托方的协助调查应在双方商定的时间内完成。

第三十条 劳动保障行政部门对违反劳动保障法律的行为的调查，应当自立案之日起 60 个工作日内完成；情况复杂的，经劳动保障行政部门负责人批准，可以延长 30 个工作日。

第五章 案件处理

第三十一条 对用人单位存在的违反劳动保障法律的行为事实确凿并有法定处罚（处理）依据的，可以当场作出限期整改指令或依法当场作出行政处罚决定。

当场作出限期整改指令或行政处罚决定的，劳动保障监察员应当填写预定格式、编有号码的限期整改指令书或行政处罚决定书，当场交付当事人。

第三十二条 当场处以警告或罚款处罚的，应当按照下列程序进行：

（一）口头告知当事人违法行为的基本事实、拟作出的行政处罚、依据及其依法享有的权利；

（二）听取当事人的陈述和申辩；

（三）填写预定格式的处罚决定书；

（四）当场处罚决定书应当由劳动保障监察员签名或者盖章；

（五）将处罚决定书当场交付当事人，由当事人签收。

劳动保障监察员应当在 2 日内将当场限期整改指令和行政处罚决定书存档联交所属劳动保障行政部门存档。

第三十三条 对不能当场作出处理的违法案件，劳动保障监察员经调查取证，应当提出初步处理建议，并填写案件处理报批表。

案件处理报批表应写明被处理单位名称、案由、违反劳动保障法律行为事实、被处理单位的陈述、处理依据、建议处理意见。

第三十四条 对违反劳动保障法律的行为作出行政处罚或者行政处理决定前，应当告知用人单位，听取其陈述和申辩；法律、法规规定应当依法听证的，应当告知用人单位有权依法要求举行听证；用人单位要求听证的，劳动保障行政部门应当组织听证。

第三十五条 劳动保障行政部门对违反劳动保障法律的行为，根据调查、检查的结果，作出以下处理：

（一）对依法应当受到行政处罚的，依法作出行政处罚决定；

（二）对应当改正未改正的，依法责令改正或者作出相应的行政处理决定；

（三）对情节轻微，且已改正的，撤销立案。

经调查、检查，劳动保障行政部门认定违法事实不能成立的，也应当撤销立案。

发现违法案件不属于劳动保障监察事项的，应当及时移送有关部门处理；涉嫌犯罪的，应当依法移送司法机关。

第三十六条　劳动保障监察行政处罚（处理）决定书应载明下列事项：

（一）被处罚（处理）单位名称、法定代表人、单位地址；

（二）劳动保障行政部门认定的违法事实和主要证据；

（三）劳动保障行政处罚（处理）的种类和依据；

（四）处罚（处理）决定的履行方式和期限；

（五）不服行政处罚（处理）决定，申请行政复议或者提起行政诉讼的途径和期限；

（六）作出处罚（处理）决定的行政机关名称和作出处罚（处理）决定的日期。

劳动保障行政处罚（处理）决定书应当加盖劳动保障行政部门印章。

第三十七条　劳动保障行政部门立案调查完成，应在15个工作日内作出行政处罚（行政处理或者责令改正）或者撤销立案决定；特殊情况，经劳动保障行政部门负责人批准可以延长。

第三十八条　劳动保障监察限期整改指令书、劳动保障行政处理决定书、劳动保障行政处罚决定书应当在宣告后当场交付当事人；当事人不在场的，劳动保障行政部门应当在7日内依照《中华人民共和国民事诉讼法》的有关规定，将劳动保障监察限期整改指令书、劳动保障行政处理决定书、劳动保障行政处罚决定书送达当事人。

第三十九条　作出行政处罚、行政处理决定的劳动保障行政部门发现决定不适当的，应当予以纠正并及时告知当事人。

第四十条　劳动保障监察案件结案后应建立档案。档案资料应当至少保存三年。

第四十一条　劳动保障行政处理或处罚决定依法作出后，当事人应当在决定规定的期限内予以履行。

第四十二条　当事人对劳动保障行政处理或行政处罚决定不服申请行政复议或者提起行政诉讼的，行政处理或行政处罚决定不停止执行。法律另有规定的除外。

第四十三条　当事人确有经济困难，需要延期或者分期缴纳罚款的，经当事人申请和劳动保障行政部门批准，可以暂缓或者分期缴纳。

第四十四条　当事人对劳动保障行政部门作出的行政处罚决定、责令支付劳动者工资报酬、赔偿金或者征缴社会保险费等行政处理决定逾期不履行的，劳动保障行政部门可以申请人民法院强制执行，或者依法强制执行。

第四十五条　除依法当场收缴的罚款外，作出罚款决定的劳动保障行政部门及其劳动保障监察员不得自行收缴罚款。当事人应当自收到行政处罚决定书之日起15日内，到指定银行缴纳罚款。

第四十六条 地方各级劳动保障行政部门应当按照劳动保障部有关规定对承办的案件进行统计并填表上报。

地方各级劳动保障行政部门制作的行政处罚决定书，应当在 10 个工作日内报送上一级劳动保障行政部门备案。

第六章 附则

第四十七条 对无营业执照或者已被依法吊销营业执照，有劳动用工行为的，由劳动保障行政部门依照本规定实施劳动保障监察。

第四十八条 本规定自 2005 年 2 月 1 日起施行。原《劳动监察规定》(劳部发〔1993〕167 号)、《劳动监察程序规定》(劳部发〔1995〕457 号)、《处理举报劳动违法行为规定》(劳动部令第 5 号，1996 年 12 月 17 日)同时废止。

山东省劳动和社会保障监察条例(2020 年修正)

山东省人大常委会公告第 56 号 2000 年 10 月 26 日

(2000 年 10 月 26 日山东省第九届人民代表大会常务委员会第十七次会议通过 根据 2012 年 1 月 13 日山东省第十一届人民代表大会常务委员会第二十八次会议《关于修改〈山东省环境噪声污染防治条例〉等二十五件地方性法规的决定》第一次修正 根据 2020 年 11 月 27 日山东省第十三届人民代表大会常务委员会第二十四次会议《关于修改〈山东省清洁生产促进条例〉等六件地方性法规的决定》第二次修正)

第一章 总则

第一条 为了依法规范劳动和社会保障行政执法行为，维护劳动者的合法权益，促进经济发展和社会稳定，根据《中华人民共和国劳动法》和有关法律、行政法规，结合本省实际，制定本条例。

第二条 县级以上人民政府人力资源社会保障行政部门对其管辖范围内的企业、民办非企业单位、个体经济组织以及与劳动者建立劳动合同关系的机关、事业组织、社会团体(以下统称用人单位)实施劳动和社会保障监察，适用本条例。

县级以上人民政府人力资源社会保障行政部门对机关、事业组织、社会团体遵守有关社会保障法律、法规的情况进行监察，依照本条例执行。

第三条 本条例所称劳动和社会保障监察，是指县级以上人民政府人力资源社会保障行政部门依法对用人单位遵守劳动和社会保障法律、法规的情况进行监督检查，并对违法行为依法作出处理的行政执法活动。

第四条 各级公安、市场监督管理、财政等有关行政部门，应当在各自的职权范围内协同人力资源社会保障行政部门做好劳动和社会保障监察工作。

第五条 劳动和社会保障监察应当遵循合法、公正、公开和教育与处罚相结合的原则，及时、准确地查处违反劳动和社会保障法律、法规的行为。

第六条 各级工会组织应当依法维护劳动者的合法权益，对用人单位遵守劳动和社会保障法律、法规的情况进行监督。

任何组织和个人对违反劳动和社会保障法律、法规的行为，有权向人力资源社会保障行政部门检举或者控告，其合法权益依法受到保护。

第七条 劳动和社会保障监察工作所需经费列入同级财政预算。

第二章 监察管辖与职责

第八条 对用人单位的劳动和社会保障监察，由用人单位用工所在地的县（市、区）或者设区的市人力资源社会保障行政部门管辖。

上级人力资源社会保障行政部门根据工作需要，可以直接查处应当由下级人力资源社会保障行政部门管辖的案件。对劳动和社会保障监察管辖发生争议的，报请共同的上一级人力资源社会保障行政部门指定管辖。

县（市、区）和设区的市人力资源社会保障行政部门的劳动和社会保障监察管辖范围，由设区的市人民政府确定。

第九条 人力资源社会保障行政部门履行下列监察职责：

（一）宣传、贯彻执行劳动和社会保障法律、法规；

（二）监督检查用人单位遵守劳动和社会保障法律、法规的情况；

（三）受理对违反劳动和社会保障法律、法规行为的检举或者控告；

（四）依法纠正和查处违反劳动和社会保障法律、法规的行为；

（五）法律、法规规定的其他监察职责。

第十条 劳动和社会保障监察人员有权进入用人单位进行现场检查，查阅、复制有关资料，对现场进行拍摄、录音，询问有关人员，调取有关资料。被检查单位应当给予协助，不得阻挠、拒绝。

第十一条 劳动和社会保障监察人员应当熟悉劳动和社会保障业务，掌握有关法律知识，坚持原则，秉公执法。

劳动和社会保障监察人员不得披露被检查单位的商业秘密和技术秘密。

劳动和社会保障监察人员应当为举报人员保密。

第三章　监察内容与方式

第十二条　人力资源社会保障行政部门对下列事项实施劳动和社会保障监察：

（一）用人单位制定内部劳动和社会保障规章制度的情况；

（二）用人单位与劳动者订立劳动合同的情况；

（三）用人单位遵守禁止使用童工规定的情况；

（四）用人单位遵守女职工和未成年工特殊劳动保护规定的情况；

（五）用人单位遵守工作时间和休息休假规定的情况；

（六）用人单位支付劳动者工资和执行最低工资标准的情况；

（七）用人单位参加各项社会保险和缴纳社会保险费的情况；

（八）职业介绍机构、职业技能培训机构和职业技能考核鉴定机构遵守国家有关职业介绍、职业技能培训和职业技能考核鉴定的规定的情况；

（九）法律、法规规定的其他劳动和社会保障监察事项。

第十三条　劳动和社会保障监察采取日常检查、专项检查、举报专查以及年度检查等方式。

除国家另有规定以及人力资源社会保障行政部门有理由认为用人单位存在违法行为或者违法嫌疑外，对同一用人单位的日常检查每年一般不超过两次，专项检查每年一般不超过一次。

人力资源社会保障行政部门没有法律、法规依据或者超越管辖权限对用人单位进行检查的，用人单位有权拒绝检查。

第四章　监察程序

第十四条　人力资源社会保障行政部门进行监察时，应当遵守下列规定：

（一）有两名以上的监察人员共同进行。监察人员应当着装整齐，佩戴执法标志，并出示执法证件。

（二）告知被检查单位监察的内容、要求和方法。

（三）询问或者现场检查应当制作笔录。笔录应当由监察人员和被询问人或者被检查单位的有关人员签名或者盖章。被询问人或者被检查单位的有关人员拒绝签名或者盖章的，应当注明拒绝事由。

人力资源社会保障行政部门可以根据需要向用人单位下达询问通知书，用人单位应当按照询问通知书的要求接受询问或者作出书面答复。

第十五条　人力资源社会保障行政部门根据监督检查结果，依照下列规定分别作出处理：

（一）用人单位的违法行为轻微，在一定期限内能够改正，依法可以不给予行政处罚

的,应当责令改正;

(二)用人单位的违法行为依法应当给予行政处理或者行政处罚的,应当立案,并依照有关法律、法规的规定和本条例规定的程序给予行政处理或者行政处罚。

第十六条 人力资源社会保障行政部门作出行政处理决定,应当遵守下列程序:

(一)立案;

(二)调查;

(三)决定;

(四)制作行政处理决定书;

(五)送达。

第十七条 人力资源社会保障行政部门作出行政处罚决定的程序,依照《中华人民共和国行政处罚法》的规定执行。

第十八条 人力资源社会保障行政部门对劳动和社会保障违法行为的调查,应当自立案之日起六十个工作日内完成;对情况复杂的,经人力资源社会保障行政部门负责人批准,可以延长三十个工作日。

第十九条 劳动和社会保障监察人员在监察过程中与当事人有直接利害关系的,应当回避。

第五章 法律责任

第二十条 违反本条例规定的行为,法律、行政法规已经规定法律责任的,适用其规定。

第二十一条 劳动和社会保障监察人员违反本条例,有下列行为之一的,由所在单位给予批评教育或者依法给予行政处分:

(一)违反本条例规定的程序收集证据的;

(二)应当提出回避而未提出的;

(三)向外界披露被检查单位的商业秘密和技术秘密的;

(四)泄露举报人员的;

(五)索取、收受被检查单位贿赂的;

(六)其他违反本条例的行为。

第六章 附则

第二十二条 职业安全监察、矿山安全监察、职业卫生监察、特种设备安全监察,由其主管部门按照各自职责,依照有关法律、法规的规定执行。

第二十三条 本条例自公布之日起施行。1995 年 3 月 8 日山东省人民政府发布的《山东省劳动监察办法》同时废止。

重大劳动保障违法行为社会公布办法

人力资源和社会保障部令第29号　2016年9月1日

第一条　为加强对重大劳动保障违法行为的惩戒，强化社会舆论监督，促进用人单位遵守劳动保障法律、法规和规章，根据《劳动保障监察条例》《企业信息公示暂行条例》等有关规定，制定本办法。

第二条　人力资源社会保障行政部门依法向社会公布用人单位重大劳动保障违法行为，适用本办法。

第三条　人力资源社会保障行政部门向社会公布重大劳动保障违法行为，应当遵循依法依规、公平公正、客观真实的原则。

第四条　人力资源社会保障部负责指导监督全国重大劳动保障违法行为社会公布工作，并向社会公布在全国有重大影响的劳动保障违法行为。

省、自治区、直辖市人力资源社会保障行政部门负责指导监督本行政区域重大劳动保障违法行为社会公布工作，并向社会公布在本行政区域有重大影响的劳动保障违法行为。

地市级、县级人力资源社会保障行政部门依据行政执法管辖权限，负责本辖区的重大劳动保障违法行为社会公布工作。

第五条　人力资源社会保障行政部门对下列已经依法查处并作出处理决定的重大劳动保障违法行为，应当向社会公布：

（一）克扣、无故拖欠劳动者劳动报酬，数额较大的；拒不支付劳动报酬，依法移送司法机关追究刑事责任的；

（二）不依法参加社会保险或者不依法缴纳社会保险费，情节严重的；

（三）违反工作时间和休息休假规定，情节严重的；

（四）违反女职工和未成年工特殊劳动保护规定，情节严重的；

（五）违反禁止使用童工规定的；

（六）因劳动保障违法行为造成严重不良社会影响的；

（七）其他重大劳动保障违法行为。

第六条　向社会公布重大劳动保障违法行为，应当列明下列事项：

（一）违法主体全称、统一社会信用代码（或者注册号）及地址；

（二）法定代表人或者负责人姓名；

（三）主要违法事实；

（四）相关处理情况。

涉及国家秘密、商业秘密以及个人隐私的信息不得公布。

第七条　重大劳动保障违法行为应当在人力资源社会保障行政部门门户网站公布，并在本行政区域主要报刊、电视等媒体予以公布。

第八条　地市级、县级人力资源社会保障行政部门对本辖区发生的重大劳动保障违法行为每季度向社会公布一次。

人力资源社会保障部和省级人力资源社会保障行政部门每半年向社会公布一次重大劳动保障违法行为。

根据工作需要，对重大劳动保障违法行为可随时公布。

第九条　县级以上地方人力资源社会保障行政部门在向社会公布重大劳动保障违法行为之前，应当将公布的信息报告上一级人力资源社会保障行政部门。

第十条　人力资源社会保障行政部门应当将重大劳动保障违法行为及其社会公布情况记入用人单位劳动保障守法诚信档案，纳入人力资源社会保障信用体系，并与其他部门和社会组织依法依规实施信息共享和联合惩戒。

第十一条　用人单位对社会公布内容有异议的，由负责查处的人力资源社会保障行政部门自收到申请之日起 15 个工作日内予以复核和处理，并通知用人单位。

重大劳动保障违法行为处理决定被依法变更或者撤销的，负责查处的人力资源社会保障行政部门应当自变更或者撤销之日起 10 个工作日内，对社会公布内容予以更正。

第十二条　人力资源社会保障行政部门工作人员在重大劳动保障违法行为社会公布中滥用职权、玩忽职守、徇私舞弊的，依法予以处理。

第十三条　本办法自 2017 年 1 月 1 日起施行。

山东省行政程序规定

山东省人民政府令第 238 号　2011 年 6 月 22 日

第一章　总则

第一条　为了规范行政行为，保护公民、法人和其他组织的合法权益，保障和监督行政机关依法行政，建设法治政府，根据有关法律、法规，结合本省实际，制定本规定。

第二条　本省各级行政机关、法律法规授权的组织和依法受委托的组织实施行政行为，应当遵守本规定。法律、法规另有规定的，从其规定。

第三条　行政机关应当依照法律、法规、规章，在法定权限内，按照法定程序实施行政行为。

第四条　没有法律、法规、规章依据，行政机关不得作出影响公民、法人和其他组织合法权益或者增加其义务的决定。

第五条　行政机关应当公正行使行政权力，平等对待公民、法人和其他组织。

行政机关行使行政裁量权应当符合立法目的，采取的措施和手段应当必要、适当；实施行政管理可以采取多种方式实现行政目的的，应当选择最有利于保护公民、法人和其他组织合法权益的方式。

第六条 行政机关应当将实施行政行为的依据、过程和结果依法公开。但是涉及国家秘密、商业秘密和个人隐私的除外。

涉及公民、法人和其他组织权利义务的行政文件、档案，应当依法允许查阅、摘录、复制。

第七条 公民、法人和其他组织因行政行为取得的正当权益受法律保护。非因法定事由并经法定程序，行政机关不得撤销、变更已经生效的行政决定；因公共利益或者其他法定事由必须撤销或者变更的，应当依照法定权限和程序进行，并对公民、法人和其他组织因此遭受的财产损失依法予以补偿。

第八条 公民、法人和其他组织有权提出行政管理的意见和建议，行政机关应当提供必要条件，采纳其合理意见和建议。

第九条 行政机关实施行政行为，可能影响公民、法人和其他组织合法权益的，除法定情形外，应当书面告知其事实、理由、依据，陈述权、申辩权，以及行政救济的途径、方式和期限。

第十条 行政机关实施行政行为，应当遵守法定期限或者承诺期限，为公民、法人和其他组织提供高效、优质服务。

第十一条 县级以上人民政府负责本规定在本行政区域内的实施工作。

县级以上人民政府法制机构和政府工作部门法制机构负责本规定实施的具体工作。县级以上人民政府办公厅(室)和机构编制、监察、人力资源社会保障、财政等部门，按照各自的职责分工，做好本规定实施的相关工作。

第二章 行政程序主体

第十二条 行政机关行使职权应当依照法律、法规、规章的规定。

法律、法规、规章对上下级行政机关之间的职权未作出明确规定的，上级行政机关应当按照有利于发挥行政效能、财权与事权相匹配、权力与责任相一致、管理重心适当下移等原则确定。

第十三条 行政机关的内设机构或者派出机构应当以其隶属的行政机关的名义作出行政决定，并由该行政机关承担法律责任。但是法律、法规另有规定的除外。

第十四条 法律、法规授权的具有管理公共事务职能的组织，在法定授权范围内，以自己的名义行使行政职权并承担相应的法律责任。

第十五条 行政机关可以根据法律、法规、规章的规定，委托行政机关或者具有管理公共事务职能的组织行使行政职权，受委托行政机关或者组织应当具备履行相应职责的条件，并在委托的范围内，以委托行政机关的名义行使行政职权，由此所产生的后果由委托行政机关承担法律责任。受委托行政机关或者组织不得将受委托的行政职权再委托给其他行政机关、组织或者个人。

委托行政机关应当将受委托主体和委托的行政职权内容向社会公告，并对受委托行政机关或者组织行使受委托行政职权的行为进行指导、监督。

第十六条　行政机关与受委托行政机关、组织之间应当签订书面委托协议，并报本级人民政府法制机构备案。委托协议应当包括委托依据、事项、权限、期限、双方权利和义务、法律责任等内容。

有下列情形之一的，应当及时解除委托协议，并向社会公布：

（一）委托期限届满的；

（二）受委托行政机关或者组织超越、滥用行政职权或者不履行行政职责的；

（三）受委托行政机关或者组织不再具备履行相应职责条件的；

（四）应当解除委托协议的其他情形。

第十七条　有下列情形之一的，行政机关应当请求相关行政机关协助：

（一）独立行使职权不能实现行政目的的；

（二）不能自行调查、取得所需事实资料的；

（三）执行公务所需文书、资料、信息为其他行政机关所掌握，自行收集难以取得的；

（四）应当请求行政协助的其他情形。

被请求协助的行政机关应当及时履行协助义务，不得推诿或者拒绝。不能提供协助的，应当以书面形式及时告知请求机关并说明理由。

因行政协助发生争议的，由请求机关与协助机关共同的上一级行政机关决定。

第十八条　行政机关的地域管辖权依照法律、法规、规章规定确定；没有明确规定的，由行政管理事项发生地的行政机关管辖，但是有下列情形之一的除外：

（一）涉及公民身份事务的，由其住所地行政机关管辖；住所地与经常居住地不一致的，由经常居住地行政机关管辖；住所地与经常居住地都不明确的，由最后居住地行政机关管辖；

（二）涉及法人和其他组织主体资格事务的，由其主要营业地或者主要办事机构所在地行政机关管辖；

（三）涉及不动产的，由不动产所在地行政机关管辖。

第十九条　行政机关受理公民、法人和其他组织的申请或者依职权启动行政程序后，认为不属于自己管辖的，应当移送有管辖权的行政机关，并通知当事人；受移送的行政机关认为不属于自己管辖的，不得再行移送，应当报请共同上一级行政机关指定管辖。

公民、法人和其他组织在法定期限内提出申请，依照前款规定移送有管辖权的行政机关的，视为已在法定期限内提出申请。

第二十条　两个以上行政机关对同一行政管理事项都有管辖权的，由先受理的行政机关管辖；发生管辖争议的，由共同上一级行政机关指定管辖。情况紧急、不及时采取措施将对公共利益或者公民、法人和其他组织合法权益造成重大损害的，行政管理事项发生地的行政机关应当进行必要处理，并立即通知有管辖权的行政机关。

第二十一条 行政机关之间发生职权争议的，由争议各方协商解决；协商不成的，依照下列规定处理：

（一）涉及职权划分的，由有管辖权的机构编制部门提出协调意见，报本级人民政府决定；

（二）涉及执行法律、法规、规章的，由有管辖权的政府法制机构依法协调处理；涉及重大事项的，由政府法制机构提出意见，报本级人民政府决定。

第二十二条 行政机关工作人员执行公务时，有下列情形之一的，应当自行申请回避；本人未申请回避的，行政机关应当责令回避；公民、法人和其他组织也可以以书面形式提出回避申请：

（一）与本人有利害关系的；

（二）与本人有夫妻关系、直系血亲关系、三代以内旁系血亲关系以及近姻亲关系的；

（三）可能影响公正执行公务的其他情形。

行政机关工作人员的回避由该行政机关主要负责人决定。行政机关主要负责人的回避由本级人民政府或者上一级行政机关决定。

第二十三条 公民、法人和其他组织在行政程序中，依法享有申请权、知情权、参与权、监督权、救济权。

公民、法人和其他组织参与行政程序，应当履行服从行政管理、协助执行公务、维护公共利益、提供真实信息、遵守法定程序等义务。

第三章 重大行政决策程序

第二十四条 本规定所称重大行政决策，是指县级以上人民政府依照法定职权，对关系本地区经济社会发展全局、社会涉及面广、与公民、法人和其他组织利益密切相关的下列事项作出的决定：

（一）制定经济和社会发展重大政策措施，编制国民经济和社会发展规划、年度计划；

（二）编制各类总体规划、重要的区域规划和专项规划；

（三）编制财政预决算，重大财政资金安排；

（四）研究重大政府投资项目和重大国有资产处置；

（五）制定资源开发利用、环境保护、劳动就业、社会保障、人口和计划生育、教育、医疗卫生、食品药品、住宅建设、安全生产、交通管理等方面的重大政策措施；

（六）确定和调整重要的行政事业性收费以及政府定价的重要商品、服务价格；

（七）制定行政管理体制改革的重大措施；

（八）需要由政府决策的其他重大事项。

重大行政决策的具体事项，由县级以上人民政府在前款规定的范围内确定，并向社会公布。

第二十五条　县级以上人民政府工作部门、派出机关和乡镇人民政府的行政决策程序参照本章规定执行。

起草地方性法规草案和制定政府规章，适用《中华人民共和国立法法》等有关法律、法规、规章的规定。

突发事件应对的行政决策程序，适用《中华人民共和国突发事件应对法》等有关法律、法规、规章的规定。

第二十六条　县级以上人民政府应当建立健全公众参与、专家论证和政府决定相结合的行政决策机制，完善行政决策的智力和信息支持系统，实行依法决策、科学决策、民主决策。

第二十七条　政府行政首长代表本级政府对重大行政事项行使决策权。决策事项承办单位依照法定职责确定或者由政府行政首长指定。

第二十八条　决策事项承办单位应当深入调查研究，全面、准确掌握决策所需信息，并按照决策事项涉及的范围征求有关方面意见，充分协商协调，结合实际拟定决策方案。

对需要进行多个方案比较研究或者争议较大的事项，应当拟定两个以上可供选择的决策方案。

第二十九条　决策事项承办单位应当对重大行政决策方案进行社会稳定、环境、经济等方面的风险评估；未经风险评估的，不得作出决策。

决策事项承办单位应当对重大行政决策方案进行合法性论证，必要时也可以进行成本效益分析。

第三十条　决策事项承办单位应当组织相关领域专家或者研究咨询机构，对重大行政决策方案进行必要性、可行性、科学性论证。专家论证意见应当作为政府决策的重要依据。

第三十一条　决策事项承办单位应当根据重大行政决策对公众影响的范围和程度，采用座谈会、论证会和互联网发布等形式广泛听取公众意见，对合理意见应当予以采纳；未予采纳的，应当以适当方式说明理由。

第三十二条　重大行政决策有下列情形之一的，决策事项承办单位应当举行听证会：

（一）法律、法规、规章规定应当听证的；

（二）可能影响社会稳定的；

（三）公众对决策方案有重大分歧的。

第三十三条　决策事项承办单位应当在听证会举行15日前公告下列事项：

（一）举行听证会的时间、地点；

（二）拟作出行政决策的内容、理由、依据和背景资料；

（三）申请参加听证会的时间、方式。

第三十四条　与听证事项有利害关系的公民、法人和其他组织，可以申请参加听证会。

决策事项承办单位应当根据听证公告确定的条件、受理申请的先后顺序和持不同意见人员比例相当的原则，合理确定参加人。决策事项承办单位可以根据需要邀请有关专业人员、专家学者参加听证会。

申请参加听证会的人数较多的，决策事项承办单位应当随机选择参加人。

听证参加人的基本情况应当向社会公布。

第三十五条 听证会应当按照下列程序进行：

（一）听证记录人查明听证参加人到场情况，宣布听证会纪律；

（二）听证主持人宣布听证会开始，介绍听证主持人、听证记录人，宣布听证会内容；

（三）决策事项承办单位工作人员陈述；

（四）听证参加人发表意见；

（五）围绕听证事项进行辩论。

听证会应当制作笔录，并交听证参加人签字或者盖章。听证主持人根据笔录制作的听证报告应当作为政府决策的重要依据。

第三十六条 重大行政决策方案提交政府常务会议或者全体会议讨论前，决策事项承办单位应当将该方案交本级人民政府法制机构进行合法性审查。未经合法性审查或者经审查不合法的，不得提交会议讨论并作出决策。

合法性审查的内容应当包括下列事项：

（一）是否违反法律、法规、规章的规定；

（二）是否超越法定职权；

（三）是否违反法定程序；

（四）需要进行合法性审查的其他事项。

第三十七条 政府行政首长将重大行政决策方案提交政府常务会议或者全体会议讨论，按照下列程序进行：

（一）决策事项承办单位作决策方案说明；

（二）政府法制机构作合法性审查说明；

（三）政府分管负责人发表意见；

（四）会议其他组成人员发表意见；

（五）政府行政首长发表意见。

第三十八条 重大行政决策在集体讨论的基础上，由政府行政首长作出同意、不同意、修改、暂缓或者再次讨论的决定。

作出暂缓决定超过1年的，决策方案退出重大行政决策程序。

政府常务会议或者全体会议应当记录重大行政决策方案的讨论情况及决定，对不同意见应当载明。

第三十九条 重大行政决策方案依法应当报上级人民政府批准或者提请同级人民代表大会及其常务委员会审议决定的，县级以上人民政府应当按照程序上报批准或者提请审议决定。

第四十条　县级以上人民政府作出重大行政决策后，应当依照政府信息公开的有关规定，自作出决定之日起20日内向社会公布。

第四十一条　县级以上人民政府应当通过跟踪调查、考核等措施，对重大行政决策事项执行情况进行督促检查。执行机关应当按照各自职责，全面、及时、正确地贯彻执行。监督机关应当加强对重大行政决策事项执行情况的监督。

执行机关发现重大行政决策所依赖的客观条件发生变化或者因不可抗力导致决策目标部分或者全部不能实现的，应当及时报告；执行机关、监督机关及公民、法人和其他组织认为决策及其执行违法或者不适当的，可以向决策机关提出。决策机关应当认真研究，并根据实际情况作出继续执行、停止执行、暂缓执行或者修订决策的决定。

第四十二条　县级以上人民政府应当定期对重大行政决策的执行情况组织评估，并将评估结果向社会公开。

第四章　规范性文件制定程序

第四十三条　本规定所称规范性文件，是指除政府规章外，行政机关在法定职权范围内，按照法定程序制定并公开发布的，对公民、法人和其他组织具有普遍约束力，可以反复适用的规定、办法、规则等行政公文。

行政机关制定的内部工作制度、人事任免决定、对具体事项的处理决定、工作部署、向上级行政机关的请示和报告以及其他对公民、法人和其他组织的权利义务没有直接影响、不具有普遍约束力、不可以反复适用的公文，不适用本规定。

各级人民政府、县级以上人民政府办公厅（室）制定的规范性文件，为政府规范性文件。县级以上人民政府工作部门制定的规范性文件，为部门规范性文件。

议事协调机构、政府工作部门的派出机构和部门内设机构不得制定规范性文件。

第四十四条　规范性文件不得设定行政许可、行政处罚、行政强制等事项，不得违法限制或者剥夺公民、法人和其他组织合法权利，不得违法增加公民、法人和其他组织的义务。

规范性文件对实施法律、法规、规章以及上级规范性文件作出具体规定的，不得与所依据的规定相抵触。

第四十五条　涉及两个以上政府工作部门职权范围内的事项，需要制定规范性文件的，应当由本级人民政府制定政府规范性文件，或者由有关部门联合制定部门规范性文件。

制定部门规范性文件，涉及社会关注度高或者涉外、涉港澳台事项时，应当事先请示本级人民政府同意。

第四十六条　制定规范性文件由行政机关依职权启动，公民、法人和其他组织也可以提议制定规范性文件。

第四十七条　制定规范性文件，应当采取座谈会、论证会、公开征求意见等方式广泛听取意见。

规范性文件的内容涉及重大公共利益的，公众有重大分歧的，可能影响社会稳定的，或者法律、法规、规章规定应当听证的，起草部门应当组织听证。

规范性文件涉及重大行政决策的，适用重大行政决策程序的规定。

第四十八条 制定规范性文件应当进行合法性审查。合法性审查由制定机关的法制机构负责，分别就制定主体、权限、程序、内容、形式是否合法进行审查，并向制定机关提交合法性审查报告。对合法性审查中发现的问题，依照下列规定处理：

（一）制定机关不具有制定该规范性文件的法定权限，或者主要内容不合法的，建议不制定该规范性文件；

（二）应当事先请示本级人民政府同意的部门规范性文件，尚未请示的，建议待请示本级人民政府同意后再制定；

（三）应当公开征求意见但是尚未征求、应当组织听证但是尚未组织、应当经专家论证但是尚未论证的，建议退回起草部门补正程序；

（四）具体规定不合法的，提出具体修改意见。

第四十九条 制定对公民、法人和其他组织的权利义务产生直接影响的规范性文件，应当由制定机关负责人集体讨论决定，并由制定机关主要负责人或者其委托的负责人签署。

因发生重大自然灾害、事故灾难、公共卫生事件或者其他社会安全事件，以及执行上级机关的紧急命令和决定等紧急情况需要立即制定规范性文件的，经合法性审查后，可以直接提请制定机关主要负责人或者其委托的负责人决定和签署。

第五十条 制定规范性文件实行统一登记、统一编制登记号、统一公布制度。未经统一登记、统一编制登记号、统一公布的规范性文件无效，不得作为行政管理的依据。

第五十一条 县级以上人民政府及其办公厅（室）的规范性文件，由本级人民政府法制机构在完成合法性审查后登记、编制登记号。

部门规范性文件应当自签署、编制文号之日起5日内，由制定机关的法制机构将规范性文件纸质文本与电子文本、起草说明、合法性审查报告和制定依据等材料送本级人民政府法制机构。符合要求的，政府法制机构应当自受理之日起5日内登记、编制登记号，出具《规范性文件登记通知书》；不符合要求的，不予登记并书面说明理由。

县级以上人民政府派出机关和乡镇人民政府的规范性文件参照前款规定，由其上一级人民政府法制机构登记、编制登记号。

县级以上人民政府法制机构应当将规范性文件自登记、编制登记号之日起5日内交本级人民政府办公厅（室），通过政府公报、政府网站统一公布。

第五十二条 县级以上人民政府及其办公厅（室）的规范性文件，应当按照规定自统一公布之日起30日内向上一级人民政府报送备案。部门规范性文件和县级以上人民政府派出机关、乡镇人民政府的规范性文件，经登记、编制登记号后，不再另行报送备案。

第五十三条 规范性文件应当载明有效期和施行日期。

规范性文件有效期为3年至5年；标注“暂行”、“试行”的规范性文件，有效期为1年至2年。有效期届满的，规范性文件自动失效。规范性文件施行日期与公布日期的间隔不得少于30日。但是，规范性文件公布后不立即施行将影响法律、法规、规章、上级规范性文件执行，或者不利于保障国家安全、公共利益的，可以自公布之日起施行。

制定机关应当于规范性文件有效期届满前6个月内进行评估，认为需要继续执行的，按照本规定重新登记、编制登记号、公布，并自公布之日起重新计算有效期；需要修订的，按照制定程序办理。

第五十四条　县级以上人民政府应当及时公布现行有效的和已经失效的规范性文件目录，方便公民、法人和其他组织查询。

第五十五条　公民、法人和其他组织认为规范性文件违法的，可以向制定机关或者本级人民政府法制机构提出书面审查申请。接到申请的制定机关或者政府法制机构应当受理，并自收到申请之日起60日内作出处理；情况复杂，不能在规定期限内处理完毕的，经审查机关负责人批准，可以适当延长，但是延长期限最多不超过30日。处理结果应当书面告知申请人。

第五章　行政执法程序

第一节　一般规定

第五十六条　本规定所称行政执法，是指行政机关依据法律、法规、规章和规范性文件，作出的行政许可、行政处罚、行政强制、行政确认、行政征收等影响公民、法人和其他组织权利、义务的具体行政行为。

第五十七条　与人民群众日常生产、生活直接相关的行政执法活动，一般由设区的市、县（市、区）人民政府具有行政执法权的行政机关实施。

县级人民政府工作部门在必要时，可以委托乡镇人民政府实施行政执法，具体办法由省人民政府另行制定。

第五十八条　行政执法应当严格依照法定权限和程序，坚持严格执法、公正执法、文明执法。

行政机关及其执法人员依法行使行政执法权，受法律保护。任何单位和个人不得拒绝、阻碍行政执法人员依法执行公务，不得违法干预行政执法。

第五十九条　行政执法不得滥用行政裁量权。法律、法规、规章规定行政裁量权的，行政机关应当以规范性文件的形式，对行政裁量权的标准、条件、种类、幅度、方式、时限予以合理细化、量化。

细化、量化行政裁量权，应当考虑下列情形：

（一）所依据的法律、法规、规章规定的立法目的、法律原则；

（二）经济、社会、文化等客观情况的地域差异；

（三）行政管理事项的事实、性质、情节以及社会影响；

(四)可能影响行政裁量权合理性的其他情形。

第六十条 县级以上人民政府应当依法确认本级行政区域内行政机关的行政执法主体资格,并向社会公告。

省以下垂直管理的行政机关的行政执法主体资格由省人民政府依法确认,并向社会公告。

行政执法人员应当按照规定参加培训,经考试合格,并取得行政执法证件,持证上岗。法律、行政法规对行政执法人员的证件使用有专门规定的,从其规定。

国家实行垂直管理的行政机关的行政执法人员使用国家统一规定的行政执法证件的,由该行政机关报本级人民政府备案。

第六十一条 根据国务院的授权,省人民政府可以决定一个行政机关行使有关行政机关的行政处罚权。依法设立的集中行使行政处罚权的行政机关,是本级人民政府的行政执法部门,具有行政执法主体资格。

经国务院批准,省人民政府根据精简、统一、效能的原则,可以决定一个行政机关行使有关行政机关的行政许可权。

第六十二条 县级以上人民政府根据行政管理的需要,可以组织相关行政机关联合执法。

联合执法中的行政执法决定,由参加联合执法的行政机关在各自的职权范围内依法分别作出,并承担相应的法律责任。

第六十三条 行政执法事项需要行政机关内设的多个机构办理的,该行政机关应当确定一个机构统一办理。

对涉及两个以上政府工作部门共同办理的事项,县级以上人民政府可以确定一个部门统一受理申请,将相关事项抄告相关部门,实行并联办理。

第六十四条 行政执法直接影响公民、法人和其他组织权利义务且不属于必须立即执行的,行政机关应当先采取教育、劝诫、疏导等方式,促使其自觉履行法定义务、纠正错误。违法情节轻微,经教育后自觉履行法定义务,且未造成危害后果的,可以不予追究法律责任。

第六十五条 行政机关在行政执法活动中,对涉嫌犯罪的案件,应当依法移送司法机关处理。

第二节 程序启动

第六十六条 行政执法程序由行政机关依职权启动,或者依公民、法人和其他组织的申请启动。

行政机关依职权启动行政执法程序,应当由行政执法人员填写审批表,报本行政机关负责人批准。情况紧急的,可以事后补报。

公民、法人和其他组织认为自己的申请事项符合法定条件的,可以申请行政机关启动行政执法程序。

第六十七条 公民、法人和其他组织申请启动行政执法程序应当采取书面形式。

申请书应当载明下列事项：

（一）申请人的基本情况；

（二）申请事项；

（三）申请的事实及理由；

（四）申请人签名或者盖章；

（五）申请时间。

申请人书写确有困难的，没有必要以书面形式申请的，或者紧急情况的，可以口头申请，行政机关应当当场记录，经申请人阅读或者向其宣读，确认内容无误后由其签名或者盖章。

第六十八条 行政机关对公民、法人和其他组织提出的申请，应当根据下列情况分别作出处理：

（一）申请事项属于本行政机关职权范围，申请材料齐全、符合法定形式的，应当受理；

（二）申请事项依法不属于本行政机关职权范围的，应当当场不予受理，并告知公民、法人和其他组织向有关行政机关申请；

（三）申请材料存在的错误可以当场更正的，应当允许当场更正；

（四）申请材料不齐全或者不符合法定形式的，应当当场或者在5日内一次告知需要补正的全部内容，逾期不告知的，自收到申请材料之日起视为受理；公民、法人和其他组织在限定期限内未补正的，视为撤回申请；公民、法人和其他组织按照行政机关的要求提交全部补正申请材料的，应当受理。

行政机关受理或者不受理申请，应当出具加盖本行政机关印章和注明日期的书面凭证。

第三节 调查和证据

第六十九条 行政执法程序启动后，行政机关应当查明事实，收集证据。

行政机关调查取证时，行政执法人员不得少于2人。

因调查事实、收集证据确需勘查现场的，行政机关应当通知当事人或者其代理人到场；当事人或者其代理人拒绝到场的，应当在调查笔录中载明。

行政执法人员应当向当事人或者有关人员主动出示行政执法证件，说明调查事项和依据，否则当事人或者有关人员有权拒绝接受调查和提供证据。

第七十条 公民、法人和其他组织应当配合行政机关调查，提供与调查有关的真实材料和信息。知晓有关情况的其他公民、法人和其他组织应当协助行政机关调查。因协助调查产生的合理费用由行政机关承担。调查取证应当制作笔录，由行政执法人员、当事人或者其代理人、见证人签字；当事人或者其代理人、见证人拒绝签字的，不影响调查结果的效力，但是应当在调查笔录中载明。

第七十一条 行政机关应当依照法定程序，采取合法手段，客观、全面地收集证据，不得仅收集对当事人不利的证据。

当事人有权以书面、口头或者其他方式向行政机关提供证据。

当事人有权提出调查证据的申请。行政机关不受理申请的，应当说明理由，并记录在卷。

第七十二条 行政执法证据有下列几种：

（一）书证；

（二）物证；

（三）当事人陈述；

（四）证人证言；

（五）视听资料；

（六）鉴定结论；

（七）勘验笔录、现场笔录。

第七十三条 下列证据材料不得作为行政执法决定的依据：

（一）违反法定程序收集的；

（二）以非法偷拍、偷录、窃听等手段侵害他人合法权益取得的；

（三）以利诱、欺诈、胁迫、暴力等不正当手段取得的；

（四）没有其他证据印证、且相关人员不予认可的证据复制件或者复制品；

（五）被技术处理而无法辨认真伪的；

（六）不能正确表达意志的证人提供的证言；

（七）境外形成的未办理法定证明手续的；

（八）不具备合法性、真实性和关联性的其他证据材料。

第七十四条 行政机关及其行政执法人员不得因当事人、利害关系人提出异议或者申辩而加重处理。

对于当事人、利害关系人的陈述和申辩，行政机关应当予以记录并归入案卷。

对当事人、利害关系人提出的事实和证据，行政机关应当进行审查，采纳其合理意见；不予采纳的，应当说明理由。

第四节 听证

第七十五条 有下列情形之一，行政机关组织听证的，适用本节规定：

（一）法律、法规、规章规定行政执法决定作出前应当听证的；

（二）行政机关依法告知听证权利后，当事人、利害关系人申请听证的；

（三）行政执法决定作出前，当事人、利害关系人主动申请听证，行政机关认为确有必要的；

（四）行政机关认为有必要听证的其他情形。

听证应当公开举行，但是涉及国家秘密、商业秘密和个人隐私的除外。

公开举行的听证会,公民、法人和其他组织可以申请旁听。

第七十六条 当事人、利害关系人主动申请听证或者行政机关依法告知听证权利,当事人、利害关系人申请听证的,应当在规定期限内提出书面申请。

当事人、利害关系人超过规定期限未申请的,视为放弃听证权利。

第七十七条 当事人、利害关系人申请听证符合条件的,行政机关应当自接到申请之日起5日内受理,并自受理之日起20日内组织听证;不符合条件的,应当自接到申请之日起5日内书面告知,并说明理由。

第七十八条 行政机关组织听证,利害关系人明确的,应当在举行听证会的7日前,书面通知当事人、利害关系人下列事项:

(一)听证事项、内容;

(二)听证会举行的时间、地点;

(三)听证机关的名称、地址;

(四)听证主持人、记录人的姓名、职务;

(五)当事人、利害关系人的权利和义务;

(六)应当告知的其他事项。当事人、利害关系人接到书面听证通知后,应当按时参加听证;无正当理由不参加的,视为放弃听证权利。

第七十九条 听证主持人应当具备相应的法律知识和专业知识,经政府法制机构统一培训,并取得资格证书。

听证主持人由行政机关负责人指定。与案件有利害关系的人员不得担任本案的听证主持人。行政机关没有符合条件的听证主持人的,可以申请本级人民政府法制机构或者上级行政机关选派。

听证主持人履行下列职责:

(一)主持听证会;

(二)维持听证会秩序,制止违反听证纪律的行为;

(三)根据听证笔录制作听证报告,提出处理意见或者建议;

(四)应当履行的其他职责。

听证主持人在听证期间不得与当事人、利害关系人及其他听证参与人单方接触。

第八十条 听证参加人包括负责实施该行政行为的行政机关工作人员、当事人以及利害关系人。

听证参加人应当按照行政机关确定的时间、地点出席听证会,如实回答听证主持人的询问。

听证参加人和旁听人员参加听证会时,应当遵守听证纪律;对违反听证纪律的人员,听证主持人可以劝阻;不听劝阻的,可以责令其离场。

第八十一条 听证会按照下列程序进行:

(一)听证记录人查明听证参加人的身份和到场情况,宣布听证纪律;

(二)听证主持人宣布听证会开始,介绍听证主持人、听证记录人,宣布听证内容,告知听证参加人的权利和义务；

（三）负责实施该行政行为的行政机关工作人员陈述意见、理由和依据；

（四）当事人、利害关系人陈述意见、理由；

（五）需要质证、辩论的，在听证主持人主持下进行；

（六）听证主持人可以根据需要向听证参加人询问，当事人、利害关系人经听证主持人同意，可以就听证事项向有关人员发问，应邀参加听证的专业人员经允许，可以就听证事项的有关问题陈述意见；

（七）听证参加人最后陈述；

（八）听证主持人宣布听证会结束。

第八十二条 听证应当制作笔录。听证主持人认为必要的，可以采用录音、录像等方式辅助记录。听证笔录经听证参加人确认无误或者补正后，当场签字或者盖章；无正当理由拒绝签字或者盖章的，听证记录人应当载明情况附卷。听证主持人、记录人应当在听证笔录上签字。

第八十三条 听证主持人应当自听证会结束之日起10日内，根据听证笔录制作听证报告，并将听证笔录和听证报告一并报本行政机关负责人。听证报告应当载明听证会的基本情况以及听证主持人的处理意见或者建议。

第五节 决定

第八十四条 行政执法决定由行政机关主要负责人或者分管负责人作出。

情节复杂或者重大的行政执法决定应当经行政机关法制机构审查后，由行政机关负责人集体讨论决定。其中，对涉及经济社会发展全局、影响公共利益以及专业性、技术性较强的重大行政执法事项，应当经专家论证后作出决定。

第八十五条 行政执法决定应当以书面形式作出。但是法律、法规、规章另有规定的除外。

行政执法决定应当载明下列事项：

（一）当事人基本情况；

（二）事实和证据；

（三）适用依据；

（四）决定内容；

（五）履行方式和时间；

（六）救济途径和期限；

（七）行政机关印章和决定日期；

（八）应当载明的其他事项。

第八十六条 行政执法决定应当说明证据采信理由、依据选择理由和行政裁量理由；未说明理由或者说明理由不充分的，当事人有权要求行政机关予以说明。

第八十七条 有下列情形之一的，行政执法决定可以不说明理由：

（一）行政执法决定有利于当事人的，但是第三人提出异议的情形除外；

（二）情况紧急，行政机关无法说明理由的；

（三）涉及国家秘密、商业秘密、个人隐私的；

（四）有关资格考试、专门知识的；

（五）法律、行政法规规定可以不说明理由的其他情形。

有前款第二项情形，当事人自行政执法决定送达之日起30日内要求行政机关书面说明理由的，行政机关应当书面说明。

第八十八条　行政机关依职权启动行政执法程序的，对事实清楚、当场可以查实、有法定依据且对当事人合法权益影响较小的事项，行政机关可以适用简易程序，当场告知当事人行政执法决定的事实、理由和依据，听取当事人的陈述与申辩，当场作出行政执法决定，并在5日内报所属行政机关备案。

第八十九条　公民、法人和其他组织依法申请启动行政执法程序的，行政机关对申请材料齐全、符合法定形式，且依法不需要对申请材料的实质内容进行核实的事项，应当当场作出书面决定。

第九十条　行政执法决定自送达之日起生效。

行政执法决定附条件或者附期限的，应当载明生效的条件或者期限。

第九十一条　行政机关应当建立行政执法案卷，对公民、法人和其他组织的监督检查记录、证据材料、执法文书等立卷归档。

第六节　期间和送达

第九十二条　本规定所称期限，包括法定期限、行政机关承诺期限和其他期限。

期间以时、日、月、年计算。期间开始的时和日，不计算在期间内。

期间届满的最后一日是节假日的，以节假日后的第一日为期间届满的日期。

期间不包括在途时间。

第九十三条　法律、法规、规章对行政执法程序有明确期限规定的，行政机关必须在法定期限内办结。

法律、法规、规章对行政执法程序没有规定办理期限的，实行限时办结制度。

行政执法程序由行政机关依职权启动的，行政机关应当自程序启动之日起60日内办结；60日内不能办结的，经本行政机关负责人批准，可以延长30日，并将延长期限的理由告知当事人。

行政执法程序依公民、法人和其他组织的申请启动，涉及一个行政机关的，行政机关应当自受理申请之日起20日内办结；20日内不能办结的，经本行政机关负责人批准，可以延长10日，并将延长期限的理由告知申请人。涉及两个以上行政机关的，行政机关应当自受理申请之日起45日内办结；45日内不能办结的，经本级人民政府负责人批准，可以延长15日，并将延长期限的理由告知申请人。依法应当先经下级行政机关审查或者经上级行政机关批准的事项，负责审查或者批准的行政机关应当自受理之日起20日内审查或者批准完毕。

行政机关对行政执法程序的办理期限作出明确承诺的，应当在承诺期限内办结。

第九十四条 行政机关作出行政执法决定，依法需要听证、招标、拍卖、检验、检测、检疫、勘验、鉴定、专家评审和公示的，所需时间不计算在规定的期限内。行政机关应当将所需时间书面告知当事人。

第九十五条 行政机关不得不履行或者拖延履行法定职责。

行政机关在法定期限或者承诺期限内，非因法定理由或者其他正当理由未启动行政执法程序的，属于不履行法定职责。

行政机关在法定期限或者承诺期限内，非因法定理由或者其他正当理由，虽然启动行政执法程序但是未及时作出行政执法决定的，属于拖延履行法定职责。

第九十六条 送达行政执法文书应当有送达回证，由受送达人在送达回证上注明收到日期，签名或者盖章。

受送达人在送达回证上的签收日期为送达日期。

送达程序参照民事诉讼法有关规定执行。

第七节 费用

第九十七条 因行政执法支出的费用，由行政机关承担。除法律、法规规定由公民、法人和其他组织承担的费用以外，行政机关不得收取任何费用。

公民、法人和其他组织自行取证的费用，由其自行承担。

第九十八条 行政机关的行政事业性收费和罚没收入，应当严格执行收费和罚没收入收支两条线管理制度，任何机关或者个人不得以任何形式截留、挪用、私分或者变相私分，不得以任何形式向行政机关返还或者变相返还。任何单位和个人不得对行政执法活动下达或者变相下达罚款或者收费指标。

第九十九条 行政机关实施收费、罚款、没收违法所得，应当开具财政票据，否则公民、法人和其他组织有权拒绝缴纳；没收非法财物或者查封、扣押财物，应当出具清单，并对相关财物妥善保管，不得擅自使用或者处理。

公民、法人和其他组织缴纳费用确有困难的，可以向行政机关申请缓缴、减缴或者免缴；行政机关同意的，应当以书面形式作出决定，报财政、监察、审计机关备案，并向社会公布。

第六章 特别行为程序

第一节 行政合同

第一百条 本规定所称行政合同，是指行政机关为了维护公共利益，实现行政管理目的，与公民、法人和其他组织之间，经双方意思表示一致达成的协议。

行政合同主要适用于下列事项：

（一）政府特许经营；

（二）国有自然资源使用权出让；

（三）国有资产承包经营、出售或者租赁；

（四）公用征收、征用补偿；

（五）政府购买公共服务；

（六）政策信贷；

（七）行政机关委托的科研、咨询；

（八）计划生育管理；

（九）法律、法规、规章规定可以订立行政合同的其他事项。

第一百零一条　订立行政合同应当遵循维护公益、公开竞争和自愿原则。

行政合同应当采取公开招标、拍卖等方式订立。有下列情形之一的，可以采取直接磋商的方式订立：

（一）法律、法规有明确规定的；

（二）情况紧急需要尽快订立合同的；

（三）行政机关委托的科研合同；

（四）需要保密的合同；

（五）需要利用专利权或者其他专有权利的合同；

（六）需要采取直接磋商方式的其他情形。

法律、法规、规章对订立行政合同的方式另有规定的，从其规定。

第一百零二条　行政合同应当以书面形式签订，但是法律、法规另有规定的除外。

行政合同的内容不得违反法律、法规、规章的规定，不得损害国家和社会公共利益，不得违反公序良俗。

第一百零三条　行政合同依照法律、法规规定应当经其他行政机关批准或者会同办理的，经批准或者会同办理后，行政合同方能生效。

第一百零四条　行政机关有权对行政合同的履行进行指导和监督，但是不得妨碍对方当事人履行合同。

第一百零五条　行政合同受法律保护，合同当事人不得擅自变更、中止或者解除合同。

行政合同在履行过程中，出现严重损害国家利益或者公共利益的重大情形，行政机关有权变更或者解除合同；由此给对方当事人造成损失的，应当予以补偿。

行政合同在履行过程中，出现影响合同当事人重大利益、导致合同不能履行或者难以履行的情形的，合同当事人可以协商变更或者解除合同。

第二节　行政指导

第一百零六条　本规定所称行政指导，是指行政机关为了实现特定行政目的，在法定职权范围内或者依据法律、法规、规章和政策，以劝告、提醒、建议、协商、制定和发布指导性政策、提供技术指导和帮助等非强制方式,引导公民、法人和其他组织作出或者不作出某种行为的活动。

行政机关实施行政指导不得收取任何费用。

第一百零七条　行政指导一般适用于下列情形：

(一)需要从技术、政策、安全、信息等方面帮助公民、法人和其他组织增进其合法利益的；

(二)需要预防可能出现的妨碍行政管理秩序的违法行为的；

(三)需要实施行政指导的其他情形。

第一百零八条　实施行政指导可以采取书面、口头或者其他合理形式。公民、法人和其他组织要求采取书面形式的,行政机关应当采取书面形式。

第一百零九条　行政机关可以主动实施行政指导,也可以依公民、法人和其他组织的申请实施行政指导。

公民、法人和其他组织有权自主决定是否接受、听从、配合行政指导;行政机关不得采取或者变相采取强制措施实施行政指导。

第一百一十条　行政指导的主体、目的、内容、理由、依据和背景资料等事项,应当向社会公开,但是涉及国家秘密、商业秘密和个人隐私的除外。

第一百一十一条　行政机关实施重大行政指导,应当采取公布草案、听证会、座谈会等方式,广泛听取公民、法人和其他组织的意见。

实施行政指导涉及专业性、技术性问题的,应当经过专家论证,专家论证意见应当记录在案。

第三节　行政裁决

第一百一十二条　本规定所称行政裁决,是指行政机关根据法律、法规的授权,处理公民、法人和其他组织之间发生的与行使行政职权相关的民事纠纷的行为。

第一百一十三条　公民、法人和其他组织申请行政裁决,可以书面申请,也可以口头申请。口头申请的,行政机关应当当场记录申请人的基本情况、行政裁决请求、主要事实和理由。

行政机关应当自收到公民、法人和其他组织申请之日起 5 日内审查完毕,并按照下列规定作出处理：

(一)申请事项属于本机关管辖的,应当受理,并自受理之日起 5 日内,将申请书副本或者申请笔录复印件发送被申请人；

(二)申请事项不属于本机关管辖的,应当告知申请人向有关行政机关提出；

(三)申请事项依法不适用行政裁决程序的,不予受理,并书面告知申请人。

第一百一十四条　被申请人应当自收到申请书副本或者申请笔录复印件之日起 10 日内,向行政机关提交书面答复及相关证据材料。

行政机关应当自收到被申请人提交的书面答复之日起 5 日内,将书面答复副本送达申请人。申请人、被申请人可以到行政机关查阅、复制、摘录案卷材料。

第一百一十五条　行政机关审理行政裁决案件，应当由 2 名以上工作人员办理。

申请人、被申请人对主要事实没有争议的，行政机关可以书面审理；对主要事实有争议的，应当公开审理。但是依法不予公开的除外。

行政机关应当先行调解，调解不成的，依法作出裁决。

第一百一十六条　行政机关作出裁决后应当制作行政裁决书。

行政裁决书应当载明下列事项：

(一)申请人、被申请人的基本情况；

(二)争议的事实；

(三)认定的事实；

(四)适用的法律依据；

(五)裁决内容和理由；

(六)救济的途径和期限；

(七)行政机关印章和裁决日期；

(八)应当载明的其他事项。

第一百一十七条　行政机关应当自受理申请之日起 60 日内作出裁决；情况复杂的，经本行政机关主要负责人批准，可以延长 30 日，并告知申请人和被申请人。

第四节　行政给付

第一百一十八条　本规定所称行政给付，是指行政机关根据公民、法人和其他组织的申请，依照有关法律、法规、规章或者规范性文件的规定，发放抚恤金、社会保险金、最低生活保障金和其他福利等赋予物质权益或者与物质有关的权益的行为。

行政给付应当遵循有利于保护群众利益、促进社会公正、维护社会稳定的原则。

第一百一十九条　行政给付应当根据法律、法规、规章或者规范性文件规定的范围、对象、等级、标准和期限实施。

实施行政给付应当建立账册登记制度，由公民、法人和其他组织在账册上签字或者盖章。

行政给付的账册应当定期交付审计，审计结果应当依法向社会公布。

第一百二十条　行政机关变更行政给付范围、对象、等级、标准、期限或者废止相应项目的，应当提前 30 日告知公民、法人和其他组织。

第一百二十一条　公民、法人和其他组织以欺骗、贿赂等不正当手段取得行政给付的，行政机关应当撤销，并予以追回。

第五节　行政调解

第一百二十二条　本规定所称行政调解，是指行政机关为了化解社会矛盾、维护社会稳定，依照法律、法规、规章和规范性文件的规定，居间协调处理与行使行政职权相关的民事纠纷的行为。

行政调解应当遵循自愿、合法、公正、及时的原则。

第一百二十三条 行政机关可以根据公民、法人和其他组织的申请进行行政调解，也可以主动进行行政调解。

行政调解由具有相关法律知识、专业知识和实际经验的工作人员主持。

第一百二十四条 行政机关收到行政调解申请后，经审查符合条件的，应当及时告知被申请人；被申请人同意调解的，应当受理并组织调解。

不符合条件或者一方不同意调解的，不予调解。

第一百二十五条 行政调解工作人员应当在查明事实、分清是非的基础上，根据纠纷的特点、性质和难易程度，进行说服疏导，引导双方达成调解协议。

调解达成协议的，应当制作调解协议书。调解协议书应当由纠纷双方和调解工作人员签名，并加盖行政机关印章。

第七章　监督和责任追究

第一百二十六条 县级以上人民政府应当加强对本规定实施情况的监督检查，及时纠正行政程序违法行为。

监督检查应当采取下列方式：

(一)听取本规定实施情况的报告；

(二)行政执法评议考核；

(三)行政执法案卷评查；

(四)调查处理公众投诉、举报以及新闻媒体曝光的行政程序违法行为；

(五)监督检查的其他方式。

第一百二十七条 公民、法人和其他组织认为行政机关的行政行为违反本规定的，可以向监察机关、上级行政机关或者本级人民政府法制机构投诉、举报。

监察机关、上级行政机关、政府法制机构应当公布受理投诉、举报的承办机构和联系方式，对受理的投诉、举报进行调查，依照职权作出处理，并将处理结果告知投诉人、举报人。

第一百二十八条 行政机关违反本规定的，应当依职权或者依公民、法人和其他组织的申请自行纠正。

监察机关、上级行政机关、政府法制机构对投诉、举报和监督检查中发现的违反本规定的行为，应当发出《行政监督通知书》，建议自行纠正，有关行政机关应当在30日内将处理结果向监督机关报告。

有关行政机关不自行纠正的，由监督机关依照职权分别作出责令补正或者更正、责令履行法定职责、确认违法或者无效、撤销等处理。

第一百二十九条 行政决定有下列情形之一的，应当以书面形式补正或者更正：

(一)未说明理由,但是未对公民、法人和其他组织的合法权益产生不利影响的;

(二)程序存在轻微瑕疵,但是未侵犯公民、法人和其他组织合法权益的;

(三)文字表述错误或者计算错误的;

(四)未载明作出日期的;

(五)需要补正或者更正的其他情形。

第一百三十条　行政机关不履行或者拖延履行法定职责的,应当责令其履行。

第一百三十一条　行政决定有下列情形之一的,应当确认违法:

(一)行政机关不履行法定职责,但是责令其履行已无实际意义的;

(二)行政决定违法,但是不具有可撤销内容的;

(三)行政决定违法,但是撤销该行政决定可能对公共利益造成重大损害的;

(四)应当确认违法的其他情形。

第一百三十二条　行政决定有下列情形之一的,应当确认无效:

(一)行政机关无权作出的;

(二)未加盖行政机关印章的;

(三)内容不可能实现的;

(四)应当确认无效的其他情形。

行政决定的部分内容被确认无效的,不影响其他内容的效力。但是确认部分内容无效后行政决定不能成立的,行政决定全部无效。

无效的行政决定,自始不发生法律效力。

第一百三十三条　行政决定有下列情形之一的,应当撤销:

(一)主要事实不清、证据不足的;

(二)适用依据错误的;

(三)违反法定程序的,但是可以补正或者更正的除外;

(四)超越或者滥用职权的;

(五)应当撤销的其他情形。

撤销行政决定可能对公共利益造成重大损害的,不予撤销;但是行政机关应当自行补救或者由有权机关责令其补救。行政决定被撤销的,行政机关可以依法重新作出。

第一百三十四条　行政机关及其工作人员违反本规定,有下列情形之一的,应当追究责任:

(一)不具有法定行政主体资格实施行政行为的;

(二)违法进行行政委托的;

(三)超越或者滥用职权的;

(四)不履行或者拖延履行法定职责的;

(五)重大行政决策未经公众参与、专家论证、风险评估、合法性审查、集体讨论决定的;

(六)违反本规定制定和发布规范性文件的;

（七）不依法组织听证的；

（八）行政决定被撤销、被确认违法或者无效的；

（九）违反本规定订立、履行行政合同的；

（十）违反本规定实施行政指导的；

（十一）违反本规定进行行政裁决的；

（十二）违反本规定实施行政给付的；

（十三）违反本规定进行行政调解的；

（十四）因行政行为违法导致行政赔偿的；

（十五）违反本规定的其他情形。

前款所称行政机关工作人员，是指行政行为的具体承办人员、审核人员和批准人员。

第一百三十五条 追究行政机关及其工作人员责任的形式包括行政处理和处分。

对行政机关行政处理的种类为：责令限期整改、责令道歉、通报批评、取消评比先进的资格等。

对行政机关工作人员的行政处理的种类为：告诫、责令道歉、通报批评、离岗培训、调离执法岗位、取消行政执法资格等。

处分的种类为：警告、记过、记大过、降级、撤职、开除。

行政处理和处分可以合并适用。

第一百三十六条 追究行政机关及其工作人员的责任，按照下列规定进行：

（一）对行政机关的行政处理，由本级人民政府、监察机关或者上级行政机关决定；

（二）对行政机关工作人员的行政处理，由本行政机关或者任免机关决定；其中，取消行政执法资格的处理，由本级人民政府法制机构决定；

（三）对行政机关工作人员的处分，由任免机关或者监察机关决定；

（四）对行政机关工作人员应当采取组织处理措施的，按照管理权限和规定程序办理。

第一百三十七条 行政机关违反本规定实施行政行为，侵犯公民、法人和其他组织合法权益造成损害的，依法承担行政赔偿责任。

行政机关履行赔偿义务后，应当责令有故意或者重大过失的行政机关工作人员承担全部或者部分赔偿费用。

第八章 附则

第一百三十八条 设区的市、县（市、区）人民政府可以根据本规定作出具体规定。

第一百三十九条 本规定自2012年1月1日起施行。

山东省重大行政决策程序规定

山东省人民政府令第336号　2020年11月12日

第一章　总则

第一条　为了健全科学、民主、依法决策机制，完善重大行政决策程序，规范重大行政决策行为，提高决策质量和效率，推进法治政府建设，根据《中华人民共和国地方各级人民代表大会和地方各级人民政府组织法》和国务院《重大行政决策程序暂行条例》等法律、法规，结合本省实际，制定本规定。

第二条　本省行政区域内县级以上人民政府（以下统称决策机关）重大行政决策的作出、执行和调整程序，适用本规定。

第三条　本规定所称重大行政决策事项（以下简称决策事项）包括：

（一）制定有关劳动就业、社会保障、教育科技、医疗卫生、文化体育等公共服务方面的重大公共政策和措施；

（二）制定有关市场监管、社会管理、生态环境保护等方面的重大公共政策和措施；

（三）制定经济和社会发展方面重要的总体规划、区域规划和专项规划；

（四）制定开发利用或者保护水、土地、能源、矿产、生物等重要自然资源的重大公共政策和措施；

（五）制定开发利用或者保护历史文化街区、传统村落、风景名胜区以及其他重要文化资源的重大公共政策和措施；

（六）决定在本行政区域实施的重大公共建设项目；

（七）决定对经济社会发展有重大影响、涉及重大公共利益或者社会公众切身利益的其他重大事项。

法律、行政法规对前款规定事项的决策程序另有规定的，依照其规定。宏观调控决策、政府立法决策、突发事件应急处置决策以及政府内部事务管理决策，不适用本规定。

第四条　司法行政部门应当根据本规定第三条的规定，结合本级人民政府的职责权限和本地实际，编制年度决策事项目录，报决策机关研究确定，经同级党委同意后向社会公布，并根据实际情况调整。

年度决策事项目录包括决策事项名称、承办单位等内容。

第五条　重大行政决策必须坚持和加强党的全面领导，全面贯彻党的路线方针政策和决策部署，发挥党的领导核心作用，把党的领导贯彻到重大行政决策全过程。

第六条　作出重大行政决策应当遵循科学、民主、依法决策原则，坚持从实际出发，尊重客观规律；充分听取各方面意见，保障人民群众通过多种途径和形式参与决策；严格遵守法定权限和法定程序，保证决策内容符合法律、法规、规章和政策等规定。

作出重大行政决策应当遵循公开原则，除依法应当保密的外，决策事项、依据和结果应当及时公开。

第七条 决策机关应当健全重大行政决策制度机制，加强决策智库建设，利用大数据、云计算和人工智能等技术提升决策信息化水平，并对开展重大行政决策工作所需经费予以保障。

第八条 司法行政部门负责本行政区域重大行政决策工作的组织协调、指导和监督，并负责重大行政决策合法性审查工作。

决策机关相关部门按照职责权限负责重大行政决策草案拟定、执行和后评估等工作。

第九条 重大行政决策依法接受本级人民代表大会及其常务委员会的监督。

上级行政机关应当加强对下级行政机关重大行政决策的监督。审计机关按照规定对重大行政决策进行监督。

第十条 重大行政决策的科学化、民主化、法治化情况应当纳入本地法治政府建设规划，作为法治政府建设与责任落实督察的内容和考核评价决策机关及其领导人员的重要内容。

第二章　决策启动

第十一条 对各方面提出的决策事项建议，按照下列规定进行研究论证后，报请决策机关决定是否启动决策程序：

（一）决策机关领导人员提出决策事项建议的，交有关主管部门研究论证；

（二）决策机关所属部门或者下一级人民政府提出决策事项建议的，由建议提出单位组织研究论证；

（三）人大代表、政协委员等通过议案、建议、提案等方式提出决策事项建议，以及公民、法人或者其他组织提出书面决策事项建议的，交有关主管部门研究论证。

对前款决策事项建议进行研究论证的，应当论证拟解决的主要问题、建议理由和依据、解决问题的初步方案及其必要性、可行性等。

第十二条 决策机关决定启动决策程序的，应当明确决策事项的承办单位（以下简称决策承办单位），由决策承办单位负责重大行政决策草案（以下简称决策草案）的拟订等工作。

决策事项需要两个以上单位承办的，应当明确牵头决策承办单位。

决策承办单位确定后，相关职能发生变化的，由继续行使该职能的单位作为决策承办单位。

第十三条 决策承办单位应当深入调查研究，全面、准确掌握决策所需信息，充分协商协调，结合实际拟定决策草案，可以自行起草，也可以委托有关专家或者专业机构起草。

第十四条　决策承办单位法制工作机构应当对决策草案进行合法性审查，出具合法性初审意见书；在审查过程中应当听取法律顾问和公职律师的意见。

拟定市场准入、产业发展、招商引资、招标投标、政府采购、经营行为规范、资质标准等涉及市场主体经济活动的决策草案的，决策承办单位应当按规定进行公平竞争审查。

拟定有关或者影响货物贸易、服务贸易以及与贸易有关的知识产权的决策草案的，决策承办单位应当按规定进行贸易政策合规审查。

第十五条　决策承办单位根据需要对决策事项进行成本效益分析预测的，应当形成分析预测报告。分析预测报告包括基本信息和来源、分析预测方法和过程、分析预测结论及其对决策事项的影响等内容。

第十六条　决策事项涉及决策机关所属部门、下级人民政府等单位的职责的，决策承办单位应当采取适当方式征求意见，并与其充分协商；不能取得一致意见的，应当向决策机关说明争议的主要问题、有关单位的意见以及决策承办单位的意见、理由和依据，必要时可以报请决策机关有关负责人协调。

第三章　公众参与

第十七条　决策承办单位应当采取便于社会公众参与的方式充分听取意见，涉及国家秘密、商业秘密等依法不予公开的决策事项除外。

决策承办单位根据决策事项对社会和公众影响的范围和程度，可以采取座谈会、书面征求意见、向社会公开征求意见、实地走访、听证会、问卷调查、民意调查等多种方式广泛听取意见。

第十八条　决策机关应当建立完善公众参与平台，及时发布重大行政决策相关信息、征求意见及其反馈情况，充分利用政府门户网站、社交媒体、移动互联网等信息网络，拓展公众参与渠道，增强公众参与效果。

第十九条　决策事项与企业生产经营活动密切相关，可能对企业切身利益或者权利义务有重大影响的，决策承办单位应当充分听取有代表性的企业和行业协会商会的意见，特别是民营企业、劳动密集型企业、中小企业等市场主体的意见。

第二十条　决策事项向社会公开征求意见的，决策承办单位应当通过政府网站、政务新媒体以及报刊、广播、电视等便于社会公众知晓的途径进行。

向社会公开征求意见的内容包括决策草案及其说明、提出意见的方式和期限等。公开征求意见的期限一般不少于30日；因情况紧急等需要缩短期限的，征求意见时应当予以说明。

对社会公众普遍关心或者专业性、技术性较强的问题，决策承办单位可以通过专家访谈等方式进行解释说明。

第二十一条　以座谈会方式征求公众意见的，决策承办单位应当邀请有利害关系的公民、法人或者其他组织代表参加，并将决策草案等材料于召开座谈会 3 日前送达与会人员。

第二十二条 决策事项有下列情形之一的，决策承办单位应当召开听证会：

（一）法律、法规、规章规定应当听证的；

（二）直接涉及公民、法人或者其他组织切身利益，可能造成重大影响的；

（三）决策事项存在重大分歧的。

第二十三条 决策承办单位应当在召开听证会 15 日前公告下列事项：

（一）举行听证会的时间、地点；

（二）决策草案及其说明等材料；

（三）申请参加听证会的时间、方式。

第二十四条 与决策事项有利害关系的公民、法人或者其他组织，可以申请参加听证会。

决策承办单位应当合理确定听证参加人，利害关系人代表一般不少于听证参加总人数的二分之一。申请参加听证会的人数较多的，决策承办单位应当提前公布听证参加人遴选办法，公平公开组织遴选，保证相关各方都有代表参加听证会。

听证参加人的基本情况应当提前向社会公布。听证会材料应当于召开听证会 7 日前送达听证参加人。

第二十五条 听证会应当按照下列程序公开进行：

（一）听证记录人查明听证参加人到场情况，宣布听证会纪律；

（二）听证主持人宣布听证会开始，介绍听证主持人、听证记录人，宣布听证会内容；

（三）决策事项承办单位介绍决策草案、依据和有关情况；

（四）听证参加人陈述意见，进行询问、质证和辩论，必要时可以由决策承办单位或者有关专家进行解释说明；

（五）听证参加人确认听证会记录并签字。

第二十六条 决策承办单位应当根据听证会记录制作听证报告，作为决策机关决策的重要依据。

听证报告包括召开听证会的基本情况、听证参加人的意见、意见采纳情况和理由等内容。

第二十七条 对有关文化教育、医疗卫生、公用事业、生态环境保护、资源开发利用和保护等重大民生决策事项，决策承办单位可以采取民意调查的方式，了解社会公众对决策事项的意见，并形成民意调查报告。

决策承办单位可以自行组织或者委托无利害关系的民意调查机构等第三方机构进行民意调查。

第二十八条 决策承办单位应当全面、客观地听取和记录各方面的意见，不得只听取、记录赞成意见，不得漏报、瞒报反对意见。

第二十九条 决策承办单位应当将公众参与的情况进行归纳整理、研究论证，充分采纳合理意见，完善决策草案，并通过适当方式向社会反馈公众意见采纳情况。

第四章　专家论证

第三十条　对专业性、技术性较强的决策事项，决策承办单位应当组织专家、专业机构论证其必要性、可行性、科学性等，并提供必要保障。

专家论证可以采取论证会、书面咨询、委托咨询论证等方式。

第三十一条　决策承办单位选择专家、专业机构参与论证，应当坚持专业性、代表性和中立性，注重选择持不同意见的专家、专业机构，不得选择与决策事项有直接利害关系的专家、专业机构。

参与论证的专家应当包括行业专家和法律专家，以行业专家为主。参与论证的行业专家、专业机构，其专业特长应当与决策事项相符合，并在本专业领域具有一定的权威性、代表性。决策事项涉及多个专业领域的，应当选择相应领域的专家、专业机构参与论证。

参与论证的专家一般不少于5人；对涉及面较广、争议较大或者内容特别复杂、敏感的决策事项，参与论证的专家一般不少于7人。

第三十二条　省人民政府应当建立决策咨询论证专家库，设区的市、县（市、区）人民政府可以根据需要建立专家库，也可以使用上级行政机关的专家库。

专家库专家可以从行业主管部门、教育科研机构、行业协会商会、社会组织、有关企业等单位中遴选。

专家库建立单位应当建立专家库运行管理制度，健全专家遴选聘任、诚信考核和退出等机制。

第三十三条　专家、专业机构可以从下列方面对决策事项进行论证：

（一）必要性；

（二）科学性；

（三）决策的出台时机和条件是否成熟；

（四）决策实施对社会稳定、生态环境、生产安全、财政经济等方面可能产生的负面影响及可控性；

（五）其他需要论证的内容。

第三十四条　决策承办单位应当根据决策事项的性质、内容、复杂程度和时间要求等情况，给予专家、专业机构合理的研究时间，一般不少于7个工作日，并提供论证所需的资料。

专家、专业机构可以查阅相关档案资料、列席相关会议、参加相关调研活动，并按规定获得合理报酬。

专家、专业机构应当独立开展论证工作，客观、公正、科学地提出论证意见，对论证意见负责，并依法履行保密义务。

第三十五条 决策承办单位应当对专家论证意见汇总整理、研究论证，充分采纳合理意见，完善决策草案；通过适当方式向专家反馈论证意见采纳情况，并视情况向社会公开专家信息和论证意见。

第五章 风险评估

第三十六条 重大行政决策的实施可能对经济发展、社会稳定、公共安全、生态环境等造成不利影响的，决策承办单位或者负责风险评估工作的其他单位，应当自行或者委托专业机构、社会组织等第三方机构评估决策草案的风险可控性。

按照有关规定已对有关风险可控性进行评价、评估的，不作重复评估。风险评估可以结合公众参与、专家论证等工作同步组织。

第三十七条 风险评估单位可以就决策事项的下列风险进行评估：

（一）社会稳定风险，包括可能引发社会矛盾纠纷、群体性事件或者其他社会安全事件的情形；

（二）公共安全风险，包括可能造成人身伤害、财产损害或者其他危害公共安全的情形；

（三）生态环境风险，包括可能造成重大环境污染、生态环境破坏或者次生自然灾害等不良影响的情形；

（四）财政金融风险，包括可能造成大额财政资金流失、带来重大政府性债务、导致区域性或者系统性金融风险隐患的情形；

（五）舆情风险，包括可能产生大范围的严重负面评价的情形；

（六）可能引发的其他风险。

第三十八条 风险评估应当按照下列程序进行：

（一）制定评估工作方案。明确评估目的、评估对象与内容、评估标准、评估方法与步骤等。

（二）开展调查研究。采取舆情跟踪、抽样调查、会商分析、召开座谈会等方式，充分听取有关部门、利益相关方和社会公众的意见，对受决策事项影响较大的单位、有特殊困难的群体进行重点走访，当面听取意见。

（三）全面分析论证。对收集的相关资料组织有关部门和专家进行综合分析研究，查找风险点，运用定性分析和定量分析等方法，对决策实施的风险进行科学预测、综合研判。

（四）确定风险等级。根据分析论证情况，确定高风险、中风险、低风险三个风险等级。

（五）形成风险评估报告。

第三十九条 风险评估报告应当包括下列内容：

（一）评估事项和评估过程；

（二）各方意见及其采纳情况；

（三）决策可能引发的风险；

（四）风险评估结果；

（五）风险防范措施和处置预案；

（六）其他需要载明的内容。

第四十条　风险评估结果应当作为重大行政决策的重要依据。决策承办单位可以根据风险评估结果，调整决策草案、降低风险等级后再提交决策机关。

决策机关认为风险可控的，可以作出决策；认为风险不可控的，在采取调整决策草案等措施确保风险可控后，可以作出决策。

第六章　合法性审查

第四十一条　决策承办单位应当在履行公众参与、专家论证、风险评估等法定程序，由本单位法制工作机构进行合法性初审和部门会签，并经本单位办公会议讨论通过后，将决策草案及相关材料送请同级政府司法行政部门进行合法性审查。

决策草案未经合法性审查或者经审查不合法的，不得提交决策机关讨论。

决策承办单位就涉及的某些重大问题征求意见的，司法行政部门可以采取适当方式予以指导，但不得以征求意见等方式代替合法性审查。

第四十二条　决策承办单位送请合法性审查，应当提供下列材料，并对材料的真实性、完整性负责：

（一）送审申请书；

（二）决策草案；

（三）包含制定背景、必要性和形成过程等内容的起草说明；

（四）有关法律、法规、规章和政策依据目录及文本；

（五）部门会签意见；

（六）合法性初审意见书；

（七）进行合法性审查需要的其他材料。

按规定履行公众参与、专家论证、风险评估、公平竞争审查和贸易政策合规审查程序的，应当提供有关书面材料；未履行有关法定程序的，决策承办单位应当在起草说明中说明理由。

报送材料不符合要求的，决策承办单位应当在 3 个工作日内补送，补送时间不计算在合法性审查期限内。

第四十三条　合法性审查的内容包括：

（一）决策事项是否符合法定权限；

（二）决策草案的形成是否履行相关法定程序；

（三）决策草案内容是否符合有关法律、法规、规章和政策的规定；

（四）其他需要进行合法性审查的内容。

第四十四条 司法行政部门进行合法性审查，应当组织法律顾问、公职律师提出法律意见，并根据需要采取下列方式：

（一）书面审查；

（二）必要的调查研究；

（三）通过召开座谈会、听证会、公开征求意见等形式广泛听取社会各方面意见。

司法行政部门进行合法性审查的时间，一般不少于7个工作日。开展前款第二项、第三项工作以及组织法律顾问、公职律师论证的时间，不计算在合法性审查期限内。

决策承办单位应当配合司法行政部门做好合法性审查工作，按要求就有关问题作出说明；其他有关部门按照职责做好协作配合。

第四十五条 对合法性审查中发现的问题，司法行政部门按照下列规定处理：

（一）超越决策机关法定权限或者主要内容不合法的，建议不提交决策机关讨论；

（二）应当履行而未履行公众参与、专家论证、风险评估等程序的，退回决策承办单位补正程序；

（三）具体规定不合法的，提出相应修改意见和建议。

第四十六条 司法行政部门完成合法性审查工作后，应当出具合法性审查意见书，并对合法性审查意见负责。

合法性审查意见书应当载明下列内容：

（一）审查的基本情况；

（二）合法性审查结论；

（三）存在合法性问题或者法律风险的，说明理由、明示法律风险，并根据情况提出修改意见和建议。

第四十七条 决策承办单位应当对合法性审查意见进行认真研究，根据审查意见对决策草案进行修改或者补充；未采纳或者未完全采纳审查意见的，应当向决策机关书面说明理由。

第七章 集体讨论决定和决策公布

第四十八条 决策草案应当经决策机关常务会议或者全体会议讨论，决策机关行政首长在集体讨论的基础上作出决定；未经集体讨论的，不得作出决定。

第四十九条 决策承办单位提请决策机关讨论决策草案，应当报送下列材料：

（一）提请讨论决策草案的请示；

（二）决策草案及其起草说明；

（三）履行公众参与程序的，同时报送社会公众意见的研究采纳情况；

（四）履行专家论证程序的，同时报送专家论证意见的研究采纳情况；

（五）履行风险评估程序的，同时报送风险评估报告等有关材料；

（六）按规定进行公平竞争审查、贸易政策合规审查的，同时报送审查的有关材料；

（七）司法行政部门的合法性审查意见；

（八）需要报送的其他材料。

第五十条　决策机关集体讨论，按照下列程序进行：

（一）决策承办单位作决策草案说明；

（二）会议组成人员发表意见；

（三）决策机关行政首长发表意见，作出同意、原则同意或者不同意的决定；行政首长拟作出的决定与会议组成人员多数人的意见不一致的，应当在会上说明理由。

集体讨论决定情况应当如实记录，不同意见应当如实载明。

第五十一条　重大行政决策出台前应当按照规定向同级党委请示报告。

重大行政决策依法应当提请本级人民代表大会及其常务委员会审议决定，向本级人民代表大会常务委员会报告，或者报上级人民政府批准的，按照有关规定办理。

第五十二条　决策机关作出重大行政决策后，应当依照《中华人民共和国政府信息公开条例》等有关规定，通过本级人民政府公报、政府网站、政务新媒体以及在本行政区域内发行的报纸等途径及时公布。

对社会公众普遍关心或者专业性、技术性较强的决策事项，应当说明公众意见、专家论证意见的采纳情况，通过新闻发布会、接受访谈等方式进行宣传解读。依法不予公开的除外。

第八章　决策执行和调整

第五十三条　决策机关应当明确负责重大行政决策执行工作的单位（以下简称决策执行单位），并对决策执行单位应当承担的任务及责任进行分解。

决策执行单位应当依法全面、及时、正确执行重大行政决策，并定期向决策机关报告决策执行情况，不得拒不执行、推诿执行、拖延执行。

第五十四条　决策执行单位发现重大行政决策存在问题、客观情况发生重大变化，或者决策执行中发生不可抗力等严重影响决策目标实现的，应当及时向决策机关报告，不得瞒报、谎报或者漏报。

公民、法人或者其他组织认为重大行政决策及其实施存在问题的，可以通过信件、电话、电子邮件、政务新媒体等方式向决策机关或者决策执行单位提出意见建议。相关单位应当对意见建议进行记录并作出处理。

第五十五条　非因法定事由并经法定程序，决策机关、决策执行单位不得随意变更或者停止执行依法作出的重大行政决策。

执行中出现本规定第五十四条规定的情形，为了公共利益的需要，决策机关可以作出停止执行或者修改决策的决定；情况紧急的，决策机关行政首长可以先决定中止执行。

决策机关依法作出停止执行、中止执行的决定或者修改决策的，决策执行单位应当采取有效措施，避免或者减轻经济损失和不良影响。

第五十六条 依法开展决策后评估的，应当评估下列内容：

（一）决策实施的结果与决策目的是否相符；

（二）决策实施的成本效益分析；

（三）实施对象对决策的接受程度；

（四）决策实施与经济社会发展的符合程度；

（五）决策实施带来的影响和可预期的长远影响。

第五十七条 承担决策后评估具体工作的单位应当在完成评估工作后，及时向决策机关提交评估报告。

评估报告包括下列内容：

（一）评估过程和方式；

（二）决策执行的基本情况；

（三）决策执行中存在的主要问题和原因；

（四）继续执行、停止执行或者修改决策的建议。

决策后评估结果应当作为调整重大行政决策的重要依据。决策经评估需要停止执行或者修改的，由决策机关常务会议或者全体会议研究决定。

第五十八条 决策机关应当建立健全决策执行定期报告、调查复核、情况通报、责任追究等制度，将决策执行情况纳入本级政府督查工作范围，加强对决策执行情况的监督检查。

第五十九条 决策机关应当建立重大行政决策过程记录和材料归档制度。决策机关办公机构、决策承办单位、司法行政部门、决策执行单位等应当按照职责分工，将履行决策程序形成的记录、材料及时完整归档，依法规范管理。

第九章 法律责任

第六十条 决策机关违反本规定未履行或者未正确履行决策程序的，由上一级行政机关责令改正，对决策机关行政首长、负有责任的其他领导人员和直接责任人员依法追究责任。

决策机关违反本规定造成决策严重失误，或者依法应当及时作出决策而久拖不决，造成重大损失、恶劣影响的，应当倒查责任，实行终身责任追究，对决策机关行政首长、负有责任的其他领导人员和直接责任人员依法追究责任。

决策机关集体讨论决策草案时，有关人员对严重失误的决策表示不同意见的，按照规定减免责任。

第六十一条 决策承办单位或者承担决策有关工作的单位未按照本规定履行决策程序或者履行决策程序时失职渎职、弄虚作假的，由决策机关责令改正，对负有责任的领导人员和直接责任人员依法追究责任。

第六十二条　决策执行单位拒不执行、推诿执行、拖延执行重大行政决策，或者对执行中发现的重大问题瞒报、谎报或者漏报的，由决策机关责令改正，对负有责任的领导人员和直接责任人员依法追究责任。

第六十三条　承担论证评估工作的专家、专业机构、社会组织等违反职业道德和本规定的，予以通报批评、责令限期整改；造成严重后果的，取消评估资格、承担相应责任。

第十章　附则

第六十四条　县级以上人民政府部门和乡级人民政府重大行政决策的作出、执行和调整程序，参照本规定执行。

第六十五条　本规定自2021年1月1日起施行。省人民政府此前发布的有关重大行政决策程序的规定，凡与本规定不一致的，按照本规定执行。

劳动行政处罚听证程序规定(2022年修订)

中华人民共和国劳动部令第2号　1996年9月27日

(1996年9月27日劳动部令第2号公布　根据2022年1月7日《人力资源社会保障部关于修改部分规章的决定》第一次修订)

第一条　为规范劳动行政处罚听证程序，根据《中华人民共和国行政处罚法》，制定本规定。

第二条　本规定适用于依法享有行政处罚权的县级以上劳动行政部门和依法申请听证的行政处罚当事人。

县级以上劳动行政部门的法制工作机构或承担法制工作的机构负责本部门的听证工作。

劳动行政部门的法制工作机构与劳动行政执法机构为同一机构的，应遵循听证与案件调查取证职责分离的原则。

第三条　劳动行政部门作出下列行政处罚决定，应当告知当事人有要求听证的权利，当事人要求听证的，劳动行政部门应当组织听证：

(一)较大数额罚款；

(二)没收较大数额违法所得、没收较大价值非法财物；

(三)降低资质等级、吊销许可证件；

(四)责令停产停业、责令关闭、限制从业；

(五)其他较重的行政处罚；

（六）法律、法规、规章规定的其他情形。

当事人不承担组织听证的费用。

第四条 听证由听证主持人、听证记录员、案件调查取证人员、当事人及其委托代理人、与案件的处理结果有直接利害关系的第三人参加。

第五条 劳动行政部门应当从本部门的下列人员中指定一名听证主持人、一名听证记录员：

（一）法制工作机构的公务员；

（二）未设法制机构的，承担法制工作的其他机构的公务员；

（三）法制机构与行政执法机构为同一机构的，该机构其他非参与本案调查的公务员。

第六条 听证主持人享有下列权利：

（一）决定举行听证的时间和地点；

（二）就案件的事实或者与之相关的法律进行询问、发问；

（三）维护听证秩序，对违反听证秩序的人员进行警告或者批评；

（四）中止或者终止听证；

（五）就听证案件的处理向劳动行政部门的负责人提出书面建议。

第七条 听证主持人承担下列义务：

（一）将与听证有关的通知及有关材料依法及时送达当事人及其他有关人员；

（二）根据听证认定的证据，依法独立、客观、公正地作出判断并写出书面报告；

（三）保守与案件相关的国家秘密、商业秘密和个人隐私。

听证记录员负责制作听证笔录，并承担前款第（三）项的义务。

第八条 听证案件的当事人依法享有下列权利：

（一）申请回避权。依法申请听证主持人、听证记录员回避；

（二）委托代理权。当事人可以亲自参加听证，也可以委托一至二人代理参加听证；

（三）质证权。对本案的证据向调查人员及其证人进行质询；

（四）申辩权。就本案的事实与法律问题进行申辩；

（五）最后陈述权。听证结束前有权就本案的事实、法律及处理进行最后陈述。

第九条 听证案件的当事人依法承担下列义务：

（一）按时参加听证；

（二）如实回答听证主持人的询问；

（三）遵守听证秩序。

第十条 与案件的处理结果有直接利害关系的第三人享有与当事人相同的权利并承担相同的义务。

第十一条 劳动行政部门告知当事人有要求举行听证的权利，可以用书面形式告知，也可以用口头形式告知。以口头形式告知应当制作笔录，并经当事人签名。在告知当事人有权要求听证的同时，必须告知当事人要求举行听证的期限，即应在告知后5个工作日内提出。

当事人要求听证的，应当在接受劳动行政部门告知后5个工作日内以书面或者口头形式提出。经口头形式提出的，劳动行政部门应制作笔录，并经当事人签名。逾期不提出者，视为放弃听证权。

第十二条 劳动行政部门负责听证的机构接到当事人要求听证的申请后，应当立即确定听证主持人和听证记录员。由听证主持人在举行听证的7个工作日前送达听证通知书。听证通知书应载明听证主持人和听证记录员姓名、听证时间、听证地点、调查取证人员认定的违法事实、证据及行政处罚建议等内容。

劳动行政部门的有关机构或人员接到当事人要求听证的申请后，应当立即告知本部门负责听证的机构。

除涉及国家秘密、商业秘密或者个人隐私依法予以保密外，听证应当公开进行。对于公开举行的听证，劳动行政部门可以先期公布听证案由、听证时间及地点。

第十三条 听证主持人有下列情况之一的，应当自行回避，当事人也有权申请其回避：

（一）参与本案的调查取证人员；

（二）本案当事人的近亲属或者与当事人有其他利害关系的人员；

（三）与案件的处理结果有利害关系，可能影响听证公正进行的人员。

听证记录员的回避适用前款的规定。

听证主持人和听证记录员的回避，由劳动行政部门负责人决定。

第十四条 听证应当按照下列程序进行：

（一）由听证主持人宣布听证会开始，宣布听证纪律、告知当事人听证中的权利和义务；

（二）由案件调查取证人员宣布案件的事实、证据、适用的法律、法规和规章，以及拟作出的行政处罚决定的理由；

（三）听证主持人询问当事人、案件调查取证人员、证人和其他有关人员并要求出示有关证据材料；

（四）由当事人或者其代理人从事实和法律上进行答辩，并对证据材料进行质证；

（五）当事人或者其代理人和本案调查取证人员就本案相关的事实和法律问题进行辩论；

（六）辩论结束后，当事人作最后陈述；

（七）听证主持人宣布听证会结束。

当事人及其代理人无正当理由拒不出席听证或者未经许可中途退出听证的，视为放弃听证权利，劳动行政部门终止听证。

第十五条 听证应当制作笔录。笔录由听证记录员制作。听证笔录在听证结束后，应当立即交当事人或者其代理人核对无误后签字或者盖章。当事人或者其代理人拒绝签字或者盖章的，由听证主持人在笔录中注明。

第十六条 所有与认定案件主要事实有关的证据都必须在听证中出示，并通过质证和辩论进行认定。劳动行政部门不得以未经听证认定的证据作为行政处罚的依据。

第十七条 听证结束后，听证主持人应当根据听证确定的事实和证据，依据法律、法规和规章，向劳动行政部门负责人提出对听证案件处理的书面建议。劳动行政部门应当根据听证笔录，依据《中华人民共和国行政处罚法》第五十七条的规定作出决定。

第十八条 本规定自1996年10月1日起施行。

企业劳动保障守法诚信等级评价办法

人社部规〔2016〕1号　2016年7月25日

第一条 为增强劳动保障监察的针对性和效率，实行企业分类监管，督促企业遵守劳动保障法律规定，履行守法诚信义务，根据《劳动保障监察条例》有关规定，制定本办法。

第二条 企业劳动保障守法诚信等级评价是根据企业遵守劳动保障法律、法规和规章的情况，对企业进行劳动保障守法诚信等级评价的行为。

第三条 开展企业劳动保障守法诚信等级评价，应当根据事实，遵循依法、公正原则。

第四条 县级以上地方人力资源社会保障行政部门按照劳动保障监察管辖范围负责企业劳动保障守法诚信等级评价工作，由劳动保障监察机构负责组织实施，每年开展一次评价。

第五条 企业劳动保障守法诚信等级评价主要依据日常巡视检查、书面材料审查、举报投诉查处以及专项检查等劳动保障监察和其他有关工作中取得的企业上一年度信用记录进行。

开展企业劳动保障守法诚信等级评价应注意听取当地政府有关部门及工会组织的意见和建议。

第六条 人力资源社会保障行政部门根据下列情况对企业劳动保障守法诚信等级进行评价：

（一）制定内部劳动保障规章制度的情况；

（二）与劳动者订立劳动合同的情况；

（三）遵守劳务派遣规定的情况；

（四）遵守禁止使用童工规定的情况；

（五）遵守女职工和未成年工特殊劳动保护规定的情况；

（六）遵守工作时间和休息休假规定的情况；

（七）支付劳动者工资和执行最低工资标准的情况；

（八）参加各项社会保险和缴纳社会保险费的情况；

（九）其他遵守劳动保障法律、法规和规章的情况。

第七条 企业劳动保障守法诚信等级划分为A、B、C三级：

（一）企业遵守劳动保障法律、法规和规章，未因劳动保障违法行为被查处的，评为A级。

（二）企业因劳动保障违法行为被查处，但不属于C级所列情形的，评为B级。

（三）企业存在下列情形之一的，评为C级。

1.因劳动保障违法行为被查处三次以上（含三次）的；

2.因劳动保障违法行为引发群体性事件、极端事件或造成严重不良社会影响的；

3.因使用童工、强迫劳动等严重劳动保障违法行为被查处的；

4.拒不履行劳动保障监察限期整改指令、行政处理决定或者行政处罚决定的；

5.无理抗拒、阻挠人力资源社会保障行政部门实施劳动保障监察的；

6.因劳动保障违法行为被追究刑事责任的。

第八条 作出劳动保障守法诚信等级评价的人力资源社会保障行政部门可以适当方式将评价结果告知企业。

第九条 劳动保障守法诚信等级评价结果应归入企业劳动保障守法诚信档案，至少保留3年。

第十条 人力资源社会保障行政部门根据企业劳动保障守法诚信等级评价情况，对劳动保障监察管辖范围内的企业实行分类监管。

对于被评为A级的企业，适当减少劳动保障监察日常巡视检查频次。

对于被评为B级的企业，适当增加劳动保障监察日常巡视检查频次。

对于被评为C级的企业，列入劳动保障监察重点对象，强化劳动保障监察日常巡视检查。

第十一条 对于被评为C级的企业，人力资源社会保障行政部门应对其主要负责人、直接责任人进行约谈，敦促其遵守劳动保障法律、法规和规章。

第十二条 企业劳动保障守法诚信等级评价结果确定后，发生劳动保障违法行为需要降级的，作出评价的人力资源社会保障行政部门应当重新评价，及时调整其劳动保障守法诚信等级。

第十三条 人力资源社会保障行政部门应当与工商、金融、住房城乡建设、税务等部门和工会组织建立信用信息交换共享机制，对企业实行守信联合激励和失信联合惩戒。

第十四条 人力资源社会保障行政部门应当加强劳动保障监察管理信息系统建设，充分利用信息技术和手段，整合信息资源，提高企业劳动保障守法诚信等级评价工作效率。

第十五条 人力资源社会保障行政部门工作人员在企业劳动保障守法诚信等级评价工作中滥用职权、玩忽职守、徇私舞弊的，按照有关规定给予处分。

第十六条 对其他劳动保障监察对象开展劳动保障守法诚信等级评价工作，依照本办法执行。

第十七条 省级人力资源社会保障行政部门可根据本办法和本地实际，制定实施办法。

第十八条 本办法自2017年1月1日起施行。

最高人民法院关于办理行政机关申请强制执行案件有关问题的通知

法〔1998〕77号 1998年8月18日

各省、自治区、直辖市高级人民法院，新疆维吾尔自治区高级人民法院生产建设兵团分院：

关于人民法院办理行政机关申请强制执行其作出的具体行政行为的案件，行政庭与执行庭如何分工的问题，经我院审判委员会讨论，并已正式下发文件(法发〔1996〕12号)。我院《关于人民法院执行工作若干问题的规定(试行)》下发后，一些法院就上述两个文件的关系问题向我院提出询问。现就有关问题重申如下：

一、行政机关申请人民法院强制执行案件由行政审判庭负责审查。经教育，行政行为相对人自动履行的，即可结案。需要强制执行的，由行政审判庭移送执行庭办理。

二、对于申请执行的具体行政行为，人民法院必须认真进行审查，切实履行法律赋予的监督职责，坚决防止和杜绝违法失职现象的发生。因不审查或不认真审查而给被申请人造成损失的，应当追究有关人员的责任。

三、人民法院经审查，确认申请执行的具体行政行为有明显违法问题，侵犯相对人实体合法权益的，裁定不予执行，并向申请机关提出司法建议。

最高人民法院办公厅关于对《关于请解决劳动监察决定强制执行问题的函》的答复

法办〔1998〕69号 1998年6月30日

劳动和社会保障部办公厅：

你办《关于请解决劳动监察决定强制执行问题的函》收悉。经研究，现答复如下：

一、关于《劳动监察限期改正指令书》的适用范围，《劳动法》和《劳动监察规定》已有具体明确的规定，实践中如何具体适用，不属于由我院作具体解释的问题。

二、关于劳动监察决定的强制执行问题。根据《行政诉讼法》、《劳动法》和《劳动监察规定》的规定，劳动和社会保障部门作出的行政处理决定和行政处罚决定，可以依法申请人民法院强制执行；但劳动监察限期改正指令书不属于可申请人民法院强制执行的具体行政行为，当事人不履行该指令书确定的义务的，劳动和社会保障部门可依照《劳动监察规定》的规定处理或者处罚。

三、关于预交申请执行费问题。根据我院《人民法院诉讼收费办法》的有关规定，如果申请人预交执行费确有困难的，可以向执行法院提出缓交、减交或者免交的申请。

劳动和社会保障部办公厅关于转发《最高人民法院办公厅关于对〈关于请解决劳动监察决定强制执行问题的函〉的答复》的通知

劳社厅发〔1998〕7号　1998年7月23日

各省、自治区、直辖市劳动(劳动和社会保障)厅(局)，国务院有关部门劳动和社会保障工作机构：

为了加强劳动和社会保障行政执法决定执行工作，解决劳动和社会保障行政部门作出的“行政处理决定”和“行政处罚决定”等劳动监察决定(以下简称劳动监察决定)强制执行问题，最高人民法院办公厅作出了《关于对〈关于请解决劳动监察决定强制执行问题的函〉的答复》(法办〔1998〕69号，以下简称法办〔1998〕69号文件)。现予以转发，并就有关问题通知如下：

一、关于《劳动监察责令改正指令书》的适用问题。在劳动和社会保障行政执法中，发现用人单位有违法行为，对违法行为轻微并能及时改正的，应口头责令其改正，对立即改正确有困难的，应下达《劳动监察限期改正指令书》，责令其限期整改，对拒不整改的，劳动和社会保障行政部门应依法给予行政处罚。对单位的违法行为，依法应给予行政处理或行政处罚的，劳动和社会保障行政部门可在责令其改正的同时，给予行政处理或行政处罚。

二、关于行政处理决定和行政处罚决定的执行问题。对用人单位违反劳动法律、法规，侵害劳动者经济权益的行为，劳动和社会保障行政部门应依照《劳动法》、《劳动监察规定》等规定作出有关用人单位履行清偿财产义务内容的行政处理决定。用人单位实施了法律、法规、规章明示规定应给予行政处罚的违法行为，劳动和社会保障行政部门应按照《劳动法》和《行政处罚法》对用人单位作出行政处罚决定。对用人单位不服行政处理决定和行政处罚决定，在法定期限内不申请行政复议或不起诉，又不履行的，劳动和社会保障行政部门可根据《行政诉讼法》和最高人民法院办公厅法办〔1998〕69号文件有关规定，申请人民法院强制执行。

三、关于申请人民法院强制执行程序问题。劳动和社会保障行政部门在申请人民法院强制执行时，必须提交申请执行书、据以申请执行的行政处理决定书或行政处罚决定书及其他材料，并按规定预交执行费，如预交执行费确有困难的，可以向执行法院提出缓交、减交或者免交的申请。

四、各级劳动和社会保障行政部门要积极采取措施，促进解决劳动监察决定执行难的问题。要加强劳动和社会保险法律知识宣传教育工作，帮助用人单位规范劳动用工行为，督促用人单位自觉履行劳动监察决定规定义务。劳动保障监察机构要加强与人民法院的联系，自觉接受司法监督，并积极争取人民法院对劳动监察决定执行工作的支持，切实保障劳动和社会保险法律、法规的实施。

最高人民法院关于劳动行政部门作出责令用人单位支付劳动者工资报酬、经济补偿和赔偿金的劳动监察指令书是否属于可申请法院强制执行的具体行政行为的答复

〔1998〕法行字第1号　1998年5月17日

广东省高级人民法院：

你院《关于如何处理〈劳动监察指令书〉问题的请示》收悉。经研究，原则同意你院意见，即：劳动行政部门作出责令用人单位支付劳动者工资报酬、经济补偿和赔偿金的劳动监察指令书，不属于可申请人民法院强制执行的具体行政行为，人民法院对此类案件不予受理。劳动行政部门作出责令用人单位支付劳动者工资报酬、经济补偿和赔偿金的行政处理决定书，当事人既不履行又不申请复议或者起诉的，劳动行政部门可以依法申请人民法院强制执行。

全国人大常委会法制工作委员会对建筑施工企业母公司承接工程后交由子公司实施是否属于转包以及行政处罚两年追溯期认定法律适用问题的意见

法工办发〔2017〕223号 2017年9月4日

住房和城乡建设部办公厅：

你部关于建筑施工企业母公司承接工程后交由子公司实施是否属于转包以及行政处罚两年追溯期认定法律适用问题的请示（建法函〔2017〕227号）收悉。经研究，提出以下意见，供参考：

一、关于母公司承接建筑工程后将所承接工程交由其子公司实施的行为是否属于转包的问题。建筑法第二十八条规定，禁止承包单位将其承包的全部建筑工程转包给他人，禁止承包单位将其承包的全部建筑工程肢解以后以分包的名义分别转包给他人。合同法第二百七十二条规定，发包人不得将应当由一个承包人完成的建设工程肢解成若干部分发包给几个承包人。承包人不得将其承包的全部建设工程转包给第三人或者将其承包的全部建设工程肢解以后以分包的名义分别转包给第三人。禁止承包人将工程分包给不具备相应资质条件的单位。禁止分包单位将其承包的工程再分包。建设工程主体结构的施工必须由承包人自行完成。招标投标法第四十八条规定，中标人不得向他人转让中标项目，也不得将中标项目肢解后分别向他人转让。中标人按照合同约定或者经招标人同意，可以将中标项目的部分非主体、非关键性工作分包给他人完成。接受分包的人应当具备相应的资格条件，并不得再次分包。上述法律对建设工程转包的规定是明确的，这一问题属于法律执行问题，应当根据实际情况依法认定、处理。

二、关于建筑市场中违法发包、转包、分包、挂靠等行为的行政处罚追溯期限问题，同意你部的意见，对于违法发包、转包、分包、挂靠等行为的行政处罚追溯期限，应当从违法发包、转包、分包、挂靠的建筑工程竣工验收之日起计算。合同工程量未全部完成而解除或暂时终止履行合同的，为合同解除或终止之日。

特此函复。

全国人大常委会法制工作委员会关于提请明确对行政处罚追诉时效“二年未被发现”认定问题的函的研究意见

法工委复字〔2004〕27 号　2004 年 12 月 24 日

司法部：

你处送来的关于提请明确对行政处罚追诉时效“二年未被发现”认定问题的函收悉。经研究，同意你部的意见。

附：

司法部关于提请明确对行政处罚追诉时效“二年未被发现”认定问题的函

全国人大法工委：

根据胡锦涛总书记等中央领导同志关于进一步加强律师队伍建设的重要指示精神，今年 4 月以来，我部在全国律师队伍中开展了集中教育整顿活动，目前已经进入违法违纪律师集中查处阶段，包括对一些地方的律师行贿法官问题的查处。根据《行政处罚法》第 29 条规定：“违法行为在二年内未被发现的，不再给予行政处罚。法律另有规定的除外。”在对违法违纪律师行政处罚中，一些地方司法行政机关对该条款中“二年未被发现”的认定问题存在不同理解。为了推动律师队伍集中教育整顿活动的深入开展，有必要对此予以明确。

经研究，我部认为，《行政处罚法》第 29 条规定的发现违法违纪行为的主体是处罚机关或有权处罚的机关，公安、检察、法院、纪检监察部门和司法行政机关都是行使社会公权力的机关，对律师违法违纪行为的发现都应该具有《行政处罚法》规定的法律效力。因此上述任何一个机关对律师违法违纪行为只要启动调查、取证和立案程序，均可视为“发现”；群众举报后被认定属实的，发现时效以举报时间为准。

以上当否，请函复。

跨地区劳动保障监察案件协查办法

人社部发〔2010〕103 号　2010 年 12 月 22 日

第一条　为规范跨地区劳动保障监察案件协查工作，提高劳动保障监察案件办理工作质量和效率，根据《关于实施〈劳动保障监察条例〉若干规定》（劳动保障部部令第

25 号),制定本办法。

第二条 跨地区劳动保障监察案件协查,是指各级人力资源社会保障行政部门在实施劳动保障监察过程中,发现劳动保障监察案件需要跨省、自治区、直辖市(以下简称跨地区)调查的,可以委托案件相关地人力资源社会保障行政部门协助调查并反馈协查结果的工作。

第三条 跨地区劳动保障监察案件协查工作应遵循合法、公正、高效的原则。

第四条 本办法适用于地方各级人力资源社会保障行政部门对跨地区劳动保障监察案件的协查。

第五条 人力资源社会保障部负责指导跨地区劳动保障监察案件协查工作。

各省级人力资源社会保障行政部门负责对跨地区劳动保障监察案件协查工作的组织实施。

第六条 跨地区劳动保障监察案件的查处以用人单位用工所在地人力资源社会保障行政部门为主,案件相关地人力资源社会保障行政部门协助调查。

第七条 跨地区劳动保障监察案件协查的具体实施,由用人单位用工所在地省级人力资源社会保障行政部门的劳动保障监察机构(以下简称委托方)向案件相关地有关省级人力资源社会保障行政部门的劳动保障监察机构(以下简称受托方)发出委托协查请求。

各地可根据协查工作需要,与案件相关地省级人力资源社会保障行政部门的劳动保障监察机构协商进一步明确委托和受托主体。

第八条 劳动保障监察案件有下列情形之一且需要相关地区协助的,委托方可以启动委托协查工作:

(一)本地区发生劳动保障监察案件的用人单位注册地、主要营业地或者主要办事机构所在地在其他地区的;

(二)本地区发生劳动保障监察案件的违法行为涉及其他地区的;

(三)本地区在查处劳动保障监察案件过程中需要相关地区协助的。

第九条 委托协查的工作范围包括:

(一)协助调查工作;

(二)协助核实证据材料;

(三)协助送达文书;

(四)协助督促整改;

(五)其他事项。

第十条 委托协查以书面形式进行,由委托方发出委托协查函,同时提供已掌握的违法线索情况。委托协查函的内容包括:涉案单位基本情况、协查范围、涉嫌违法事实、协助调查事项及内容等。

第十一条 委托方应指定专人负责与受托方联系,及时沟通信息,确保协查信息的真实、有效。

第十二条 委托方收到协查回函结果后，如需再次发出委托协查请求，应提供新发现的违法事实及相关证据材料。

第十三条 委托方协查案件的归档资料应包括委托协查函、协查回函（样式附后，略）及受托方寄送的相关材料等。

第十四条 受托方收到委托协查函后，按照协查请求和本办法规定开展协查工作。受托方应指定专人负责协查工作的组织协调，根据需要可以通过信函、电话、传真、电邮等方式及时沟通情况。

第十五条 受托方按照委托协查相关要求及时发送协查回函。一般情况下，回函时间自收到委托协查函之日起不超过20个工作日。对案情特别重大和紧急的委托协查，回函时间自收到委托协查函之日起不超过10个工作日。特殊情况不能如期回函的，应及时向委托方说明原因。

第十六条 受托方在协查中发现被调查对象存在管辖范围内的违法行为，应按照有关规定及时立案查处。

第十七条 委托方、受托方如以传真、电邮等形式发送相关函件，应在发送后的1个工作日内将委托协查函原件或协查回函原件及相关材料寄送对方。

第十八条 各省级人力资源社会保障行政部门应根据本办法建立本行政区域内跨地区劳动保障监察案件协查工作制度。

第十九条 本办法自发布之日起施行。

关于劳动保障监察案件撤销立案事项的通知

劳社厅发〔2005〕12号　2005年12月19日

各省、自治区、直辖市劳动和社会保障厅（局）：

根据《劳动保障监察条例》和《关于实施〈劳动保障监察条例〉若干规定》，为进一步规范劳动保障监察行为，提高劳动保障监察办案效率，现对劳动保障行政部门有关劳动保障监察案件撤销立案的事项通知如下：

劳动保障行政部门劳动保障监察案件立案后经调查，对有下列情形之一的，可以撤销立案。

（一）违法事实不能成立的；

（二）违法情节轻微，且已改正的；

（三）被调查用人单位依法宣告破产、解散、关闭，没有财产进行分配，又没有相关义务承受人的；

（四）不属于立案的劳动保障行政部门管辖的；

（五）不属于劳动保障部门监察职权范围的；

（六）根据《关于实施〈劳动保障监察条例〉若干规定》第十五条应当由劳动争议处理或诉讼程序办理的；

（七）违反劳动保障法律、法规或者规章的行为发生超过2年的；

（八）其他法律法规规章规定应当撤销立案的情形。

行政执法机关移送涉嫌犯罪案件的规定（2020年修订）

国务院令第310号　2001年7月9日

（2001年7月9日中华人民共和国国务院令第310号公布　根据2020年8月7日《国务院关于修改〈行政执法机关移送涉嫌犯罪案件的规定〉的决定》修订）

第一条　为了保证行政执法机关向公安机关及时移送涉嫌犯罪案件，依法惩罚破坏社会主义市场经济秩序罪、妨害社会管理秩序罪以及其他罪，保障社会主义建设事业顺利进行，制定本规定。

第二条　本规定所称行政执法机关，是指依照法律、法规或者规章的规定，对破坏社会主义市场经济秩序、妨害社会管理秩序以及其他违法行为具有行政处罚权的行政机关，以及法律、法规授权的具有管理公共事务职能、在法定授权范围内实施行政处罚的组织。

第三条　行政执法机关在依法查处违法行为过程中，发现违法事实涉及的金额、违法事实的情节、违法事实造成的后果等，根据刑法关于破坏社会主义市场经济秩序罪、妨害社会管理秩序罪等罪的规定和最高人民法院、最高人民检察院关于破坏社会主义市场经济秩序罪、妨害社会管理秩序罪等罪的司法解释以及最高人民检察院、公安部关于经济犯罪案件的追诉标准等规定，涉嫌构成犯罪，依法需要追究刑事责任的，必须依照本规定向公安机关移送。

知识产权领域的违法案件，行政执法机关根据调查收集的证据和查明的案件事实，认为存在犯罪的合理嫌疑，需要公安机关采取措施进一步获取证据以判断是否达到刑事案件立案追诉标准的，应当向公安机关移送。

第四条　行政执法机关在查处违法行为过程中，必须妥善保存所收集的与违法行为有关的证据。

行政执法机关对查获的涉案物品，应当如实填写涉案物品清单，并按照国家有关规定予以处理。对易腐烂、变质等不宜或者不易保管的涉案物品，应当采取必要措施，留取证据；对需要进行检验、鉴定的涉案物品，应当由法定检验、鉴定机构进行检验、鉴定，并出具检验报告或者鉴定结论。

第五条　行政执法机关对应当向公安机关移送的涉嫌犯罪案件，应当立即指定2名或者2名以上行政执法人员组成专案组专门负责，核实情况后提出移送涉嫌犯罪案件的书面报告，报经本机关正职负责人或者主持工作的负责人审批。

行政执法机关正职负责人或者主持工作的负责人应当自接到报告之日起 3 日内作出批准移送或者不批准移送的决定。决定批准的，应当在 24 小时内向同级公安机关移送；决定不批准的，应当将不予批准的理由记录在案。

第六条 行政执法机关向公安机关移送涉嫌犯罪案件，应当附有下列材料：

（一）涉嫌犯罪案件移送书；

（二）涉嫌犯罪案件情况的调查报告；

（三）涉案物品清单；

（四）有关检验报告或者鉴定结论；

（五）其他有关涉嫌犯罪的材料。

第七条 公安机关对行政执法机关移送的涉嫌犯罪案件，应当在涉嫌犯罪案件移送书的回执上签字；其中，不属于本机关管辖的，应当在 24 小时内转送有管辖权的机关，并书面告知移送案件的行政执法机关。

第八条 公安机关应当自接受行政执法机关移送的涉嫌犯罪案件之日起 3 日内，依照刑法、刑事诉讼法以及最高人民法院、最高人民检察院关于立案标准和公安部关于公安机关办理刑事案件程序的规定，对所移送的案件进行审查。认为有犯罪事实，需要追究刑事责任，依法决定立案的，应当书面通知移送案件的行政执法机关；认为没有犯罪事实，或者犯罪事实显著轻微，不需要追究刑事责任，依法不予立案的，应当说明理由，并书面通知移送案件的行政执法机关，相应退回案卷材料。

第九条 行政执法机关接到公安机关不予立案的通知书后，认为依法应当由公安机关决定立案的，可以自接到不予立案通知书之日起 3 日内，提请作出不予立案决定的公安机关复议，也可以建议人民检察院依法进行立案监督。

作出不予立案决定的公安机关应当自收到行政执法机关提请复议的文件之日起3 日内作出立案或者不予立案的决定，并书面通知移送案件的行政执法机关。移送案件的行政执法机关对公安机关不予立案的复议决定仍有异议的，应当自收到复议决定通知书之日起 3 日内建议人民检察院依法进行立案监督。

公安机关应当接受人民检察院依法进行的立案监督。

第十条 行政执法机关对公安机关决定不予立案的案件，应当依法作出处理；其中，依照有关法律、法规或者规章的规定应当给予行政处罚的，应当依法实施行政处罚。

第十一条 行政执法机关对应当向公安机关移送的涉嫌犯罪案件，不得以行政处罚代替移送。

行政执法机关向公安机关移送涉嫌犯罪案件前已经作出的警告，责令停产停业，暂扣或者吊销许可证、暂扣或者吊销执照的行政处罚决定，不停止执行。

依照行政处罚法的规定，行政执法机关向公安机关移送涉嫌犯罪案件前，已经依法给予当事人罚款的，人民法院判处罚金时，依法折抵相应罚金。

第十二条 行政执法机关对公安机关决定立案的案件，应当自接到立案通知书之日起 3 日内将涉案物品以及与案件有关的其他材料移交公安机关，并办结交接手续；法律、行政法规另有规定的，依照其规定。

第十三条　公安机关对发现的违法行为，经审查，没有犯罪事实，或者立案侦查后认为犯罪事实显著轻微，不需要追究刑事责任，但依法应当追究行政责任的，应当及时将案件移送同级行政执法机关，有关行政执法机关应当依法作出处理。

第十四条　行政执法机关移送涉嫌犯罪案件，应当接受人民检察院和监察机关依法实施的监督。

任何单位和个人对行政执法机关违反本规定，应当向公安机关移送涉嫌犯罪案件而不移送的，有权向人民检察院、监察机关或者上级行政执法机关举报。

第十五条　行政执法机关违反本规定，隐匿、私分、销毁涉案物品的，由本级或者上级人民政府，或者实行垂直管理的上级行政执法机关，对其正职负责人根据情节轻重，给予降级以上的处分；构成犯罪的，依法追究刑事责任。

对前款所列行为直接负责的主管人员和其他直接责任人员，比照前款的规定给予处分；构成犯罪的，依法追究刑事责任。

第十六条　行政执法机关违反本规定，逾期不将案件移送公安机关的，由本级或者上级人民政府，或者实行垂直管理的上级行政执法机关，责令限期移送，并对其正职负责人或者主持工作的负责人根据情节轻重，给予记过以上的处分；构成犯罪的，依法追究刑事责任。

行政执法机关违反本规定，对应当向公安机关移送的案件不移送，或者以行政处罚代替移送的，由本级或者上级人民政府，或者实行垂直管理的上级行政执法机关，责令改正，给予通报；拒不改正的，对其正职负责人或者主持工作的负责人给予记过以上的处分；构成犯罪的，依法追究刑事责任。

对本条第一款、第二款所列行为直接负责的主管人员和其他直接责任人员，分别比照前两款的规定给予处分；构成犯罪的，依法追究刑事责任。

第十七条　公安机关违反本规定，不接受行政执法机关移送的涉嫌犯罪案件，或者逾期不作出立案或者不予立案的决定的，除由人民检察院依法实施立案监督外，由本级或者上级人民政府责令改正，对其正职负责人根据情节轻重，给予记过以上的处分；构成犯罪的，依法追究刑事责任。

对前款所列行为直接负责的主管人员和其他直接责任人员，比照前款的规定给予处分；构成犯罪的，依法追究刑事责任。

第十八条　有关机关存在本规定第十五条、第十六条、第十七条所列违法行为，需要由监察机关依法给予违法的公职人员政务处分的，该机关及其上级主管机关或者有关人民政府应当依照有关规定将相关案件线索移送监察机关处理。

第十九条　行政执法机关在依法查处违法行为过程中，发现公职人员有贪污贿赂、失职渎职或者利用职权侵犯公民人身权利和民主权利等违法行为，涉嫌构成职务犯罪的，应当依照刑法、刑事诉讼法、监察法等法律规定及时将案件线索移送监察机关或者人民检察院处理。

第二十条　本规定自公布之日起施行。

中国银保监会　人力资源社会保障部关于人力资源社会保障行政部门查询相关单位银行账户有关问题的通知

银保监发〔2020〕23号　2020年5月27日

各银保监局，各省、自治区、直辖市及新疆生产建设兵团人力资源社会保障厅（局），各政策性银行、大型银行、股份制银行，外资银行：

为依法查处拖欠农民工工资违法行为，切实维护农民工工资报酬权益，根据《保障农民工工资支付条例》（国务院令第724号）相关规定，人力资源社会保障行政部门在查处拖欠农民工工资案件时，有权依法向有关银行业金融机构查询相关单位银行账户，现就有关事项通知如下：

一、人力资源社会保障行政部门依法查询相关单位银行账户，并取得证明材料，有关银行业金融机构应当予以协助。

被查询的银行账户包括相关单位在商业银行、政策性银行、农村信用合作社、农村合作银行等银行业金融机构开立的各类账户。查询内容包括相关单位开户销户信息、账户余额、资金往来及日期、委托银行发放工资明细等。

二、人力资源社会保障行政部门开展查询工作，应当严格履行审批程序，经设区的市级以上人力资源社会保障行政部门负责人批准，依法开展查询工作。

三、人力资源社会保障行政部门需要查询异地相关单位银行账户时，可赴异地依法直接查询，也可委托相关地人力资源社会保障行政部门查询。受委托的人力资源社会保障行政部门执行查询任务时，应向有关银行业金融机构出具委托函。

四、人力资源社会保障行政部门依法执行查询任务时，可向各银行业金融机构的分行、支行、营业部等提出查询要求，开展查询工作不得少于两名劳动保障监察员，并应当出示劳动保障监察证件和《查询单位银行账户通知书》（见附件1），银行业金融机构应当积极配合。

五、银行业金融机构应当协助人力资源社会保障行政部门做好查询工作。可及时反馈的，应于收到《查询单位银行账户通知书》当日完成查询并反馈；需要进一步查阅相关档案资料的，原则上应于五个工作日内完成查询并反馈。对于因技术条件、不可抗力等客观原因，银行业金融机构无法在规定时限内反馈的，应当向人力资源社会保障行政部门说明原因，并采取措施尽快完成查询反馈。银行业金融机构应填写《查询单位银行账户回执》（见附件2），如实提供查询结果和相关资料并加盖印章，不得拖延、推诿或者隐匿。

六、人力资源社会保障行政部门不能提供被查询单位准确账户名称或账号的，银行业金融机构应当根据人力资源社会保障行政部门提供的信息协助查询，确实无法查询到单位银行账户信息的，应及时回复并说明情况。

七、银行业金融机构及其有关工作人员对人力资源社会保障行政部门查询内容和相关情况应当保密，不得告知被查询单位。人力资源社会保障行政部门及其执行查询任务人员对银行业金融机构提供的信息资料负有保密义务。

八、人力资源社会保障行政部门或相关工作人员违反本通知相关规定进行查询的，由相关部门依法追究有关人员责任。银行业金融机构未依法协助开展查询的，由人力资源社会保障行政部门将有关情况移送银行业监督管理机构。银行业监督管理机构按照《保障农民工工资支付条例》第五十八条规定依法处理，并将处理情况反馈人力资源社会保障行政部门。

九、各银保监局、各地人力资源社会保障行政部门要认真执行本通知有关规定，加强沟通配合，结合本地实际进一步完善查询工作机制，确保查询工作依法顺利开展。对查询工作中遇到的问题，请及时向银保监会法规部、人力资源社会保障部劳动保障监察局报告。

附件：1.查询单位银行账户通知书

　　　2.查询单位银行账户回执

附件 1

查询单位银行账户通知书

______人社监查〔　〕号

______________________：

根据《保障农民工工资支付条例》（国务院令第 724 号）第四十条规定，我单位在查处______________________拖欠农民工工资案件中，经批准，需向你行查询下列单位银行账户信息，请予协助，并及时反馈查询结果。

被查询单位信息：

1.单位名称：______________________

2.银行账号：______________________

3.统一社会信用代码：______________________

4.查询内容：______________________

劳动保障监察员：1.__________ 2.__________ 联系方式：__________

（人力资源社会保障行政部门盖章）

年　　月　　日

第一联　由劳动保障监察机构留存

查询单位银行账户通知书

______人社监查〔　〕号

____________________________：

根据《保障农民工工资支付条例》(国务院令第724号)第四十条规定，我单位在查处____拖欠农民工工资案件中，经批准，需向你行查询下列单位银行账户信息，请予协助，并及时反馈查询结果。

被查询单位信息：

1.单位名称：____

2.银行账号：____

3.统一社会信用代码：____

4.查询内容：____

劳动保障监察员：1.__________2.________联系方式：______________

（人力资源社会保障行政部门盖章）

年　　月　　日

第二联由银行业金融机构留存

附件2

查询单位银行账户回执

____________人力资源社会保障厅(局)：

你单位发来的《查询单位银行账户通知书》(__________人社监查〔　　〕　号)收悉。按照要求，我单位依法查询___________________________账户情况，现将查询结果提供如下：

____

____

____

____

____

____

相关资料(共____份____页)附后。上述信息以及相关资料真实、合法、有效。

银行业金融机构联系人：　　　　　　联系方式：

（银行业金融机构盖章）

年　　月　　日

人力资源社会保障部　公安部关于查询拖欠农民工工资案件相关当事人车辆登记情况的通知

人社部发〔2020〕44号　2020年6月5日

各省、自治区、直辖市及新疆生产建设兵团人力资源社会保障厅（局）、公安厅（局）：

《保障农民工工资支付条例》（以下简称《条例》）第40条规定："人力资源社会保障行政部门在查处拖欠农民工工资案件时，需要依法查询相关单位金融账户和相关当事人拥有房产、车辆等情况的，应当经设区的市级以上地方人民政府人力资源社会保障行政部门负责人批准，有关金融机构和登记部门应当予以配合。"为贯彻落实《条例》规定，及时查处拖欠农民工工资案件，维护农民工工资报酬权益，现就有关事项通知如下：

一、人力资源社会保障行政部门劳动保障监察机构在查处拖欠农民工工资案件时，有权依法向公安机关交通管理部门查询相关当事人车辆登记情况并取得证明资料，公安机关交通管理部门应当予以配合。

查询相关当事人车辆登记情况内容指当事人在公安机关交通管理部门办理的机动车相关登记情况。

二、人力资源社会保障行政部门劳动保障监察机构开展查询工作时，应严格履行审批程序，由设区的市级以上人力资源社会保障行政部门负责人批准。

三、人力资源社会保障行政部门劳动保障监察机构可向公安机关交通管理部门查询相关当事人在本地登记的机动车信息。需要查询相关当事人异地车辆登记情况的，可以直接向车辆登记地公安机关交通管理部门查询，也可以委托异地人力资源社会保障行政部门劳动保障监察机构开展相关查询工作。

四、人力资源社会保障行政部门劳动保障监察员开展相关查询工作，不得少于2人，并应向公安机关交通管理部门出示劳动保障监察证件，出具《查询车辆登记情况通知书》。

到直辖市公安机关交通管理部门查询的，《查询车辆登记情况通知书》由省级人力资源社会保障行政部门盖章；到设区的市或者相当于同级的公安机关交通管理部门查询的，《查询车辆登记情况通知书》由地市级人力资源社会保障行政部门盖章。

五、公安机关交通管理部门在配合查询工作中，应如实提供相关信息，填写《查询车辆登记情况回函》，并在回函相应位置加盖单位公章；无法当天或现场查询完毕的，应当于收到《查询车辆登记情况通知书》之日起3个工作日内，反馈《查询车辆登记情况回函》。无被查询当事人车辆信息的，公安机关交通管理部门应当在《查询车辆登记情况回函》中注明并反馈。

六、人力资源社会保障行政部门劳动保障监察机构及其工作人员对公安机关交通管理部门提供的信息负有保密义务。公安机关交通管理部门及其工作人员不得将查询工作情况和查询内容等告知被查询当事人或者第三方。

七、人力资源社会保障行政部门劳动保障监察机构、公安机关交通管理部门的工作人员未按《条例》和本通知规定开展查询或配合查询工作的，按相关规定追究有关人员责任。

各地人力资源社会保障行政部门劳动保障监察机构、公安机关交通管理部门要认真执行通知要求，加强沟通配合，结合实际进一步完善查询工作流程和机制，确保查询工作依法顺利开展。有条件的地区要积极通过信息化手段按照有关规定建立部门间查询共享机制。对查询工作中遇到的问题，请及时报告人力资源社会保障部劳动保障监察局、公安部交通管理局。

附件：1.查询车辆登记情况通知书

2.查询车辆登记情况回函

附件 1

查询车辆登记情况通知书

______人社监查〔　〕　号

__________________________：

根据《保障农民工工资支付条例》第 40 条规定，在查处______________拖欠农民工工资案件过程中，需向你单位查询下列当事人车辆登记情况。请予配合，并提供有关资料。

1.被查询当事人名称/姓名：______________________________________

2.统一社会信用代码/身份证件号码：________________________________

3.配合查询当事人未报废注销车辆信息内容(打“√”项)：

号牌号码□　　号牌种类□　　车辆品牌□　　车辆类型□

监察员：1.__________ 2.__________ 联系方式：____________

(人力资源社会保障行政部门盖章)

年　　月　　日

附件 2

查询车辆登记情况回函

______函〔　　〕号

______________________：

你单位发来《查询车辆登记情况通知书》(________人社监查〔　　〕　号)收悉。按照要求，我单位依法查询________________车辆登记情况。现将查询结果提供你单位(附后)。

(公安机关交通管理部门查询单位盖章)

年　　月　　日

最高人民法院　人力资源社会保障部　中国银保监会关于做好防止农民工工资专用账户资金和工资保证金被查封、冻结或者划拨有关工作的通知

人社部发〔2020〕93 号　2020 年 12 月 25 日

各省、自治区、直辖市高级人民法院、人力资源社会保障厅(局)，新疆维吾尔自治区高级人民法院生产建设兵团分院，新疆生产建设兵团人力资源社会保障局，各银保监局，各政策性银行、大型银行、股份制银行、外资银行：

《保障农民工工资支付条例》(以下简称《条例》)第三十三条规定："除法律另有规定外，农民工工资专用账户资金和工资保证金不得因支付为本项目提供劳动的农民工工资之外的原因被查封、冻结或者划拨。"为进一步贯彻落实《条例》要求，维护好农民工工资报酬权益，确保农民工工资专用账户资金和工资保证金专项用于为该工程项目提供劳动的农民工工资支付，现就有关工作通知如下：

一、本通知所称农民工工资专用账户资金和工资保证金，是指有关单位在银行业金融机构开设的农民工工资专用账户和工资保证金账户(以下简称两类账户)中存储的专项用于支付为本项目提供劳动的农民工工资的资金。

二、人民法院在查封、冻结或者划拨相关单位银行账户资金时，应当严格审查账户类型，除法律另有专门规定外，不得因支付为本项目提供劳动的农民工工资之外的原因查封、冻结或者划拨两类账户资金。

三、对农民工工资专用账户中明显超出工程施工合同约定并且明显超出足额支付该项目农民工工资所需全部人工费的资金，对工资保证金账户中超出工资保证金主管部门

公布的资金存储规定部分的资金，人民法院经认定可依法采取冻结或者划拨措施。当事人及有关单位、个人利用两类账户规避、逃避执行的，应当依法承担责任。

四、人民法院可以依法对两类账户采取预冻结措施，在工程完工且未拖欠农民工工资，监管部门按规定解除对两类账户监管后，预冻结措施自动转为冻结措施，并可依法划拨剩余资金。

五、当事人、利害关系人(包含两类账户监管部门)认为人民法院查封、冻结或者划拨行为违法的，银行业金融机构认为人民法院要求其协助执行行为违法的，均可依法向人民法院提出异议，人民法院应当依法处理。两类账户监管部门提出异议的，异议审查期间不得查封、冻结或者划拨两类账户资金。

六、银行业金融机构应当规范两类账户开设工作，与开户单位认真核实账户性质，在业务系统中对两类账户进行特殊标识，并在相关网络查控平台、电子化专线信息传输系统等作出整体限制查封、冻结或者划拨设置，妥善处理查封、冻结或者划拨等事项，保障两类账户资金安全。

七、银行业金融机构接到人民法院等有权机关对两类账户资金查封、冻结或者划拨指令时，应当通过人工或系统等方式，向人民法院等有权机关提示该账户性质和《条例》第三十三条规定，并同时将相关情况告知两类账户监管部门，两类账户监管部门有权提出异议。

八、银行业金融机构遇到两类账户资金因不当操作被有权机关查封、冻结或者划拨等重大异常情况时，应当及时向当地两类账户监管部门报告。

九、各地有关部门应完善工作机制，加强沟通协调，防止两类账户资金被违法查封、冻结或者划拨。

十、有关部门相关人员在两类账户资金查封、冻结或者划拨过程中滥用职权、玩忽职守、徇私舞弊的，依法依规给予处分。

十一、本通知自2020年12月25日起施行。银行业金融机构应当自施行之日起2个月内完成上述事项调整。

第二编 就业和社会保障

中华人民共和国未成年人保护法(2020年修订)

中华人民共和国主席令第50号　1991年9月4日

(1991年9月4日第七届全国人民代表大会常务委员会第二十一次会议通过　2006年12月29日第十届全国人民代表大会常务委员会第二十五次会议第一次修订　根据2012年10月26日第十一届全国人民代表大会常务委员会第二十九次会议《关于修改〈中华人民共和国未成年人保护法〉的决定》修正　2020年10月17日第十三届全国人民代表大会常务委员会第二十二次会议第二次修订)

第一章　总则

第一条　为了保护未成年人身心健康,保障未成年人合法权益,促进未成年人德智体美劳全面发展,培养有理想、有道德、有文化、有纪律的社会主义建设者和接班人,培养担当民族复兴大任的时代新人,根据宪法,制定本法。

第二条　本法所称未成年人是指未满十八周岁的公民。

第三条　国家保障未成年人的生存权、发展权、受保护权、参与权等权利。

未成年人依法平等地享有各项权利,不因本人及其父母或者其他监护人的民族、种族、性别、户籍、职业、宗教信仰、教育程度、家庭状况、身心健康状况等受到歧视。

第四条　保护未成年人,应当坚持最有利于未成年人的原则。处理涉及未成年人事项,应当符合下列要求:

(一)给予未成年人特殊、优先保护;

(二)尊重未成年人人格尊严;

(三)保护未成年人隐私权和个人信息;

(四)适应未成年人身心健康发展的规律和特点;

(五)听取未成年人的意见;

(六)保护与教育相结合。

第五条　国家、社会、学校和家庭应当对未成年人进行理想教育、道德教育、科学教育、文化教育、法治教育、国家安全教育、健康教育、劳动教育,加强爱国主义、集体主义和中国特色社会主义的教育,培养爱祖国、爱人民、爱劳动、爱科学、爱社会主义的公德,抵制资本主义、封建主义和其他腐朽思想的侵蚀,引导未成年人树立和践行社会主义核心价值观。

第六条　保护未成年人,是国家机关、武装力量、政党、人民团体、企业事业单位、社会组织、城乡基层群众性自治组织、未成年人的监护人以及其他成年人的共同责任。

国家、社会、学校和家庭应当教育和帮助未成年人维护自身合法权益，增强自我保护的意识和能力。

第七条 未成年人的父母或者其他监护人依法对未成年人承担监护职责。

国家采取措施指导、支持、帮助和监督未成年人的父母或者其他监护人履行监护职责。

第八条 县级以上人民政府应当将未成年人保护工作纳入国民经济和社会发展规划，相关经费纳入本级政府预算。

第九条 县级以上人民政府应当建立未成年人保护工作协调机制，统筹、协调、督促和指导有关部门在各自职责范围内做好未成年人保护工作。协调机制具体工作由县级以上人民政府民政部门承担，省级人民政府也可以根据本地实际情况确定由其他有关部门承担。

第十条 共产主义青年团、妇女联合会、工会、残疾人联合会、关心下一代工作委员会、青年联合会、学生联合会、少年先锋队以及其他人民团体、有关社会组织，应当协助各级人民政府及其有关部门、人民检察院、人民法院做好未成年人保护工作，维护未成年人合法权益。

第十一条 任何组织或者个人发现不利于未成年人身心健康或者侵犯未成年人合法权益的情形，都有权劝阻、制止或者向公安、民政、教育等有关部门提出检举、控告。

国家机关、居民委员会、村民委员会、密切接触未成年人的单位及其工作人员，在工作中发现未成年人身心健康受到侵害、疑似受到侵害或者面临其他危险情形的，应当立即向公安、民政、教育等有关部门报告。

有关部门接到涉及未成年人的检举、控告或者报告，应当依法及时受理、处置，并以适当方式将处理结果告知相关单位和人员。

第十二条 国家鼓励和支持未成年人保护方面的科学研究，建设相关学科、设置相关专业，加强人才培养。

第十三条 国家建立健全未成年人统计调查制度，开展未成年人健康、受教育等状况的统计、调查和分析，发布未成年人保护的有关信息。

第十四条 国家对保护未成年人有显著成绩的组织和个人给予表彰和奖励。

第二章 家庭保护

第十五条 未成年人的父母或者其他监护人应当学习家庭教育知识，接受家庭教育指导，创造良好、和睦、文明的家庭环境。

共同生活的其他成年家庭成员应当协助未成年人的父母或者其他监护人抚养、教育和保护未成年人。

第十六条 未成年人的父母或者其他监护人应当履行下列监护职责：

（一）为未成年人提供生活、健康、安全等方面的保障；

（二）关注未成年人的生理、心理状况和情感需求；

（三）教育和引导未成年人遵纪守法、勤俭节约，养成良好的思想品德和行为习惯；

（四）对未成年人进行安全教育，提高未成年人的自我保护意识和能力；

（五）尊重未成年人受教育的权利，保障适龄未成年人依法接受并完成义务教育；

（六）保障未成年人休息、娱乐和体育锻炼的时间，引导未成年人进行有益身心健康的活动；

（七）妥善管理和保护未成年人的财产；

（八）依法代理未成年人实施民事法律行为；

（九）预防和制止未成年人的不良行为和违法犯罪行为，并进行合理管教；

（十）其他应当履行的监护职责。

第十七条 未成年人的父母或者其他监护人不得实施下列行为：

（一）虐待、遗弃、非法送养未成年人或者对未成年人实施家庭暴力；

（二）放任、教唆或者利用未成年人实施违法犯罪行为；

（三）放任、唆使未成年人参与邪教、迷信活动或者接受恐怖主义、分裂主义、极端主义等侵害；

（四）放任、唆使未成年人吸烟（含电子烟，下同）、饮酒、赌博、流浪乞讨或者欺凌他人；

（五）放任或者迫使应当接受义务教育的未成年人失学、辍学；

（六）放任未成年人沉迷网络，接触危害或者可能影响其身心健康的图书、报刊、电影、广播电视节目、音像制品、电子出版物和网络信息等；

（七）放任未成年人进入营业性娱乐场所、酒吧、互联网上网服务营业场所等不适宜未成年人活动的场所；

（八）允许或者迫使未成年人从事国家规定以外的劳动；

（九）允许、迫使未成年人结婚或者为未成年人订立婚约；

（十）违法处分、侵吞未成年人的财产或者利用未成年人牟取不正当利益；

（十一）其他侵犯未成年人身心健康、财产权益或者不依法履行未成年人保护义务的行为。

第十八条 未成年人的父母或者其他监护人应当为未成年人提供安全的家庭生活环境，及时排除引发触电、烫伤、跌落等伤害的安全隐患；采取配备儿童安全座椅、教育未成年人遵守交通规则等措施，防止未成年人受到交通事故的伤害；提高户外安全保护意识，避免未成年人发生溺水、动物伤害等事故。

第十九条 未成年人的父母或者其他监护人应当根据未成年人的年龄和智力发展状况，在作出与未成年人权益有关的决定前，听取未成年人的意见，充分考虑其真实意愿。

第二十条 未成年人的父母或者其他监护人发现未成年人身心健康受到侵害、疑似受到侵害或者其他合法权益受到侵犯的，应当及时了解情况并采取保护措施；情况严重的，应当立即向公安、民政、教育等部门报告。

第二十一条 未成年人的父母或者其他监护人不得使未满八周岁或者由于身体、心理原因需要特别照顾的未成年人处于无人看护状态，或者将其交由无民事行为能力、限制民事行为能力、患有严重传染性疾病或者其他不适宜的人员临时照护。

未成年人的父母或者其他监护人不得使未满十六周岁的未成年人脱离监护单独生活。

第二十二条 未成年人的父母或者其他监护人因外出务工等原因在一定期限内不能完全履行监护职责的，应当委托具有照护能力的完全民事行为能力人代为照护；无正当理由的，不得委托他人代为照护。

未成年人的父母或者其他监护人在确定被委托人时，应当综合考虑其道德品质、家庭状况、身心健康状况、与未成年人生活情感上的联系等情况，并听取有表达意愿能力未成年人的意见。

具有下列情形之一的，不得作为被委托人：

（一）曾实施性侵害、虐待、遗弃、拐卖、暴力伤害等违法犯罪行为；

（二）有吸毒、酗酒、赌博等恶习；

（三）曾拒不履行或者长期怠于履行监护、照护职责；

（四）其他不适宜担任被委托人的情形。

第二十三条 未成年人的父母或者其他监护人应当及时将委托照护情况书面告知未成年人所在学校、幼儿园和实际居住地的居民委员会、村民委员会，加强和未成年人所在学校、幼儿园的沟通；与未成年人、被委托人至少每周联系和交流一次，了解未成年人的生活、学习、心理等情况，并给予未成年人亲情关爱。

未成年人的父母或者其他监护人接到被委托人、居民委员会、村民委员会、学校、幼儿园等关于未成年人心理、行为异常的通知后，应当及时采取干预措施。

第二十四条 未成年人的父母离婚时，应当妥善处理未成年子女的抚养、教育、探望、财产等事宜，听取有表达意愿能力未成年人的意见。不得以抢夺、藏匿未成年子女等方式争夺抚养权。

未成年人的父母离婚后，不直接抚养未成年子女的一方应当依照协议、人民法院判决或者调解确定的时间和方式，在不影响未成年人学习、生活的情况下探望未成年子女，直接抚养的一方应当配合，但被人民法院依法中止探望权的除外。

第三章　学校保护

第二十五条 学校应当全面贯彻国家教育方针，坚持立德树人，实施素质教育，提高教育质量，注重培养未成年学生认知能力、合作能力、创新能力和实践能力，促进未成年学生全面发展。

学校应当建立未成年学生保护工作制度，健全学生行为规范，培养未成年学生遵纪守法的良好行为习惯。

第二十六条 幼儿园应当做好保育、教育工作，遵循幼儿身心发展规律，实施启蒙教育，促进幼儿在体质、智力、品德等方面和谐发展。

第二十七条 学校、幼儿园的教职员工应当尊重未成年人人格尊严，不得对未成年人实施体罚、变相体罚或者其他侮辱人格尊严的行为。

第二十八条 学校应当保障未成年学生受教育的权利，不得违反国家规定开除、变相开除未成年学生。

学校应当对尚未完成义务教育的辍学未成年学生进行登记并劝返复学；劝返无效的，应当及时向教育行政部门书面报告。

第二十九条 学校应当关心、爱护未成年学生，不得因家庭、身体、心理、学习能力等情况歧视学生。对家庭困难、身心有障碍的学生，应当提供关爱；对行为异常、学习有困难的学生，应当耐心帮助。

学校应当配合政府有关部门建立留守未成年学生、困境未成年学生的信息档案，开展关爱帮扶工作。

第三十条 学校应当根据未成年学生身心发展特点，进行社会生活指导、心理健康辅导、青春期教育和生命教育。

第三十一条 学校应当组织未成年学生参加与其年龄相适应的日常生活劳动、生产劳动和服务性劳动，帮助未成年学生掌握必要的劳动知识和技能，养成良好的劳动习惯。

第三十二条 学校、幼儿园应当开展勤俭节约、反对浪费、珍惜粮食、文明饮食等宣传教育活动，帮助未成年人树立浪费可耻、节约为荣的意识，养成文明健康、绿色环保的生活习惯。

第三十三条 学校应当与未成年学生的父母或者其他监护人互相配合，合理安排未成年学生的学习时间，保障其休息、娱乐和体育锻炼的时间。

学校不得占用国家法定节假日、休息日及寒暑假期，组织义务教育阶段的未成年学生集体补课，加重其学习负担。

幼儿园、校外培训机构不得对学龄前未成年人进行小学课程教育。

第三十四条 学校、幼儿园应当提供必要的卫生保健条件，协助卫生健康部门做好在校、在园未成年人的卫生保健工作。

第三十五条 学校、幼儿园应当建立安全管理制度，对未成年人进行安全教育，完善安保设施、配备安保人员，保障未成年人在校、在园期间的人身和财产安全。

学校、幼儿园不得在危及未成年人人身安全、身心健康的校舍和其他设施、场所中进行教育教学活动。

学校、幼儿园安排未成年人参加文化娱乐、社会实践等集体活动，应当保护未成年人的身心健康，防止发生人身伤害事故。

第三十六条 使用校车的学校、幼儿园应当建立健全校车安全管理制度，配备安全管理人员，定期对校车进行安全检查，对校车驾驶人进行安全教育，并向未成年人讲解校车安全乘坐知识，培养未成年人校车安全事故应急处理技能。

第三十七条 学校、幼儿园应当根据需要，制定应对自然灾害、事故灾难、公共卫生事件等突发事件和意外伤害的预案，配备相应设施并定期进行必要的演练。

未成年人在校内、园内或者本校、本园组织的校外、园外活动中发生人身伤害事故的，学校、幼儿园应当立即救护，妥善处理，及时通知未成年人的父母或者其他监护人，并向有关部门报告。

第三十八条 学校、幼儿园不得安排未成年人参加商业性活动，不得向未成年人及其父母或者其他监护人推销或者要求其购买指定的商品和服务。

学校、幼儿园不得与校外培训机构合作为未成年人提供有偿课程辅导。

第三十九条 学校应当建立学生欺凌防控工作制度，对教职员工、学生等开展防治学生欺凌的教育和培训。

学校对学生欺凌行为应当立即制止，通知实施欺凌和被欺凌未成年学生的父母或者其他监护人参与欺凌行为的认定和处理；对相关未成年学生及时给予心理辅导、教育和引导；对相关未成年学生的父母或者其他监护人给予必要的家庭教育指导。

对实施欺凌的未成年学生，学校应当根据欺凌行为的性质和程度，依法加强管教。对严重的欺凌行为，学校不得隐瞒，应当及时向公安机关、教育行政部门报告，并配合相关部门依法处理。

第四十条 学校、幼儿园应当建立预防性侵害、性骚扰未成年人工作制度。对性侵害、性骚扰未成年人等违法犯罪行为，学校、幼儿园不得隐瞒，应当及时向公安机关、教育行政部门报告，并配合相关部门依法处理。

学校、幼儿园应当对未成年人开展适合其年龄的性教育，提高未成年人防范性侵害、性骚扰的自我保护意识和能力。对遭受性侵害、性骚扰的未成年人，学校、幼儿园应当及时采取相关的保护措施。

第四十一条 婴幼儿照护服务机构、早期教育服务机构、校外培训机构、校外托管机构等应当参照本章有关规定，根据不同年龄阶段未成年人的成长特点和规律，做好未成年人保护工作。

第四章 社会保护

第四十二条 全社会应当树立关心、爱护未成年人的良好风尚。

国家鼓励、支持和引导人民团体、企业事业单位、社会组织以及其他组织和个人，开展有利于未成年人健康成长的社会活动和服务。

第四十三条 居民委员会、村民委员会应当设置专人专岗负责未成年人保护工作，协助政府有关部门宣传未成年人保护方面的法律法规，指导、帮助和监督未成年人的父母或者其他监护人依法履行监护职责，建立留守未成年人、困境未成年人的信息档案并给予关爱帮扶。

居民委员会、村民委员会应当协助政府有关部门监督未成年人委托照护情况，发现被委托人缺乏照护能力、怠于履行照护职责等情况，应当及时向政府有关部门报告，并告知未成年人的父母或者其他监护人，帮助、督促被委托人履行照护职责。

第四十四条　爱国主义教育基地、图书馆、青少年宫、儿童活动中心、儿童之家应当对未成年人免费开放；博物馆、纪念馆、科技馆、展览馆、美术馆、文化馆、社区公益性互联网上网服务场所以及影剧院、体育场馆、动物园、植物园、公园等场所，应当按照有关规定对未成年人免费或者优惠开放。

国家鼓励爱国主义教育基地、博物馆、科技馆、美术馆等公共场馆开设未成年人专场，为未成年人提供有针对性的服务。

国家鼓励国家机关、企业事业单位、部队等开发自身教育资源，设立未成年人开放日，为未成年人主题教育、社会实践、职业体验等提供支持。

国家鼓励科研机构和科技类社会组织对未成年人开展科学普及活动。

第四十五条　城市公共交通以及公路、铁路、水路、航空客运等应当按照有关规定对未成年人实施免费或者优惠票价。

第四十六条　国家鼓励大型公共场所、公共交通工具、旅游景区景点等设置母婴室、婴儿护理台以及方便幼儿使用的坐便器、洗手台等卫生设施，为未成年人提供便利。

第四十七条　任何组织或者个人不得违反有关规定，限制未成年人应当享有的照顾或者优惠。

第四十八条　国家鼓励创作、出版、制作和传播有利于未成年人健康成长的图书、报刊、电影、广播电视节目、舞台艺术作品、音像制品、电子出版物和网络信息等。

第四十九条　新闻媒体应当加强未成年人保护方面的宣传，对侵犯未成年人合法权益的行为进行舆论监督。新闻媒体采访报道涉及未成年人事件应当客观、审慎和适度，不得侵犯未成年人的名誉、隐私和其他合法权益。

第五十条　禁止制作、复制、出版、发布、传播含有宣扬淫秽、色情、暴力、邪教、迷信、赌博、引诱自杀、恐怖主义、分裂主义、极端主义等危害未成年人身心健康内容的图书、报刊、电影、广播电视节目、舞台艺术作品、音像制品、电子出版物和网络信息等。

第五十一条　任何组织或者个人出版、发布、传播的图书、报刊、电影、广播电视节目、舞台艺术作品、音像制品、电子出版物或者网络信息，包含可能影响未成年人身心健康内容的，应当以显著方式作出提示。

第五十二条　禁止制作、复制、发布、传播或者持有有关未成年人的淫秽色情物品和网络信息。

第五十三条　任何组织或者个人不得刊登、播放、张贴或者散发含有危害未成年人身心健康内容的广告；不得在学校、幼儿园播放、张贴或者散发商业广告；不得利用校服、教材等发布或者变相发布商业广告。

第五十四条　禁止拐卖、绑架、虐待、非法收养未成年人，禁止对未成年人实施性侵害、性骚扰。

禁止胁迫、引诱、教唆未成年人参加黑社会性质组织或者从事违法犯罪活动。

禁止胁迫、诱骗、利用未成年人乞讨。

第五十五条 生产、销售用于未成年人的食品、药品、玩具、用具和游戏游艺设备、游乐设施等，应当符合国家或者行业标准，不得危害未成年人的人身安全和身心健康。上述产品的生产者应当在显著位置标明注意事项，未标明注意事项的不得销售。

第五十六条 未成年人集中活动的公共场所应当符合国家或者行业安全标准，并采取相应安全保护措施。对可能存在安全风险的设施，应当定期进行维护，在显著位置设置安全警示标志并标明适龄范围和注意事项；必要时应当安排专门人员看管。

大型的商场、超市、医院、图书馆、博物馆、科技馆、游乐场、车站、码头、机场、旅游景区景点等场所运营单位应当设置搜寻走失未成年人的安全警报系统。场所运营单位接到求助后，应当立即启动安全警报系统，组织人员进行搜寻并向公安机关报告。

公共场所发生突发事件时，应当优先救护未成年人。

第五十七条 旅馆、宾馆、酒店等住宿经营者接待未成年人入住，或者接待未成年人和成年人共同入住时，应当询问父母或者其他监护人的联系方式、入住人员的身份关系等有关情况；发现有违法犯罪嫌疑的，应当立即向公安机关报告，并及时联系未成年人的父母或者其他监护人。

第五十八条 学校、幼儿园周边不得设置营业性娱乐场所、酒吧、互联网上网服务营业场所等不适宜未成年人活动的场所。营业性歌舞娱乐场所、酒吧、互联网上网服务营业场所等不适宜未成年人活动场所的经营者，不得允许未成年人进入；游艺娱乐场所设置的电子游戏设备，除国家法定节假日外，不得向未成年人提供。经营者应当在显著位置设置未成年人禁入、限入标志；对难以判明是否是未成年人的，应当要求其出示身份证件。

第五十九条 学校、幼儿园周边不得设置烟、酒、彩票销售网点。禁止向未成年人销售烟、酒、彩票或者兑付彩票奖金。烟、酒和彩票经营者应当在显著位置设置不向未成年人销售烟、酒或者彩票的标志；对难以判明是否是未成年人的，应当要求其出示身份证件。

任何人不得在学校、幼儿园和其他未成年人集中活动的公共场所吸烟、饮酒。

第六十条 禁止向未成年人提供、销售管制刀具或者其他可能致人严重伤害的器具等物品。经营者难以判明购买者是否是未成年人的，应当要求其出示身份证件。

第六十一条 任何组织或者个人不得招用未满十六周岁未成年人，国家另有规定的除外。

营业性娱乐场所、酒吧、互联网上网服务营业场所等不适宜未成年人活动的场所不得招用已满十六周岁的未成年人。

招用已满十六周岁未成年人的单位和个人应当执行国家在工种、劳动时间、劳动强度和保护措施等方面的规定，不得安排其从事过重、有毒、有害等危害未成年人身心健康的劳动或者危险作业。

任何组织或者个人不得组织未成年人进行危害其身心健康的表演等活动。经未成年人的父母或者其他监护人同意，未成年人参与演出、节目制作等活动，活动组织方应当根据国家有关规定，保障未成年人合法权益。

第六十二条 密切接触未成年人的单位招聘工作人员时，应当向公安机关、人民检察院查询应聘者是否具有性侵害、虐待、拐卖、暴力伤害等违法犯罪记录；发现其具有前述行为记录的，不得录用。

密切接触未成年人的单位应当每年定期对工作人员是否具有上述违法犯罪记录进行查询。通过查询或者其他方式发现其工作人员具有上述行为的，应当及时解聘。

第六十三条 任何组织或者个人不得隐匿、毁弃、非法删除未成年人的信件、日记、电子邮件或者其他网络通讯内容。

除下列情形外，任何组织或者个人不得开拆、查阅未成年人的信件、日记、电子邮件或者其他网络通讯内容：

（一）无民事行为能力未成年人的父母或者其他监护人代未成年人开拆、查阅；

（二）因国家安全或者追查刑事犯罪依法进行检查；

（三）紧急情况下为了保护未成年人本人的人身安全。

第五章 网络保护

第六十四条 国家、社会、学校和家庭应当加强未成年人网络素养宣传教育，培养和提高未成年人的网络素养，增强未成年人科学、文明、安全、合理使用网络的意识和能力，保障未成年人在网络空间的合法权益。

第六十五条 国家鼓励和支持有利于未成年人健康成长的网络内容的创作与传播，鼓励和支持专门以未成年人为服务对象、适合未成年人身心健康特点的网络技术、产品、服务的研发、生产和使用。

第六十六条 网信部门及其他有关部门应当加强对未成年人网络保护工作的监督检查，依法惩处利用网络从事危害未成年人身心健康的活动，为未成年人提供安全、健康的网络环境。

第六十七条 网信部门会同公安、文化和旅游、新闻出版、电影、广播电视等部门根据保护不同年龄阶段未成年人的需要，确定可能影响未成年人身心健康网络信息的种类、范围和判断标准。

第六十八条 新闻出版、教育、卫生健康、文化和旅游、网信等部门应当定期开展预防未成年人沉迷网络的宣传教育，监督网络产品和服务提供者履行预防未成年人沉迷网络的义务，指导家庭、学校、社会组织互相配合，采取科学、合理的方式对未成年人沉迷网络进行预防和干预。

任何组织或者个人不得以侵害未成年人身心健康的方式对未成年人沉迷网络进行

干预。

第六十九条 学校、社区、图书馆、文化馆、青少年宫等场所为未成年人提供的互联网上网服务设施，应当安装未成年人网络保护软件或者采取其他安全保护技术措施。

智能终端产品的制造者、销售者应当在产品上安装未成年人网络保护软件，或者以显著方式告知用户未成年人网络保护软件的安装渠道和方法。

第七十条 学校应当合理使用网络开展教学活动。未经学校允许，未成年学生不得将手机等智能终端产品带入课堂，带入学校的应当统一管理。

学校发现未成年学生沉迷网络的，应当及时告知其父母或者其他监护人，共同对未成年学生进行教育和引导，帮助其恢复正常的学习生活。

第七十一条 未成年人的父母或者其他监护人应当提高网络素养，规范自身使用网络的行为，加强对未成年人使用网络行为的引导和监督。

未成年人的父母或者其他监护人应当通过在智能终端产品上安装未成年人网络保护软件、选择适合未成年人的服务模式和管理功能等方式，避免未成年人接触危害或者可能影响其身心健康的网络信息，合理安排未成年人使用网络的时间，有效预防未成年人沉迷网络。

第七十二条 信息处理者通过网络处理未成年人个人信息的，应当遵循合法、正当和必要的原则。处理不满十四周岁未成年人个人信息的，应当征得未成年人的父母或者其他监护人同意，但法律、行政法规另有规定的除外。

未成年人、父母或者其他监护人要求信息处理者更正、删除未成年人个人信息的，信息处理者应当及时采取措施予以更正、删除，但法律、行政法规另有规定的除外。

第七十三条 网络服务提供者发现未成年人通过网络发布私密信息的，应当及时提示，并采取必要的保护措施。

第七十四条 网络产品和服务提供者不得向未成年人提供诱导其沉迷的产品和服务。

网络游戏、网络直播、网络音视频、网络社交等网络服务提供者应当针对未成年人使用其服务设置相应的时间管理、权限管理、消费管理等功能。

以未成年人为服务对象的在线教育网络产品和服务，不得插入网络游戏链接，不得推送广告等与教学无关的信息。

第七十五条 网络游戏经依法审批后方可运营。

国家建立统一的未成年人网络游戏电子身份认证系统。网络游戏服务提供者应当要求未成年人以真实身份信息注册并登录网络游戏。

网络游戏服务提供者应当按照国家有关规定和标准，对游戏产品进行分类，作出适龄提示，并采取技术措施，不得让未成年人接触不适宜的游戏或者游戏功能。

网络游戏服务提供者不得在每日二十二时至次日八时向未成年人提供网络游戏服务。

第七十六条 网络直播服务提供者不得为未满十六周岁的未成年人提供网络直播

发布者账号注册服务；为年满十六周岁的未成年人提供网络直播发布者账号注册服务时，应当对其身份信息进行认证，并征得其父母或者其他监护人同意。

第七十七条 任何组织或者个人不得通过网络以文字、图片、音视频等形式，对未成年人实施侮辱、诽谤、威胁或者恶意损害形象等网络欺凌行为。

遭受网络欺凌的未成年人及其父母或者其他监护人有权通知网络服务提供者采取删除、屏蔽、断开链接等措施。网络服务提供者接到通知后，应当及时采取必要的措施制止网络欺凌行为，防止信息扩散。

第七十八条 网络产品和服务提供者应当建立便捷、合理、有效的投诉和举报渠道，公开投诉、举报方式等信息，及时受理并处理涉及未成年人的投诉、举报。

第七十九条 任何组织或者个人发现网络产品、服务含有危害未成年人身心健康的信息，有权向网络产品和服务提供者或者网信、公安等部门投诉、举报。

第八十条 网络服务提供者发现用户发布、传播可能影响未成年人身心健康的信息且未作显著提示的，应当作出提示或者通知用户予以提示；未作出提示的，不得传输相关信息。

网络服务提供者发现用户发布、传播含有危害未成年人身心健康内容的信息的，应当立即停止传输相关信息，采取删除、屏蔽、断开链接等处置措施，保存有关记录，并向网信、公安等部门报告。

网络服务提供者发现用户利用其网络服务对未成年人实施违法犯罪行为的，应当立即停止向该用户提供网络服务，保存有关记录，并向公安机关报告。

第六章 政府保护

第八十一条 县级以上人民政府承担未成年人保护协调机制具体工作的职能部门应当明确相关内设机构或者专门人员，负责承担未成年人保护工作。

乡镇人民政府和街道办事处应当设立未成年人保护工作站或者指定专门人员，及时办理未成年人相关事务；支持、指导居民委员会、村民委员会设立专人专岗，做好未成年人保护工作。

第八十二条 各级人民政府应当将家庭教育指导服务纳入城乡公共服务体系，开展家庭教育知识宣传，鼓励和支持有关人民团体、企业事业单位、社会组织开展家庭教育指导服务。

第八十三条 各级人民政府应当保障未成年人受教育的权利，并采取措施保障留守未成年人、困境未成年人、残疾未成年人接受义务教育。

对尚未完成义务教育的辍学未成年学生，教育行政部门应当责令父母或者其他监护人将其送入学校接受义务教育。

第八十四条 各级人民政府应当发展托育、学前教育事业，办好婴幼儿照护服务机构、幼儿园，支持社会力量依法兴办母婴室、婴幼儿照护服务机构、幼儿园。

县级以上地方人民政府及其有关部门应当培养和培训婴幼儿照护服务机构、幼儿园的保教人员，提高其职业道德素质和业务能力。

第八十五条 各级人民政府应当发展职业教育，保障未成年人接受职业教育或者职业技能培训，鼓励和支持人民团体、企业事业单位、社会组织为未成年人提供职业技能培训服务。

第八十六条 各级人民政府应当保障具有接受普通教育能力、能适应校园生活的残疾未成年人就近在普通学校、幼儿园接受教育；保障不具有接受普通教育能力的残疾未成年人在特殊教育学校、幼儿园接受学前教育、义务教育和职业教育。

各级人民政府应当保障特殊教育学校、幼儿园的办学、办园条件，鼓励和支持社会力量举办特殊教育学校、幼儿园。

第八十七条 地方人民政府及其有关部门应当保障校园安全，监督、指导学校、幼儿园等单位落实校园安全责任，建立突发事件的报告、处置和协调机制。

第八十八条 公安机关和其他有关部门应当依法维护校园周边的治安和交通秩序，设置监控设备和交通安全设施，预防和制止侵害未成年人的违法犯罪行为。

第八十九条 地方人民政府应当建立和改善适合未成年人的活动场所和设施，支持公益性未成年人活动场所和设施的建设和运行，鼓励社会力量兴办适合未成年人的活动场所和设施，并加强管理。

地方人民政府应当采取措施，鼓励和支持学校在国家法定节假日、休息日及寒暑假期将文化体育设施对未成年人免费或者优惠开放。

地方人民政府应当采取措施，防止任何组织或者个人侵占、破坏学校、幼儿园、婴幼儿照护服务机构等未成年人活动场所的场地、房屋和设施。

第九十条 各级人民政府及其有关部门应当对未成年人进行卫生保健和营养指导，提供卫生保健服务。

卫生健康部门应当依法对未成年人的疫苗预防接种进行规范，防治未成年人常见病、多发病，加强传染病防治和监督管理，做好伤害预防和干预，指导和监督学校、幼儿园、婴幼儿照护服务机构开展卫生保健工作。

教育行政部门应当加强未成年人的心理健康教育，建立未成年人心理问题的早期发现和及时干预机制。卫生健康部门应当做好未成年人心理治疗、心理危机干预以及精神障碍早期识别和诊断治疗等工作。

第九十一条 各级人民政府及其有关部门对困境未成年人实施分类保障，采取措施满足其生活、教育、安全、医疗康复、住房等方面的基本需要。

第九十二条 具有下列情形之一的，民政部门应当依法对未成年人进行临时监护：

（一）未成年人流浪乞讨或者身份不明，暂时查找不到父母或者其他监护人；

（二）监护人下落不明且无其他人可以担任监护人；

（三）监护人因自身客观原因或者因发生自然灾害、事故灾难、公共卫生事件等突发事件不能履行监护职责，导致未成年人监护缺失；

（四）监护人拒绝或者怠于履行监护职责，导致未成年人处于无人照料的状态；

（五）监护人教唆、利用未成年人实施违法犯罪行为，未成年人需要被带离安置；

（六）未成年人遭受监护人严重伤害或者面临人身安全威胁，需要被紧急安置；

（七）法律规定的其他情形。

第九十三条　对临时监护的未成年人，民政部门可以采取委托亲属抚养、家庭寄养等方式进行安置，也可以交由未成年人救助保护机构或者儿童福利机构进行收留、抚养。

临时监护期间，经民政部门评估，监护人重新具备履行监护职责条件的，民政部门可以将未成年人送回监护人抚养。

第九十四条　具有下列情形之一的，民政部门应当依法对未成年人进行长期监护：

（一）查找不到未成年人的父母或者其他监护人；

（二）监护人死亡或者被宣告死亡且无其他人可以担任监护人；

（三）监护人丧失监护能力且无其他人可以担任监护人；

（四）人民法院判决撤销监护人资格并指定由民政部门担任监护人；

（五）法律规定的其他情形。

第九十五条　民政部门进行收养评估后，可以依法将其长期监护的未成年人交由符合条件的申请人收养。收养关系成立后，民政部门与未成年人的监护关系终止。

第九十六条　民政部门承担临时监护或者长期监护职责的，财政、教育、卫生健康、公安等部门应当根据各自职责予以配合。

县级以上人民政府及其民政部门应当根据需要设立未成年人救助保护机构、儿童福利机构，负责收留、抚养由民政部门监护的未成年人。

第九十七条　县级以上人民政府应当开通全国统一的未成年人保护热线，及时受理、转介侵犯未成年人合法权益的投诉、举报；鼓励和支持人民团体、企业事业单位、社会组织参与建设未成年人保护服务平台、服务热线、服务站点，提供未成年人保护方面的咨询、帮助。

第九十八条　国家建立性侵害、虐待、拐卖、暴力伤害等违法犯罪人员信息查询系统，向密切接触未成年人的单位提供免费查询服务。

第九十九条　地方人民政府应当培育、引导和规范有关社会组织、社会工作者参与未成年人保护工作，开展家庭教育指导服务，为未成年人的心理辅导、康复救助、监护及收养评估等提供专业服务。

第七章　司法保护

第一百条　公安机关、人民检察院、人民法院和司法行政部门应当依法履行职责，保障未成年人合法权益。

第一百零一条　公安机关、人民检察院、人民法院和司法行政部门应当确定专门机构或者指定专门人员，负责办理涉及未成年人案件。办理涉及未成年人案件的人员应当经过专门培训，熟悉未成年人身心特点。专门机构或者专门人员中，应当有女性工作人员。

公安机关、人民检察院、人民法院和司法行政部门应当对上述机构和人员实行与未成年人保护工作相适应的评价考核标准。

第一百零二条 公安机关、人民检察院、人民法院和司法行政部门办理涉及未成年人案件，应当考虑未成年人身心特点和健康成长的需要，使用未成年人能够理解的语言和表达方式，听取未成年人的意见。

第一百零三条 公安机关、人民检察院、人民法院、司法行政部门以及其他组织和个人不得披露有关案件中未成年人的姓名、影像、住所、就读学校以及其他可能识别出其身份的信息，但查找失踪、被拐卖未成年人等情形除外。

第一百零四条 对需要法律援助或者司法救助的未成年人，法律援助机构或者公安机关、人民检察院、人民法院和司法行政部门应当给予帮助，依法为其提供法律援助或者司法救助。

法律援助机构应当指派熟悉未成年人身心特点的律师为未成年人提供法律援助服务。

法律援助机构和律师协会应当对办理未成年人法律援助案件的律师进行指导和培训。

第一百零五条 人民检察院通过行使检察权，对涉及未成年人的诉讼活动等依法进行监督。

第一百零六条 未成年人合法权益受到侵犯，相关组织和个人未代为提起诉讼的，人民检察院可以督促、支持其提起诉讼；涉及公共利益的，人民检察院有权提起公益诉讼。

第一百零七条 人民法院审理继承案件，应当依法保护未成年人的继承权和受遗赠权。

人民法院审理离婚案件，涉及未成年子女抚养问题的，应当尊重已满八周岁未成年子女的真实意愿，根据双方具体情况，按照最有利于未成年子女的原则依法处理。

第一百零八条 未成年人的父母或者其他监护人不依法履行监护职责或者严重侵犯被监护的未成年人合法权益的，人民法院可以根据有关人员或者单位的申请，依法作出人身安全保护令或者撤销监护人资格。

被撤销监护人资格的父母或者其他监护人应当依法继续负担抚养费用。

第一百零九条 人民法院审理离婚、抚养、收养、监护、探望等案件涉及未成年人的，可以自行或者委托社会组织对未成年人的相关情况进行社会调查。

第一百一十条 公安机关、人民检察院、人民法院讯问未成年犯罪嫌疑人、被告人，询问未成年被害人、证人，应当依法通知其法定代理人或者其成年亲属、所在学校的代表等合适成年人到场，并采取适当方式，在适当场所进行，保障未成年人的名誉权、隐私权和其他合法权益。

人民法院开庭审理涉及未成年人案件，未成年被害人、证人一般不出庭作证；必须出庭的，应当采取保护其隐私的技术手段和心理干预等保护措施。

第一百一十一条　公安机关、人民检察院、人民法院应当与其他有关政府部门、人民团体、社会组织互相配合，对遭受性侵害或者暴力伤害的未成年被害人及其家庭实施必要的心理干预、经济救助、法律援助、转学安置等保护措施。

第一百一十二条　公安机关、人民检察院、人民法院办理未成年人遭受性侵害或者暴力伤害案件，在询问未成年被害人、证人时，应当采取同步录音录像等措施，尽量一次完成；未成年被害人、证人是女性的，应当由女性工作人员进行。

第一百一十三条　对违法犯罪的未成年人，实行教育、感化、挽救的方针，坚持教育为主、惩罚为辅的原则。

对违法犯罪的未成年人依法处罚后，在升学、就业等方面不得歧视。

第一百一十四条　公安机关、人民检察院、人民法院和司法行政部门发现有关单位未尽到未成年人教育、管理、救助、看护等保护职责的，应当向该单位提出建议。被建议单位应当在一个月内作出书面回复。

第一百一十五条　公安机关、人民检察院、人民法院和司法行政部门应当结合实际，根据涉及未成年人案件的特点，开展未成年人法治宣传教育工作。

第一百一十六条　国家鼓励和支持社会组织、社会工作者参与涉及未成年人案件中未成年人的心理干预、法律援助、社会调查、社会观护、教育矫治、社区矫正等工作。

第八章　法律责任

第一百一十七条　违反本法第十一条第二款规定，未履行报告义务造成严重后果的，由上级主管部门或者所在单位对直接负责的主管人员和其他直接责任人员依法给予处分。

第一百一十八条　未成年人的父母或者其他监护人不依法履行监护职责或者侵犯未成年人合法权益的，由其居住地的居民委员会、村民委员会予以劝诫、制止；情节严重的，居民委员会、村民委员会应当及时向公安机关报告。

公安机关接到报告或者公安机关、人民检察院、人民法院在办理案件过程中发现未成年人的父母或者其他监护人存在上述情形的，应当予以训诫，并可以责令其接受家庭教育指导。

第一百一十九条　学校、幼儿园、婴幼儿照护服务等机构及其教职员工违反本法第二十七条、第二十八条、第三十九条规定的，由公安、教育、卫生健康、市场监督管理等部门按照职责分工责令改正；拒不改正或者情节严重的，对直接负责的主管人员和其他直接责任人员依法给予处分。

第一百二十条　违反本法第四十四条、第四十五条、第四十七条规定，未给予未成年人免费或者优惠待遇的，由市场监督管理、文化和旅游、交通运输等部门按照职责分工责令限期改正，给予警告；拒不改正的，处一万元以上十万元以下罚款。

第一百二十一条 违反本法第五十条、第五十一条规定的，由新闻出版、广播电视、电影、网信等部门按照职责分工责令限期改正，给予警告，没收违法所得，可以并处十万元以下罚款；拒不改正或者情节严重的，责令暂停相关业务、停产停业或者吊销营业执照、吊销相关许可证，违法所得一百万元以上的，并处违法所得一倍以上十倍以下的罚款，没有违法所得或者违法所得不足一百万元的，并处十万元以上一百万元以下罚款。

第一百二十二条 场所运营单位违反本法第五十六条第二款规定、住宿经营者违反本法第五十七条规定的，由市场监督管理、应急管理、公安等部门按照职责分工责令限期改正，给予警告；拒不改正或者造成严重后果的，责令停业整顿或者吊销营业执照、吊销相关许可证，并处一万元以上十万元以下罚款。

第一百二十三条 相关经营者违反本法第五十八条、第五十九条第一款、第六十条规定的，由文化和旅游、市场监督管理、烟草专卖、公安等部门按照职责分工责令限期改正，给予警告，没收违法所得，可以并处五万元以下罚款；拒不改正或者情节严重的，责令停业整顿或者吊销营业执照、吊销相关许可证，可以并处五万元以上五十万元以下罚款。

第一百二十四条 违反本法第五十九条第二款规定，在学校、幼儿园和其他未成年人集中活动的公共场所吸烟、饮酒的，由卫生健康、教育、市场监督管理等部门按照职责分工责令改正，给予警告，可以并处五百元以下罚款；场所管理者未及时制止的，由卫生健康、教育、市场监督管理等部门按照职责分工给予警告，并处一万元以下罚款。

第一百二十五条 违反本法第六十一条规定的，由文化和旅游、人力资源和社会保障、市场监督管理等部门按照职责分工责令限期改正，给予警告，没收违法所得，可以并处十万元以下罚款；拒不改正或者情节严重的，责令停产停业或者吊销营业执照、吊销相关许可证，并处十万元以上一百万元以下罚款。

第一百二十六条 密切接触未成年人的单位违反本法第六十二条规定，未履行查询义务，或者招用、继续聘用具有相关违法犯罪记录人员的，由教育、人力资源和社会保障、市场监督管理等部门按照职责分工责令限期改正，给予警告，并处五万元以下罚款；拒不改正或者造成严重后果的，责令停业整顿或者吊销营业执照、吊销相关许可证，并处五万元以上五十万元以下罚款，对直接负责的主管人员和其他直接责任人员依法给予处分。

第一百二十七条 信息处理者违反本法第七十二条规定，或者网络产品和服务提供者违反本法第七十三条、第七十四条、第七十五条、第七十六条、第七十七条、第八十条规定的，由公安、网信、电信、新闻出版、广播电视、文化和旅游等有关部门按照职责分工责令改正，给予警告，没收违法所得，违法所得一百万元以上的，并处违法所得一倍以上十倍以下罚款，没有违法所得或者违法所得不足一百万元的，并处十万元以上一百万元以下罚款，对直接负责的主管人员和其他责任人员处一万元以上十万元以下罚款；拒不改正或者情节严重的，并可以责令暂停相关业务、停业整顿、关闭网站、吊销营业执照或者吊销相关许可证。

第一百二十八条 国家机关工作人员玩忽职守、滥用职权、徇私舞弊，损害未成年人合法权益的，依法给予处分。

第一百二十九条　违反本法规定，侵犯未成年人合法权益，造成人身、财产或者其他损害的，依法承担民事责任。

违反本法规定，构成违反治安管理行为的，依法给予治安管理处罚；构成犯罪的，依法追究刑事责任。

第九章　附则

第一百三十条　本法中下列用语的含义：

（一）密切接触未成年人的单位，是指学校、幼儿园等教育机构；校外培训机构；未成年人救助保护机构、儿童福利机构等未成年人安置、救助机构；婴幼儿照护服务机构、早期教育服务机构；校外托管、临时看护机构；家政服务机构；为未成年人提供医疗服务的医疗机构；其他对未成年人负有教育、培训、监护、救助、看护、医疗等职责的企业事业单位、社会组织等。

（二）学校，是指普通中小学、特殊教育学校、中等职业学校、专门学校。

（三）学生欺凌，是指发生在学生之间，一方蓄意或者恶意通过肢体、语言及网络等手段实施欺压、侮辱，造成另一方人身伤害、财产损失或者精神损害的行为。

第一百三十一条　对中国境内未满十八周岁的外国人、无国籍人，依照本法有关规定予以保护。

第一百三十二条　本法自2021年6月1日起施行。

中华人民共和国就业促进法（2015年修正）

中华人民共和国主席令第70号　2007年8月30日

（2007年8月30日第十届全国人民代表大会常务委员会第二十九次会议通过　根据2015年4月24日第十二届全国人民代表大会常务委员会第十四次会议《关于修改〈中华人民共和国电力法〉等六部法律的决定》修正）

第一章　总则

第一条　为了促进就业，促进经济发展与扩大就业相协调，促进社会和谐稳定，制定本法。

第二条　国家把扩大就业放在经济社会发展的突出位置，实施积极的就业政策，坚持劳动者自主择业、市场调节就业、政府促进就业的方针，多渠道扩大就业。

第三条 劳动者依法享有平等就业和自主择业的权利。

劳动者就业，不因民族、种族、性别、宗教信仰等不同而受歧视。

第四条 县级以上人民政府把扩大就业作为经济和社会发展的重要目标，纳入国民经济和社会发展规划，并制定促进就业的中长期规划和年度工作计划。

第五条 县级以上人民政府通过发展经济和调整产业结构、规范人力资源市场、完善就业服务、加强职业教育和培训、提供就业援助等措施，创造就业条件，扩大就业。

第六条 国务院建立全国促进就业工作协调机制，研究就业工作中的重大问题，协调推动全国的促进就业工作。国务院劳动行政部门具体负责全国的促进就业工作。

省、自治区、直辖市人民政府根据促进就业工作的需要，建立促进就业工作协调机制，协调解决本行政区域就业工作中的重大问题。

县级以上人民政府有关部门按照各自的职责分工，共同做好促进就业工作。

第七条 国家倡导劳动者树立正确的择业观念，提高就业能力和创业能力；鼓励劳动者自主创业、自谋职业。

各级人民政府和有关部门应当简化程序，提高效率，为劳动者自主创业、自谋职业提供便利。

第八条 用人单位依法享有自主用人的权利。

用人单位应当依照本法以及其他法律、法规的规定，保障劳动者的合法权益。

第九条 工会、共产主义青年团、妇女联合会、残疾人联合会以及其他社会组织，协助人民政府开展促进就业工作，依法维护劳动者的劳动权利。

第十条 各级人民政府和有关部门对在促进就业工作中作出显著成绩的单位和个人，给予表彰和奖励。

第二章 政策支持

第十一条 县级以上人民政府应当把扩大就业作为重要职责，统筹协调产业政策与就业政策。

第十二条 国家鼓励各类企业在法律、法规规定的范围内，通过兴办产业或者拓展经营，增加就业岗位。

国家鼓励发展劳动密集型产业、服务业，扶持中小企业，多渠道、多方式增加就业岗位。

国家鼓励、支持、引导非公有制经济发展，扩大就业，增加就业岗位。

第十三条 国家发展国内外贸易和国际经济合作，拓宽就业渠道。

第十四条 县级以上人民政府在安排政府投资和确定重大建设项目时，应当发挥投资和重大建设项目带动就业的作用，增加就业岗位。

第十五条 国家实行有利于促进就业的财政政策，加大资金投入，改善就业环境，扩大就业。

县级以上人民政府应当根据就业状况和就业工作目标，在财政预算中安排就业专项资金用于促进就业工作。

就业专项资金用于职业介绍、职业培训、公益性岗位、职业技能鉴定、特定就业政策和社会保险等的补贴，小额贷款担保基金和微利项目的小额担保贷款贴息，以及扶持公共就业服务等。就业专项资金的使用管理办法由国务院财政部门和劳动行政部门规定。

第十六条 国家建立健全失业保险制度，依法确保失业人员的基本生活，并促进其实现就业。

第十七条 国家鼓励企业增加就业岗位，扶持失业人员和残疾人就业，对下列企业、人员依法给予税收优惠：

（一）吸纳符合国家规定条件的失业人员达到规定要求的企业；

（二）失业人员创办的中小企业；

（三）安置残疾人员达到规定比例或者集中使用残疾人的企业；

（四）从事个体经营的符合国家规定条件的失业人员；

（五）从事个体经营的残疾人；

（六）国务院规定给予税收优惠的其他企业、人员。

第十八条 对本法第十七条第四项、第五项规定的人员，有关部门应当在经营场地等方面给予照顾，免除行政事业性收费。

第十九条 国家实行有利于促进就业的金融政策，增加中小企业的融资渠道；鼓励金融机构改进金融服务，加大对中小企业的信贷支持，并对自主创业人员在一定期限内给予小额信贷等扶持。

第二十条 国家实行城乡统筹的就业政策，建立健全城乡劳动者平等就业的制度，引导农业富余劳动力有序转移就业。

县级以上地方人民政府推进小城镇建设和加快县域经济发展，引导农业富余劳动力就地就近转移就业；在制定小城镇规划时，将本地区农业富余劳动力转移就业作为重要内容。

县级以上地方人民政府引导农业富余劳动力有序向城市异地转移就业；劳动力输出地和输入地人民政府应当互相配合，改善农村劳动者进城就业的环境和条件。

第二十一条 国家支持区域经济发展，鼓励区域协作，统筹协调不同地区就业的均衡增长。

国家支持民族地区发展经济，扩大就业。

第二十二条 各级人民政府统筹做好城镇新增劳动力就业、农业富余劳动力转移就业和失业人员就业工作。

第二十三条 各级人民政府采取措施，逐步完善和实施与非全日制用工等灵活就业相适应的劳动和社会保险政策，为灵活就业人员提供帮助和服务。

第二十四条 地方各级人民政府和有关部门应当加强对失业人员从事个体经营的指导，提供政策咨询、就业培训和开业指导等服务。

第三章　公平就业

第二十五条　各级人民政府创造公平就业的环境，消除就业歧视，制定政策并采取措施对就业困难人员给予扶持和援助。

第二十六条　用人单位招用人员、职业中介机构从事职业中介活动，应当向劳动者提供平等的就业机会和公平的就业条件，不得实施就业歧视。

第二十七条　国家保障妇女享有与男子平等的劳动权利。

用人单位招用人员，除国家规定的不适合妇女的工种或者岗位外，不得以性别为由拒绝录用妇女或者提高对妇女的录用标准。

用人单位录用女职工，不得在劳动合同中规定限制女职工结婚、生育的内容。

第二十八条　各民族劳动者享有平等的劳动权利。

用人单位招用人员，应当依法对少数民族劳动者给予适当照顾。

第二十九条　国家保障残疾人的劳动权利。

各级人民政府应当对残疾人就业统筹规划，为残疾人创造就业条件。

用人单位招用人员，不得歧视残疾人。

第三十条　用人单位招用人员，不得以是传染病病原携带者为由拒绝录用。但是，经医学鉴定传染病病原携带者在治愈前或者排除传染嫌疑前，不得从事法律、行政法规和国务院卫生行政部门规定禁止从事的易使传染病扩散的工作。

第三十一条　农村劳动者进城就业享有与城镇劳动者平等的劳动权利，不得对农村劳动者进城就业设置歧视性限制。

第四章　就业服务和管理

第三十二条　县级以上人民政府培育和完善统一开放、竞争有序的人力资源市场，为劳动者就业提供服务。

第三十三条　县级以上人民政府鼓励社会各方面依法开展就业服务活动，加强对公共就业服务和职业中介服务的指导和监督，逐步完善覆盖城乡的就业服务体系。

第三十四条　县级以上人民政府加强人力资源市场信息网络及相关设施建设，建立健全人力资源市场信息服务体系，完善市场信息发布制度。

第三十五条　县级以上人民政府建立健全公共就业服务体系，设立公共就业服务机构，为劳动者免费提供下列服务：

（一）就业政策法规咨询；

（二）职业供求信息、市场工资指导价位信息和职业培训信息发布；

（三）职业指导和职业介绍；

（四）对就业困难人员实施就业援助；

（五）办理就业登记、失业登记等事务；

（六）其他公共就业服务。

公共就业服务机构应当不断提高服务的质量和效率，不得从事经营性活动。

公共就业服务经费纳入同级财政预算。

第三十六条 县级以上地方人民政府对职业中介机构提供公益性就业服务的，按照规定给予补贴。

国家鼓励社会各界为公益性就业服务提供捐赠、资助。

第三十七条 地方各级人民政府和有关部门不得举办或者与他人联合举办经营性的职业中介机构。

地方各级人民政府和有关部门、公共就业服务机构举办的招聘会，不得向劳动者收取费用。

第三十八条 县级以上人民政府和有关部门加强对职业中介机构的管理，鼓励其提高服务质量，发挥其在促进就业中的作用。

第三十九条 从事职业中介活动，应当遵循合法、诚实信用、公平、公开的原则。

用人单位通过职业中介机构招用人员，应当如实向职业中介机构提供岗位需求信息。

禁止任何组织或者个人利用职业中介活动侵害劳动者的合法权益。

第四十条 设立职业中介机构应当具备下列条件：

（一）有明确的章程和管理制度；

（二）有开展业务必备的固定场所、办公设施和一定数额的开办资金；

（三）有一定数量具备相应职业资格的专职工作人员；

（四）法律、法规规定的其他条件。

设立职业中介机构应当在工商行政管理部门办理登记后，向劳动行政部门申请行政许可。

未经依法许可和登记的机构，不得从事职业中介活动。

国家对外商投资职业中介机构和向劳动者提供境外就业服务的职业中介机构另有规定的，依照其规定。

第四十一条 职业中介机构不得有下列行为：

（一）提供虚假就业信息；

（二）为无合法证照的用人单位提供职业中介服务；

（三）伪造、涂改、转让职业中介许可证；

（四）扣押劳动者的居民身份证和其他证件，或者向劳动者收取押金；

（五）其他违反法律、法规规定的行为。

第四十二条 县级以上人民政府建立失业预警制度，对可能出现的较大规模的失业，实施预防、调节和控制。

第四十三条 国家建立劳动力调查统计制度和就业登记、失业登记制度，开展劳动力资源和就业、失业状况调查统计，并公布调查统计结果。

统计部门和劳动行政部门进行劳动力调查统计和就业、失业登记时，用人单位和个人应当如实提供调查统计和登记所需要的情况。

第五章　职业教育和培训

第四十四条　国家依法发展职业教育，鼓励开展职业培训，促进劳动者提高职业技能，增强就业能力和创业能力。

第四十五条　县级以上人民政府根据经济社会发展和市场需求，制定并实施职业能力开发计划。

第四十六条　县级以上人民政府加强统筹协调，鼓励和支持各类职业院校、职业技能培训机构和用人单位依法开展就业前培训、在职培训、再就业培训和创业培训；鼓励劳动者参加各种形式的培训。

第四十七条　县级以上地方人民政府和有关部门根据市场需求和产业发展方向，鼓励、指导企业加强职业教育和培训。

职业院校、职业技能培训机构与企业应当密切联系，实行产教结合，为经济建设服务，培养实用人才和熟练劳动者。

企业应当按照国家有关规定提取职工教育经费，对劳动者进行职业技能培训和继续教育培训。

第四十八条　国家采取措施建立健全劳动预备制度，县级以上地方人民政府对有就业要求的初高中毕业生实行一定期限的职业教育和培训，使其取得相应的职业资格或者掌握一定的职业技能。

第四十九条　地方各级人民政府鼓励和支持开展就业培训，帮助失业人员提高职业技能，增强其就业能力和创业能力。失业人员参加就业培训的，按照有关规定享受政府培训补贴。

第五十条　地方各级人民政府采取有效措施，组织和引导进城就业的农村劳动者参加技能培训，鼓励各类培训机构为进城就业的农村劳动者提供技能培训，增强其就业能力和创业能力。

第五十一条　国家对从事涉及公共安全、人身健康、生命财产安全等特殊工种的劳动者，实行职业资格证书制度，具体办法由国务院规定。

第六章　就业援助

第五十二条　各级人民政府建立健全就业援助制度，采取税费减免、贷款贴息、社会保险补贴、岗位补贴等办法，通过公益性岗位安置等途径，对就业困难人员实行优先扶持和重点帮助。

就业困难人员是指因身体状况、技能水平、家庭因素、失去土地等原因难以实现就业，以及连续失业一定时间仍未能实现就业的人员。就业困难人员的具体范围，由省、自治区、直辖市人民政府根据本行政区域的实际情况规定。

第五十三条 政府投资开发的公益性岗位，应当优先安排符合岗位要求的就业困难人员。被安排在公益性岗位工作的，按照国家规定给予岗位补贴。

第五十四条 地方各级人民政府加强基层就业援助服务工作，对就业困难人员实施重点帮助，提供有针对性的就业服务和公益性岗位援助。

地方各级人民政府鼓励和支持社会各方面为就业困难人员提供技能培训、岗位信息等服务。

第五十五条 各级人民政府采取特别扶助措施，促进残疾人就业。

用人单位应当按照国家规定安排残疾人就业，具体办法由国务院规定。

第五十六条 县级以上地方人民政府采取多种就业形式，拓宽公益性岗位范围，开发就业岗位，确保城市有就业需求的家庭至少有一人实现就业。

法定劳动年龄内的家庭人员均处于失业状况的城市居民家庭，可以向住所地街道、社区公共就业服务机构申请就业援助。街道、社区公共就业服务机构经确认属实的，应当为该家庭中至少一人提供适当的就业岗位。

第五十七条 国家鼓励资源开采型城市和独立工矿区发展与市场需求相适应的产业，引导劳动者转移就业。

对因资源枯竭或者经济结构调整等原因造成就业困难人员集中的地区，上级人民政府应当给予必要的扶持和帮助。

第七章 监督检查

第五十八条 各级人民政府和有关部门应当建立促进就业的目标责任制度。县级以上人民政府按照促进就业目标责任制的要求，对所属的有关部门和下一级人民政府进行考核和监督。

第五十九条 审计机关、财政部门应当依法对就业专项资金的管理和使用情况进行监督检查。

第六十条 劳动行政部门应当对本法实施情况进行监督检查，建立举报制度，受理对违反本法行为的举报，并及时予以核实、处理。

第八章 法律责任

第六十一条 违反本法规定，劳动行政等有关部门及其工作人员滥用职权、玩忽职守、徇私舞弊的，对直接负责的主管人员和其他直接责任人员依法给予处分。

第六十二条 违反本法规定，实施就业歧视的，劳动者可以向人民法院提起诉讼。

第六十三条 违反本法规定，地方各级人民政府和有关部门、公共就业服务机构举办经营性的职业中介机构，从事经营性职业中介活动，向劳动者收取费用的，由上级主管机关责令限期改正，将违法收取的费用退还劳动者，并对直接负责的主管人员和其他直接责任人员依法给予处分。

第六十四条 违反本法规定，未经许可和登记，擅自从事职业中介活动的，由劳动行政部门或者其他主管部门依法予以关闭；有违法所得的，没收违法所得，并处一万元以上五万元以下的罚款。

第六十五条 违反本法规定，职业中介机构提供虚假就业信息，为无合法证照的用人单位提供职业中介服务，伪造、涂改、转让职业中介许可证的，由劳动行政部门或者其他主管部门责令改正；有违法所得的，没收违法所得，并处一万元以上五万元以下的罚款；情节严重的，吊销职业中介许可证。

第六十六条 违反本法规定，职业中介机构扣押劳动者居民身份证等证件的，由劳动行政部门责令限期退还劳动者，并依照有关法律规定给予处罚。

违反本法规定，职业中介机构向劳动者收取押金的，由劳动行政部门责令限期退还劳动者，并以每人五百元以上二千元以下的标准处以罚款。

第六十七条 违反本法规定，企业未按照国家规定提取职工教育经费，或者挪用职工教育经费的，由劳动行政部门责令改正，并依法给予处罚。

第六十八条 违反本法规定，侵害劳动者合法权益，造成财产损失或者其他损害的，依法承担民事责任；构成犯罪的，依法追究刑事责任。

第九章 附则

第六十九条 本法自2008年1月1日起施行。

中华人民共和国社会保险法（2018年修正）

中华人民共和国主席令第35号 2010年10月28日

（2010年10月28日第十一届全国人民代表大会常务委员会第十七次会议通过 根据2018年12月29日第十三届全国人民代表大会常务委员会第七次会议《关于修改〈中华人民共和国社会保险法〉的决定》修正）

第一章 总则

第一条 为了规范社会保险关系，维护公民参加社会保险和享受社会保险待遇的合法权益，使公民共享发展成果，促进社会和谐稳定，根据宪法，制定本法。

第二条　国家建立基本养老保险、基本医疗保险、工伤保险、失业保险、生育保险等社会保险制度，保障公民在年老、疾病、工伤、失业、生育等情况下依法从国家和社会获得物质帮助的权利。

第三条　社会保险制度坚持广覆盖、保基本、多层次、可持续的方针，社会保险水平应当与经济社会发展水平相适应。

第四条　中华人民共和国境内的用人单位和个人依法缴纳社会保险费，有权查询缴费记录、个人权益记录，要求社会保险经办机构提供社会保险咨询等相关服务。

个人依法享受社会保险待遇，有权监督本单位为其缴费情况。

第五条　县级以上人民政府将社会保险事业纳入国民经济和社会发展规划。

国家多渠道筹集社会保险资金。县级以上人民政府对社会保险事业给予必要的经费支持。

国家通过税收优惠政策支持社会保险事业。

第六条　国家对社会保险基金实行严格监管。

国务院和省、自治区、直辖市人民政府建立健全社会保险基金监督管理制度，保障社会保险基金安全、有效运行。

县级以上人民政府采取措施，鼓励和支持社会各方面参与社会保险基金的监督。

第七条　国务院社会保险行政部门负责全国的社会保险管理工作，国务院其他有关部门在各自的职责范围内负责有关的社会保险工作。

县级以上地方人民政府社会保险行政部门负责本行政区域的社会保险管理工作，县级以上地方人民政府其他有关部门在各自的职责范围内负责有关的社会保险工作。

第八条　社会保险经办机构提供社会保险服务，负责社会保险登记、个人权益记录、社会保险待遇支付等工作。

第九条　工会依法维护职工的合法权益，有权参与社会保险重大事项的研究，参加社会保险监督委员会，对与职工社会保险权益有关的事项进行监督。

第二章　基本养老保险

第十条　职工应当参加基本养老保险，由用人单位和职工共同缴纳基本养老保险费。

无雇工的个体工商户、未在用人单位参加基本养老保险的非全日制从业人员以及其他灵活就业人员可以参加基本养老保险，由个人缴纳基本养老保险费。

公务员和参照公务员法管理的工作人员养老保险的办法由国务院规定。

第十一条　基本养老保险实行社会统筹与个人账户相结合。

基本养老保险基金由用人单位和个人缴费以及政府补贴等组成。

第十二条　用人单位应当按照国家规定的本单位职工工资总额的比例缴纳基本养

老保险费，记入基本养老保险统筹基金。

职工应当按照国家规定的本人工资的比例缴纳基本养老保险费，记入个人账户。

无雇工的个体工商户、未在用人单位参加基本养老保险的非全日制从业人员以及其他灵活就业人员参加基本养老保险的，应当按照国家规定缴纳基本养老保险费，分别记入基本养老保险统筹基金和个人账户。

第十三条 国有企业、事业单位职工参加基本养老保险前，视同缴费年限期间应当缴纳的基本养老保险费由政府承担。

基本养老保险基金出现支付不足时，政府给予补贴。

第十四条 个人账户不得提前支取，记账利率不得低于银行定期存款利率，免征利息税。个人死亡的，个人账户余额可以继承。

第十五条 基本养老金由统筹养老金和个人账户养老金组成。

基本养老金根据个人累计缴费年限、缴费工资、当地职工平均工资、个人账户金额、城镇人口平均预期寿命等因素确定。

第十六条 参加基本养老保险的个人，达到法定退休年龄时累计缴费满十五年的，按月领取基本养老金。

参加基本养老保险的个人，达到法定退休年龄时累计缴费不足十五年的，可以缴费至满十五年，按月领取基本养老金；也可以转入新型农村社会养老保险或者城镇居民社会养老保险，按照国务院规定享受相应的养老保险待遇。

第十七条 参加基本养老保险的个人，因病或者非因工死亡的，其遗属可以领取丧葬补助金和抚恤金；在未达到法定退休年龄时因病或者非因工致残完全丧失劳动能力的，可以领取病残津贴。所需资金从基本养老保险基金中支付。

第十八条 国家建立基本养老金正常调整机制。根据职工平均工资增长、物价上涨情况，适时提高基本养老保险待遇水平。

第十九条 个人跨统筹地区就业的，其基本养老保险关系随本人转移，缴费年限累计计算。个人达到法定退休年龄时，基本养老金分段计算、统一支付。具体办法由国务院规定。

第二十条 国家建立和完善新型农村社会养老保险制度。

新型农村社会养老保险实行个人缴费、集体补助和政府补贴相结合。

第二十一条 新型农村社会养老保险待遇由基础养老金和个人账户养老金组成。

参加新型农村社会养老保险的农村居民，符合国家规定条件的，按月领取新型农村社会养老保险待遇。

第二十二条 国家建立和完善城镇居民社会养老保险制度。

省、自治区、直辖市人民政府根据实际情况，可以将城镇居民社会养老保险和新型农村社会养老保险合并实施。

第三章 基本医疗保险

第二十三条 职工应当参加职工基本医疗保险，由用人单位和职工按照国家规定共同缴纳基本医疗保险费。

无雇工的个体工商户、未在用人单位参加职工基本医疗保险的非全日制从业人员以及其他灵活就业人员可以参加职工基本医疗保险，由个人按照国家规定缴纳基本医疗保险费。

第二十四条 国家建立和完善新型农村合作医疗制度。

新型农村合作医疗的管理办法，由国务院规定。

第二十五条 国家建立和完善城镇居民基本医疗保险制度。

城镇居民基本医疗保险实行个人缴费和政府补贴相结合。

享受最低生活保障的人、丧失劳动能力的残疾人、低收入家庭六十周岁以上的老年人和未成年人等所需个人缴费部分，由政府给予补贴。

第二十六条 职工基本医疗保险、新型农村合作医疗和城镇居民基本医疗保险的待遇标准按照国家规定执行。

第二十七条 参加职工基本医疗保险的个人，达到法定退休年龄时累计缴费达到国家规定年限的，退休后不再缴纳基本医疗保险费，按照国家规定享受基本医疗保险待遇；未达到国家规定年限的，可以缴费至国家规定年限。

第二十八条 符合基本医疗保险药品目录、诊疗项目、医疗服务设施标准以及急诊、抢救的医疗费用，按照国家规定从基本医疗保险基金中支付。

第二十九条 参保人员医疗费用中应当由基本医疗保险基金支付的部分，由社会保险经办机构与医疗机构、药品经营单位直接结算。

社会保险行政部门和卫生行政部门应当建立异地就医医疗费用结算制度，方便参保人员享受基本医疗保险待遇。

第三十条 下列医疗费用不纳入基本医疗保险基金支付范围：

(一)应当从工伤保险基金中支付的；

(二)应当由第三人负担的；

(三)应当由公共卫生负担的；

(四)在境外就医的。

医疗费用依法应当由第三人负担，第三人不支付或者无法确定第三人的，由基本医疗保险基金先行支付。基本医疗保险基金先行支付后，有权向第三人追偿。

第三十一条 社会保险经办机构根据管理服务的需要，可以与医疗机构、药品经营单位签订服务协议，规范医疗服务行为。

医疗机构应当为参保人员提供合理、必要的医疗服务。

第三十二条 个人跨统筹地区就业的，其基本医疗保险关系随本人转移，缴费年限累计计算。

第四章　工伤保险

第三十三条　职工应当参加工伤保险，由用人单位缴纳工伤保险费，职工不缴纳工伤保险费。

第三十四条　国家根据不同行业的工伤风险程度确定行业的差别费率，并根据使用工伤保险基金、工伤发生率等情况在每个行业内确定费率档次。行业差别费率和行业内费率档次由国务院社会保险行政部门制定，报国务院批准后公布施行。

社会保险经办机构根据用人单位使用工伤保险基金、工伤发生率和所属行业费率档次等情况，确定用人单位缴费费率。

第三十五条　用人单位应当按照本单位职工工资总额，根据社会保险经办机构确定的费率缴纳工伤保险费。

第三十六条　职工因工作原因受到事故伤害或者患职业病，且经工伤认定的，享受工伤保险待遇；其中，经劳动能力鉴定丧失劳动能力的，享受伤残待遇。

工伤认定和劳动能力鉴定应当简捷、方便。

第三十七条　职工因下列情形之一导致本人在工作中伤亡的，不认定为工伤：

（一）故意犯罪；

（二）醉酒或者吸毒；

（三）自残或者自杀；

（四）法律、行政法规规定的其他情形。

第三十八条　因工伤发生的下列费用，按照国家规定从工伤保险基金中支付：

（一）治疗工伤的医疗费用和康复费用；

（二）住院伙食补助费；

（三）到统筹地区以外就医的交通食宿费；

（四）安装配置伤残辅助器具所需费用；

（五）生活不能自理的，经劳动能力鉴定委员会确认的生活护理费；

（六）一次性伤残补助金和一至四级伤残职工按月领取的伤残津贴；

（七）终止或者解除劳动合同时，应当享受的一次性医疗补助金；

（八）因工死亡的，其遗属领取的丧葬补助金、供养亲属抚恤金和因工死亡补助金；

（九）劳动能力鉴定费。

第三十九条　因工伤发生的下列费用，按照国家规定由用人单位支付：

（一）治疗工伤期间的工资福利；

（二）五级、六级伤残职工按月领取的伤残津贴；

（三）终止或者解除劳动合同时，应当享受的一次性伤残就业补助金。

第四十条　工伤职工符合领取基本养老金条件的，停发伤残津贴，享受基本养老保险待遇。基本养老保险待遇低于伤残津贴的，从工伤保险基金中补足差额。

第四十一条　职工所在用人单位未依法缴纳工伤保险费，发生工伤事故的，由用人单位支付工伤保险待遇。用人单位不支付的，从工伤保险基金中先行支付。

从工伤保险基金中先行支付的工伤保险待遇应当由用人单位偿还。用人单位不偿还的，社会保险经办机构可以依照本法第六十三条的规定追偿。

第四十二条　由于第三人的原因造成工伤，第三人不支付工伤医疗费用或者无法确定第三人的，由工伤保险基金先行支付。工伤保险基金先行支付后，有权向第三人追偿。

第四十三条　工伤职工有下列情形之一的，停止享受工伤保险待遇：

（一）丧失享受待遇条件的；

（二）拒不接受劳动能力鉴定的；

（三）拒绝治疗的。

第五章　失业保险

第四十四条　职工应当参加失业保险，由用人单位和职工按照国家规定共同缴纳失业保险费。

第四十五条　失业人员符合下列条件的，从失业保险基金中领取失业保险金：

（一）失业前用人单位和本人已经缴纳失业保险费满一年的；

（二）非因本人意愿中断就业的；

（三）已经进行失业登记，并有求职要求的。

第四十六条　失业人员失业前用人单位和本人累计缴费满一年不足五年的，领取失业保险金的期限最长为十二个月；累计缴费满五年不足十年的，领取失业保险金的期限最长为十八个月；累计缴费十年以上的，领取失业保险金的期限最长为二十四个月。重新就业后，再次失业的，缴费时间重新计算，领取失业保险金的期限与前次失业应当领取而尚未领取的失业保险金的期限合并计算，最长不超过二十四个月。

第四十七条　失业保险金的标准，由省、自治区、直辖市人民政府确定，不得低于城市居民最低生活保障标准。

第四十八条　失业人员在领取失业保险金期间，参加职工基本医疗保险，享受基本医疗保险待遇。

失业人员应当缴纳的基本医疗保险费从失业保险基金中支付，个人不缴纳基本医疗保险费。

第四十九条　失业人员在领取失业保险金期间死亡的，参照当地对在职职工死亡的规定，向其遗属发给一次性丧葬补助金和抚恤金。所需资金从失业保险基金中支付。

个人死亡同时符合领取基本养老保险丧葬补助金、工伤保险丧葬补助金和失业保险丧葬补助金条件的，其遗属只能选择领取其中的一项。

第五十条　用人单位应当及时为失业人员出具终止或者解除劳动关系的证明，并将失业人员的名单自终止或者解除劳动关系之日起十五日内告知社会保险经办机构。

失业人员应当持本单位为其出具的终止或者解除劳动关系的证明，及时到指定的公共就业服务机构办理失业登记。

失业人员凭失业登记证明和个人身份证明，到社会保险经办机构办理领取失业保险金的手续。失业保险金领取期限自办理失业登记之日起计算。

第五十一条 失业人员在领取失业保险金期间有下列情形之一的，停止领取失业保险金，并同时停止享受其他失业保险待遇：

（一）重新就业的；

（二）应征服兵役的；

（三）移居境外的；

（四）享受基本养老保险待遇的；

（五）无正当理由，拒不接受当地人民政府指定部门或者机构介绍的适当工作或者提供的培训的。

第五十二条 职工跨统筹地区就业的，其失业保险关系随本人转移，缴费年限累计计算。

第六章 生育保险

第五十三条 职工应当参加生育保险，由用人单位按照国家规定缴纳生育保险费，职工不缴纳生育保险费。

第五十四条 用人单位已经缴纳生育保险费的，其职工享受生育保险待遇；职工未就业配偶按照国家规定享受生育医疗费用待遇。所需资金从生育保险基金中支付。

生育保险待遇包括生育医疗费用和生育津贴。

第五十五条 生育医疗费用包括下列各项：

（一）生育的医疗费用；

（二）计划生育的医疗费用；

（三）法律、法规规定的其他项目费用。

第五十六条 职工有下列情形之一的，可以按照国家规定享受生育津贴：

（一）女职工生育享受产假；

（二）享受计划生育手术休假；

（三）法律、法规规定的其他情形。

生育津贴按照职工所在用人单位上年度职工月平均工资计发。

第七章 社会保险费征缴

第五十七条 用人单位应当自成立之日起三十日内凭营业执照、登记证书或者单位印章，向当地社会保险经办机构申请办理社会保险登记。社会保险经办机构应当自收到申请之日起十五日内予以审核，发给社会保险登记证件。

用人单位的社会保险登记事项发生变更或者用人单位依法终止的，应当自变更或者终止之日起三十日内，到社会保险经办机构办理变更或者注销社会保险登记。

市场监督管理部门、民政部门和机构编制管理机关应当及时向社会保险经办机构通报用人单位的成立、终止情况，公安机关应当及时向社会保险经办机构通报个人的出生、死亡以及户口登记、迁移、注销等情况。

第五十八条　用人单位应当自用工之日起三十日内为其职工向社会保险经办机构申请办理社会保险登记。未办理社会保险登记的，由社会保险经办机构核定其应当缴纳的社会保险费。

自愿参加社会保险的无雇工的个体工商户、未在用人单位参加社会保险的非全日制从业人员以及其他灵活就业人员，应当向社会保险经办机构申请办理社会保险登记。

国家建立全国统一的个人社会保障号码。个人社会保障号码为公民身份号码。

第五十九条　县级以上人民政府加强社会保险费的征收工作。

社会保险费实行统一征收，实施步骤和具体办法由国务院规定。

第六十条　用人单位应当自行申报、按时足额缴纳社会保险费，非因不可抗力等法定事由不得缓缴、减免。职工应当缴纳的社会保险费由用人单位代扣代缴，用人单位应当按月将缴纳社会保险费的明细情况告知本人。

无雇工的个体工商户、未在用人单位参加社会保险的非全日制从业人员以及其他灵活就业人员，可以直接向社会保险费征收机构缴纳社会保险费。

第六十一条　社会保险费征收机构应当依法按时足额征收社会保险费，并将缴费情况定期告知用人单位和个人。

第六十二条　用人单位未按规定申报应当缴纳的社会保险费数额的，按照该单位上月缴费额的百分之一百一十确定应当缴纳数额；缴费单位补办申报手续后，由社会保险费征收机构按照规定结算。

第六十三条　用人单位未按时足额缴纳社会保险费的，由社会保险费征收机构责令其限期缴纳或者补足。

用人单位逾期仍未缴纳或者补足社会保险费的，社会保险费征收机构可以向银行和其他金融机构查询其存款账户；并可以申请县级以上有关行政部门作出划拨社会保险费的决定，书面通知其开户银行或者其他金融机构划拨社会保险费。用人单位账户余额少于应当缴纳的社会保险费的，社会保险费征收机构可以要求该用人单位提供担保，签订延期缴费协议。

用人单位未足额缴纳社会保险费且未提供担保的，社会保险费征收机构可以申请人民法院扣押、查封、拍卖其价值相当于应当缴纳社会保险费的财产，以拍卖所得抵缴社会保险费。

第八章 社会保险基金

第六十四条 社会保险基金包括基本养老保险基金、基本医疗保险基金、工伤保险基金、失业保险基金和生育保险基金。除基本医疗保险基金与生育保险基金合并建账及核算外,其他各项社会保险基金按照社会保险险种分别建账,分账核算。社会保险基金执行国家统一的会计制度。

社会保险基金专款专用,任何组织和个人不得侵占或者挪用。

基本养老保险基金逐步实行全国统筹,其他社会保险基金逐步实行省级统筹,具体时间、步骤由国务院规定。

第六十五条 社会保险基金通过预算实现收支平衡。

县级以上人民政府在社会保险基金出现支付不足时,给予补贴。

第六十六条 社会保险基金按照统筹层次设立预算。除基本医疗保险基金与生育保险基金预算合并编制外,其他社会保险基金预算按照社会保险项目分别编制。

第六十七条 社会保险基金预算、决算草案的编制、审核和批准,依照法律和国务院规定执行。

第六十八条 社会保险基金存入财政专户,具体管理办法由国务院规定。

第六十九条 社会保险基金在保证安全的前提下,按照国务院规定投资运营实现保值增值。

社会保险基金不得违规投资运营,不得用于平衡其他政府预算,不得用于兴建、改建办公场所和支付人员经费、运行费用、管理费用,或者违反法律、行政法规规定挪作其他用途。

第七十条 社会保险经办机构应当定期向社会公布参加社会保险情况以及社会保险基金的收入、支出、结余和收益情况。

第七十一条 国家设立全国社会保障基金,由中央财政预算拨款以及国务院批准的其他方式筹集的资金构成,用于社会保障支出的补充、调剂。全国社会保障基金由全国社会保障基金管理运营机构负责管理运营,在保证安全的前提下实现保值增值。

全国社会保障基金应当定期向社会公布收支、管理和投资运营的情况。国务院财政部门、社会保险行政部门、审计机关对全国社会保障基金的收支、管理和投资运营情况实施监督。

第九章 社会保险经办

第七十二条 统筹地区设立社会保险经办机构。社会保险经办机构根据工作需要,经所在地的社会保险行政部门和机构编制管理机关批准,可以在本统筹地区设立分支机构和服务网点。

社会保险经办机构的人员经费和经办社会保险发生的基本运行费用、管理费用，由同级财政按照国家规定予以保障。

第七十三条　社会保险经办机构应当建立健全业务、财务、安全和风险管理制度。

社会保险经办机构应当按时足额支付社会保险待遇。

第七十四条　社会保险经办机构通过业务经办、统计、调查获取社会保险工作所需的数据，有关单位和个人应当及时、如实提供。

社会保险经办机构应当及时为用人单位建立档案，完整、准确地记录参加社会保险的人员、缴费等社会保险数据，妥善保管登记、申报的原始凭证和支付结算的会计凭证。

社会保险经办机构应当及时、完整、准确地记录参加社会保险的个人缴费和用人单位为其缴费，以及享受社会保险待遇等个人权益记录，定期将个人权益记录单免费寄送本人。

用人单位和个人可以免费向社会保险经办机构查询、核对其缴费和享受社会保险待遇记录，要求社会保险经办机构提供社会保险咨询等相关服务。

第七十五条　全国社会保险信息系统按照国家统一规划，由县级以上人民政府按照分级负责的原则共同建设。

第十章　社会保险监督

第七十六条　各级人民代表大会常务委员会听取和审议本级人民政府对社会保险基金的收支、管理、投资运营以及监督检查情况的专项工作报告，组织对本法实施情况的执法检查等，依法行使监督职权。

第七十七条　县级以上人民政府社会保险行政部门应当加强对用人单位和个人遵守社会保险法律、法规情况的监督检查。

社会保险行政部门实施监督检查时，被检查的用人单位和个人应当如实提供与社会保险有关的资料，不得拒绝检查或者谎报、瞒报。

第七十八条　财政部门、审计机关按照各自职责，对社会保险基金的收支、管理和投资运营情况实施监督。

第七十九条　社会保险行政部门对社会保险基金的收支、管理和投资运营情况进行监督检查，发现存在问题的，应当提出整改建议，依法作出处理决定或者向有关行政部门提出处理建议。社会保险基金检查结果应当定期向社会公布。

社会保险行政部门对社会保险基金实施监督检查，有权采取下列措施：

（一）查阅、记录、复制与社会保险基金收支、管理和投资运营相关的资料，对可能被转移、隐匿或者灭失的资料予以封存；

（二）询问与调查事项有关的单位和个人，要求其对与调查事项有关的问题作出说明、提供有关证明材料；

（三）对隐匿、转移、侵占、挪用社会保险基金的行为予以制止并责令改正。

第八十条 统筹地区人民政府成立由用人单位代表、参保人员代表，以及工会代表、专家等组成的社会保险监督委员会，掌握、分析社会保险基金的收支、管理和投资运营情况，对社会保险工作提出咨询意见和建议，实施社会监督。

社会保险经办机构应当定期向社会保险监督委员会汇报社会保险基金的收支、管理和投资运营情况。社会保险监督委员会可以聘请会计师事务所对社会保险基金的收支、管理和投资运营情况进行年度审计和专项审计。审计结果应当向社会公开。

社会保险监督委员会发现社会保险基金收支、管理和投资运营中存在问题的，有权提出改正建议；对社会保险经办机构及其工作人员的违法行为，有权向有关部门提出依法处理建议。

第八十一条 社会保险行政部门和其他有关行政部门、社会保险经办机构、社会保险费征收机构及其工作人员，应当依法为用人单位和个人的信息保密，不得以任何形式泄露。

第八十二条 任何组织或者个人有权对违反社会保险法律、法规的行为进行举报、投诉。

社会保险行政部门、卫生行政部门、社会保险经办机构、社会保险费征收机构和财政部门、审计机关对属于本部门、本机构职责范围的举报、投诉，应当依法处理；对不属于本部门、本机构职责范围的，应当书面通知并移交有权处理的部门、机构处理。有权处理的部门、机构应当及时处理，不得推诿。

第八十三条 用人单位或者个人认为社会保险费征收机构的行为侵害自己合法权益的，可以依法申请行政复议或者提起行政诉讼。

用人单位或者个人对社会保险经办机构不依法办理社会保险登记、核定社会保险费、支付社会保险待遇、办理社会保险转移接续手续或者侵害其他社会保险权益的行为，可以依法申请行政复议或者提起行政诉讼。

个人与所在用人单位发生社会保险争议的，可以依法申请调解、仲裁，提起诉讼。用人单位侵害个人社会保险权益的，个人也可以要求社会保险行政部门或者社会保险费征收机构依法处理。

第十一章　法律责任

第八十四条 用人单位不办理社会保险登记的，由社会保险行政部门责令限期改正；逾期不改正的，对用人单位处应缴社会保险费数额一倍以上三倍以下的罚款，对其直接负责的主管人员和其他直接责任人员处五百元以上三千元以下的罚款。

第八十五条 用人单位拒不出具终止或者解除劳动关系证明的，依照《中华人民共和国劳动合同法》的规定处理。

第八十六条 用人单位未按时足额缴纳社会保险费的，由社会保险费征收机构责令限期缴纳或者补足，并自欠缴之日起，按日加收万分之五的滞纳金；逾期仍不缴纳的，由有关行政部门处欠缴数额一倍以上三倍以下的罚款。

第八十七条 社会保险经办机构以及医疗机构、药品经营单位等社会保险服务机构以欺诈、伪造证明材料或者其他手段骗取社会保险基金支出的，由社会保险行政部门责令退回骗取的社会保险金，处骗取金额二倍以上五倍以下的罚款；属于社会保险服务机构的，解除服务协议；直接负责的主管人员和其他直接责任人员有执业资格的，依法吊销其执业资格。

第八十八条 以欺诈、伪造证明材料或者其他手段骗取社会保险待遇的，由社会保险行政部门责令退回骗取的社会保险金，处骗取金额二倍以上五倍以下的罚款。

第八十九条 社会保险经办机构及其工作人员有下列行为之一的，由社会保险行政部门责令改正；给社会保险基金、用人单位或者个人造成损失的，依法承担赔偿责任；对直接负责的主管人员和其他直接责任人员依法给予处分：

（一）未履行社会保险法定职责的；

（二）未将社会保险基金存入财政专户的；

（三）克扣或者拒不按时支付社会保险待遇的；

（四）丢失或者篡改缴费记录、享受社会保险待遇记录等社会保险数据、个人权益记录的；

（五）有违反社会保险法律、法规的其他行为的。

第九十条 社会保险费征收机构擅自更改社会保险费缴费基数、费率，导致少收或者多收社会保险费的，由有关行政部门责令其追缴应当缴纳的社会保险费或者退还不应当缴纳的社会保险费；对直接负责的主管人员和其他直接责任人员依法给予处分。

第九十一条 违反本法规定，隐匿、转移、侵占、挪用社会保险基金或者违规投资运营的，由社会保险行政部门、财政部门、审计机关责令追回；有违法所得的，没收违法所得；对直接负责的主管人员和其他直接责任人员依法给予处分。

第九十二条 社会保险行政部门和其他有关行政部门、社会保险经办机构、社会保险费征收机构及其工作人员泄露用人单位和个人信息的，对直接负责的主管人员和其他直接责任人员依法给予处分；给用人单位或者个人造成损失的，应当承担赔偿责任。

第九十三条 国家工作人员在社会保险管理、监督工作中滥用职权、玩忽职守、徇私舞弊的，依法给予处分。

第九十四条 违反本法规定，构成犯罪的，依法追究刑事责任。

第十二章 附则

第九十五条 进城务工的农村居民依照本法规定参加社会保险。

第九十六条 征收农村集体所有的土地，应当足额安排被征地农民的社会保险费，按照国务院规定将被征地农民纳入相应的社会保险制度。

第九十七条 外国人在中国境内就业的，参照本法规定参加社会保险。

第九十八条 本法自 2011 年 7 月 1 日起施行。

失业保险条例

国务院令第258号　1999年1月22日

第一章　总则

第一条　为了保障失业人员失业期间的基本生活，促进其再就业，制定本条例。

第二条　城镇企业事业单位、城镇企业事业单位职工依照本条例的规定，缴纳失业保险费。

城镇企业事业单位失业人员依照本条例的规定，享受失业保险待遇。

本条所称城镇企业，是指国有企业、城镇集体企业、外商投资企业、城镇私营企业以及其他城镇企业。

第三条　国务院劳动保障行政部门主管全国的失业保险工作。县级以上地方各级人民政府劳动保障行政部门主管本行政区域内的失业保险工作。劳动保障行政部门按照国务院规定设立的经办失业保险业务的社会保险经办机构依照本条例的规定，具体承办失业保险工作。

第四条　失业保险费按照国家有关规定征缴。

第二章　失业保险基金

第五条　失业保险基金由下列各项构成：

（一）城镇企业事业单位、城镇企业事业单位职工缴纳的失业保险费；

（二）失业保险基金的利息；

（三）财政补贴；

（四）依法纳入失业保险基金的其他资金。

第六条　城镇企业事业单位按照本单位工资总额的百分之二缴纳失业保险费。城镇企业事业单位职工按照本人工资的百分之一缴纳失业保险费。城镇企业事业单位招用的农民合同制工人本人不缴纳失业保险费。

第七条　失业保险基金在直辖市和设区的市实行全市统筹；其他地区的统筹层次由省、自治区人民政府规定。

第八条　省、自治区可以建立失业保险调剂金。

失业保险调剂金以统筹地区依法应当征收的失业保险费为基数，按照省、自治区人民政府规定的比例筹集。

统筹地区的失业保险基金不敷使用时，由失业保险调剂金调剂、地方财政补贴。

失业保险调剂金的筹集、调剂使用以及地方财政补贴的具体办法，由省、自治区人民政府规定。

第九条　省、自治区、直辖市人民政府根据本行政区域失业人员数量和失业保险基金数额，报经国务院批准，可以适当调整本行政区域失业保险费的费率。

第十条　失业保险基金用于下列支出：

（一）失业保险金；

（二）领取失业保险金期间的医疗补助金；

（三）领取失业保险金期间死亡的失业人员的丧葬补助金和其供养的配偶、直系亲属的抚恤金；

（四）领取失业保险金期间接受职业培训、职业介绍的补贴，补贴的办法和标准由省、自治区、直辖市人民政府规定；

（五）国务院规定或者批准的与失业保险有关的其他费用。

第十一条　失业保险基金必须存入财政部门在国有商业银行开设的社会保障基金财政专户，实行收支两条线管理，由财政部门依法进行监督。

存入银行和按照国家规定购买国债的失业保险基金，分别按照城乡居民同期存款利率和国债利息计息。失业保险基金的利息并入失业保险基金。

失业保险基金专款专用，不得挪作他用，不得用于平衡财政收支。

第十二条　失业保险基金收支的预算、决算，由统筹地区社会保险经办机构编制，经同级劳动保障行政部门复核、同级财政部门审核，报同级人民政府审批。

第十三条　失业保险基金的财务制度和会计制度按照国家有关规定执行。

第三章　失业保险待遇

第十四条　具备下列条件的失业人员，可以领取失业保险金：

（一）按照规定参加失业保险，所在单位和本人已按照规定履行缴费义务满1年的；

（二）非因本人意愿中断就业的；

（三）已办理失业登记，并有求职要求的。

失业人员在领取失业保险金期间，按照规定同时享受其他失业保险待遇。

第十五条　失业人员在领取失业保险金期间有下列情形之一的，停止领取失业保险金，并同时停止享受其他失业保险待遇：

（一）重新就业的；

（二）应征服兵役的；

（三）移居境外的；

（四）享受基本养老保险待遇的；

（五）被判刑收监执行或者被劳动教养的；

（六）无正当理由，拒不接受当地人民政府指定的部门或者机构介绍的工作的；

（七）有法律、行政法规规定的其他情形的。

第十六条 城镇企业事业单位应当及时为失业人员出具终止或者解除劳动关系的证明，告知其按照规定享受失业保险待遇的权利，并将失业人员的名单自终止或者解除劳动关系之日起7日内报社会保险经办机构备案。

城镇企业事业单位职工失业后，应当持本单位为其出具的终止或者解除劳动关系的证明，及时到指定的社会保险经办机构办理失业登记。失业保险金自办理失业登记之日起计算。

失业保险金由社会保险经办机构按月发放。社会保险经办机构为失业人员开具领取失业保险金的单证，失业人员凭单证到指定银行领取失业保险金。

第十七条 失业人员失业前所在单位和本人按照规定累计缴费时间满1年不足5年的，领取失业保险金的期限最长为12个月；累计缴费时间满5年不足10年的，领取失业保险金的期限最长为18个月；累计缴费时间10年以上的，领取失业保险金的期限最长为24个月。重新就业后，再次失业的，缴费时间重新计算，领取失业保险金的期限可以与前次失业应领取而尚未领取的失业保险金的期限合并计算，但是最长不得超过24个月。

第十八条 失业保险金的标准，按照低于当地最低工资标准、高于城市居民最低生活保障标准的水平，由省、自治区、直辖市人民政府确定。

第十九条 失业人员在领取失业保险金期间患病就医的，可以按照规定向社会保险经办机构申请领取医疗补助金。医疗补助金的标准由省、自治区、直辖市人民政府规定。

第二十条 失业人员在领取失业保险金期间死亡的，参照当地对在职职工的规定，对其家属一次性发给丧葬补助金和抚恤金。

第二十一条 单位招用的农民合同制工人连续工作满1年，本单位并已缴纳失业保险费，劳动合同期满未续订或者提前解除劳动合同的，由社会保险经办机构根据其工作时间长短，对其支付一次性生活补助。补助的办法和标准由省、自治区、直辖市人民政府规定。

第二十二条 城镇企业事业单位成建制跨统筹地区转移，失业人员跨统筹地区流动的，失业保险关系随之转迁。

第二十三条 失业人员符合城市居民最低生活保障条件的，按照规定享受城市居民最低生活保障待遇。

第四章 管理和监督

第二十四条 劳动保障行政部门管理失业保险工作，履行下列职责：

（一）贯彻实施失业保险法律、法规；

（二）指导社会保险经办机构的工作；

（三）对失业保险费的征收和失业保险待遇的支付进行监督检查。

第二十五条 社会保险经办机构具体承办失业保险工作，履行下列职责：

（一）负责失业人员的登记、调查、统计；

（二）按照规定负责失业保险基金的管理；

（三）按照规定核定失业保险待遇，开具失业人员在指定银行领取失业保险金和其他补助金的单证；

（四）拨付失业人员职业培训、职业介绍补贴费用；

（五）为失业人员提供免费咨询服务；

（六）国家规定由其履行的其他职责。

第二十六条 财政部门和审计部门依法对失业保险基金的收支、管理情况进行监督。

第二十七条 社会保险经办机构所需经费列入预算，由财政拨付。

第五章 罚则

第二十八条 不符合享受失业保险待遇条件，骗取失业保险金和其他失业保险待遇的，由社会保险经办机构责令退还；情节严重的，由劳动保障行政部门处骗取金额 1 倍以上 3 倍以下的罚款。

第二十九条 社会保险经办机构工作人员违反规定向失业人员开具领取失业保险金或者享受其他失业保险待遇单证，致使失业保险基金损失的，由劳动保障行政部门责令追回；情节严重的，依法给予行政处分。

第三十条 劳动保障行政部门和社会保险经办机构的工作人员滥用职权、徇私舞弊、玩忽职守，造成失业保险基金损失的，由劳动保障行政部门追回损失的失业保险基金；构成犯罪的，依法追究刑事责任；尚不构成犯罪的，依法给予行政处分。

第三十一条 任何单位、个人挪用失业保险基金的，追回挪用的失业保险基金；有违法所得的，没收违法所得，并入失业保险基金；构成犯罪的，依法追究刑事责任；尚不构成犯罪的，对直接负责的主管人员和其他直接责任人员依法给予行政处分。

第六章 附则

第三十二条 省、自治区、直辖市人民政府根据当地实际情况，可以决定本条例适用于本行政区域内的社会团体及其专职人员、民办非企业单位及其职工、有雇工的城镇个体工商户及其雇工。

第三十三条 本条例自发布之日起施行。1993 年 4 月 12 日国务院发布的《国有企业职工待业保险规定》同时废止。

工伤保险条例(2010年修订)

国务院令第375号　2003年4月27日

(2003年4月27日中华人民共和国国务院令第375号公布　根据2010年12月20日国务院令第586号《国务院关于修改〈工伤保险条例〉的决定》修订)

第一章　总则

第一条　为了保障因工作遭受事故伤害或者患职业病的职工获得医疗救治和经济补偿,促进工伤预防和职业康复,分散用人单位的工伤风险,制定本条例。

第二条　中华人民共和国境内的企业、事业单位、社会团体、民办非企业单位、基金会、律师事务所、会计师事务所等组织和有雇工的个体工商户(以下称用人单位)应当依照本条例规定参加工伤保险,为本单位全部职工或者雇工(以下称职工)缴纳工伤保险费。

中华人民共和国境内的企业、事业单位、社会团体、民办非企业单位、基金会、律师事务所、会计师事务所等组织的职工和个体工商户的雇工,均有依照本条例的规定享受工伤保险待遇的权利。

第三条　工伤保险费的征缴按照《社会保险费征缴暂行条例》关于基本养老保险费、基本医疗保险费、失业保险费的征缴规定执行。

第四条　用人单位应当将参加工伤保险的有关情况在本单位内公示。

用人单位和职工应当遵守有关安全生产和职业病防治的法律法规,执行安全卫生规程和标准,预防工伤事故发生,避免和减少职业病危害。

职工发生工伤时,用人单位应当采取措施使工伤职工得到及时救治。

第五条　国务院社会保险行政部门负责全国的工伤保险工作。

县级以上地方各级人民政府社会保险行政部门负责本行政区域内的工伤保险工作。

社会保险行政部门按照国务院有关规定设立的社会保险经办机构(以下称经办机构)具体承办工伤保险事务。

第六条　社会保险行政部门等部门制定工伤保险的政策、标准,应当征求工会组织、用人单位代表的意见。

第二章　工伤保险基金

第七条　工伤保险基金由用人单位缴纳的工伤保险费、工伤保险基金的利息和依法纳入工伤保险基金的其他资金构成。

第八条　工伤保险费根据以支定收、收支平衡的原则,确定费率。

国家根据不同行业的工伤风险程度确定行业的差别费率，并根据工伤保险费使用、工伤发生率等情况在每个行业内确定若干费率档次。行业差别费率及行业内费率档次由国务院社会保险行政部门制定，报国务院批准后公布施行。

统筹地区经办机构根据用人单位工伤保险费使用、工伤发生率等情况，适用所属行业内相应的费率档次确定单位缴费费率。

第九条　国务院社会保险行政部门应当定期了解全国各统筹地区工伤保险基金收支情况，及时提出调整行业差别费率及行业内费率档次的方案，报国务院批准后公布施行。

第十条　用人单位应当按时缴纳工伤保险费。职工个人不缴纳工伤保险费。

用人单位缴纳工伤保险费的数额为本单位职工工资总额乘以单位缴费费率之积。

对难以按照工资总额缴纳工伤保险费的行业，其缴纳工伤保险费的具体方式，由国务院社会保险行政部门规定。

第十一条　工伤保险基金逐步实行省级统筹。

跨地区、生产流动性较大的行业，可以采取相对集中的方式异地参加统筹地区的工伤保险。具体办法由国务院社会保险行政部门会同有关行业的主管部门制定。

第十二条　工伤保险基金存入社会保障基金财政专户，用于本条例规定的工伤保险待遇，劳动能力鉴定，工伤预防的宣传、培训等费用，以及法律、法规规定的用于工伤保险的其他费用的支付。

工伤预防费用的提取比例、使用和管理的具体办法，由国务院社会保险行政部门会同国务院财政、卫生行政、安全生产监督管理等部门规定。

任何单位或者个人不得将工伤保险基金用于投资运营、兴建或者改建办公场所、发放奖金，或者挪作其他用途。

第十三条　工伤保险基金应当留有一定比例的储备金，用于统筹地区重大事故的工伤保险待遇支付；储备金不足支付的，由统筹地区的人民政府垫付。储备金占基金总额的具体比例和储备金的使用办法，由省、自治区、直辖市人民政府规定。

第三章　工伤认定

第十四条　职工有下列情形之一的，应当认定为工伤：

（一）在工作时间和工作场所内，因工作原因受到事故伤害的；

（二）工作时间前后在工作场所内，从事与工作有关的预备性或者收尾性工作受到事故伤害的；

（三）在工作时间和工作场所内，因履行工作职责受到暴力等意外伤害的；

（四）患职业病的；

（五）因工外出期间，由于工作原因受到伤害或者发生事故下落不明的；

（六）在上下班途中，受到非本人主要责任的交通事故或者城市轨道交通、客运轮渡、火车事故伤害的；

（七）法律、行政法规规定应当认定为工伤的其他情形。

第十五条 职工有下列情形之一的，视同工伤：

（一）在工作时间和工作岗位，突发疾病死亡或者在48小时之内经抢救无效死亡的；

（二）在抢险救灾等维护国家利益、公共利益活动中受到伤害的；

（三）职工原在军队服役，因战、因公负伤致残，已取得革命伤残军人证，到用人单位后旧伤复发的。

职工有前款第（一）项、第（二）项情形的，按照本条例的有关规定享受工伤保险待遇；职工有前款第（三）项情形的，按照本条例的有关规定享受除一次性伤残补助金以外的工伤保险待遇。

第十六条 职工符合本条例第十四条、第十五条的规定，但是有下列情形之一的，不得认定为工伤或者视同工伤：

（一）故意犯罪的；

（二）醉酒或者吸毒的；

（三）自残或者自杀的。

第十七条 职工发生事故伤害或者按照职业病防治法规定被诊断、鉴定为职业病，所在单位应当自事故伤害发生之日或者被诊断、鉴定为职业病之日起30日内，向统筹地区社会保险行政部门提出工伤认定申请。遇有特殊情况，经报社会保险行政部门同意，申请时限可以适当延长。

用人单位未按前款规定提出工伤认定申请的，工伤职工或者其近亲属、工会组织在事故伤害发生之日或者被诊断、鉴定为职业病之日起1年内，可以直接向用人单位所在地统筹地区社会保险行政部门提出工伤认定申请。

按照本条第一款规定应当由省级社会保险行政部门进行工伤认定的事项，根据属地原则由用人单位所在地的设区的市级社会保险行政部门办理。

用人单位未在本条第一款规定的时限内提交工伤认定申请，在此期间发生符合本条例规定的工伤待遇等有关费用由该用人单位负担。

第十八条 提出工伤认定申请应当提交下列材料：

（一）工伤认定申请表；

（二）与用人单位存在劳动关系（包括事实劳动关系）的证明材料；

（三）医疗诊断证明或者职业病诊断证明书（或者职业病诊断鉴定书）。

工伤认定申请表应当包括事故发生的时间、地点、原因以及职工伤害程度等基本情况。

工伤认定申请人提供材料不完整的，社会保险行政部门应当一次性书面告知工伤认定申请人需要补正的全部材料。申请人按照书面告知要求补正材料后，社会保险行政部门应当受理。

第十九条 社会保险行政部门受理工伤认定申请后，根据审核需要可以对事故伤害进行调查核实,用人单位、职工、工会组织、医疗机构以及有关部门应当予以协助。职业病诊断和诊断争议的鉴定,依照职业病防治法的有关规定执行。对依法取得职业病诊断证明书或者职业病诊断鉴定书的,社会保险行政部门不再进行调查核实。

职工或者其近亲属认为是工伤,用人单位不认为是工伤的,由用人单位承担举证责任。

第二十条 社会保险行政部门应当自受理工伤认定申请之日起 60 日内作出工伤认定的决定,并书面通知申请工伤认定的职工或者其近亲属和该职工所在单位。

社会保险行政部门对受理的事实清楚、权利义务明确的工伤认定申请,应当在 15 日内作出工伤认定的决定。

作出工伤认定决定需要以司法机关或者有关行政主管部门的结论为依据的,在司法机关或者有关行政主管部门尚未作出结论期间,作出工伤认定决定的时限中止。

社会保险行政部门工作人员与工伤认定申请人有利害关系的,应当回避。

第四章 劳动能力鉴定

第二十一条 职工发生工伤,经治疗伤情相对稳定后存在残疾、影响劳动能力的,应当进行劳动能力鉴定。

第二十二条 劳动能力鉴定是指劳动功能障碍程度和生活自理障碍程度的等级鉴定。

劳动功能障碍分为十个伤残等级,最重的为一级,最轻的为十级。

生活自理障碍分为三个等级:生活完全不能自理、生活大部分不能自理和生活部分不能自理。

劳动能力鉴定标准由国务院社会保险行政部门会同国务院卫生行政部门等部门制定。

第二十三条 劳动能力鉴定由用人单位、工伤职工或者其近亲属向设区的市级劳动能力鉴定委员会提出申请,并提供工伤认定决定和职工工伤医疗的有关资料。

第二十四条 省、自治区、直辖市劳动能力鉴定委员会和设区的市级劳动能力鉴定委员会分别由省、自治区、直辖市和设区的市级社会保险行政部门、卫生行政部门、工会组织、经办机构代表以及用人单位代表组成。

劳动能力鉴定委员会建立医疗卫生专家库。列入专家库的医疗卫生专业技术人员应当具备下列条件:

(一)具有医疗卫生高级专业技术职务任职资格;

(二)掌握劳动能力鉴定的相关知识;

(三)具有良好的职业品德。

第二十五条 设区的市级劳动能力鉴定委员会收到劳动能力鉴定申请后,应当从其建立的医疗卫生专家库中随机抽取 3 名或者 5 名相关专家组成专家组,由专家组提出鉴定意见。设区的市级劳动能力鉴定委员会根据专家组的鉴定意见作出工伤职工劳动能力鉴定结论;必要时,可以委托具备资格的医疗机构协助进行有关的诊断。

设区的市级劳动能力鉴定委员会应当自收到劳动能力鉴定申请之日起60日内作出劳动能力鉴定结论,必要时,作出劳动能力鉴定结论的期限可以延长30日。劳动能力鉴定结论应当及时送达申请鉴定的单位和个人。

第二十六条 申请鉴定的单位或者个人对设区的市级劳动能力鉴定委员会作出的鉴定结论不服的,可以在收到该鉴定结论之日起15日内向省、自治区、直辖市劳动能力鉴定委员会提出再次鉴定申请。省、自治区、直辖市劳动能力鉴定委员会作出的劳动能力鉴定结论为最终结论。

第二十七条 劳动能力鉴定工作应当客观、公正。劳动能力鉴定委员会组成人员或者参加鉴定的专家与当事人有利害关系的,应当回避。

第二十八条 自劳动能力鉴定结论作出之日起1年后,工伤职工或者其近亲属、所在单位或者经办机构认为伤残情况发生变化的,可以申请劳动能力复查鉴定。

第二十九条 劳动能力鉴定委员会依照本条例第二十六条和第二十八条的规定进行再次鉴定和复查鉴定的期限,依照本条例第二十五条第二款的规定执行。

第五章 工伤保险待遇

第三十条 职工因工作遭受事故伤害或者患职业病进行治疗,享受工伤医疗待遇。

职工治疗工伤应当在签订服务协议的医疗机构就医,情况紧急时可以先到就近的医疗机构急救。

治疗工伤所需费用符合工伤保险诊疗项目目录、工伤保险药品目录、工伤保险住院服务标准的,从工伤保险基金支付。工伤保险诊疗项目目录、工伤保险药品目录、工伤保险住院服务标准,由国务院社会保险行政部门会同国务院卫生行政部门、食品药品监督管理部门等部门规定。

职工住院治疗工伤的伙食补助费,以及经医疗机构出具证明,报经办机构同意,工伤职工到统筹地区以外就医所需的交通、食宿费用从工伤保险基金支付,基金支付的具体标准由统筹地区人民政府规定。

工伤职工治疗非工伤引发的疾病,不享受工伤医疗待遇,按照基本医疗保险办法处理。

工伤职工到签订服务协议的医疗机构进行工伤康复的费用,符合规定的,从工伤保险基金支付。

第三十一条 社会保险行政部门作出认定为工伤的决定后发生行政复议、行政诉讼的,行政复议和行政诉讼期间不停止支付工伤职工治疗工伤的医疗费用。

第三十二条 工伤职工因日常生活或者就业需要,经劳动能力鉴定委员会确认,可以安装假肢、矫形器、假眼、假牙和配置轮椅等辅助器具,所需费用按照国家规定的标准从工伤保险基金支付。

第三十三条　职工因工作遭受事故伤害或者患职业病需要暂停工作接受工伤医疗的，在停工留薪期内，原工资福利待遇不变，由所在单位按月支付。

停工留薪期一般不超过12个月。伤情严重或者情况特殊，经设区的市级劳动能力鉴定委员会确认，可以适当延长，但延长不得超过12个月。工伤职工评定伤残等级后，停发原待遇，按照本章的有关规定享受伤残待遇。工伤职工在停工留薪期满后仍需治疗的，继续享受工伤医疗待遇。

生活不能自理的工伤职工在停工留薪期需要护理的，由所在单位负责。

第三十四条　工伤职工已经评定伤残等级并经劳动能力鉴定委员会确认需要生活护理的，从工伤保险基金按月支付生活护理费。

生活护理费按照生活完全不能自理、生活大部分不能自理或者生活部分不能自理3个不同等级支付，其标准分别为统筹地区上年度职工月平均工资的50%、40%或者30%。

第三十五条　职工因工致残被鉴定为一级至四级伤残的，保留劳动关系，退出工作岗位，享受以下待遇：

（一）从工伤保险基金按伤残等级支付一次性伤残补助金，标准为：一级伤残为27个月的本人工资，二级伤残为25个月的本人工资，三级伤残为23个月的本人工资，四级伤残为21个月的本人工资；

（二）从工伤保险基金按月支付伤残津贴，标准为：一级伤残为本人工资的90%，二级伤残为本人工资的85%，三级伤残为本人工资的80%，四级伤残为本人工资的75%。伤残津贴实际金额低于当地最低工资标准的，由工伤保险基金补足差额；

（三）工伤职工达到退休年龄并办理退休手续后，停发伤残津贴，按照国家有关规定享受基本养老保险待遇。基本养老保险待遇低于伤残津贴的，由工伤保险基金补足差额。

职工因工致残被鉴定为一级至四级伤残的，由用人单位和职工个人以伤残津贴为基数，缴纳基本医疗保险费。

第三十六条　职工因工致残被鉴定为五级、六级伤残的，享受以下待遇：

（一）从工伤保险基金按伤残等级支付一次性伤残补助金，标准为：五级伤残为18个月的本人工资，六级伤残为16个月的本人工资；

（二）保留与用人单位的劳动关系，由用人单位安排适当工作。难以安排工作的，由用人单位按月发给伤残津贴，标准为：五级伤残为本人工资的70%，六级伤残为本人工资的60%，并由用人单位按照规定为其缴纳应缴纳的各项社会保险费。伤残津贴实际金额低于当地最低工资标准的，由用人单位补足差额。

经工伤职工本人提出，该职工可以与用人单位解除或者终止劳动关系，由工伤保险基金支付一次性工伤医疗补助金，由用人单位支付一次性伤残就业补助金。一次性工伤医疗补助金和一次性伤残就业补助金的具体标准由省、自治区、直辖市人民政府规定。

第三十七条 职工因工致残被鉴定为七级至十级伤残的，享受以下待遇：

（一）从工伤保险基金按伤残等级支付一次性伤残补助金，标准为：七级伤残为13个月的本人工资，八级伤残为11个月的本人工资，九级伤残为9个月的本人工资，十级伤残为7个月的本人工资；

（二）劳动、聘用合同期满终止，或者职工本人提出解除劳动、聘用合同的，由工伤保险基金支付一次性工伤医疗补助金，由用人单位支付一次性伤残就业补助金。一次性工伤医疗补助金和一次性伤残就业补助金的具体标准由省、自治区、直辖市人民政府规定。

第三十八条 工伤职工工伤复发，确认需要治疗的，享受本条例第三十条、第三十二条和第三十三条规定的工伤待遇。

第三十九条 职工因工死亡，其近亲属按照下列规定从工伤保险基金领取丧葬补助金、供养亲属抚恤金和一次性工亡补助金：

（一）丧葬补助金为6个月的统筹地区上年度职工月平均工资；

（二）供养亲属抚恤金按照职工本人工资的一定比例发给由因工死亡职工生前提供主要生活来源、无劳动能力的亲属。标准为：配偶每月40%，其他亲属每人每月30%，孤寡老人或者孤儿每人每月在上述标准的基础上增加10%。核定的各供养亲属的抚恤金之和不应高于因工死亡职工生前的工资。供养亲属的具体范围由国务院社会保险行政部门规定；

（三）一次性工亡补助金标准为上一年度全国城镇居民人均可支配收入的20倍。

伤残职工在停工留薪期内因工伤导致死亡的，其近亲属享受本条第一款规定的待遇。

一级至四级伤残职工在停工留薪期满后死亡的，其近亲属可以享受本条第一款第（一）项、第（二）项规定的待遇。

第四十条 伤残津贴、供养亲属抚恤金、生活护理费由统筹地区社会保险行政部门根据职工平均工资和生活费用变化等情况适时调整。调整办法由省、自治区、直辖市人民政府规定。

第四十一条 职工因工外出期间发生事故或者在抢险救灾中下落不明的，从事故发生当月起3个月内照发工资，从第4个月起停发工资，由工伤保险基金向其供养亲属按月支付供养亲属抚恤金。生活有困难的，可以预支一次性工亡补助金的50%。职工被人民法院宣告死亡的，按照本条例第三十九条职工因工死亡的规定处理。

第四十二条 工伤职工有下列情形之一的，停止享受工伤保险待遇：

（一）丧失享受待遇条件的；

（二）拒不接受劳动能力鉴定的；

（三）拒绝治疗的。

第四十三条 用人单位分立、合并、转让的，承继单位应当承担原用人单位的工伤保险责任；原用人单位已经参加工伤保险的，承继单位应当到当地经办机构办理工伤保险变更登记。

用人单位实行承包经营的，工伤保险责任由职工劳动关系所在单位承担。

职工被借调期间受到工伤事故伤害的，由原用人单位承担工伤保险责任，但原用人单位与借调单位可以约定补偿办法。

企业破产的，在破产清算时依法拨付应当由单位支付的工伤保险待遇费用。

第四十四条 职工被派遣出境工作，依据前往国家或者地区的法律应当参加当地工伤保险的，参加当地工伤保险，其国内工伤保险关系中止；不能参加当地工伤保险的，其国内工伤保险关系不中止。

第四十五条 职工再次发生工伤，根据规定应当享受伤残津贴的，按照新认定的伤残等级享受伤残津贴待遇。

第六章 监督管理

第四十六条 经办机构具体承办工伤保险事务，履行下列职责：

(一)根据省、自治区、直辖市人民政府规定，征收工伤保险费；

(二)核查用人单位的工资总额和职工人数，办理工伤保险登记，并负责保存用人单位缴费和职工享受工伤保险待遇情况的记录；

(三)进行工伤保险的调查、统计；

(四)按照规定管理工伤保险基金的支出；

(五)按照规定核定工伤保险待遇；

(六)为工伤职工或者其近亲属免费提供咨询服务。

第四十七条 经办机构与医疗机构、辅助器具配置机构在平等协商的基础上签订服务协议，并公布签订服务协议的医疗机构、辅助器具配置机构的名单。具体办法由国务院社会保险行政部门分别会同国务院卫生行政部门、民政部门等部门制定。

第四十八条 经办机构按照协议和国家有关目录、标准对工伤职工医疗费用、康复费用、辅助器具费用的使用情况进行核查，并按时足额结算费用。

第四十九条 经办机构应当定期公布工伤保险基金的收支情况，及时向社会保险行政部门提出调整费率的建议。

第五十条 社会保险行政部门、经办机构应当定期听取工伤职工、医疗机构、辅助器具配置机构以及社会各界对改进工伤保险工作的意见。

第五十一条 社会保险行政部门依法对工伤保险费的征缴和工伤保险基金的支付情况进行监督检查。

财政部门和审计机关依法对工伤保险基金的收支、管理情况进行监督。

第五十二条 任何组织和个人对有关工伤保险的违法行为，有权举报。社会保险行政部门对举报应当及时调查，按照规定处理，并为举报人保密。

第五十三条 工会组织依法维护工伤职工的合法权益，对用人单位的工伤保险工作实行监督。

第五十四条 职工与用人单位发生工伤待遇方面的争议,按照处理劳动争议的有关规定处理。

第五十五条 有下列情形之一的,有关单位或者个人可以依法申请行政复议,也可以依法向人民法院提起行政诉讼:

(一)申请工伤认定的职工或者其近亲属、该职工所在单位对工伤认定申请不予受理的决定不服的;

(二)申请工伤认定的职工或者其近亲属、该职工所在单位对工伤认定结论不服的;

(三)用人单位对经办机构确定的单位缴费费率不服的;

(四)签订服务协议的医疗机构、辅助器具配置机构认为经办机构未履行有关协议或者规定的;

(五)工伤职工或者其近亲属对经办机构核定的工伤保险待遇有异议的。

第七章 法律责任

第五十六条 单位或者个人违反本条例第十二条规定挪用工伤保险基金,构成犯罪的,依法追究刑事责任;尚不构成犯罪的,依法给予处分或者纪律处分。被挪用的基金由社会保险行政部门追回,并入工伤保险基金;没收的违法所得依法上缴国库。

第五十七条 社会保险行政部门工作人员有下列情形之一的,依法给予处分;情节严重,构成犯罪的,依法追究刑事责任:

(一)无正当理由不受理工伤认定申请,或者弄虚作假将不符合工伤条件的人员认定为工伤职工的;

(二)未妥善保管申请工伤认定的证据材料,致使有关证据灭失的;

(三)收受当事人财物的。

第五十八条 经办机构有下列行为之一的,由社会保险行政部门责令改正,对直接负责的主管人员和其他责任人员依法给予纪律处分;情节严重,构成犯罪的,依法追究刑事责任;造成当事人经济损失的,由经办机构依法承担赔偿责任:

(一)未按规定保存用人单位缴费和职工享受工伤保险待遇情况记录的;

(二)不按规定核定工伤保险待遇的;

(三)收受当事人财物的。

第五十九条 医疗机构、辅助器具配置机构不按服务协议提供服务的,经办机构可以解除服务协议。

经办机构不按时足额结算费用的,由社会保险行政部门责令改正;医疗机构、辅助器具配置机构可以解除服务协议。

第六十条 用人单位、工伤职工或者其近亲属骗取工伤保险待遇,医疗机构、辅助器具配置机构骗取工伤保险基金支出的,由社会保险行政部门责令退还,处骗取金额2倍以上5倍以下的罚款;情节严重,构成犯罪的,依法追究刑事责任。

第六十一条　从事劳动能力鉴定的组织或者个人有下列情形之一的，由社会保险行政部门责令改正，处2000元以上1万元以下的罚款；情节严重，构成犯罪的，依法追究刑事责任：

（一）提供虚假鉴定意见的；

（二）提供虚假诊断证明的；

（三）收受当事人财物的。

第六十二条　用人单位依照本条例规定应当参加工伤保险而未参加的，由社会保险行政部门责令限期参加，补缴应当缴纳的工伤保险费，并自欠缴之日起，按日加收万分之五的滞纳金；逾期仍不缴纳的，处欠缴数额1倍以上3倍以下的罚款。

依照本条例规定应当参加工伤保险而未参加工伤保险的用人单位职工发生工伤的，由该用人单位按照本条例规定的工伤保险待遇项目和标准支付费用。

用人单位参加工伤保险并补缴应当缴纳的工伤保险费、滞纳金后，由工伤保险基金和用人单位依照本条例的规定支付新发生的费用。

第六十三条　用人单位违反本条例第十九条的规定，拒不协助社会保险行政部门对事故进行调查核实的，由社会保险行政部门责令改正，处2000元以上2万元以下的罚款。

第八章　附则

第六十四条　本条例所称工资总额，是指用人单位直接支付给本单位全部职工的劳动报酬总额。

本条例所称本人工资，是指工伤职工因工作遭受事故伤害或者患职业病前12个月平均月缴费工资。本人工资高于统筹地区职工平均工资300%的，按照统筹地区职工平均工资的300%计算；本人工资低于统筹地区职工平均工资60%的，按照统筹地区职工平均工资的60%计算。

第六十五条　公务员和参照公务员法管理的事业单位、社会团体的工作人员因工作遭受事故伤害或者患职业病的，由所在单位支付费用。具体办法由国务院社会保险行政部门会同国务院财政部门规定。

第六十六条　无营业执照或者未经依法登记、备案的单位以及被依法吊销营业执照或者撤销登记、备案的单位的职工受到事故伤害或者患职业病的，由该单位向伤残职工或者死亡职工的近亲属给予一次性赔偿，赔偿标准不得低于本条例规定的工伤保险待遇；用人单位不得使用童工，用人单位使用童工造成童工伤残、死亡的，由该单位向童工或者童工的近亲属给予一次性赔偿，赔偿标准不得低于本条例规定的工伤保险待遇。具体办法由国务院社会保险行政部门规定。

前款规定的伤残职工或者死亡职工的近亲属就赔偿数额与单位发生争议的，以及前款规定的童工或者童工的近亲属就赔偿数额与单位发生争议的，按照处理劳动争议的有关规定处理。

第六十七条 本条例自2004年1月1日起施行。本条例施行前已受到事故伤害或者患职业病的职工尚未完成工伤认定的，按照本条例的规定执行。

社会保险费征缴暂行条例(2019年修订)

国务院令第259号 1999年1月22日

(1999年1月22日中华人民共和国国务院令第259号发布 根据2019年3月24日国务院令第710号《国务院关于修改部分行政法规的决定》修订)

第一章 总则

第一条 为了加强和规范社会保险费征缴工作，保障社会保险金的发放，制定本条例。

第二条 基本养老保险费、基本医疗保险费、失业保险费(以下统称社会保险费)的征收、缴纳，适用本条例。

本条例所称缴费单位、缴费个人，是指依照有关法律、行政法规和国务院的规定，应当缴纳社会保险费的单位和个人。

第三条 基本养老保险费的征缴范围：国有企业、城镇集体企业、外商投资企业、城镇私营企业和其他城镇企业及其职工，实行企业化管理的事业单位及其职工。

基本医疗保险费的征缴范围：国有企业、城镇集体企业、外商投资企业、城镇私营企业和其他城镇企业及其职工，国家机关及其工作人员，事业单位及其职工，民办非企业单位及其职工，社会团体及其专职人员。

失业保险费的征缴范围：国有企业、城镇集体企业、外商投资企业、城镇私营企业和其他城镇企业及其职工，事业单位及其职工。

省、自治区、直辖市人民政府根据当地实际情况，可以规定将城镇个体工商户纳入基本养老保险、基本医疗保险的范围，并可以规定将社会团体及其专职人员、民办非企业单位及其职工以及有雇工的城镇个体工商户及其雇工纳入失业保险的范围。

社会保险费的费基、费率依照有关法律、行政法规和国务院的规定执行。

第四条 缴费单位、缴费个人应当按时足额缴纳社会保险费。

征缴的社会保险费纳入社会保险基金，专款专用，任何单位和个人不得挪用。

第五条 国务院劳动保障行政部门负责全国的社会保险费征缴管理和监督检查工作。县级以上地方各级人民政府劳动保障行政部门负责本行政区域内的社会保险费征缴管理和监督检查工作。

第六条 社会保险费实行三项社会保险费集中、统一征收。社会保险费的征收机构由省、自治区、直辖市人民政府规定，可以由税务机关征收，也可以由劳动保障行政部门按照国务院规定设立的社会保险经办机构(以下简称社会保险经办机构)征收。

第二章 征缴管理

第七条 缴费单位必须向当地社会保险经办机构办理社会保险登记,参加社会保险。

登记事项包括:单位名称、住所、经营地点、单位类型、法定代表人或者负责人、开户银行账号以及国务院劳动保障行政部门规定的其他事项。

第八条 企业在办理登记注册时,同步办理社会保险登记。

前款规定以外的缴费单位应当自成立之日起30日内,向当地社会保险经办机构申请办理社会保险登记。

第九条 缴费单位的社会保险登记事项发生变更或者缴费单位依法终止的,应当自变更或者终止之日起30日内,到社会保险经办机构办理变更或者注销社会保险登记手续。

第十条 缴费单位必须按月向社会保险经办机构申报应缴纳的社会保险费数额,经社会保险经办机构核定后,在规定的期限内缴纳社会保险费。

缴费单位不按规定申报应缴纳的社会保险费数额的,由社会保险经办机构暂按该单位上月缴费数额的110%确定应缴数额;没有上月缴费数额的,由社会保险经办机构暂按该单位的经营状况、职工人数等有关情况确定应缴数额。缴费单位补办申报手续并按核定数额缴纳社会保险费后,由社会保险经办机构按照规定结算。

第十一条 省、自治区、直辖市人民政府规定由税务机关征收社会保险费的,社会保险经办机构应当及时向税务机关提供缴费单位社会保险登记、变更登记、注销登记以及缴费申报的情况。

第十二条 缴费单位和缴费个人应当以货币形式全额缴纳社会保险费。

缴费个人应当缴纳的社会保险费,由所在单位从其本人工资中代扣代缴。

社会保险费不得减免。

第十三条 缴费单位未按规定缴纳和代扣代缴社会保险费的,由劳动保障行政部门或者税务机关责令限期缴纳;逾期仍不缴纳的,除补缴欠缴数额外,从欠缴之日起,按日加收2‰的滞纳金。滞纳金并入社会保险基金。

第十四条 征收的社会保险费存入财政部门在国有商业银行开设的社会保障基金财政专户。

社会保险基金按照不同险种的统筹范围,分别建立基本养老保险基金、基本医疗保险基金、失业保险基金。各项社会保险基金分别单独核算。

社会保险基金不计征税、费。

第十五条 省、自治区、直辖市人民政府规定由税务机关征收社会保险费的,税务机关应当及时向社会保险经办机构提供缴费单位和缴费个人的缴费情况;社会保险经办机构应当将有关情况汇总，报劳动保障行政部门。

第十六条 社会保险经办机构应当建立缴费记录，其中基本养老保险、基本医疗保险并应当按照规定记录个人账户。社会保险经办机构负责保存缴费记录，并保证其完整、安全。社会保险经办机构应当至少每年向缴费个人发送一次基本养老保险、基本医疗保险个人账户通知单。

缴费单位、缴费个人有权按照规定查询缴费记录。

第三章 监督检查

第十七条 缴费单位应当每年向本单位职工公布本单位全年社会保险费缴纳情况，接受职工监督。

社会保险经办机构应当定期向社会公告社会保险费征收情况，接受社会监督。

第十八条 按照省、自治区、直辖市人民政府关于社会保险费征缴机构的规定，劳动保障行政部门或者税务机关依法对单位缴费情况进行检查时，被检查的单位应当提供与缴纳社会保险费有关的用人情况、工资表、财务报表等资料，如实反映情况，不得拒绝检查，不得谎报、瞒报。劳动保障行政部门或者税务机关可以记录、录音、录像、照相和复制有关资料；但是，应当为缴费单位保密。

劳动保障行政部门、税务机关的工作人员在行使前款所列职权时，应当出示执行公务证件。

第十九条 劳动保障行政部门或者税务机关调查社会保险费征缴违法案件时，有关部门、单位应当给予支持、协助。

第二十条 社会保险经办机构受劳动保障行政部门的委托，可以进行与社会保险费征缴有关的检查、调查工作。

第二十一条 任何组织和个人对有关社会保险费征缴的违法行为，有权举报。劳动保障行政部门或者税务机关对举报应当及时调查，按照规定处理，并为举报人保密。

第二十二条 社会保险基金实行收支两条线管理，由财政部门依法进行监督。

审计部门依法对社会保险基金的收支情况进行监督。

第四章 罚则

第二十三条 缴费单位未按照规定办理社会保险登记、变更登记或者注销登记，或者未按照规定申报应缴纳的社会保险费数额的，由劳动保障行政部门责令限期改正；情节严重的，对直接负责的主管人员和其他直接责任人员可以处 1000 元以上 5000 元以下的罚款；情节特别严重的，对直接负责的主管人员和其他直接责任人员可以处 5000 元以上 10000 元以下的罚款。

第二十四条 缴费单位违反有关财务、会计、统计的法律、行政法规和国家有关规定，伪造、变造、故意毁灭有关账册、材料，或者不设账册，致使社会保险费缴费基数无法确定的，除依照有关法律、行政法规的规定给予行政处罚、纪律处分、刑事处罚外，依照本条例第十条的规定征缴；迟延缴纳的，由劳动保障行政部门或者税务机关依照本条例第十三条的规定决定加收滞纳金，并对直接负责的主管人员和其他直接责任人员处5000元以上20000元以下的罚款。

第二十五条 缴费单位和缴费个人对劳动保障行政部门或者税务机关的处罚决定不服的，可以依法申请复议；对复议决定不服的，可以依法提起诉讼。

第二十六条 缴费单位逾期拒不缴纳社会保险费、滞纳金的，由劳动保障行政部门或者税务机关申请人民法院依法强制征缴。

第二十七条 劳动保障行政部门、社会保险经办机构或者税务机关的工作人员滥用职权、徇私舞弊、玩忽职守，致使社会保险费流失的，由劳动保障行政部门或者税务机关追回流失的社会保险费；构成犯罪的，依法追究刑事责任；尚不构成犯罪的，依法给予行政处分。

第二十八条 任何单位、个人挪用社会保险基金的，追回被挪用的社会保险基金；有违法所得的，没收违法所得，并入社会保险基金；构成犯罪的，依法追究刑事责任；尚不构成犯罪的，对直接负责的主管人员和其他直接责任人员依法给予行政处分。

第五章 附则

第二十九条 省、自治区、直辖市人民政府根据本地实际情况，可以决定本条例适用于本行政区域内工伤保险费和生育保险费的征收、缴纳。

第三十条 税务机关、社会保险经办机构征收社会保险费，不得从社会保险基金中提取任何费用，所需经费列入预算，由财政拨付。

第三十一条 本条例自发布之日起施行。

禁止使用童工规定

国务院令第364号 2002年10月1日

第一条 为保护未成年人的身心健康，促进义务教育制度的实施，维护未成年人的合法权益，根据宪法和劳动法、未成年人保护法，制定本规定。

第二条 国家机关、社会团体、企业事业单位、民办非企业单位或者个体工商户（以下统称用人单位）均不得招用不满16周岁的未成年人（招用不满16周岁的未成年人，以下统称使用童工)。

禁止任何单位或者个人为不满16周岁的未成年人介绍就业。

禁止不满16周岁的未成年人开业从事个体经营活动。

第三条 不满16周岁的未成年人的父母或者其他监护人应当保护其身心健康,保障其接受义务教育的权利,不得允许其被用人单位非法招用。

不满16周岁的未成年人的父母或者其他监护人允许其被用人单位非法招用的,所在地的乡(镇)人民政府、城市街道办事处以及村民委员会、居民委员会应当给予批评教育。

第四条 用人单位招用人员时,必须核查被招用人员的身份证;对不满16周岁的未成年人,一律不得录用。用人单位录用人员的录用登记、核查材料应当妥善保管。

第五条 县级以上各级人民政府劳动保障行政部门负责本规定执行情况的监督检查。

县级以上各级人民政府公安、工商行政管理、教育、卫生等行政部门在各自职责范围内对本规定的执行情况进行监督检查,并对劳动保障行政部门的监督检查给予配合。

工会、共青团、妇联等群众组织应当依法维护未成年人的合法权益。

任何单位或者个人发现使用童工的,均有权向县级以上人民政府劳动保障行政部门举报。

第六条 用人单位使用童工的,由劳动保障行政部门按照每使用一名童工每月处5000元罚款的标准给予处罚;在使用有毒物品的作业场所使用童工的,按照《使用有毒物品作业场所劳动保护条例》规定的罚款幅度,或者按照每使用一名童工每月处5000元罚款的标准,从重处罚。劳动保障行政部门并应当责令用人单位限期将童工送回原居住地交其父母或者其他监护人,所需交通和食宿费用全部由用人单位承担。

用人单位经劳动保障行政部门依照前款规定责令限期改正,逾期仍不将童工送交其父母或者其他监护人的,从责令限期改正之日起,由劳动保障行政部门按照每使用一名童工每月处1万元罚款的标准处罚,并由工商行政管理部门吊销其营业执照或者由民政部门撤销民办非企业单位登记;用人单位是国家机关、事业单位的,由有关单位依法对直接负责的主管人员和其他直接责任人员给予降级或者撤职的行政处分或者纪律处分。

第七条 单位或者个人为不满16周岁的未成年人介绍就业的,由劳动保障行政部门按照每介绍一人处5000元罚款的标准给予处罚;职业中介机构为不满16周岁的未成年人介绍就业的,并由劳动保障行政部门吊销其职业介绍许可证。

第八条 用人单位未按照本规定第四条的规定保存录用登记材料,或者伪造录用登记材料的,由劳动保障行政部门处1万元的罚款。

第九条 无营业执照、被依法吊销营业执照的单位以及未依法登记、备案的单位使用童工或者介绍童工就业的,依照本规定第六条、第七条、第八条规定的标准加一倍罚款,该非法单位由有关的行政主管部门予以取缔。

第十条 童工患病或者受伤的,用人单位应当负责送到医疗机构治疗,并负担治疗期间的全部医疗和生活费用。

童工伤残或者死亡的，用人单位由工商行政管理部门吊销营业执照或者由民政部门撤销民办非企业单位登记；用人单位是国家机关、事业单位的，由有关单位依法对直接负责的主管人员和其他直接责任人员给予降级或者撤职的行政处分或者纪律处分；用人单位还应当一次性地对伤残的童工、死亡童工的直系亲属给予赔偿，赔偿金额按照国家工伤保险的有关规定计算。

第十一条　拐骗童工，强迫童工劳动，使用童工从事高空、井下、放射性、高毒、易燃易爆以及国家规定的第四级体力劳动强度的劳动，使用不满 14 周岁的童工，或者造成童工死亡或者严重伤残的，依照刑法关于拐卖儿童罪、强迫劳动罪或者其他罪的规定，依法追究刑事责任。

第十二条　国家行政机关工作人员有下列行为之一的，依法给予记大过或者降级的行政处分；情节严重的，依法给予撤职或者开除的行政处分；构成犯罪的，依照刑法关于滥用职权罪、玩忽职守罪或者其他罪的规定，依法追究刑事责任：

（一）劳动保障等有关部门工作人员在禁止使用童工的监督检查工作中发现使用童工的情况，不予制止、纠正、查处的；

（二）公安机关的人民警察违反规定发放身份证或者在身份证上登录虚假出生年月的；

（三）工商行政管理部门工作人员发现申请人是不满 16 周岁的未成年人，仍然为其从事个体经营发放营业执照的。

第十三条　文艺、体育单位经未成年人的父母或者其他监护人同意，可以招用不满 16 周岁的专业文艺工作者、运动员。用人单位应当保障被招用的不满 16 周岁的未成年人的身心健康，保障其接受义务教育的权利。文艺、体育单位招用不满 16 周岁的专业文艺工作者、运动员的办法，由国务院劳动保障行政部门会同国务院文化、体育行政部门制定。

学校、其他教育机构以及职业培训机构按照国家有关规定组织不满 16 周岁的未成年人进行不影响其人身安全和身心健康的教育实践劳动、职业技能培训劳动，不属于使用童工。

第十四条　本规定自 2002 年 12 月 1 日起施行。1991 年 4 月 15 日国务院发布的《禁止使用童工规定》同时废止。

残疾人就业条例

国务院令第488号　2007年2月25日

第一章　总则

第一条　为了促进残疾人就业，保障残疾人的劳动权利，根据《中华人民共和国残疾人保障法》和其他有关法律，制定本条例。

第二条　国家对残疾人就业实行集中就业与分散就业相结合的方针，促进残疾人就业。

县级以上人民政府应当将残疾人就业纳入国民经济和社会发展规划，并制定优惠政策和具体扶持保护措施，为残疾人就业创造条件。

第三条　机关、团体、企业、事业单位和民办非企业单位（以下统称用人单位）应当依照有关法律、本条例和其他有关行政法规的规定，履行扶持残疾人就业的责任和义务。

第四条　国家鼓励社会组织和个人通过多种渠道、多种形式，帮助、支持残疾人就业，鼓励残疾人通过应聘等多种形式就业。禁止在就业中歧视残疾人。

残疾人应当提高自身素质，增强就业能力。

第五条　各级人民政府应当加强对残疾人就业工作的统筹规划，综合协调。县级以上人民政府负责残疾人工作的机构，负责组织、协调、指导、督促有关部门做好残疾人就业工作。

县级以上人民政府劳动保障、民政等有关部门在各自的职责范围内，做好残疾人就业工作。

第六条　中国残疾人联合会及其地方组织依照法律、法规或者接受政府委托，负责残疾人就业工作的具体组织实施与监督。

工会、共产主义青年团、妇女联合会，应当在各自的工作范围内，做好残疾人就业工作。

第七条　各级人民政府对在残疾人就业工作中做出显著成绩的单位和个人，给予表彰和奖励。

第二章　用人单位的责任

第八条　用人单位应当按照一定比例安排残疾人就业，并为其提供适当的工种、岗位。

用人单位安排残疾人就业的比例不得低于本单位在职职工总数的1.5%。具体比例由省、自治区、直辖市人民政府根据本地区的实际情况规定。

用人单位跨地区招用残疾人的，应当计入所安排的残疾人职工人数之内。

第九条 用人单位安排残疾人就业达不到其所在地省、自治区、直辖市人民政府规定比例的，应当缴纳残疾人就业保障金。

第十条 政府和社会依法兴办的残疾人福利企业、盲人按摩机构和其他福利性单位（以下统称集中使用残疾人的用人单位），应当集中安排残疾人就业。

集中使用残疾人的用人单位的资格认定，按照国家有关规定执行。

第十一条 集中使用残疾人的用人单位中从事全日制工作的残疾人职工，应当占本单位在职职工总数的25%以上。

第十二条 用人单位招用残疾人职工，应当依法与其签订劳动合同或者服务协议。

第十三条 用人单位应当为残疾人职工提供适合其身体状况的劳动条件和劳动保护，不得在晋职、晋级、评定职称、报酬、社会保险、生活福利等方面歧视残疾人职工。

第十四条 用人单位应当根据本单位残疾人职工的实际情况，对残疾人职工进行上岗、在岗、转岗等培训。

第三章 保障措施

第十五条 县级以上人民政府应当采取措施，拓宽残疾人就业渠道，开发适合残疾人就业的公益性岗位，保障残疾人就业。

县级以上地方人民政府发展社区服务事业，应当优先考虑残疾人就业。

第十六条 依法征收的残疾人就业保障金应当纳入财政预算，专项用于残疾人职业培训以及为残疾人提供就业服务和就业援助，任何组织或者个人不得贪污、挪用、截留或者私分。残疾人就业保障金征收、使用、管理的具体办法，由国务院财政部门会同国务院有关部门规定。

财政部门和审计机关应当依法加强对残疾人就业保障金使用情况的监督检查。

第十七条 国家对集中使用残疾人的用人单位依法给予税收优惠，并在生产、经营、技术、资金、物资、场地使用等方面给予扶持。

第十八条 县级以上地方人民政府及其有关部门应当确定适合残疾人生产、经营的产品、项目，优先安排集中使用残疾人的用人单位生产或者经营，并根据集中使用残疾人的用人单位的生产特点确定某些产品由其专产。

政府采购，在同等条件下，应当优先购买集中使用残疾人的用人单位的产品或者服务。

第十九条 国家鼓励扶持残疾人自主择业、自主创业。对残疾人从事个体经营的，应当依法给予税收优惠，有关部门应当在经营场地等方面给予照顾，并按照规定免收管理类、登记类和证照类的行政事业性收费。

国家对自主择业、自主创业的残疾人在一定期限内给予小额信贷等扶持。

第二十条 地方各级人民政府应当多方面筹集资金，组织和扶持农村残疾人从事种植业、养殖业、手工业和其他形式的生产劳动。

有关部门对从事农业生产劳动的农村残疾人，应当在生产服务、技术指导、农用物资供应、农副产品收购和信贷等方面给予帮助。

第四章 就业服务

第二十一条 各级人民政府和有关部门应当为就业困难的残疾人提供有针对性的就业援助服务，鼓励和扶持职业培训机构为残疾人提供职业培训，并组织残疾人定期开展职业技能竞赛。

第二十二条 中国残疾人联合会及其地方组织所属的残疾人就业服务机构应当免费为残疾人就业提供下列服务：

(一)发布残疾人就业信息；

(二)组织开展残疾人职业培训；

(三)为残疾人提供职业心理咨询、职业适应评估、职业康复训练、求职定向指导、职业介绍等服务；

(四)为残疾人自主择业提供必要的帮助；

(五)为用人单位安排残疾人就业提供必要的支持。

国家鼓励其他就业服务机构为残疾人就业提供免费服务。

第二十三条 受劳动保障部门的委托，残疾人就业服务机构可以进行残疾人失业登记、残疾人就业与失业统计；经所在地劳动保障部门批准，残疾人就业服务机构还可以进行残疾人职业技能鉴定。

第二十四条 残疾人职工与用人单位发生争议的，当地法律援助机构应当依法为其提供法律援助，各级残疾人联合会应当给予支持和帮助。

第五章 法律责任

第二十五条 违反本条例规定，有关行政主管部门及其工作人员滥用职权、玩忽职守、徇私舞弊，构成犯罪的，依法追究刑事责任；尚不构成犯罪的，依法给予处分。

第二十六条 违反本条例规定，贪污、挪用、截留、私分残疾人就业保障金，构成犯罪的，依法追究刑事责任；尚不构成犯罪的，对有关责任单位、直接负责的主管人员和其他直接责任人员依法给予处分或者处罚。

第二十七条 违反本条例规定，用人单位未按照规定缴纳残疾人就业保障金的，由财政部门给予警告，责令限期缴纳；逾期仍不缴纳的，除补缴欠缴数额外，还应当自欠缴之日起，按日加收5‰的滞纳金。

第二十八条 违反本条例规定，用人单位弄虚作假，虚报安排残疾人就业人数，骗取集中使用残疾人的用人单位享受的税收优惠待遇的，由税务机关依法处理。

第六章　附则

第二十九条　本条例所称残疾人就业，是指符合法定就业年龄有就业要求的残疾人从事有报酬的劳动。

第三十条　本条例自2007年5月1日起施行。

女职工劳动保护特别规定

国务院令第619号　2012年4月28日

第一条　为了减少和解决女职工在劳动中因生理特点造成的特殊困难，保护女职工健康，制定本规定。

第二条　中华人民共和国境内的国家机关、企业、事业单位、社会团体、个体经济组织以及其他社会组织等用人单位及其女职工，适用本规定。

第三条　用人单位应当加强女职工劳动保护，采取措施改善女职工劳动安全卫生条件，对女职工进行劳动安全卫生知识培训。

第四条　用人单位应当遵守女职工禁忌从事的劳动范围的规定。用人单位应当将本单位属于女职工禁忌从事的劳动范围的岗位书面告知女职工。

女职工禁忌从事的劳动范围由本规定附录列示。国务院安全生产监督管理部门会同国务院人力资源社会保障行政部门、国务院卫生行政部门根据经济社会发展情况，对女职工禁忌从事的劳动范围进行调整。

第五条　用人单位不得因女职工怀孕、生育、哺乳降低其工资、予以辞退、与其解除劳动或者聘用合同。

第六条　女职工在孕期不能适应原劳动的，用人单位应当根据医疗机构的证明，予以减轻劳动量或者安排其他能够适应的劳动。

对怀孕7个月以上的女职工，用人单位不得延长劳动时间或者安排夜班劳动，并应当在劳动时间内安排一定的休息时间。

怀孕女职工在劳动时间内进行产前检查，所需时间计入劳动时间。

第七条　女职工生育享受98天产假，其中产前可以休假15天；难产的，增加产假15天；生育多胞胎的，每多生育1个婴儿，增加产假15天。

女职工怀孕未满4个月流产的，享受15天产假；怀孕满4个月流产的，享受42天产假。

第八条 女职工产假期间的生育津贴，对已经参加生育保险的，按照用人单位上年度职工月平均工资的标准由生育保险基金支付；对未参加生育保险的，按照女职工产假前工资的标准由用人单位支付。

女职工生育或者流产的医疗费用，按照生育保险规定的项目和标准，对已经参加生育保险的，由生育保险基金支付；对未参加生育保险的，由用人单位支付。

第九条 对哺乳未满1周岁婴儿的女职工，用人单位不得延长劳动时间或者安排夜班劳动。

用人单位应当在每天的劳动时间内为哺乳期女职工安排1小时哺乳时间；女职工生育多胞胎的，每多哺乳1个婴儿每天增加1小时哺乳时间。

第十条 女职工比较多的用人单位应当根据女职工的需要，建立女职工卫生室、孕妇休息室、哺乳室等设施，妥善解决女职工在生理卫生、哺乳方面的困难。

第十一条 在劳动场所，用人单位应当预防和制止对女职工的性骚扰。

第十二条 县级以上人民政府人力资源社会保障行政部门、安全生产监督管理部门按照各自职责负责对用人单位遵守本规定的情况进行监督检查。

工会、妇女组织依法对用人单位遵守本规定的情况进行监督。

第十三条 用人单位违反本规定第六条第二款、第七条、第九条第一款规定的，由县级以上人民政府人力资源社会保障行政部门责令限期改正，按照受侵害女职工每人1000元以上5000元以下的标准计算，处以罚款。

用人单位违反本规定附录第一条、第二条规定的，由县级以上人民政府安全生产监督管理部门责令限期改正，按照受侵害女职工每人1000元以上5000元以下的标准计算，处以罚款。用人单位违反本规定附录第三条、第四条规定的，由县级以上人民政府安全生产监督管理部门责令限期治理，处5万元以上30万元以下的罚款；情节严重的，责令停止有关作业，或者提请有关人民政府按照国务院规定的权限责令关闭。

第十四条 用人单位违反本规定，侵害女职工合法权益的，女职工可以依法投诉、举报、申诉，依法向劳动人事争议调解仲裁机构申请调解仲裁，对仲裁裁决不服的，依法向人民法院提起诉讼。

第十五条 用人单位违反本规定，侵害女职工合法权益，造成女职工损害的，依法给予赔偿；用人单位及其直接负责的主管人员和其他直接责任人员构成犯罪的，依法追究刑事责任。

第十六条 本规定自公布之日起施行。1988年7月21日国务院发布的《女职工劳动保护规定》同时废止。

国务院关于职工工作时间的规定（1995年修订）

国务院令第146号　1994年2月3日

（1994年2月3日中华人民共和国国务院令第146号发布　根据1995年3月25日《国务院关于修改〈国务院关于职工工作时间的规定〉的决定》修订）

第一条　为了合理安排职工的工作和休息时间，维护职工的休息权利，调动职工的积极性，促进社会主义现代化建设事业的发展，根据宪法有关规定，制定本规定。

第二条　本规定适用于在中华人民共和国境内的国家机关、社会团体、企业事业单位以及其他组织的职工。

第三条　职工每日工作8小时，每周工作40小时。

第四条　在特殊条件下从事劳动和有特殊情况，需要适当缩短工作时间的，按照国家有关规定执行。

第五条　因工作性质或者生产特点的限制，不能实行每日工作8小时、每周工作40小时标准工时制度的，按照国家有关规定，可以实行其他工作和休息办法。

第六条　任何单位和个人不得擅自延长职工工作时间。因特殊情况和紧急任务确需延长工作时间的，按照国家有关规定执行。

第七条　国家机关、事业单位实行统一的工作时间，星期六和星期日为周休息日。

企业和不能实行前款规定的统一工作时间的事业单位，可以根据实际情况灵活安排周休息日。

第八条　本规定由劳动部、人事部负责解释；实施办法由劳动部、人事部制定。

第九条　本规定自1995年5月1日起施行。1995年5月1日施行有困难的企业、事业单位，可以适当延期；但是，事业单位最迟应当自1996年1月1日起施行，企业最迟应当自1997年5月1日起施行。

职工带薪年休假条例

国务院令第514号　2007年12月14日

第一条　为了维护职工休息休假权利，调动职工工作积极性，根据劳动法和公务员法，制定本条例。

第二条　机关、团体、企业、事业单位、民办非企业单位、有雇工的个体工商户等单位的职工连续工作1年以上的，享受带薪年休假（以下简称年休假）。单位应当保证职工享受年休假。职工在年休假期间享受与正常工作期间相同的工资收入。

第三条 职工累计工作已满1年不满10年的，年休假5天；已满10年不满20年的，年休假10天；已满20年的，年休假15天。

国家法定休假日、休息日不计入年休假的假期。

第四条 职工有下列情形之一的，不享受当年的年休假：

（一）职工依法享受寒暑假，其休假天数多于年休假天数的；

（二）职工请事假累计20天以上且单位按照规定不扣工资的；

（三）累计工作满1年不满10年的职工，请病假累计2个月以上的；

（四）累计工作满10年不满20年的职工，请病假累计3个月以上的；

（五）累计工作满20年以上的职工，请病假累计4个月以上的。

第五条 单位根据生产、工作的具体情况，并考虑职工本人意愿，统筹安排职工年休假。

年休假在1个年度内可以集中安排，也可以分段安排，一般不跨年度安排。单位因生产、工作特点确有必要跨年度安排职工年休假的，可以跨1个年度安排。

单位确因工作需要不能安排职工休年休假的，经职工本人同意，可以不安排职工休年休假。对职工应休未休的年休假天数，单位应当按照该职工日工资收入的300%支付年休假工资报酬。

第六条 县级以上地方人民政府人事部门、劳动保障部门应当依据职权对单位执行本条例的情况主动进行监督检查。

工会组织依法维护职工的年休假权利。

第七条 单位不安排职工休年休假又不依照本条例规定给予年休假工资报酬的，由县级以上地方人民政府人事部门或者劳动保障部门依据职权责令限期改正；对逾期不改正的，除责令该单位支付年休假工资报酬外，单位还应当按照年休假工资报酬的数额向职工加付赔偿金；对拒不支付年休假工资报酬、赔偿金的，属于公务员和参照公务员法管理的人员所在单位的，对直接负责的主管人员以及其他直接责任人员依法给予处分；属于其他单位的，由劳动保障部门、人事部门或者职工申请人民法院强制执行。

第八条 职工与单位因年休假发生的争议，依照国家有关法律、行政法规的规定处理。

第九条 国务院人事部门、国务院劳动保障部门依据职权，分别制定本条例的实施办法。

第十条 本条例自2008年1月1日起施行。

企业职工带薪年休假实施办法

人力资源和社会保障部令第1号　2008年9月18日

第一条　为了实施《职工带薪年休假条例》(以下简称条例),制定本实施办法。

第二条　中华人民共和国境内的企业、民办非企业单位、有雇工的个体工商户等单位(以下称用人单位)和与其建立劳动关系的职工,适用本办法。

第三条　职工连续工作满12个月以上的,享受带薪年休假(以下简称年休假)。

第四条　年休假天数根据职工累计工作时间确定。职工在同一或者不同用人单位工作期间,以及依照法律、行政法规或者国务院规定视同工作期间,应当计为累计工作时间。

第五条　职工新进用人单位且符合本办法第三条规定的,当年度年休假天数,按照在本单位剩余日历天数折算确定,折算后不足1整天的部分不享受年休假。

前款规定的折算方法为:(当年度在本单位剩余日历天数÷365天)×职工本人全年应当享受的年休假天数。

第六条　职工依法享受的探亲假、婚丧假、产假等国家规定的假期以及因工伤停工留薪期间不计入年休假假期。

第七条　职工享受寒暑假天数多于其年休假天数的,不享受当年的年休假。确因工作需要,职工享受的寒暑假天数少于其年休假天数的,用人单位应当安排补足年休假天数。

第八条　职工已享受当年的年休假,年度内又出现条例第四条第(二)、(三)、(四)、(五)项规定情形之一的,不享受下一年度的年休假。

第九条　用人单位根据生产、工作的具体情况,并考虑职工本人意愿,统筹安排年休假。用人单位确因工作需要不能安排职工年休假或者跨1个年度安排年休假的,应征得职工本人同意。

第十条　用人单位经职工同意不安排年休假或者安排职工年休假天数少于应休年休假天数,应当在本年度内对职工应休未休年休假天数,按照其日工资收入的300%支付未休年休假工资报酬,其中包含用人单位支付职工正常工作期间的工资收入。

用人单位安排职工休年休假,但是职工因本人原因且书面提出不休年休假的,用人单位可以只支付其正常工作期间的工资收入。

第十一条　计算未休年休假工资报酬的日工资收入按照职工本人的月工资除以月计薪天数(21.75天)进行折算。

前款所称月工资是指职工在用人单位支付其未休年休假工资报酬前12个月剔除加

班工资后的月平均工资。在本用人单位工作时间不满 12 个月的，按实际月份计算月平均工资。

职工在年休假期间享受与正常工作期间相同的工资收入。实行计件工资、提成工资或者其他绩效工资制的职工，日工资收入的计发办法按照本条第一款、第二款的规定执行。

第十二条 用人单位与职工解除或者终止劳动合同时，当年度未安排职工休满应休年休假的，应当按照职工当年已工作时间折算应休未休年休假天数并支付未休年休假工资报酬，但折算后不足 1 整天的部分不支付未休年休假工资报酬。

前款规定的折算方法为：（当年度在本单位已过日历天数÷365 天）×职工本人全年应当享受的年休假天数－当年度已安排年休假天数。

用人单位当年已安排职工年休假的，多于折算应休年休假的天数不再扣回。

第十三条 劳动合同、集体合同约定的或者用人单位规章制度规定的年休假天数、未休年休假工资报酬高于法定标准的，用人单位应当按照有关约定或者规定执行。

第十四条 劳务派遣单位的职工符合本办法第三条规定条件的，享受年休假。

被派遣职工在劳动合同期限内无工作期间由劳务派遣单位依法支付劳动报酬的天数多于其全年应当享受的年休假天数的，不享受当年的年休假；少于其全年应当享受的年休假天数的，劳务派遣单位、用工单位应当协商安排补足被派遣职工年休假天数。

第十五条 县级以上地方人民政府劳动行政部门应当依法监督检查用人单位执行条例及本办法的情况。

用人单位不安排职工休年休假又不依照条例及本办法规定支付未休年休假工资报酬的，由县级以上地方人民政府劳动行政部门依据职权责令限期改正；对逾期不改正的，除责令该用人单位支付未休年休假工资报酬外，用人单位还应当按照未休年休假工资报酬的数额向职工加付赔偿金；对拒不执行支付未休年休假工资报酬、赔偿金行政处理决定的，由劳动行政部门申请人民法院强制执行。

第十六条 职工与用人单位因年休假发生劳动争议的，依照劳动争议处理的规定处理。

第十七条 除法律、行政法规或者国务院另有规定外，机关、事业单位、社会团体和与其建立劳动关系的职工，依照本办法执行。

船员的年休假按《中华人民共和国船员条例》执行。

第十八条 本办法中的“年度”是指公历年度。

第十九条 本办法自发布之日起施行。

关于《企业职工带薪年休假实施办法》有关问题的复函

人社厅函〔2009〕149号　2009年4月15日

上海市人力资源和社会保障局：

你局《关于〈企业职工带薪年休假实施办法〉若干问题的请示》（沪人社福字〔2008〕15号）收悉。经研究，现函复如下：

一、关于带薪年休假的享受条件

《企业职工带薪年休假实施办法》第三条中的“职工连续工作满12个月以上”，既包括职工在同一用人单位连续工作满12个月以上的情形，也包括职工在不同用人单位连续工作满12个月以上的情形。

二、关于累计工作时间的确定

《企业职工带薪年休假实施办法》第四条中的“累计工作时间”，包括职工在机关、团体、企业、事业单位、民办非企业单位、有雇工的个体工商户等单位从事全日制工作期间，以及依法服兵役和其他按照国家法律、行政法规和国务院规定可以计算为工龄的期间（视同工作期间）。职工的累计工作时间可以根据档案记载、单位缴纳社保费记录、劳动合同或者其他具有法律效力的证明材料确定。

机关事业单位工作人员带薪年休假实施办法

人事部令第9号　2008年2月15日

第一条　为了规范机关、事业单位实施带薪年休假（以下简称年休假）制度，根据《职工带薪年休假条例》（以下简称《条例》）及国家有关规定，制定本办法。

第二条　《条例》第二条中所称“连续工作”的时间和第三条、第四条中所称“累计工作”的时间，机关、事业单位工作人员（以下简称工作人员）均按工作年限计算。

工作人员工作年限满1年、满10年、满20年后，从下月起享受相应的年休假天数。

第三条　国家规定的探亲假、婚丧假、产假的假期，不计入年休假的假期。

第四条　工作人员已享受当年的年休假，年内又出现《条例》第四条第（二）、（三）、（四）、（五）项规定的情形之一的，不享受下一年的年休假。

第五条　依法应享受寒暑假的工作人员，因工作需要未休寒暑假的，所在单位应当安排其休年休假;因工作需要休寒暑假天数少于年休假天数的,所在单位应当安排补足其年休假天数。

第六条 工作人员因承担野外地质勘查、野外测绘、远洋科学考察、极地科学考察以及其他特殊工作任务,所在单位不能在本年度安排其休年休假的,可以跨1个年度安排。

第七条 机关、事业单位因工作需要不安排工作人员休年休假,应当征求工作人员本人的意见。

机关、事业单位应当根据工作人员应休未休的年休假天数,对其支付年休假工资报酬。年休假工资报酬的支付标准是:每应休未休1天,按照本人应休年休假当年日工资收入的300%支付,其中包含工作人员正常工作期间的工资收入。

工作人员年休假工资报酬中,除正常工作期间工资收入外,其余部分应当由所在单位在下一年第一季度一次性支付,所需经费按现行经费渠道解决。实行工资统发的单位,应当纳入工资统发。

第八条 工作人员应休年休假当年日工资收入的计算办法是:本人全年工资收入除以全年计薪天数(261天)。

机关工作人员的全年工资收入,为本人全年应发的基本工资、国家规定的津贴补贴、年终一次性奖金之和;事业单位工作人员的全年工资收入,为本人全年应发的基本工资、国家规定的津贴补贴、绩效工资之和。其中,国家规定的津贴补贴不含根据住房、用车等制度改革向工作人员直接发放的货币补贴。

第九条 机关、事业单位已安排年休假,工作人员未休且有下列情形之一的,只享受正常工作期间的工资收入:

(一)因个人原因不休年休假的;

(二)请事假累计已超过本人应休年休假天数,但不足20天的。

第十条 机关、事业单位根据工作的具体情况,并考虑工作人员本人意愿,统筹安排,保证工作人员享受年休假。机关、事业单位应当加强年休假管理,严格考勤制度。

县级以上地方人民政府人事行政部门应当依据职权,主动对机关、事业单位执行年休假的情况进行监督检查。

第十一条 机关、事业单位不安排工作人员休年休假又不按本办法规定支付年休假工资报酬的,由县级以上地方人民政府人事行政部门责令限期改正。对逾期不改正的,除责令该单位支付年休假工资报酬外,单位还应当按照年休假工资报酬的数额向工作人员加付赔偿金。

对拒不支付年休假工资报酬、赔偿金的,属于机关和参照公务员法管理的事业单位的,应当按照干部管理权限,对直接负责的主管人员以及其他直接责任人员依法给予处分,并责令支付;属于其他事业单位的,应当按照干部管理权限,对直接负责的主管人员以及其他直接责任人员依法给予处分,并由同级人事行政部门或工作人员本人申请人民法院强制执行。

第十二条 工作人员与所在单位因年休假发生的争议,依照国家有关公务员申诉控告和人事争议处理的规定处理。

第十三条　驻外使领馆工作人员、驻港澳地区内派人员以及机关、事业单位驻外非外交人员的年休假,按照《条例》和本办法的规定执行。

按照国家规定经批准执行机关、事业单位工资收入分配制度的其他单位工作人员的年休假,参照《条例》和本办法的规定执行。

第十四条　本办法自发布之日起施行。

全国年节及纪念日放假办法(2013年修订)

1949年12月23日政务院发布

(1949年12月23日政务院发布　根据1999年9月18日《国务院关于修改〈全国年节及纪念日放假办法〉的决定》第一次修订　根据2007年12月14日《国务院关于修改〈全国年节及纪念日放假办法〉的决定》第二次修订　根据2013年12月11日《国务院关于修改〈全国年节及纪念日放假办法〉的决定》第三次修订)

第一条　为统一全国年节及纪念日的假期,制定本办法。

第二条　全体公民放假的节日:

(一)新年,放假1天(1月1日);

(二)春节,放假3天(农历正月初一、初二、初三);

(三)清明节,放假1天(农历清明当日);

(四)劳动节,放假1天(5月1日);

(五)端午节,放假1天(农历端午当日);

(六)中秋节,放假1天(农历中秋当日);

(七)国庆节,放假3天(10月1日、2日、3日)。

第三条　部分公民放假的节日及纪念日:

(一)妇女节(3月8日),妇女放假半天;

(二)青年节(5月4日),14周岁以上的青年放假半天;

(三)儿童节(6月1日),不满14周岁的少年儿童放假1天;

(四)中国人民解放军建军纪念日(8月1日),现役军人放假半天。

第四条　少数民族习惯的节日,由各少数民族聚居地区的地方人民政府,按照各该民族习惯,规定放假日期。

第五条　二七纪念日、五卅纪念日、七七抗战纪念日、九三抗战胜利纪念日、九一八纪念日、教师节、护士节、记者节、植树节等其他节日、纪念日,均不放假。

第六条　全体公民放假的假日,如果适逢星期六、星期日,应当在工作日补假。部分公民放假的假日，如果适逢星期六、星期日，则不补假。

第七条 本办法自公布之日起施行。

人力资源市场暂行条例

国务院令第700号 2018年6月29日

第一章 总则

第一条 为了规范人力资源市场活动，促进人力资源合理流动和优化配置，促进就业创业，根据《中华人民共和国就业促进法》和有关法律，制定本条例。

第二条 在中华人民共和国境内通过人力资源市场求职、招聘和开展人力资源服务，适用本条例。

法律、行政法规和国务院规定对求职、招聘和开展人力资源服务另有规定的，从其规定。

第三条 通过人力资源市场求职、招聘和开展人力资源服务，应当遵循合法、公平、诚实信用的原则。

第四条 国务院人力资源社会保障行政部门负责全国人力资源市场的统筹规划和综合管理工作。

县级以上地方人民政府人力资源社会保障行政部门负责本行政区域人力资源市场的管理工作。

县级以上人民政府发展改革、教育、公安、财政、商务、税务、市场监督管理等有关部门在各自职责范围内做好人力资源市场的管理工作。

第五条 国家加强人力资源服务标准化建设，发挥人力资源服务标准在行业引导、服务规范、市场监管等方面的作用。

第六条 人力资源服务行业协会应当依照法律、法规、规章及其章程的规定，制定行业自律规范，推进行业诚信建设，提高服务质量，对会员的人力资源服务活动进行指导、监督，依法维护会员合法权益，反映会员诉求，促进行业公平竞争。

第二章 人力资源市场培育

第七条 国家建立统一开放、竞争有序的人力资源市场体系，发挥市场在人力资源配置中的决定性作用，健全人力资源开发机制，激发人力资源创新创造创业活力，促进人力资源市场繁荣发展。

第八条 国家建立政府宏观调控、市场公平竞争、单位自主用人、个人自主择业、人力资源服务机构诚信服务的人力资源流动配置机制，促进人力资源自由有序流动。

第九条 县级以上人民政府应当将人力资源市场建设纳入国民经济和社会发展规划，运用区域、产业、土地等政策，推进人力资源市场建设，发展专业性、行业性人力资源市场，鼓励并规范高端人力资源服务等业态发展，提高人力资源服务业发展水平。

国家鼓励社会力量参与人力资源市场建设。

第十条 县级以上人民政府建立覆盖城乡和各行业的人力资源市场供求信息系统，完善市场信息发布制度，为求职、招聘提供服务。

第十一条 国家引导和促进人力资源在机关、企业、事业单位、社会组织之间以及不同地区之间合理流动。任何地方和单位不得违反国家规定在户籍、地域、身份等方面设置限制人力资源流动的条件。

第十二条 人力资源社会保障行政部门应当加强人力资源市场监管，维护市场秩序，保障公平竞争。

第十三条 国家鼓励开展平等、互利的人力资源国际合作与交流，充分开发利用国际国内人力资源。

第三章 人力资源服务机构

第十四条 本条例所称人力资源服务机构，包括公共人力资源服务机构和经营性人力资源服务机构。

公共人力资源服务机构，是指县级以上人民政府设立的公共就业和人才服务机构。

经营性人力资源服务机构，是指依法设立的从事人力资源服务经营活动的机构。

第十五条 公共人力资源服务机构提供下列服务，不得收费：

（一）人力资源供求、市场工资指导价位、职业培训等信息发布；

（二）职业介绍、职业指导和创业开业指导；

（三）就业创业和人才政策法规咨询；

（四）对就业困难人员实施就业援助；

（五）办理就业登记、失业登记等事务；

（六）办理高等学校、中等职业学校、技工学校毕业生接收手续；

（七）流动人员人事档案管理；

（八）县级以上人民政府确定的其他服务。

第十六条 公共人力资源服务机构应当加强信息化建设，不断提高服务质量和效率。

公共人力资源服务经费纳入政府预算。人力资源社会保障行政部门应当依法加强公共人力资源服务经费管理。

第十七条 国家通过政府购买服务等方式支持经营性人力资源服务机构提供公益性人力资源服务。

第十八条　经营性人力资源服务机构从事职业中介活动的，应当依法向人力资源社会保障行政部门申请行政许可，取得人力资源服务许可证。

经营性人力资源服务机构开展人力资源供求信息的收集和发布、就业和创业指导、人力资源管理咨询、人力资源测评、人力资源培训、承接人力资源服务外包等人力资源服务业务的，应当自开展业务之日起15日内向人力资源社会保障行政部门备案。

经营性人力资源服务机构从事劳务派遣业务的，执行国家有关劳务派遣的规定。

第十九条　人力资源社会保障行政部门应当自收到经营性人力资源服务机构从事职业中介活动的申请之日起20日内依法作出行政许可决定。符合条件的，颁发人力资源服务许可证；不符合条件的，作出不予批准的书面决定并说明理由。

第二十条　经营性人力资源服务机构设立分支机构的，应当自工商登记办理完毕之日起15日内，书面报告分支机构所在地人力资源社会保障行政部门。

第二十一条　经营性人力资源服务机构变更名称、住所、法定代表人或者终止经营活动的，应当自工商变更登记或者注销登记办理完毕之日起15日内，书面报告人力资源社会保障行政部门。

第二十二条　人力资源社会保障行政部门应当及时向社会公布取得行政许可或者经过备案的经营性人力资源服务机构名单及其变更、延续等情况。

第四章　人力资源市场活动规范

第二十三条　个人求职，应当如实提供本人基本信息以及与应聘岗位相关的知识、技能、工作经历等情况。

第二十四条　用人单位发布或者向人力资源服务机构提供的单位基本情况、招聘人数、招聘条件、工作内容、工作地点、基本劳动报酬等招聘信息，应当真实、合法，不得含有民族、种族、性别、宗教信仰等方面的歧视性内容。

用人单位自主招用人员，需要建立劳动关系的，应当依法与劳动者订立劳动合同，并按照国家有关规定办理社会保险等相关手续。

第二十五条　人力资源流动，应当遵守法律、法规对服务期、从业限制、保密等方面的规定。

第二十六条　人力资源服务机构接受用人单位委托招聘人员，应当要求用人单位提供招聘简章、营业执照或者有关部门批准设立的文件、经办人的身份证件、用人单位的委托证明，并对所提供材料的真实性、合法性进行审查。

第二十七条　人力资源服务机构接受用人单位委托招聘人员或者开展其他人力资源服务，不得采取欺诈、暴力、胁迫或者其他不正当手段，不得以招聘为名牟取不正当利益，不得介绍单位或者个人从事违法活动。

第二十八条　人力资源服务机构举办现场招聘会，应当制定组织实施办法、应急预案和安全保卫工作方案，核实参加招聘会的招聘单位及其招聘简章的真实性、合法性，提前将招聘会信息向社会公布，并对招聘中的各项活动进行管理。

举办大型现场招聘会，应当符合《大型群众性活动安全管理条例》等法律法规的规定。

第二十九条 人力资源服务机构发布人力资源供求信息，应当建立健全信息发布审查和投诉处理机制，确保发布的信息真实、合法、有效。

人力资源服务机构在业务活动中收集用人单位和个人信息的，不得泄露或者违法使用所知悉的商业秘密和个人信息。

第三十条 经营性人力资源服务机构接受用人单位委托提供人力资源服务外包的，不得改变用人单位与个人的劳动关系，不得与用人单位串通侵害个人的合法权益。

第三十一条 人力资源服务机构通过互联网提供人力资源服务的，应当遵守本条例和国家有关网络安全、互联网信息服务管理的规定。

第三十二条 经营性人力资源服务机构应当在服务场所明示下列事项，并接受人力资源社会保障行政部门和市场监督管理、价格等主管部门的监督检查：

（一）营业执照；

（二）服务项目；

（三）收费标准；

（四）监督机关和监督电话。

从事职业中介活动的，还应当在服务场所明示人力资源服务许可证。

第三十三条 人力资源服务机构应当加强内部制度建设，健全财务管理制度，建立服务台账，如实记录服务对象、服务过程、服务结果等信息。服务台账应当保存2年以上。

第五章 监督管理

第三十四条 人力资源社会保障行政部门对经营性人力资源服务机构实施监督检查，可以采取下列措施：

（一）进入被检查单位进行检查；

（二）询问有关人员，查阅服务台账等服务信息档案；

（三）要求被检查单位提供与检查事项相关的文件资料，并作出解释和说明；

（四）采取记录、录音、录像、照相或者复制等方式收集有关情况和资料；

（五）法律、法规规定的其他措施。

人力资源社会保障行政部门实施监督检查时，监督检查人员不得少于2人，应当出示执法证件，并对被检查单位的商业秘密予以保密。

对人力资源社会保障行政部门依法进行的监督检查，被检查单位应当配合，如实提供相关资料和信息，不得隐瞒、拒绝、阻碍。

第三十五条 人力资源社会保障行政部门采取随机抽取检查对象、随机选派执法人员的方式实施监督检查。

监督检查的情况应当及时向社会公布。其中，行政处罚、监督检查结果可以通过国家企业信用信息公示系统或者其他系统向社会公示。

第三十六条 经营性人力资源服务机构应当在规定期限内，向人力资源社会保障行政部门提交经营情况年度报告。人力资源社会保障行政部门可以依法公示或者引导经营性人力资源服务机构依法公示年度报告的有关内容。

人力资源社会保障行政部门应当加强与市场监督管理等部门的信息共享。通过信息共享可以获取的信息，不得要求经营性人力资源服务机构重复提供。

第三十七条 人力资源社会保障行政部门应当加强人力资源市场诚信建设，把用人单位、个人和经营性人力资源服务机构的信用数据和失信情况等纳入市场诚信建设体系，建立守信激励和失信惩戒机制，实施信用分类监管。

第三十八条 人力资源社会保障行政部门应当按照国家有关规定，对公共人力资源服务机构进行监督管理。

第三十九条 在人力资源服务机构中，根据中国共产党章程及有关规定，建立党的组织并开展活动，加强对流动党员的教育监督和管理服务。人力资源服务机构应当为中国共产党组织的活动提供必要条件。

第四十条 人力资源社会保障行政部门应当畅通对用人单位和人力资源服务机构的举报投诉渠道，依法及时处理有关举报投诉。

第四十一条 公安机关应当依法查处人力资源市场的违法犯罪行为，人力资源社会保障行政部门予以配合。

第六章 法律责任

第四十二条 违反本条例第十八条第一款规定，未经许可擅自从事职业中介活动的，由人力资源社会保障行政部门予以关闭或者责令停止从事职业中介活动；有违法所得的，没收违法所得，并处1万元以上5万元以下的罚款。

违反本条例第十八条第二款规定，开展人力资源服务业务未备案，违反本条例第二十条、第二十一条规定，设立分支机构、办理变更或者注销登记未书面报告的，由人力资源社会保障行政部门责令改正；拒不改正的，处5000元以上1万元以下的罚款。

第四十三条 违反本条例第二十四条、第二十七条、第二十八条、第二十九条、第三十条、第三十一条规定，发布的招聘信息不真实、不合法，未依法开展人力资源服务业务的，由人力资源社会保障行政部门责令改正；有违法所得的，没收违法所得；拒不改正的，处1万元以上5万元以下的罚款；情节严重的，吊销人力资源服务许可证；给个人造成损害的，依法承担民事责任。违反其他法律、行政法规的，由有关主管部门依法给予处罚。

第四十四条 未按照本条例第三十二条规定明示有关事项，未按照本条例第三十三条规定建立健全内部制度或者保存服务台账，未按照本条例第三十六条规定提交经营情况年度报告的，由人力资源社会保障行政部门责令改正；拒不改正的，处5000元以上1万元以下的罚款。违反其他法律、行政法规的，由有关主管部门依法给予处罚。

第四十五条 公共人力资源服务机构违反本条例规定的，由上级主管机关责令改正；拒不改正的，对直接负责的主管人员和其他直接责任人员依法给予处分。

第四十六条 人力资源社会保障行政部门和有关主管部门及其工作人员有下列情形之一的，对直接负责的领导人员和其他直接责任人员依法给予处分：

（一）不依法作出行政许可决定；

（二）在办理行政许可或者备案、实施监督检查中，索取或者收受他人财物，或者谋取其他利益；

（三）不依法履行监督职责或者监督不力，造成严重后果；

（四）其他滥用职权、玩忽职守、徇私舞弊的情形。

第四十七条 违反本条例规定，构成违反治安管理行为的，依法给予治安管理处罚；构成犯罪的，依法追究刑事责任。

第七章 附则

第四十八条 本条例自2018年10月1日起施行。

快递暂行条例（2019年修订）

国务院令第697号 2018年3月2日

（2018年3月2日中华人民共和国国务院令第697号公布 根据2019年3月2日《国务院关于修改部分行政法规的决定》修订）

第一章 总则

第一条 为促进快递业健康发展，保障快递安全，保护快递用户合法权益，加强对快递业的监督管理，根据《中华人民共和国邮政法》和其他有关法律，制定本条例。

第二条 在中华人民共和国境内从事快递业务经营、接受快递服务以及对快递业实施监督管理，适用本条例。

第三条 地方各级人民政府应当创造良好的快递业营商环境，支持经营快递业务的企业创新商业模式和服务方式，引导经营快递业务的企业加强服务质量管理、健全规章制度、完善安全保障措施，为用户提供迅速、准确、安全、方便的快递服务。

地方各级人民政府应当确保政府相关行为符合公平竞争要求和相关法律法规，维护快递业竞争秩序，不得出台违反公平竞争、可能造成地区封锁和行业垄断的政策措施。

第四条 任何单位或者个人不得利用信件、包裹、印刷品以及其他寄递物品(以下统称快件)从事危害国家安全、社会公共利益或者他人合法权益的活动。

除有关部门依照法律对快件进行检查外,任何单位或者个人不得非法检查他人快件。任何单位或者个人不得私自开拆、隐匿、毁弃、倒卖他人快件。

第五条 国务院邮政管理部门负责对全国快递业实施监督管理。国务院公安、国家安全、海关、工商行政管理等有关部门在各自职责范围内负责相关的快递监督管理工作。

省、自治区、直辖市邮政管理机构和按照国务院规定设立的省级以下邮政管理机构负责对本辖区的快递业实施监督管理。县级以上地方人民政府有关部门在各自职责范围内负责相关的快递监督管理工作。

第六条 国务院邮政管理部门和省、自治区、直辖市邮政管理机构以及省级以下邮政管理机构(以下统称邮政管理部门)应当与公安、国家安全、海关、工商行政管理等有关部门相互配合,建立健全快递安全监管机制,加强对快递业安全运行的监测预警,收集、共享与快递业安全运行有关的信息,依法处理影响快递业安全运行的事件。

第七条 依法成立的快递行业组织应当保护企业合法权益,加强行业自律,促进企业守法、诚信、安全经营,督促企业落实安全生产主体责任,引导企业不断提高快递服务质量和水平。

第八条 国家加强快递业诚信体系建设,建立健全快递业信用记录、信息公开、信用评价制度,依法实施联合惩戒措施,提高快递业信用水平。

第九条 国家鼓励经营快递业务的企业和寄件人使用可降解、可重复利用的环保包装材料,鼓励经营快递业务的企业采取措施回收快件包装材料,实现包装材料的减量化利用和再利用。

第二章 发展保障

第十条 国务院邮政管理部门应当制定快递业发展规划,促进快递业健康发展。

县级以上地方人民政府应当将快递业发展纳入本级国民经济和社会发展规划,在城乡规划和土地利用总体规划中统筹考虑快件大型集散、分拣等基础设施用地的需要。

县级以上地方人民政府建立健全促进快递业健康发展的政策措施,完善相关配套规定,依法保障经营快递业务的企业及其从业人员的合法权益。

第十一条 国家支持和鼓励经营快递业务的企业在农村、偏远地区发展快递服务网络,完善快递末端网点布局。

第十二条 国家鼓励和引导经营快递业务的企业采用先进技术,促进自动化分拣设备、机械化装卸设备、智能末端服务设施、快递电子运单以及快件信息化管理系统等的推广应用。

第十三条 县级以上地方人民政府公安、交通运输等部门和邮政管理部门应当加强协调配合,建立健全快递运输保障机制,依法保障快递服务车辆通行和临时停靠的权利,不得禁止快递服务车辆依法通行。

邮政管理部门会同县级以上地方人民政府公安等部门，依法规范快递服务车辆的管理和使用，对快递专用电动三轮车的行驶时速、装载质量等作出规定，并对快递服务车辆加强统一编号和标识管理。经营快递业务的企业应当对其从业人员加强道路交通安全培训。

快递从业人员应当遵守道路交通安全法律法规的规定，按照操作规范安全、文明驾驶车辆。快递从业人员因执行工作任务造成他人损害的，由快递从业人员所属的经营快递业务的企业依照民事侵权责任相关法律的规定承担侵权责任。

第十四条　企业事业单位、住宅小区管理单位应当根据实际情况，采取与经营快递业务的企业签订合同、设置快件收寄投递专门场所等方式，为开展快递服务提供必要的便利。鼓励多个经营快递业务的企业共享末端服务设施，为用户提供便捷的快递末端服务。

第十五条　国家鼓励快递业与制造业、农业、商贸业等行业建立协同发展机制，推动快递业与电子商务融合发展，加强信息沟通，共享设施和网络资源。

国家引导和推动快递业与铁路、公路、水路、民航等行业的标准对接，支持在大型车站、码头、机场等交通枢纽配套建设快件运输通道和接驳场所。

第十六条　国家鼓励经营快递业务的企业依法开展进出境快递业务，支持在重点口岸建设进出境快件处理中心、在境外依法开办快递服务机构并设置快件处理场所。

海关、邮政管理等部门应当建立协作机制，完善进出境快件管理，推动实现快件便捷通关。

第三章　经营主体

第十七条　经营快递业务，应当依法取得快递业务经营许可。邮政管理部门应当根据《中华人民共和国邮政法》第五十二条、第五十三条规定的条件和程序核定经营许可的业务范围和地域范围，向社会公布取得快递业务经营许可的企业名单，并及时更新。

第十八条　经营快递业务的企业及其分支机构可以根据业务需要开办快递末端网点，并应当自开办之日起20日内向所在地邮政管理部门备案。快递末端网点无需办理营业执照。

第十九条　两个以上经营快递业务的企业可以使用统一的商标、字号或者快递运单经营快递业务。

前款规定的经营快递业务的企业应当签订书面协议明确各自的权利义务，遵守共同的服务约定，在服务质量、安全保障、业务流程等方面实行统一管理，为用户提供统一的快件跟踪查询和投诉处理服务。

用户的合法权益因快件延误、丢失、损毁或者内件短少而受到损害的，用户可以要求该商标、字号或者快递运单所属企业赔偿，也可以要求实际提供快递服务的企业赔偿。

第二十条 经营快递业务的企业应当依法保护其从业人员的合法权益。

经营快递业务的企业应当对其从业人员加强职业操守、服务规范、作业规范、安全生产、车辆安全驾驶等方面的教育和培训。

第四章 快递服务

第二十一条 经营快递业务的企业在寄件人填写快递运单前，应当提醒其阅读快递服务合同条款、遵守禁止寄递和限制寄递物品的有关规定，告知相关保价规则和保险服务项目。

寄件人交寄贵重物品的，应当事先声明；经营快递业务的企业可以要求寄件人对贵重物品予以保价。

第二十二条 寄件人交寄快件，应当如实提供以下事项：

（一）寄件人姓名、地址、联系电话；

（二）收件人姓名（名称）、地址、联系电话；

（三）寄递物品的名称、性质、数量。

除信件和已签订安全协议用户交寄的快件外，经营快递业务的企业收寄快件，应当对寄件人身份进行查验，并登记身份信息，但不得在快递运单上记录除姓名（名称）、地址、联系电话以外的用户身份信息。寄件人拒绝提供身份信息或者提供身份信息不实的，经营快递业务的企业不得收寄。

第二十三条 国家鼓励经营快递业务的企业在节假日期间根据业务量变化实际情况，为用户提供正常的快递服务。

第二十四条 经营快递业务的企业应当规范操作，防止造成快件损毁。

法律法规对食品、药品等特定物品的运输有特殊规定的，寄件人、经营快递业务的企业应当遵守相关规定。

第二十五条 经营快递业务的企业应当将快件投递到约定的收件地址、收件人或者收件人指定的代收人，并告知收件人或者代收人当面验收。收件人或者代收人有权当面验收。

第二十六条 快件无法投递的，经营快递业务的企业应当退回寄件人或者根据寄件人的要求进行处理；属于进出境快件的，经营快递业务的企业应当依法办理海关和检验检疫手续。

快件无法投递又无法退回的，依照下列规定处理：

（一）属于信件，自确认无法退回之日起超过 6 个月无人认领的，由经营快递业务的企业在所在地邮政管理部门的监督下销毁；

（二）属于信件以外其他快件的，经营快递业务的企业应当登记，并按照国务院邮政管理部门的规定处理；

（三）属于进境快件的，交由海关依法处理。

第二十七条 快件延误、丢失、损毁或者内件短少的，对保价的快件，应当按照经营快递业务的企业与寄件人约定的保价规则确定赔偿责任；对未保价的快件，依照民事法律的有关规定确定赔偿责任。

国家鼓励保险公司开发快件损失赔偿责任险种，鼓励经营快递业务的企业投保。

第二十八条 经营快递业务的企业应当实行快件寄递全程信息化管理，公布联系方式，保证与用户的联络畅通，向用户提供业务咨询、快件查询等服务。用户对快递服务质量不满意的，可以向经营快递业务的企业投诉，经营快递业务的企业应当自接到投诉之日起 7 日内予以处理并告知用户。

第二十九条 经营快递业务的企业停止经营的，应当提前 10 日向社会公告，书面告知邮政管理部门，交回快递业务经营许可证，并依法妥善处理尚未投递的快件。

经营快递业务的企业或者其分支机构因不可抗力或者其他特殊原因暂停快递服务的，应当及时向邮政管理部门报告，向社会公告暂停服务的原因和期限，并依法妥善处理尚未投递的快件。

第五章 快递安全

第三十条 寄件人交寄快件和经营快递业务的企业收寄快件应当遵守《中华人民共和国邮政法》第二十四条关于禁止寄递或者限制寄递物品的规定。

禁止寄递物品的目录及管理办法，由国务院邮政管理部门会同国务院有关部门制定并公布。

第三十一条 经营快递业务的企业收寄快件，应当依照《中华人民共和国邮政法》的规定验视内件，并作出验视标识。寄件人拒绝验视的，经营快递业务的企业不得收寄。

经营快递业务的企业受寄件人委托，长期、批量提供快递服务的，应当与寄件人签订安全协议，明确双方的安全保障义务。

第三十二条 经营快递业务的企业可以自行或者委托第三方企业对快件进行安全检查，并对经过安全检查的快件作出安全检查标识。经营快递业务的企业委托第三方企业对快件进行安全检查的，不免除委托方对快件安全承担的责任。

经营快递业务的企业或者接受委托的第三方企业应当使用符合强制性国家标准的安全检查设备，并加强对安全检查人员的背景审查和技术培训；经营快递业务的企业或者接受委托的第三方企业对安全检查人员进行背景审查，公安机关等相关部门应当予以配合。

第三十三条 经营快递业务的企业发现寄件人交寄禁止寄递物品的，应当拒绝收寄；发现已经收寄的快件中有疑似禁止寄递物品的，应当立即停止分拣、运输、投递。对快件中依法应当没收、销毁或者可能涉及违法犯罪的物品，经营快递业务的企业应当立即向有关部门报告并配合调查处理；对其他禁止寄递物品以及限制寄递物品，经营快递业务的企业应当按照法律、行政法规或者国务院和国务院有关主管部门的规定处理。

第三十四条 经营快递业务的企业应当建立快递运单及电子数据管理制度，妥善保管用户信息等电子数据，定期销毁快递运单，采取有效技术手段保证用户信息安全。具体办法由国务院邮政管理部门会同国务院有关部门制定。

经营快递业务的企业及其从业人员不得出售、泄露或者非法提供快递服务过程中知悉的用户信息。发生或者可能发生用户信息泄露的，经营快递业务的企业应当立即采取补救措施，并向所在地邮政管理部门报告。

第三十五条 经营快递业务的企业应当依法建立健全安全生产责任制，确保快递服务安全。

经营快递业务的企业应当依法制定突发事件应急预案，定期开展突发事件应急演练；发生突发事件的，应当按照应急预案及时、妥善处理，并立即向所在地邮政管理部门报告。

第六章 监督检查

第三十六条 邮政管理部门应当加强对快递业的监督检查。监督检查应当以下列事项为重点：

（一）从事快递活动的企业是否依法取得快递业务经营许可；

（二）经营快递业务的企业的安全管理制度是否健全并有效实施；

（三）经营快递业务的企业是否妥善处理用户的投诉、保护用户合法权益。

第三十七条 邮政管理部门应当建立和完善以随机抽查为重点的日常监督检查制度，公布抽查事项目录，明确抽查的依据、频次、方式、内容和程序，随机抽取被检查企业，随机选派检查人员。抽查情况和查处结果应当及时向社会公布。

邮政管理部门应当充分利用计算机网络等先进技术手段，加强对快递业务活动的日常监督检查，提高快递业管理水平。

第三十八条 邮政管理部门依法履行职责，有权采取《中华人民共和国邮政法》第六十一条规定的监督检查措施。邮政管理部门实施现场检查，有权查阅经营快递业务的企业管理快递业务的电子数据。

国家安全机关、公安机关为维护国家安全和侦查犯罪活动的需要依法开展执法活动，经营快递业务的企业应当提供技术支持和协助。

《中华人民共和国邮政法》第十一条规定的处理场所，包括快件处理场地、设施、设备。

第三十九条 邮政管理部门应当向社会公布本部门的联系方式，方便公众举报违法行为。

邮政管理部门接到举报的，应当及时依法调查处理，并为举报人保密。对实名举报的，邮政管理部门应当将处理结果告知举报人。

第七章 法律责任

第四十条 未取得快递业务经营许可从事快递活动的，由邮政管理部门依照《中华人民共和国邮政法》的规定予以处罚。

经营快递业务的企业或者其分支机构有下列行为之一的，由邮政管理部门责令改正，可以处1万元以下的罚款；情节严重的，处1万元以上5万元以下的罚款，并可以责令停业整顿：

（一）开办快递末端网点未向所在地邮政管理部门备案；

（二）停止经营快递业务，未提前10日向社会公告，未书面告知邮政管理部门并交回快递业务经营许可证，或者未依法妥善处理尚未投递的快件；

（三）因不可抗力或者其他特殊原因暂停快递服务，未及时向邮政管理部门报告并向社会公告暂停服务的原因和期限，或者未依法妥善处理尚未投递的快件。

第四十一条 两个以上经营快递业务的企业使用统一的商标、字号或者快递运单经营快递业务，未遵守共同的服务约定，在服务质量、安全保障、业务流程等方面未实行统一管理，或者未向用户提供统一的快件跟踪查询和投诉处理服务的，由邮政管理部门责令改正，处1万元以上5万元以下的罚款；情节严重的，处5万元以上10万元以下的罚款，并可以责令停业整顿。

第四十二条 冒领、私自开拆、隐匿、毁弃、倒卖或者非法检查他人快件，尚不构成犯罪的，依法给予治安管理处罚。

经营快递业务的企业有前款规定行为，或者非法扣留快件的，由邮政管理部门责令改正，没收违法所得，并处5万元以上10万元以下的罚款；情节严重的，并处10万元以上20万元以下的罚款，并可以责令停业整顿直至吊销其快递业务经营许可证。

第四十三条 经营快递业务的企业有下列情形之一的，由邮政管理部门依照《中华人民共和国邮政法》、《中华人民共和国反恐怖主义法》的规定予以处罚：

（一）不建立或者不执行收寄验视制度；

（二）违反法律、行政法规以及国务院和国务院有关部门关于禁止寄递或者限制寄递物品的规定；

（三）收寄快件未查验寄件人身份并登记身份信息，或者发现寄件人提供身份信息不实仍予收寄；

（四）未按照规定对快件进行安全检查。

寄件人在快件中夹带禁止寄递的物品，尚不构成犯罪的，依法给予治安管理处罚。

第四十四条 经营快递业务的企业有下列行为之一的，由邮政管理部门责令改正，没收违法所得，并处1万元以上5万元以下的罚款；情节严重的，并处5万元以上10万元以下的罚款，并可以责令停业整顿直至吊销其快递业务经营许可证：

（一）未按照规定建立快递运单及电子数据管理制度；

（二）未定期销毁快递运单；

（三）出售、泄露或者非法提供快递服务过程中知悉的用户信息；

（四）发生或者可能发生用户信息泄露的情况，未立即采取补救措施，或者未向所在地邮政管理部门报告。

第四十五条 经营快递业务的企业及其从业人员在经营活动中有危害国家安全行为的，依法追究法律责任；对经营快递业务的企业，由邮政管理部门吊销其快递业务经营许可证。

第四十六条 邮政管理部门和其他有关部门的工作人员在监督管理工作中滥用职权、玩忽职守、徇私舞弊的，依法给予处分。

第四十七条 违反本条例规定，构成犯罪的，依法追究刑事责任；造成人身、财产或者其他损害的，依法承担赔偿责任。

第八章　附则

第四十八条 本条例自2018年5月1日起施行。

未成年工特殊保护规定

劳部发〔1994〕498号　1994年12月9日

第一条 为维护未成年工的合法权益，保护其在生产劳动中的健康，根据《中华人民共和国劳动法》的有关规定，制定本规定。

第二条 未成年工是指年满十六周岁，未满十八周岁的劳动者。

未成年工的特殊保护是针对未成年工处于生长发育期的特点，以及接受义务教育的需要，采取的特殊劳动保护措施。

第三条 用人单位不得安排未成年工从事以下范围的劳动：

（一）《生产性粉尘作业危害程度分级》国家标准中第一级以上的接尘作业；

（二）《有毒作业分级》国家标准中第一级以上的有毒作业；

（三）《高处作业分级》国家标准中第二级以上的高处作业；

（四）《冷水作业分级》国家标准中第二级以上的冷水作业；

（五）《高温作业分级》国家标准中第三级以上的高温作业；

（六）《低温作业分级》国家标准中第三级以上的低温作业；

（七）《体力劳动强度分级》国家标准中第四级体力劳动强度的作业；

（八）矿山井下及矿山地面采石作业；

（九）森林业中的伐木、流放及守林作业；

（十）工作场所接触放射性物质的作业；

（十一）有易燃易爆、化学性烧伤和热烧伤等危险性大的作业；

（十二）地质勘探和资源勘探的野外作业；

（十三）潜水、涵洞、涵道作业和海拔三千米以上的高原作业（不包括世居高原者）；

（十四）连续负重每小时在六次以上并每次超过 20 公斤，间断负重每次超过 25 公斤的作业；

（十五）使用凿岩机、捣固机、气镐、气铲、铆钉机、电锤的作业；

（十六）工作中需要长时间保持低头、弯腰、上举、下蹲等强迫体位和动作频率每分钟大于五十次的流水线作业；

（十七）锅炉司炉。

第四条　未成年工患有某种疾病或具有某些生理缺陷（非残疾型）时，用人单位不得安排其从事以下范围的劳动：

（一）《高处作业分级》国家标准中第一级以上的高处作业；

（二）《低温作业分级》国家标准中第二级以上的低温作业；

（三）《高温作业分级》国家标准中第二级以上的高温作业；

（四）《体力劳动强度分级》国家标准中第三级以上体力劳动强度的作业；

（五）接触铅、苯、汞、甲醛、二硫化碳等易引起过敏反应的作业。

第五条　患有某种疾病或具有某些生理缺陷（非残疾型）的未成年工，是指有以下一种或一种以上情况者：

（一）心血管系统

1.先天性心脏病；

2.克山病；

3.收缩期或舒张期二级以上心脏杂音。

（二）呼吸系统

1.中度以上气管炎或支气管哮喘；

2.呼吸音明显减弱；

3.各类结核病；

4.体弱儿，呼吸道反复感染者。

（三）消化系统

1.各类肝炎；

2.肝、脾肿大；

3.胃、十二指肠溃疡；

4.各种消化道疝。

（四）泌尿系统

1.急、慢性肾炎；

2.泌尿系感染。

(五)内分泌系统

1.甲状腺机能亢进;

2.中度以上糖尿病。

(六)精神神经系统

1.智力明显低下;

2.精神忧郁或狂暴。

(七)肌肉、骨骼运动系统

1.身高和体重低于同龄人标准;

2.一个及一个以上肢体存在明显功能障碍;

3.躯干四分之一以上部位活动受限,包括强直或不能旋转。

(八)其它

1.结核性胸膜炎;

2.各类重度关节炎;

3.血吸虫病;

4.严重贫血,其血色素每升低于 95 克(<9.5g/dL)。

第六条 用人单位应按下列要求对未成年工定期进行健康检查:

(一)安排工作岗位之前;

(二)工作满 1 年;

(三)年满 18 周岁,距前一次的体检时间已超过半年。

第七条 未成年工的健康检查,应按本规定所附《未成年工健康检查表》列出的项目进行。

第八条 用人单位应根据未成年工的健康检查结果安排其从事适合的劳动,对不能胜任原劳动岗位的,应根据医务部门的证明,予以减轻劳动量或安排其他劳动。

第九条 对未成年工的使用和特殊保护实行登记制度。

(一)用人单位招收使用未成年工,除符合一般用工要求外,还须向所在地的县级以上劳动行政部门办理登记。劳动行政部门根据《未成年工健康检查表》、《未成年工登记表》,核发《未成年工登记证》。

(二)各级劳动行政部门须按本规定第三、四、五、七条的有关规定,审核体检情况和拟安排的劳动范围。

(三)未成年工须持《未成年工登记证》上岗。

(四)《未成年工登记证》由国务院劳动行政部门统一印制。

第十条 未成年工上岗前用人单位应对其进行有关的职业安全卫生教育、培训;未成年工体检和登记,由用人单位统一办理和承担费用。

第十一条 县级以上劳动行政部门对用人单位执行本规定的情况进行监督检查,对违反本规定的行为依照有关法规进行处罚。

各级工会组织对本规定的执行情况进行监督。

第十二条　省、自治区、直辖市劳动行政部门可以根据本规定制定实施办法。

第十三条　本规定自1995年1月1日起施行。

劳务派遣行政许可实施办法

人力资源和社会保障部令第19号　2013年6月20日

第一章　总则

第一条　为了规范劳务派遣，根据《中华人民共和国劳动合同法》《中华人民共和国行政许可法》等法律，制定本办法。

第二条　劳务派遣行政许可的申请受理、审查批准以及相关的监督检查等，适用本办法。

第三条　人力资源社会保障部负责对全国的劳务派遣行政许可工作进行监督指导。

县级以上地方人力资源社会保障行政部门按照省、自治区、直辖市人力资源社会保障行政部门确定的许可管辖分工，负责实施本行政区域内劳务派遣行政许可工作以及相关的监督检查。

第四条　人力资源社会保障行政部门实施劳务派遣行政许可，应当遵循权责统一、公开公正、优质高效的原则。

第五条　人力资源社会保障行政部门应当在本行政机关办公场所、网站上公布劳务派遣行政许可的依据、程序、期限、条件和需要提交的全部材料目录以及监督电话，并在本行政机关网站和至少一种全地区性报纸上向社会公布获得许可的劳务派遣单位名单及其许可变更、延续、撤销、吊销、注销等情况。

第二章　劳务派遣行政许可

第六条　经营劳务派遣业务，应当向所在地有许可管辖权的人力资源社会保障行政部门（以下称许可机关）依法申请行政许可。

未经许可，任何单位和个人不得经营劳务派遣业务。

第七条　申请经营劳务派遣业务应当具备下列条件：

（一）注册资本不得少于人民币200万元；

（二）有与开展业务相适应的固定的经营场所和设施；

（三）有符合法律、行政法规规定的劳务派遣管理制度；

（四）法律、行政法规规定的其他条件。

第八条 申请经营劳务派遣业务的，申请人应当向许可机关提交下列材料：

（一）劳务派遣经营许可申请书；

（二）营业执照或者《企业名称预先核准通知书》；

（三）公司章程以及验资机构出具的验资报告或者财务审计报告；

（四）经营场所的使用证明以及与开展业务相适应的办公设施设备、信息管理系统等清单；

（五）法定代表人的身份证明；

（六）劳务派遣管理制度，包括劳动合同、劳动报酬、社会保险、工作时间、休息休假、劳动纪律等与劳动者切身利益相关的规章制度文本；拟与用工单位签订的劳务派遣协议样本。

第九条 许可机关收到申请材料后，应当根据下列情况分别作出处理：

（一）申请材料存在可以当场更正的错误的，应当允许申请人当场更正；

（二）申请材料不齐全或者不符合法定形式的，应当当场或者在5个工作日内一次告知申请人需要补正的全部内容，逾期不告知的，自收到申请材料之日起即为受理；

（三）申请材料齐全、符合法定形式，或者申请人按照要求提交了全部补正申请材料的，应当受理行政许可申请。

第十条 许可机关对申请人提出的申请决定受理的，应当出具《受理决定书》；决定不予受理的，应当出具《不予受理决定书》，说明不予受理的理由，并告知申请人享有依法申请行政复议或者提起行政诉讼的权利。

第十一条 许可机关决定受理申请的，应当对申请人提交的申请材料进行审查。根据法定条件和程序，需要对申请材料的实质内容进行核实的，许可机关应当指派2名以上工作人员进行核查。

第十二条 许可机关应当自受理之日起20个工作日内作出是否准予行政许可的决定。20个工作日内不能作出决定的，经本行政机关负责人批准，可以延长10个工作日，并应当将延长期限的理由告知申请人。

第十三条 申请人的申请符合法定条件的，许可机关应当依法作出准予行政许可的书面决定，并自作出决定之日起5个工作日内通知申请人领取《劳务派遣经营许可证》。

申请人的申请不符合法定条件的，许可机关应当依法作出不予行政许可的书面决定，说明不予行政许可的理由，并告知申请人享有依法申请行政复议或者提起行政诉讼的权利。

第十四条 《劳务派遣经营许可证》应当载明单位名称、住所、法定代表人、注册资本、许可经营事项、有效期限、编号、发证机关以及发证日期等事项。《劳务派遣经营许可证》分为正本、副本。正本、副本具有同等法律效力。

《劳务派遣经营许可证》有效期为3年。

《劳务派遣经营许可证》由人力资源社会保障部统一制定样式，由各省、自治区、直辖市人力资源社会保障行政部门负责印制、免费发放和管理。

第十五条 劳务派遣单位取得《劳务派遣经营许可证》后，应当妥善保管，不得涂改、倒卖、出租、出借或者以其他形式非法转让。

第十六条 劳务派遣单位名称、住所、法定代表人或者注册资本等改变的，应当向许可机关提出变更申请。符合法定条件的，许可机关应当自收到变更申请之日起10个工作日内依法办理变更手续，并换发新的《劳务派遣经营许可证》或者在原《劳务派遣经营许可证》上予以注明；不符合法定条件的，许可机关应当自收到变更申请之日起10个工作日内作出不予变更的书面决定，并说明理由。

第十七条 劳务派遣单位分立、合并后继续存续，其名称、住所、法定代表人或者注册资本等改变的，应当按照本办法第十六条规定执行。

劳务派遣单位分立、合并后设立新公司的，应当按照本办法重新申请劳务派遣行政许可。

第十八条 劳务派遣单位需要延续行政许可有效期的，应当在有效期届满60日前向许可机关提出延续行政许可的书面申请，并提交3年以来的基本经营情况；劳务派遣单位逾期提出延续行政许可的书面申请的，按照新申请经营劳务派遣行政许可办理。

第十九条 许可机关应当根据劳务派遣单位的延续申请，在该行政许可有效期届满前作出是否准予延续的决定；逾期未作决定的，视为准予延续。

准予延续行政许可的，应当换发新的《劳务派遣经营许可证》。

第二十条 劳务派遣单位有下列情形之一的，许可机关应当自收到延续申请之日起10个工作日内作出不予延续书面决定，并说明理由：

(一)逾期不提交劳务派遣经营情况报告或者提交虚假劳务派遣经营情况报告，经责令改正，拒不改正的；

(二)违反劳动保障法律法规，在一个行政许可期限内受到2次以上行政处罚的。

第二十一条 劳务派遣单位设立子公司经营劳务派遣业务的，应当由子公司向所在地许可机关申请行政许可；劳务派遣单位设立分公司经营劳务派遣业务的，应当书面报告许可机关，并由分公司向所在地人力资源社会保障行政部门备案。

第三章 监督检查

第二十二条 劳务派遣单位应当于每年3月31日前向许可机关提交上一年度劳务派遣经营情况报告，如实报告下列事项：

(一)经营情况以及上年度财务审计报告；

(二)被派遣劳动者人数以及订立劳动合同、参加工会的情况；

(三)向被派遣劳动者支付劳动报酬的情况；

(四)被派遣劳动者参加社会保险、缴纳社会保险费的情况；

(五)被派遣劳动者派往的用工单位、派遣数量、派遣期限、用工岗位的情况；

(六)与用工单位订立的劳务派遣协议情况以及用工单位履行法定义务的情况；

（七）设立子公司、分公司等情况。

劳务派遣单位设立的子公司或者分公司，应当向办理许可或者备案手续的人力资源社会保障行政部门提交上一年度劳务派遣经营情况报告。

第二十三条 许可机关应当对劳务派遣单位提交的年度经营情况报告进行核验，依法对劳务派遣单位进行监督，并将核验结果和监督情况载入企业信用记录。

第二十四条 有下列情形之一的，许可机关或者其上级行政机关，可以撤销劳务派遣行政许可：

（一）许可机关工作人员滥用职权、玩忽职守，给不符合条件的申请人发放《劳务派遣经营许可证》的；

（二）超越法定职权发放《劳务派遣经营许可证》的；

（三）违反法定程序发放《劳务派遣经营许可证》的；

（四）依法可以撤销行政许可的其他情形。

第二十五条 申请人隐瞒真实情况或者提交虚假材料申请行政许可的，许可机关不予受理、不予行政许可。

劳务派遣单位以欺骗、贿赂等不正当手段和隐瞒真实情况或者提交虚假材料取得行政许可的，许可机关应当予以撤销。被撤销行政许可的劳务派遣单位在1年内不得再次申请劳务派遣行政许可。

第二十六条 有下列情形之一的，许可机关应当依法办理劳务派遣行政许可注销手续：

（一）《劳务派遣经营许可证》有效期届满，劳务派遣单位未申请延续的，或者延续申请未被批准的；

（二）劳务派遣单位依法终止的；

（三）劳务派遣行政许可依法被撤销，或者《劳务派遣经营许可证》依法被吊销的；

（四）法律、法规规定的应当注销行政许可的其他情形。

第二十七条 劳务派遣单位向许可机关申请注销劳务派遣行政许可的，应当提交已经依法处理与被派遣劳动者的劳动关系及其社会保险权益等材料，许可机关应当在核实有关情况后办理注销手续。

第二十八条 当事人对许可机关作出的有关劳务派遣行政许可的行政决定不服的，可以依法申请行政复议或者提起行政诉讼。

第二十九条 任何组织和个人有权对实施劳务派遣行政许可中的违法违规行为进行举报，人力资源社会保障行政部门应当及时核实、处理。

第四章　法律责任

第三十条 人力资源社会保障行政部门有下列情形之一的，由其上级行政机关或者监察机关责令改正，对直接负责的主管人员和其他直接责任人员依法给予处分；构成犯

罪的,依法追究刑事责任:

(一)向不符合法定条件的申请人发放《劳务派遣经营许可证》,或者超越法定职权发放《劳务派遣经营许可证》的;

(二)对符合法定条件的申请人不予行政许可或者不在法定期限内作出准予行政许可决定的;

(三)在办理行政许可、实施监督检查工作中,玩忽职守、徇私舞弊,索取或者收受他人财物或者谋取其他利益的;

(四)不依法履行监督职责或者监督不力,造成严重后果的。

许可机关违法实施行政许可,给当事人的合法权益造成损害的,应当依照国家赔偿法的规定给予赔偿。

第三十一条 任何单位和个人违反《中华人民共和国劳动合同法》的规定,未经许可,擅自经营劳务派遣业务的,由人力资源社会保障行政部门责令停止违法行为,没收违法所得,并处违法所得 1 倍以上 5 倍以下的罚款;没有违法所得的,可以处 5 万元以下的罚款。

第三十二条 劳务派遣单位违反《中华人民共和国劳动合同法》有关劳务派遣规定的,由人力资源社会保障行政部门责令限期改正;逾期不改正的,以每人 5000 元以上 1 万元以下的标准处以罚款,并吊销其《劳务派遣经营许可证》。

第三十三条 劳务派遣单位有下列情形之一的,由人力资源社会保障行政部门处 1 万元以下的罚款;情节严重的,处 1 万元以上 3 万元以下的罚款:

(一)涂改、倒卖、出租、出借《劳务派遣经营许可证》,或者以其他形式非法转让《劳务派遣经营许可证》的;

(二)隐瞒真实情况或者提交虚假材料取得劳务派遣行政许可的;

(三)以欺骗、贿赂等不正当手段取得劳务派遣行政许可的。

第五章 附则

第三十四条 劳务派遣单位在 2012 年 12 月 28 日至 2013 年 6 月 30 日之间订立的劳动合同和劳务派遣协议,2013 年 7 月 1 日后应当按照《全国人大常委会关于修改〈中华人民共和国劳动合同法〉的决定》执行。

本办法施行前经营劳务派遣业务的单位,应当按照本办法取得劳务派遣行政许可后,方可经营新的劳务派遣业务;本办法施行后未取得劳务派遣行政许可的,不得经营新的劳务派遣业务。

第三十五条 本办法自 2013 年 7 月 1 日起施行。

劳务派遣暂行规定

人力资源和社会保障部令第22号　2014年1月24日

第一章　总则

第一条　为规范劳务派遣，维护劳动者的合法权益，促进劳动关系和谐稳定，依据《中华人民共和国劳动合同法》（以下简称劳动合同法）和《中华人民共和国劳动合同法实施条例》（以下简称劳动合同法实施条例）等法律、行政法规，制定本规定。

第二条　劳务派遣单位经营劳务派遣业务，企业（以下称用工单位）使用被派遣劳动者，适用本规定。

依法成立的会计师事务所、律师事务所等合伙组织和基金会以及民办非企业单位等组织使用被派遣劳动者，依照本规定执行。

第二章　用工范围和用工比例

第三条　用工单位只能在临时性、辅助性或者替代性的工作岗位上使用被派遣劳动者。

前款规定的临时性工作岗位是指存续时间不超过6个月的岗位；辅助性工作岗位是指为主营业务岗位提供服务的非主营业务岗位；替代性工作岗位是指用工单位的劳动者因脱产学习、休假等原因无法工作的一定期间内，可以由其他劳动者替代工作的岗位。

用工单位决定使用被派遣劳动者的辅助性岗位，应当经职工代表大会或者全体职工讨论，提出方案和意见，与工会或者职工代表平等协商确定，并在用工单位内公示。

第四条　用工单位应当严格控制劳务派遣用工数量，使用的被派遣劳动者数量不得超过其用工总量的10%。

前款所称用工总量是指用工单位订立劳动合同人数与使用的被派遣劳动者人数之和。

计算劳务派遣用工比例的用工单位是指依照劳动合同法和劳动合同法实施条例可以与劳动者订立劳动合同的用人单位。

第三章　劳动合同、劳务派遣协议的订立和履行

第五条　劳务派遣单位应当依法与被派遣劳动者订立2年以上的固定期限书面劳动合同。

第六条　劳务派遣单位可以依法与被派遣劳动者约定试用期。劳务派遣单位与同一被派遣劳动者只能约定一次试用期。

第七条　劳务派遣协议应当载明下列内容：

（一）派遣的工作岗位名称和岗位性质；

（二）工作地点；

（三）派遣人员数量和派遣期限；

（四）按照同工同酬原则确定的劳动报酬数额和支付方式；

（五）社会保险费的数额和支付方式；

（六）工作时间和休息休假事项；

（七）被派遣劳动者工伤、生育或者患病期间的相关待遇；

（八）劳动安全卫生以及培训事项；

（九）经济补偿等费用；

（十）劳务派遣协议期限；

（十一）劳务派遣服务费的支付方式和标准；

（十二）违反劳务派遣协议的责任；

（十三）法律、法规、规章规定应当纳入劳务派遣协议的其他事项。

第八条　劳务派遣单位应当对被派遣劳动者履行下列义务：

（一）如实告知被派遣劳动者劳动合同法第八条规定的事项、应遵守的规章制度以及劳务派遣协议的内容；

（二）建立培训制度，对被派遣劳动者进行上岗知识、安全教育培训；

（三）按照国家规定和劳务派遣协议约定，依法支付被派遣劳动者的劳动报酬和相关待遇；

（四）按照国家规定和劳务派遣协议约定，依法为被派遣劳动者缴纳社会保险费，并办理社会保险相关手续；

（五）督促用工单位依法为被派遣劳动者提供劳动保护和劳动安全卫生条件；

（六）依法出具解除或者终止劳动合同的证明；

（七）协助处理被派遣劳动者与用工单位的纠纷；

（八）法律、法规和规章规定的其他事项。

第九条　用工单位应当按照劳动合同法第六十二条规定，向被派遣劳动者提供与工作岗位相关的福利待遇，不得歧视被派遣劳动者。

第十条　被派遣劳动者在用工单位因工作遭受事故伤害的，劳务派遣单位应当依法申请工伤认定，用工单位应当协助工伤认定的调查核实工作。劳务派遣单位承担工伤保险责任，但可以与用工单位约定补偿办法。

被派遣劳动者在申请进行职业病诊断、鉴定时，用工单位应当负责处理职业病诊断、鉴定事宜，并如实提供职业病诊断、鉴定所需的劳动者职业史和职业危害接触史、工作场所职业病危害因素检测结果等资料，劳务派遣单位应当提供被派遣劳动者职业病诊断、鉴定所需的其他材料。

第十一条 劳务派遣单位行政许可有效期未延续或者《劳务派遣经营许可证》被撤销、吊销的，已经与被派遣劳动者依法订立的劳动合同应当履行至期限届满。双方经协商一致，可以解除劳动合同。

第十二条 有下列情形之一的，用工单位可以将被派遣劳动者退回劳务派遣单位：

（一）用工单位有劳动合同法第四十条第三项、第四十一条规定情形的；

（二）用工单位被依法宣告破产、吊销营业执照、责令关闭、撤销、决定提前解散或者经营期限届满不再继续经营的；

（三）劳务派遣协议期满终止的。

被派遣劳动者退回后在无工作期间，劳务派遣单位应当按照不低于所在地人民政府规定的最低工资标准，向其按月支付报酬。

第十三条 被派遣劳动者有劳动合同法第四十二条规定情形的，在派遣期限届满前，用工单位不得依据本规定第十二条第一款第一项规定将被派遣劳动者退回劳务派遣单位；派遣期限届满的，应当延续至相应情形消失时方可退回。

第四章　劳动合同的解除和终止

第十四条 被派遣劳动者提前30日以书面形式通知劳务派遣单位，可以解除劳动合同。被派遣劳动者在试用期内提前3日通知劳务派遣单位，可以解除劳动合同。劳务派遣单位应当将被派遣劳动者通知解除劳动合同的情况及时告知用工单位。

第十五条 被派遣劳动者因本规定第十二条规定被用工单位退回，劳务派遣单位重新派遣时维持或者提高劳动合同约定条件，被派遣劳动者不同意的，劳务派遣单位可以解除劳动合同。

被派遣劳动者因本规定第十二条规定被用工单位退回，劳务派遣单位重新派遣时降低劳动合同约定条件，被派遣劳动者不同意的，劳务派遣单位不得解除劳动合同。但被派遣劳动者提出解除劳动合同的除外。

第十六条 劳务派遣单位被依法宣告破产、吊销营业执照、责令关闭、撤销、决定提前解散或者经营期限届满不再继续经营的，劳动合同终止。用工单位应当与劳务派遣单位协商妥善安置被派遣劳动者。

第十七条 劳务派遣单位因劳动合同法第四十六条或者本规定第十五条、第十六条规定的情形，与被派遣劳动者解除或者终止劳动合同的，应当依法向被派遣劳动者支付经济补偿。

第五章　跨地区劳务派遣的社会保险

第十八条 劳务派遣单位跨地区派遣劳动者的，应当在用工单位所在地为被派遣劳动者参加社会保险，按照用工单位所在地的规定缴纳社会保险费，被派遣劳动者按照国家规定享受社会保险待遇。

第十九条 劳务派遣单位在用工单位所在地设立分支机构的,由分支机构为被派遣劳动者办理参保手续,缴纳社会保险费。

劳务派遣单位未在用工单位所在地设立分支机构的,由用工单位代劳务派遣单位为被派遣劳动者办理参保手续,缴纳社会保险费。

第六章 法律责任

第二十条 劳务派遣单位、用工单位违反劳动合同法和劳动合同法实施条例有关劳务派遣规定的,按照劳动合同法第九十二条规定执行。

第二十一条 劳务派遣单位违反本规定解除或者终止被派遣劳动者劳动合同的,按照劳动合同法第四十八条、第八十七条规定执行。

第二十二条 用工单位违反本规定第三条第三款规定的,由人力资源社会保障行政部门责令改正,给予警告;给被派遣劳动者造成损害的,依法承担赔偿责任。

第二十三条 劳务派遣单位违反本规定第六条规定的,按照劳动合同法第八十三条规定执行。

第二十四条 用工单位违反本规定退回被派遣劳动者的,按照劳动合同法第九十二条第二款规定执行。

第七章 附则

第二十五条 外国企业常驻代表机构和外国金融机构驻华代表机构等使用被派遣劳动者的,以及船员用人单位以劳务派遣形式使用国际远洋海员的,不受临时性、辅助性、替代性岗位和劳务派遣用工比例的限制。

第二十六条 用人单位将本单位劳动者派往境外工作或者派往家庭、自然人处提供劳动的,不属于本规定所称劳务派遣。

第二十七条 用人单位以承揽、外包等名义,按劳务派遣用工形式使用劳动者的,按照本规定处理。

第二十八条 用工单位在本规定施行前使用被派遣劳动者数量超过其用工总量10%的,应当制定调整用工方案,于本规定施行之日起2年内降至规定比例。但是,《全国人民代表大会常务委员会关于修改〈中华人民共和国劳动合同法〉的决定》公布前已依法订立的劳动合同和劳务派遣协议期限届满日期在本规定施行之日起2年后的,可以依法继续履行至期限届满。

用工单位应当将制定的调整用工方案报当地人力资源社会保障行政部门备案。

用工单位未将本规定施行前使用的被派遣劳动者数量降至符合规定比例之前,不得新用被派遣劳动者。

第二十九条 本规定自2014年3月1日起施行。

就业服务与就业管理规定(2022年修订)

劳动和社会保障部令第28号 2007年11月5日

(2007年11月5日劳动和社会保障部令第28号公布 根据2014年12月23日《人力资源社会保障部关于修改〈就业服务与就业管理规定〉的决定》第一次修订 根据2015年4月30日《人力资源社会保障部关于修改部分规章的决定》第二次修订 根据2018年12月14日《人力资源社会保障部关于修改部分规章的决定》第三次修订 根据2022年1月7日《人力资源社会保障部关于修改部分规章的决定》第四次修订)

第一章 总则

第一条 为了加强就业服务和就业管理,培育和完善统一开放、竞争有序的人力资源市场,为劳动者就业和用人单位招用人员提供服务,根据就业促进法等法律、行政法规,制定本规定。

第二条 劳动者求职与就业,用人单位招用人员,劳动保障行政部门举办的公共就业服务机构和经劳动保障行政部门审批的职业中介机构从事就业服务活动,适用本规定。

本规定所称用人单位,是指在中华人民共和国境内的企业、个体经济组织、民办非企业单位等组织,以及招用与之建立劳动关系的劳动者的国家机关、事业单位、社会团体。

第三条 县级以上劳动保障行政部门依法开展本行政区域内的就业服务和就业管理工作。

第二章 求职与就业

第四条 劳动者依法享有平等就业的权利。劳动者就业,不因民族、种族、性别、宗教信仰等不同而受歧视。

第五条 农村劳动者进城就业享有与城镇劳动者平等的就业权利,不得对农村劳动者进城就业设置歧视性限制。

第六条 劳动者依法享有自主择业的权利。劳动者年满16周岁,有劳动能力且有就业愿望的,可凭本人身份证件,通过公共就业服务机构、职业中介机构介绍或直接联系用人单位等渠道求职。

第七条 劳动者求职时,应当如实向公共就业服务机构或职业中介机构、用人单位提供个人基本情况以及与应聘岗位直接相关的知识技能、工作经历、就业现状等情况，并出示相关证明。

第八条　劳动者应当树立正确的择业观念，提高就业能力和创业能力。

国家鼓励劳动者在就业前接受必要的职业教育或职业培训，鼓励城镇初高中毕业生在就业前参加劳动预备制培训。

国家鼓励劳动者自主创业、自谋职业。各级劳动保障行政部门应当会同有关部门，简化程序，提高效率，为劳动者自主创业、自谋职业提供便利和相应服务。

第三章　招用人员

第九条　用人单位依法享有自主用人的权利。用人单位招用人员，应当向劳动者提供平等的就业机会和公平的就业条件。

第十条　用人单位可以通过下列途径自主招用人员：

(一)委托公共就业服务机构或职业中介机构；

(二)参加职业招聘洽谈会；

(三)委托报纸、广播、电视、互联网站等大众传播媒介发布招聘信息；

(四)利用本企业场所、企业网站等自有途径发布招聘信息；

(五)其他合法途径。

第十一条　用人单位委托公共就业服务机构或职业中介机构招用人员，或者参加招聘洽谈会时，应当提供招用人员简章，并出示营业执照(副本)或者有关部门批准其设立的文件、经办人的身份证件和受用人单位委托的证明。

招用人员简章应当包括用人单位基本情况、招用人数、工作内容、招录条件、劳动报酬、福利待遇、社会保险等内容，以及法律、法规规定的其他内容。

第十二条　用人单位招用人员时，应当依法如实告知劳动者有关工作内容、工作条件、工作地点、职业危害、安全生产状况、劳动报酬以及劳动者要求了解的其他情况。

用人单位应当根据劳动者的要求，及时向其反馈是否录用的情况。

第十三条　用人单位应当对劳动者的个人资料予以保密。公开劳动者的个人资料信息和使用劳动者的技术、智力成果，须经劳动者本人书面同意。

第十四条　用人单位招用人员不得有下列行为：

(一)提供虚假招聘信息，发布虚假招聘广告；

(二)扣押被录用人员的居民身份证和其他证件；

(三)以担保或者其他名义向劳动者收取财物；

(四)招用未满 16 周岁的未成年人以及国家法律、行政法规规定不得招用的其他人员；

(五)招用无合法身份证件的人员；

(六)以招用人员为名牟取不正当利益或进行其他违法活动。

第十五条 用人单位不得以诋毁其他用人单位信誉、商业贿赂等不正当手段招聘人员。

第十六条 用人单位在招用人员时，除国家规定的不适合妇女从事的工种或者岗位外，不得以性别为由拒绝录用妇女或者提高对妇女的录用标准。

用人单位录用女职工，不得在劳动合同中规定限制女职工结婚、生育的内容。

第十七条 用人单位招用人员，应当依法对少数民族劳动者给予适当照顾。

第十八条 用人单位招用人员，不得歧视残疾人。

第十九条 用人单位招用人员，不得以是传染病病原携带者为由拒绝录用。但是，经医学鉴定传染病病原携带者在治愈前或者排除传染嫌疑前，不得从事法律、行政法规和国务院卫生行政部门规定禁止从事的易使传染病扩散的工作。

用人单位招用人员，除国家法律、行政法规和国务院卫生行政部门规定禁止乙肝病原携带者从事的工作外，不得强行将乙肝病毒血清学指标作为体检标准。

第二十条 用人单位发布的招用人员简章或招聘广告，不得包含歧视性内容。

第二十一条 用人单位招用从事涉及公共安全、人身健康、生命财产安全等特殊工种的劳动者，应当依法招用持相应工种职业资格证书的人员；招用未持相应工种职业资格证书人员的，须组织其在上岗前参加专门培训，使其取得职业资格证书后方可上岗。

第二十二条 用人单位招用台港澳人员后，应当按有关规定到当地劳动保障行政部门备案，并为其办理《台港澳人员就业证》。

第二十三条 用人单位招用外国人，应当在外国人入境前，按有关规定到当地劳动保障行政部门为其申请就业许可，经批准并获得《中华人民共和国外国人就业许可证书》后方可招用。

用人单位招用外国人的岗位必须是有特殊技能要求、国内暂无适当人选的岗位，并且不违反国家有关规定。

第四章　公共就业服务

第二十四条 县级以上劳动保障行政部门统筹管理本行政区域内的公共就业服务工作，根据政府制定的发展计划，建立健全覆盖城乡的公共就业服务体系。

公共就业服务机构根据政府确定的就业工作目标任务，制定就业服务计划，推动落实就业扶持政策，组织实施就业服务项目，为劳动者和用人单位提供就业服务，开展人力资源市场调查分析，并受劳动保障行政部门委托经办促进就业的相关事务。

第二十五条 公共就业服务机构应当免费为劳动者提供以下服务：

（一）就业政策法规咨询；

（二）职业供求信息、市场工资指导价位信息和职业培训信息发布；

（三）职业指导和职业介绍；

（四）对就业困难人员实施就业援助；

（五）办理就业登记、失业登记等事务；

（六）其他公共就业服务。

第二十六条 公共就业服务机构应当积极拓展服务功能，根据用人单位需求提供以下服务：

（一）招聘用人指导服务；

（二）代理招聘服务；

（三）跨地区人员招聘服务；

（四）企业人力资源管理咨询等专业性服务；

（五）劳动保障事务代理服务；

（六）为满足用人单位需求开发的其他就业服务项目。

第二十七条 公共就业服务机构应当加强职业指导工作，配备专（兼）职职业指导工作人员，向劳动者和用人单位提供职业指导服务。

公共就业服务机构应当为职业指导工作提供相应的设施和条件，推动职业指导工作的开展，加强对职业指导工作的宣传。

第二十八条 职业指导工作包括以下内容：

（一）向劳动者和用人单位提供国家有关劳动保障的法律法规和政策、人力资源市场状况咨询；

（二）帮助劳动者了解职业状况，掌握求职方法，确定择业方向，增强择业能力；

（三）向劳动者提出培训建议，为其提供职业培训相关信息；

（四）开展对劳动者个人职业素质和特点的测试，并对其职业能力进行评价；

（五）对妇女、残疾人、少数民族人员及退出现役的军人等就业群体提供专门的职业指导服务；

（六）对大中专学校、职业院校、技工学校学生的职业指导工作提供咨询和服务；

（七）对准备从事个体劳动或开办私营企业的劳动者提供创业咨询服务；

（八）为用人单位提供选择招聘方法、确定用人条件和标准等方面的招聘用人指导；

（九）为职业培训机构确立培训方向和专业设置等提供咨询参考。

第二十九条 公共就业服务机构在劳动保障行政部门的指导下，组织实施劳动力资源调查和就业、失业状况统计工作。

第三十条 公共就业服务机构应当针对特定就业群体的不同需求，制定并组织实施专项计划。

公共就业服务机构应当根据服务对象的特点，在一定时期内为不同类型的劳动者、就业困难对象或用人单位集中组织活动，开展专项服务。

公共就业服务机构受劳动保障行政部门委托，可以组织开展促进就业的专项工作。

第三十一条 县级以上公共就业服务机构建立综合性服务场所，集中为劳动者和用人单位提供一站式就业服务，并承担劳动保障行政部门安排的其他工作。

街道、乡镇、社区公共就业服务机构建立基层服务窗口，开展以就业援助为重点的公共就业服务，实施劳动力资源调查统计，并承担上级劳动保障行政部门安排的其他就业服务工作。

公共就业服务机构使用全国统一标识。

第三十二条 公共就业服务机构应当不断提高服务的质量和效率。

公共就业服务机构应当加强内部管理，完善服务功能，统一服务流程，按照国家制定的服务规范和标准，为劳动者和用人单位提供优质高效的就业服务。

公共就业服务机构应当加强工作人员的政策、业务和服务技能培训，组织职业指导人员、职业信息分析人员、劳动保障协理员等专业人员参加相应职业资格培训。

公共就业服务机构应当公开服务制度，主动接受社会监督。

第三十三条 县级以上劳动保障行政部门和公共就业服务机构应当按照劳动保障信息化建设的统一规划、标准和规范，建立完善人力资源市场信息网络及相关设施。

公共就业服务机构应当逐步实行信息化管理与服务，在城市内实现就业服务、失业保险、就业培训信息共享和公共就业服务全程信息化管理，并逐步实现与劳动工资信息、社会保险信息的互联互通和信息共享。

第三十四条 公共就业服务机构应当建立健全人力资源市场信息服务体系，完善职业供求信息、市场工资指导价位信息、职业培训信息、人力资源市场分析信息的发布制度，为劳动者求职择业、用人单位招用人员以及培训机构开展培训提供支持。

第三十五条 县级以上劳动保障行政部门应当按照信息化建设统一要求，逐步实现全国人力资源市场信息联网。其中，城市应当按照劳动保障数据中心建设的要求，实现网络和数据资源的集中和共享；省、自治区应当建立人力资源市场信息网省级监测中心，对辖区内人力资源市场信息进行监测；劳动保障部设立人力资源市场信息网全国监测中心，对全国人力资源市场信息进行监测和分析。

第三十六条 县级以上劳动保障行政部门应当对公共就业服务机构加强管理，定期对其完成各项任务情况进行绩效考核。

第三十七条 公共就业服务经费纳入同级财政预算。各级劳动保障行政部门和公共就业服务机构应当根据财政预算编制的规定，依法编制公共就业服务年度预算，报经同级财政部门审批后执行。

公共就业服务机构可以按照就业专项资金管理相关规定，依法申请公共就业服务专项扶持经费。

公共就业服务机构接受社会各界提供的捐赠和资助，按照国家有关法律法规管理和使用。

公共就业服务机构为用人单位提供的服务，应当规范管理，严格控制服务收费。确需收费的，具体项目由省级劳动保障行政部门会同相关部门规定。

第三十八条 公共就业服务机构不得从事经营性活动。

公共就业服务机构举办的招聘会，不得向劳动者收取费用。

第三十九条 各级残疾人联合会所属的残疾人就业服务机构是公共就业服务机构

的组成部分，负责为残疾劳动者提供相关就业服务，并经劳动保障行政部门委托，承担残疾劳动者的就业登记、失业登记工作。

第五章 就业援助

第四十条 公共就业服务机构应当制定专门的就业援助计划，对就业援助对象实施优先扶持和重点帮助。

本规定所称就业援助对象包括就业困难人员和零就业家庭。就业困难对象是指因身体状况、技能水平、家庭因素、失去土地等原因难以实现就业，以及连续失业一定时间仍未能实现就业的人员。零就业家庭是指法定劳动年龄内的家庭人员均处于失业状况的城市居民家庭。

对援助对象的认定办法，由省级劳动保障行政部门依据当地人民政府规定的就业援助对象范围制定。

第四十一条 就业困难人员和零就业家庭可以向所在地街道、社区公共就业服务机构申请就业援助。经街道、社区公共就业服务机构确认属实的，纳入就业援助范围。

第四十二条 公共就业服务机构应当建立就业困难人员帮扶制度，通过落实各项就业扶持政策、提供就业岗位信息、组织技能培训等有针对性的就业服务和公益性岗位援助，对就业困难人员实施优先扶持和重点帮助。

在公益性岗位上安置的就业困难人员，按照国家规定给予岗位补贴。

第四十三条 公共就业服务机构应当建立零就业家庭即时岗位援助制度，通过拓宽公益性岗位范围，开发各类就业岗位等措施，及时向零就业家庭中的失业人员提供适当的就业岗位，确保零就业家庭至少有一人实现就业。

第四十四条 街道、社区公共就业服务机构应当对辖区内就业援助对象进行登记，建立专门台账，实行就业援助对象动态管理和援助责任制度，提供及时、有效的就业援助。

第六章 职业中介服务

第四十五条 县级以上劳动保障行政部门应当加强对职业中介机构的管理，鼓励其提高服务质量，发挥其在促进就业中的作用。

本规定所称职业中介机构，是指由法人、其他组织和公民个人举办，为用人单位招用人员和劳动者求职提供中介服务以及其他相关服务的经营性组织。

政府部门不得举办或者与他人联合举办经营性的职业中介机构。

第四十六条 从事职业中介活动，应当遵循合法、诚实信用、公平、公开的原则。

禁止任何组织或者个人利用职业中介活动侵害劳动者和用人单位的合法权益。

第四十七条 职业中介实行行政许可制度。设立职业中介机构或其他机构开展职业中介活动，须经劳动保障行政部门批准，并获得职业中介许可证。

未经依法许可和登记的机构，不得从事职业中介活动。

职业中介许可证由劳动保障部统一印制并免费发放。

第四十八条 设立职业中介机构应当具备下列条件：

（一）有明确的机构章程和管理制度；

（二）有开展业务必备的固定场所、办公设施和一定数额的开办资金；

（三）有一定数量具备相应职业资格的专职工作人员；

（四）法律、法规规定的其他条件。

第四十九条 设立职业中介机构，应当向当地县级以上劳动保障行政部门提出申请，提交下列文件：

（一）设立申请书；

（二）机构章程和管理制度草案；

（三）场所使用权证明；

（四）拟任负责人的基本情况、身份证明；

（五）具备相应职业资格的专职工作人员的相关证明；

（六）工商营业执照（副本）；

（七）法律、法规规定的其他文件。

第五十条 劳动保障行政部门接到设立职业中介机构的申请后，应当自受理申请之日起 20 日内审理完毕。对符合条件的，应当予以批准；不予批准的，应当说明理由。

劳动保障行政部门对经批准设立的职业中介机构实行年度审验。

职业中介机构的具体设立条件、审批和年度审验程序，由省级劳动保障行政部门统一规定。

第五十一条 职业中介机构变更名称、住所、法定代表人等或者终止的，应当按照设立许可程序办理变更或者注销登记手续。

设立分支机构的，应当在征得原审批机关的书面同意后，由拟设立分支机构所在地县级以上劳动保障行政部门审批。

第五十二条 职业中介机构可以从事下列业务：

（一）为劳动者介绍用人单位；

（二）为用人单位和居民家庭推荐劳动者；

（三）开展职业指导、人力资源管理咨询服务；

（四）收集和发布职业供求信息；

（五）根据国家有关规定从事互联网职业信息服务；

（六）组织职业招聘洽谈会；

（七）经劳动保障行政部门核准的其他服务项目。

第五十三条 职业中介机构应当在服务场所明示营业执照、职业中介许可证、服务项目、收费标准、监督机关名称和监督电话等，并接受劳动保障行政部门及其他有关部门的监督检查。

第五十四条　职业中介机构应当建立服务台账，记录服务对象、服务过程、服务结果和收费情况等，并接受劳动保障行政部门的监督检查。

第五十五条　职业中介机构提供职业中介服务不成功的，应当退还向劳动者收取的中介服务费。

第五十六条　职业中介机构租用场地举办大规模职业招聘洽谈会，应当制定相应的组织实施办法和安全保卫工作方案，并向批准其设立的机关报告。

职业中介机构应当对入场招聘用人单位的主体资格真实性和招用人员简章真实性进行核实。

第五十七条　职业中介机构为特定对象提供公益性就业服务的，可以按照规定给予补贴。可以给予补贴的公益性就业服务的范围、对象、服务效果和补贴办法，由省级劳动保障行政部门会同有关部门制定。

第五十八条　禁止职业中介机构有下列行为：

（一）提供虚假就业信息；

（二）发布的就业信息中包含歧视性内容；

（三）伪造、涂改、转让职业中介许可证；

（四）为无合法证照的用人单位提供职业中介服务；

（五）介绍未满16周岁的未成年人就业；

（六）为无合法身份证件的劳动者提供职业中介服务；

（七）介绍劳动者从事法律、法规禁止从事的职业；

（八）扣押劳动者的居民身份证和其他证件，或者向劳动者收取押金；

（九）以暴力、胁迫、欺诈等方式进行职业中介活动；

（十）超出核准的业务范围经营；

（十一）其他违反法律、法规规定的行为。

第五十九条　县级以上劳动保障行政部门应当依法对经审批设立的职业中介机构开展职业中介活动进行监督指导，定期组织对其服务信用和服务质量进行评估，并将评估结果向社会公布。

县级以上劳动保障行政部门应当指导职业中介机构开展工作人员培训，提高服务质量。

县级以上劳动保障行政部门对在诚信服务、优质服务和公益性服务等方面表现突出的职业中介机构和个人，报经同级人民政府批准后，给予表彰和奖励。

第六十条　设立外商投资职业中介机构以及职业中介机构从事境外就业中介服务的，按照有关规定执行。

第七章　就业与失业管理

第六十一条　劳动保障行政部门应当建立健全就业登记制度和失业登记制度，完善就业管理和失业管理。

公共就业服务机构负责就业登记与失业登记工作，建立专门台账，及时、准确地记录劳动者就业与失业变动情况，并做好相应统计工作。

就业登记和失业登记在各省、自治区、直辖市范围内实行统一的就业失业登记证（以下简称登记证），向劳动者免费发放，并注明可享受的相应扶持政策。

就业登记、失业登记的具体程序和登记证的样式，由省级劳动保障行政部门规定。

第六十二条 劳动者被用人单位招用的，由用人单位为劳动者办理就业登记。用人单位招用劳动者和与劳动者终止或者解除劳动关系，应当到当地公共就业服务机构备案，为劳动者办理就业登记手续。用人单位招用人员后，应当于录用之日起30日内办理登记手续；用人单位与职工终止或者解除劳动关系后，应当于15日内办理登记手续。

劳动者从事个体经营或灵活就业的，由本人在街道、乡镇公共就业服务机构办理就业登记。

就业登记的内容主要包括劳动者个人信息、就业类型、就业时间、就业单位以及订立、终止或者解除劳动合同情况等。就业登记的具体内容和所需材料由省级劳动保障行政部门规定。

公共就业服务机构应当对用人单位办理就业登记及相关手续设立专门服务窗口，简化程序，方便用人单位办理。

第六十三条 在法定劳动年龄内，有劳动能力，有就业要求，处于无业状态的城镇常住人员，可以到常住地的公共就业服务机构进行失业登记。

第六十四条 劳动者进行失业登记时，须持本人身份证件；有单位就业经历的，还须持与原单位终止、解除劳动关系或者解聘的证明。

登记失业人员凭登记证享受公共就业服务和就业扶持政策；其中符合条件的，按规定申领失业保险金。

登记失业人员应当定期向公共就业服务机构报告就业失业状况，积极求职，参加公共就业服务机构安排的就业培训。

第六十五条 失业登记的范围包括下列失业人员：

（一）年满16周岁，从各类学校毕业、肄业的；

（二）从企业、机关、事业单位等各类用人单位失业的；

（三）个体工商户业主或私营企业业主停业、破产停止经营的；

（四）承包土地被征用，符合当地规定条件的；

（五）军人退出现役且未纳入国家统一安置的；

（六）刑满释放、假释、监外执行的；

（七）各地确定的其他失业人员。

第六十六条 登记失业人员出现下列情形之一的，由公共就业服务机构注销其失业登记：

（一）被用人单位录用的；

(二)从事个体经营或创办企业,并领取工商营业执照的;

(三)已从事有稳定收入的劳动,并且月收入不低于当地最低工资标准的;

(四)已享受基本养老保险待遇的;

(五)完全丧失劳动能力的;

(六)入学、服兵役、移居境外的;

(七)被判刑收监执行的;

(八)终止就业要求或拒绝接受公共就业服务的;

(九)连续6个月未与公共就业服务机构联系的;

(十)已进行就业登记的其他人员或各地规定的其他情形。

第八章 罚则

第六十七条 用人单位违反本规定第十四条第(二)、(三)项规定的,按照劳动合同法第八十四条的规定予以处罚;用人单位违反第十四条第(四)项规定的,按照国家禁止使用童工和其他有关法律、法规的规定予以处罚。用人单位违反第十四条第(一)、(五)、(六)项规定的,由劳动保障行政部门责令改正,并可处以一千元以下的罚款;对当事人造成损害的,应当承担赔偿责任。

第六十八条 用人单位违反本规定第十九条第二款规定,在国家法律、行政法规和国务院卫生行政部门规定禁止乙肝病原携带者从事的工作岗位以外招用人员时,将乙肝病毒血清学指标作为体检标准的,由劳动保障行政部门责令改正,并可处以一千元以下的罚款;对当事人造成损害的,应当承担赔偿责任。

第六十九条 违反本规定第三十八条规定,公共就业服务机构从事经营性职业中介活动向劳动者收取费用的,由劳动保障行政部门责令限期改正,将违法收取的费用退还劳动者,并对直接负责的主管人员和其他直接责任人员依法给予处分。

第七十条 违反本规定第四十七条规定,未经许可和登记,擅自从事职业中介活动的,由劳动保障行政部门或者其他主管部门按照就业促进法第六十四条规定予以处罚。

第七十一条 职业中介机构违反本规定第五十三条规定,未明示职业中介许可证、监督电话的,由劳动保障行政部门责令改正,并可处以一千元以下的罚款;未明示收费标准的,提请价格主管部门依据国家有关规定处罚;未明示营业执照的,提请工商行政管理部门依据国家有关规定处罚。

第七十二条 职业中介机构违反本规定第五十四条规定,未建立服务台账,或虽建立服务台账但未记录服务对象、服务过程、服务结果和收费情况的,由劳动保障行政部门责令改正,并可处以一千元以下的罚款。

第七十三条 职业中介机构违反本规定第五十五条规定,在职业中介服务不成功后未向劳动者退还所收取的中介服务费的,由劳动保障行政部门责令改正,并可处以一千元以下的罚款。

第七十四条 职业中介机构违反本规定第五十八条第(一)、(三)、(四)、(八)项规定的,按照就业促进法第六十五条、第六十六条规定予以处罚。违反本规定第五十八条第(五)项规定的,按照国家禁止使用童工的规定予以处罚。违反本规定第五十八条其他各项规定的,由劳动保障行政部门责令改正,没有违法所得的,可处以一万元以下的罚款;有违法所得的,可处以不超过违法所得三倍的罚款,但最高不得超过三万元;情节严重的,提请工商部门依法吊销营业执照;对当事人造成损害的,应当承担赔偿责任。

第七十五条 用人单位违反本规定第六十二条规定,未及时为劳动者办理就业登记手续的,由劳动保障行政部门责令改正。

第九章 附则

第七十六条 本规定自2008年1月1日起施行。劳动部1994年10月27日颁布的《职业指导办法》、劳动保障部2000年12月8日颁布的《劳动力市场管理规定》同时废止。

外国人在中国就业管理规定(2017年修订)

劳部发〔1996〕29号 1996年1月22日

(根据2010年11月12日《关于废止和修改部分人力资源和社会保障规章的决定》修订 根据2017年3月13日《人力资源社会保障部关于修改〈外国人在中国就业管理规定〉的决定》修订)

第一章 总则

第一条 为加强外国人在中国就业的管理,根据有关法律、法规的规定,制定本规定。

第二条 本规定所称外国人,指依照《中华人民共和国国籍法》规定不具有中国国籍的人员。本规定所称外国人在中国就业,指没有取得定居权的外国人在中国境内依法从事社会劳动并获取劳动报酬的行为。

第三条 本规定适用于在中国境内就业的外国人和聘用外国人的用人单位。本规定不适用于外国驻华使、领馆和联合国驻华代表机构、其他国际组织中享有外交特权与豁免的人员。

第四条 各省、自治区、直辖市人民政府劳动行政部门及其授权的地市级劳动行政部门负责外国人在中国就业的管理。

第二章 就业许可

第五条 用人单位聘用外国人须为该外国人申请就业许可，经获准并取得《中华人民共和国外国人就业许可证书》(以下简称许可证书)后方可聘用。

第六条 用人单位聘用外国人从事的岗位应是有特殊需要，国内暂缺适当人选，且不违反国家有关规定的岗位。用人单位不得聘用外国人从事营业性文艺演出，但符合本规定第九条第三项规定的人员除外。

第七条 外国人在中国就业须具备下列条件：

(一)年满18周岁，身体健康；

(二)具有从事其工作所必需的专业技能和相应的工作经历；

(三)无犯罪记录；

(四)有确定的聘用单位；

(五)持有有效护照或能代替护照的其他国际旅行证件(以下简称代替护照的证件)。

第八条 在中国就业的外国人应持Z字签证入境(有互免签证协议的，按协议办理)，入境后取得《外国人就业证》(以下简称就业证)和外国人居留证件，方可在中国境内就业。

未取得居留证件的外国人(即持F、L、C、G字签证者)、在中国留学、实习的外国人及持Z字签证外国人的随行家属不得在中国就业。特殊情况，应由用人单位按本规定规定的审批程序申领许可证书，被聘用的外国人凭许可证书到公安机关改变身份，办理就业证、居留证后方可就业。

外国驻中国使、领馆和联合国系统、其他国际组织驻中国代表机构人员的配偶在中国就业，应按《中华人民共和国外交部关于外国驻中国使领馆和联合国系统组织驻中国代表机构人员的配偶在中国任职的规定》执行，并按本条第二款规定的审批程序办理有关手续。

许可证书和就业证由劳动部统一制作。

第九条 凡符合下列条件之一的外国人可免办就业许可和就业证：

(一)由我国政府直接出资聘请的外籍专业技术和管理人员，或由国家机关和事业单位出资聘请，具有本国或国际权威技术管理部门或行业协会确认的高级技术职称或特殊技能资格证书的外籍专业技术和管理人员，并持有外国专家局签发的《外国专家证》的外国人；

(二)持有《外国人在中华人民共和国从事海上石油作业工作准证》从事海上石油作业、不需登陆、有特殊技能的外籍劳务人员；

(三)经文化部批准持《临时营业演出许可证》进行营业性文艺演出的外国人。

第十条 凡符合下列条件之一的外国人可免办许可证书，入境后凭Z字签证及有关证明直接办理就业证：

(一)按照我国与外国政府间、国际组织间协议、协定，执行中外合作交流项目受聘来中国工作的外国人；

(二)外国企业常驻中国代表机构中的首席代表、代表。

第三章 申请与审批

第十一条 用人单位聘用外国人，须填写《聘用外国人就业申请表》(以下简称申请表)，向其与劳动行政主管部门同级的行业主管部门(以下简称行业主管部门)提出申请，并提供下列有效文件：

(一)拟聘用外国人履历证明；

(二)聘用意向书；

(三)拟聘用外国人原因的报告；

(四)拟聘用的外国人从事该项工作的资格证明；

(五)拟聘用的外国人健康状况证明；

(六)法律、法规规定的其他文件。

行业主管部门应按照本规定第六条、第七条及有关法律、法规的规定进行审批。

第十二条 经行业主管部门批准后，用人单位应持申请表到本单位所在地区的省、自治区、直辖市劳动行政部门或其授权的地市级劳动行政部门办理核准手续。省、自治区、直辖市劳动行政部门或授权的地市级劳动行政部门应指定专门机构(以下简称发证机关)具体负责签发许可证书工作 。发证机关应根据行业主管部门的意见和劳动力市场的需求状况进行核准，并在核准后向用人单位签发许可证书。

第十三条 中央级用人单位、无行业主管部门的用人单位聘用外国人，可直接到劳动行政部门发证机关提出申请和办理就业许可手续。

外商投资企业聘雇外国人，无须行业主管部门审批，可凭合同、章程、批准证书、营业执照和本规定第十一条所规定的文件直接到劳动行政部门发证机关申领许可证书。

第十四条 获准来中国工作的外国人，应凭许可证书及本国有效护照或能代替护照的证件，到中国驻外使、领馆、处申请 Z 字签证。

凡符合本规定第九条第二项规定的人员，应凭中国海洋石油总公司签发的通知函电申请 Z 字签证；凡符合第九条第三项规定的人员，应凭文化部的批件申请 Z 字签证。

凡符合本规定第十条第一款规定的人员，应凭合作交流项目书申请 Z 字签证；凡符合第十条第二项规定的人员，应凭工商行政管理部门的登记证明申请 Z 字签证。

第十五条 用人单位应在被聘用的外国人入境后 15 日内，持许可证书、与被聘用的外国人签订的劳动合同及其有效护照或能代替护照的证件到原发证机关为外国人办理就业证，并填写《外国人就业登记表》。

就业证只在发证机关规定的区域内有效。

第十六条 已办理就业证的外国人，应在入境后 30 日内，持就业证到公安机关申请办理居留证。居留证件的有效期限可根据就业证的有效期确定。

第四章　劳动管理

第十七条　用人单位与被聘用的外国人应依法订立劳动合同。劳动合同的期限最长不得超过五年。劳动合同期限届满即行终止,但按本规定第十九条的规定履行审批手续后可以续订。

第十八条　被聘用的外国人与用人单位签订的劳动合同期满时,其就业证即行失效。如需续订,该用人单位应在原合同期满前 30 日内,向劳动行政部门提出延长聘用时间的申请,经批准并办理就业证延期手续。

第十九条　外国人被批准延长在中国就业期限或变更就业区域、单位后,应在 10 日内到当地公安机关办理居留证件延期或变更手续。

第二十条　被聘用的外国人与用人单位的劳动合同被解除后,该用人单位应及时报告劳动、公安部门,交还该外国人的就业证和居留证件,并到公安机关办理出境手续。

第二十一条　用人单位支付所聘用外国人的工资不得低于当地最低工资标准。

第二十二条　在中国就业的外国人的工作时间、休息、休假劳动安全卫生以及社会保险按国家有关规定执行。

第二十三条　外国人在中国就业的用人单位必须与其就业证所注明的单位相一致。

外国人在发证机关规定的区域内变更用人单位但仍从事原职业的,须经原发证机关批准,并办理就业证变更手续。

外国人离开发证机关规定的区域就业或在原规定的区域内变更用人单位且从事不同职业的,须重新办理就业许可手续。

第二十四条　因违反中国法律被中国公安机关取消居留资格的外国人 ,用人单位应解除劳动合同,劳动部门应吊销就业证。

第二十五条　用人单位与被聘用的外国人发生劳动争议,应按照《中华人民共和国劳动法》和《中华人民共和国劳动争议调解仲裁法》处理 。

第二十六条　劳动行政部门对就业证实行年检。用人单位聘用外国人就业每满 1 年,应在期满前 30 日内到劳动行政部门发证机关为被聘用的外国人办理就业证年检手续。逾期未办的,就业证自行失效。

外国人在中国就业期间遗失或损坏其就业证的,应立即到原发证机关办理挂失、补办或换证手续。

第五章　罚则

第二十七条　对违反本规定未申领就业证擅自就业的外国人和未办理许可证书擅自聘用外国人的用人单位,由公安机关按《中华人民共和国外国人入境出境管理法实施细则》第四十四条处理。

第二十八条 对拒绝劳动行政部门检查就业证、擅自变更用人单位、擅自更换职业、擅自延长就业期限的外国人，由劳动行政部门收回其就业证，并提请公安机关取消其居留资格。对需该机关遣送出境的，遣送费用由聘用单位或该外国人承担。

第二十九条 对伪造、涂改、冒用、转让、买卖就业证和许可证书的外国人和用人单位，由劳动行政部门收缴就业证和许可证书，没收其非法所得，并处以1万元以上10万元以下的罚款；情节严重构成犯罪的，移送司法机关依法追究刑事责任。

第三十条 发证机关或者有关部门的工作人员滥用职权、非法收费、徇私舞弊，构成犯罪的，依法追究刑事责任；不构成犯罪的，给予行政处分。

第六章 附则

第三十一条 中国的台湾和香港、澳门地区居民在内地就业按《台湾和香港、澳门居民在内地就业管理规定》执行。

第三十二条 外国人在中国的台湾和香港、澳门地区就业不适用本规定。

第三十三条 禁止个体经济组织和公民个人聘用外国人。

第三十四条 省、自治区、直辖市劳动行政部门可会同公安等部门依据本规定制定本地区的实施细则，并报劳动部、公安部、外交部、对外贸易经济合作部备案。

第三十五条 本规定由劳动部解释。

第三十六条 本规定自1996年5月1日起施行。原劳动人事部和公安部1987年10月5日发布的《关于未取得居留证件的外国人和来中国留学的外国人在中国就业的若干规定》同时废止。

网络招聘服务管理规定

人力资源和社会保障部令第44号 2020年12月18日

第一章 总则

第一条 为了规范网络招聘服务，促进网络招聘服务业态健康有序发展，促进就业和人力资源流动配置，根据《中华人民共和国就业促进法》、《中华人民共和国网络安全法》、《中华人民共和国电子商务法》、《人力资源市场暂行条例》、《互联网信息服务管理办法》等法律、行政法规，制定本规定。

第二条 本规定所称网络招聘服务，是指人力资源服务机构在中华人民共和国境内通过互联网等信息网络，以网络招聘服务平台、平台内经营、自建网站或者其他网络服务方式，为劳动者求职和用人单位招用人员提供的求职、招聘服务。

人力资源服务机构包括公共人力资源服务机构和经营性人力资源服务机构。

第三条 国务院人力资源社会保障行政部门负责全国网络招聘服务的综合管理。

县级以上地方人民政府人力资源社会保障行政部门负责本行政区域网络招聘服务的管理工作。

县级以上人民政府有关部门在各自职责范围内依法对网络招聘服务实施管理。

第四条 从事网络招聘服务，应当遵循合法、公平、诚实信用的原则，履行网络安全和信息保护等义务，承担服务质量责任，接受政府和社会的监督。

第五条 对从事网络招聘服务的经营性人力资源服务机构提供公益性人力资源服务的，按照规定给予补贴或者通过政府购买服务等方式给予支持。

第六条 人力资源社会保障行政部门加强网络招聘服务标准化建设，支持企业、研究机构、高等学校、行业协会参与网络招聘服务国家标准、行业标准的制定。

第七条 人力资源服务行业协会应当依照法律、行政法规、规章及其章程的规定，加强网络招聘服务行业自律，推进行业诚信建设，促进行业公平竞争。

第二章 网络招聘服务活动准入

第八条 从事网络招聘服务，应当符合就业促进、人力资源市场管理、电信和互联网管理等法律、行政法规规定的条件。

第九条 经营性人力资源服务机构从事网络招聘服务，应当依法取得人力资源服务许可证。涉及经营电信业务的，还应当依法取得电信业务经营许可证。

第十条 对从事网络招聘服务的经营性人力资源服务机构，人力资源社会保障行政部门应当在其服务范围中注明“开展网络招聘服务”。

第十一条 网络招聘服务包括下列业务：

(一)为劳动者介绍用人单位；

(二)为用人单位推荐劳动者；

(三)举办网络招聘会；

(四)开展高级人才寻访服务；

(五)其他网络求职、招聘服务。

第十二条 从事网络招聘服务的经营性人力资源服务机构变更名称、住所、法定代表人或者终止网络招聘服务的，应当自市场主体变更登记或者注销登记办理完毕之日起15日内，书面报告人力资源社会保障行政部门，办理人力资源服务许可变更、注销。

第十三条 从事网络招聘服务的经营性人力资源服务机构应当依法在其网站、移动互联网应用程序等首页显著位置，持续公示营业执照、人力资源服务许可证等信息，或者上述信息的链接标识。

前款规定的信息发生变更的，从事网络招聘服务的经营性人力资源服务机构应当及时更新公示信息。

从事网络招聘服务的经营性人力资源服务机构自行终止从事网络招聘服务的，应当提前30日在首页显著位置持续公示有关信息。

第十四条 人力资源社会保障行政部门应当及时向社会公布从事网络招聘服务的经营性人力资源服务机构名单及其变更、注销等情况。

第三章 网络招聘服务规范

第十五条 用人单位向人力资源服务机构提供的单位基本情况、招聘人数、招聘条件、用工类型、工作内容、工作条件、工作地点、基本劳动报酬等网络招聘信息，应当合法、真实，不得含有民族、种族、性别、宗教信仰等方面的歧视性内容。

前款网络招聘信息不得违反国家规定在户籍、地域、身份等方面设置限制人力资源流动的条件。

第十六条 劳动者通过人力资源服务机构进行网络求职，应当如实提供本人基本信息以及与应聘岗位相关的知识、技能、工作经历等情况。

第十七条 从事网络招聘服务的人力资源服务机构应当建立完备的网络招聘信息管理制度，依法对用人单位所提供材料的真实性、合法性进行审查。审查内容应当包括以下方面：

（一）用人单位招聘简章；

（二）用人单位营业执照或者有关部门批准设立的文件；

（三）招聘信息发布经办人员的身份证明、用人单位的委托证明。

用人单位拟招聘外国人的，应当符合《外国人在中国就业管理规定》的有关要求。

第十八条 人力资源服务机构对其发布的网络求职招聘信息、用人单位对所提供的网络招聘信息应当及时更新。

第十九条 从事网络招聘服务的人力资源服务机构，不得以欺诈、暴力、胁迫或者其他不正当手段，牟取不正当利益。

从事网络招聘服务的经营性人力资源服务机构，不得向劳动者收取押金，应当明示其服务项目、收费标准等事项。

第二十条 从事网络招聘服务的人力资源服务机构应当按照国家网络安全法律、行政法规和网络安全等级保护制度要求，加强网络安全管理，履行网络安全保护义务，采取技术措施或者其他必要措施，确保招聘服务网络、信息系统和用户信息安全。

第二十一条 人力资源服务机构从事网络招聘服务时收集、使用其用户个人信息，应当遵守法律、行政法规有关个人信息保护的规定。

人力资源服务机构应当建立健全网络招聘服务用户信息保护制度，不得泄露、篡改、毁损或者非法出售、非法向他人提供其收集的个人公民身份号码、年龄、性别、住址、联系方式和用人单位经营状况等信息。

人力资源服务机构应当对网络招聘服务用户信息保护情况每年至少进行一次自查，记录自查情况，及时消除自查中发现的安全隐患。

第二十二条　从事网络招聘服务的人力资源服务机构因业务需要，确需向境外提供在中华人民共和国境内运营中收集和产生的个人信息和重要数据的，应当遵守国家有关法律、行政法规规定。

第二十三条　从事网络招聘服务的人力资源服务机构应当建立网络招聘服务有关投诉、举报制度，健全便捷有效的投诉、举报机制，公开有效的联系方式，及时受理并处理有关投诉、举报。

第二十四条　以网络招聘服务平台方式从事网络招聘服务的人力资源服务机构应当遵循公开、公平、公正的原则，制定平台服务协议和服务规则，明确进入和退出平台、服务质量保障、求职者权益保护、个人信息保护等方面的权利和义务。

鼓励从事网络招聘服务的人力资源服务机构运用大数据、区块链等技术措施，保证其网络招聘服务平台的网络安全、稳定运行，防范网络违法犯罪活动，保障网络招聘服务安全，促进人力资源合理流动和优化配置。

第二十五条　以网络招聘服务平台方式从事网络招聘服务的人力资源服务机构应当要求申请进入平台的人力资源服务机构提交其营业执照、地址、联系方式、人力资源服务许可证等真实信息，进行核验、登记，建立登记档案，并定期核验更新。

第二十六条　以网络招聘服务平台方式从事网络招聘服务的人力资源服务机构应当记录、保存平台上发布的招聘信息、服务信息，并确保信息的完整性、保密性、可用性。招聘信息、服务信息保存时间自服务完成之日起不少于3年。

第四章　监督管理

第二十七条　人力资源社会保障行政部门采取随机抽取检查对象、随机选派执法人员的方式，对经营性人力资源服务机构从事网络招聘服务情况进行监督检查，并及时向社会公布监督检查的情况。

人力资源社会保障行政部门运用大数据等技术，推行远程监管、移动监管、预警防控等非现场监管，提升网络招聘服务监管精准化、智能化水平。

第二十八条　人力资源社会保障行政部门应当加强网络招聘服务诚信体系建设，健全信用分级分类管理制度，完善守信激励和失信惩戒机制。对性质恶劣、情节严重、社会危害较大的网络招聘服务违法失信行为，按照国家有关规定实施联合惩戒。

第二十九条　从事网络招聘服务的经营性人力资源服务机构应当在规定期限内，向人力资源社会保障行政部门提交经营情况年度报告。人力资源社会保障行政部门可以依法公示或者引导从事网络招聘服务的经营性人力资源服务机构依法通过互联网等方式公示年度报告的有关内容。

第三十条 人力资源社会保障行政部门应当加强与其他部门的信息共享，提高对网络招聘服务的监管时效和能力。

第三十一条 人力资源社会保障行政部门应当畅通对从事网络招聘服务的人力资源服务机构的举报投诉渠道，依法及时处理有关举报投诉。

第五章 法律责任

第三十二条 违反本规定第九条规定，未取得人力资源服务许可证擅自从事网络招聘服务的，由人力资源社会保障行政部门依照《人力资源市场暂行条例》第四十二条第一款的规定予以处罚。

违反本规定第十二条规定，办理变更或者注销登记未书面报告的，由人力资源社会保障行政部门依照《人力资源市场暂行条例》第四十二条第二款的规定予以处罚。

第三十三条 未按照本规定第十三条规定公示人力资源服务许可证等信息，未按照本规定第十九条第二款规定明示有关事项，未按照本规定第二十九条规定提交经营情况年度报告的，由人力资源社会保障行政部门依照《人力资源市场暂行条例》第四十四条的规定予以处罚。

第三十四条 违反本规定第十五条第一款规定，发布的招聘信息不真实、不合法的，由人力资源社会保障行政部门依照《人力资源市场暂行条例》第四十三条的规定予以处罚。

违反本规定第十五条第二款规定，违法设置限制人力资源流动的条件，违反本规定第十七条规定，未依法履行信息审查义务的，由人力资源社会保障行政部门责令改正；拒不改正，无违法所得的，处 1 万元以下的罚款；有违法所得的，没收违法所得，并处 1 万元以上 3 万元以下的罚款。

第三十五条 违反本规定第十九条第一款规定，牟取不正当利益的，由人力资源社会保障行政部门依照《人力资源市场暂行条例》第四十三条的规定予以处罚。

违反本规定第十九条第二款规定，向劳动者收取押金的，由人力资源社会保障行政部门依照《中华人民共和国就业促进法》第六十六条的规定予以处罚。

第三十六条 违反本规定第二十一条、第二十二条规定，未依法进行信息收集、使用、存储、发布的，由有关主管部门依照《中华人民共和国网络安全法》等法律、行政法规的规定予以处罚。

第三十七条 违反本规定第二十五条规定，不履行核验、登记义务，违反本规定第二十六条规定，不履行招聘信息、服务信息保存义务的，由人力资源社会保障行政部门依照《中华人民共和国电子商务法》第八十条的规定予以处罚。法律、行政法规对违法行为的处罚另有规定的，依照其规定执行。

第三十八条 公共人力资源服务机构违反本规定从事网络招聘服务的，由上级主管机关责令改正；拒不改正的，对直接负责的主管人员和其他直接责任人员依法给予处分。

第三十九条 人力资源社会保障行政部门及其工作人员玩忽职守、滥用职权、徇私舞弊的，对直接负责的领导人员和其他直接责任人员依法给予处分。

第四十条 违反本规定，给他人造成损害的，依法承担民事责任。违反其他法律、行政法规的，由有关主管部门依法给予处罚。

违反本规定，构成违反治安管理行为的，依法给予治安管理处罚；构成犯罪的，依法追究刑事责任。

第六章 附则

第四十一条 本规定自2021年3月1日起施行。

社会保险行政争议处理办法

劳动和社会保障部令第13号 2001年5月27日

第一条 为妥善处理社会保险行政争议，维护公民、法人和其他组织的合法权益，保障和监督社会保险经办机构(以下简称经办机构)依法行使职权，根据劳动法、行政复议法及有关法律、行政法规，制定本办法。

第二条 本办法所称的社会保险行政争议，是指经办机构在依照法律、法规及有关规定经办社会保险事务过程中，与公民、法人或者其他组织之间发生的争议。

本办法所称的经办机构，是指法律、法规授权的劳动保障行政部门所属的专门办理养老保险、医疗保险、失业保险、工伤保险、生育保险等社会保险事务的工作机构。

第三条 公民、法人或者其他组织认为经办机构的具体行政行为侵犯其合法权益，向经办机构或者劳动保障行政部门申请社会保险行政争议处理，经办机构或者劳动保障行政部门处理社会保险行政争议适用本办法。

第四条 经办机构和劳动保障行政部门的法制工作机构或者负责法制工作的机构为本单位的社会保险行政争议处理机构(以下简称保险争议处理机构)，具体负责社会保险行政争议的处理工作。

第五条 经办机构和劳动保障行政部门分别采用复查和行政复议的方式处理社会保险行政争议。

第六条 有下列情形之一的，公民、法人或者其他组织可以申请行政复议：

(一)认为经办机构未依法为其办理社会保险登记、变更或者注销手续的；

(二)认为经办机构未按规定审核社会保险缴费基数的；

(三)认为经办机构未按规定记录社会保险费缴费情况或者拒绝其查询缴费记录的；

(四)认为经办机构违法收取费用或者违法要求履行义务的；

(五)对经办机构核定其社会保险待遇标准有异议的;

(六)认为经办机构不依法支付其社会保险待遇或者对经办机构停止其享受社会保险待遇有异议的;

(七)认为经办机构未依法为其调整社会保险待遇的;

(八)认为经办机构未依法为其办理社会保险关系转移或者接续手续的;

(九)认为经办机构的其他具体行政行为侵犯其合法权益的。

属于前款第(二)、(五)、(六)、(七)项情形之一的,公民、法人或者其他组织可以直接向劳动保障行政部门申请行政复议,也可以先向作出该具体行政行为的经办机构申请复查,对复查决定不服,再向劳动保障行政部门申请行政复议。

第七条 公民、法人或者其他组织认为经办机构的具体行政行为所依据的除法律、法规、规章和国务院文件以外的其他规范性文件不合法,在对具体行政行为申请行政复议时,可以向劳动保障行政部门一并提出对该规范性文件的审查申请。

第八条 公民、法人或者其他组织对经办机构作出的具体行政行为不服,可以向直接管理该经办机构的劳动保障行政部门申请行政复议。

第九条 申请人认为经办机构的具体行政行为侵犯其合法权益的,可以自知道该具体行政行为之日起 60 日内向经办机构申请复查或者向劳动保障行政部门申请行政复议。

申请人与经办机构之间发生的属于人民法院受案范围的行政案件,申请人也可以依法直接向人民法院提起行政诉讼。

第十条 经办机构作出具体行政行为时,未告知申请人有权申请行政复议或者行政复议申请期限的,行政复议申请期限从申请人知道行政复议权或者行政复议申请期限之日起计算,但最长不得超过二年。

因不可抗力或者其他正当理由耽误法定申请期限的,申请期限自障碍消除之日起继续计算。

第十一条 申请人向经办机构申请复查或者向劳动保障行政部门申请行政复议,一般应当以书面形式提出,也可以口头提出。口头提出的,接到申请的保险争议处理机构应当当场记录申请人的基本情况、请求事项、主要事实和理由、申请时间等事项,并由申请人签字或者盖章。

劳动保障行政部门的其他工作机构接到以书面形式提出的行政复议申请的,应当立即转送本部门的保险争议处理机构。

第十二条 申请人向作出该具体行政行为的经办机构申请复查的,该经办机构应指定其内部专门机构负责处理,并应当自接到复查申请之日起 20 日内作出维持或者改变该具体行政行为的复查决定。决定改变的,应当重新作出新的具体行政行为。

经办机构作出的复查决定应当采用书面形式。

第十三条 申请人对经办机构的复查决定不服,或者经办机构逾期未作出复查决定的,申请人可以向直接管理该经办机构的劳动保障行政部门申请行政复议。

申请人在经办机构复查该具体行政行为期间，向劳动保障行政部门申请行政复议的，经办机构的复查程序终止。

第十四条　经办机构复查期间，行政复议的申请期限中止，复查期限不计入行政复议申请期限。

第十五条　劳动保障行政部门的保险争议处理机构接到行政复议申请后，应当注明收到日期，并在5个工作日内进行审查，由劳动保障行政部门按照下列情况分别作出决定：

（一）对符合法定受理条件，但不属于本行政机关受理范围的，应当告知申请人向有关机关提出；

（二）对不符合法定受理条件的，应当作出不予受理决定，并制作行政复议不予受理决定书，送达申请人。该决定书中应当说明不予受理的理由。

除前款规定外，行政复议申请自劳动保障行政部门的保险争议处理机构收到之日起即为受理，并制作行政复议受理通知书，送达申请人和被申请人。该通知中应当告知受理日期。

本条规定的期限，从劳动保障行政部门的保险争议处理机构收到行政复议申请之日起计算；因行政复议申请书的主要内容欠缺致使劳动保障行政部门难以作出决定而要求申请人补正有关材料的，从保险争议处理机构收到补正材料之日起计算。

第十六条　经办机构作出具体行政行为时，没有制作或者没有送达行政文书，申请人不服提起行政复议的，只要能证明具体行政行为存在，劳动保障行政部门应当依法受理。

第十七条　申请人认为劳动保障行政部门无正当理由不受理其行政复议申请的，可以向上级劳动保障行政部门申诉，上级劳动保障行政部门在审查后，作出以下处理决定：

（一）申请人提出的行政复议申请符合法定受理条件的，应当责令下级劳动保障行政部门予以受理；其中申请人不服的具体行政行为是依据劳动保障法律、法规、部门规章、本级以上人民政府制定的规章或者本行政机关制定的规范性文件作出的，或者上级劳动保障行政部门认为有必要直接受理的，可以直接受理；

（二）上级劳动保障行政部门认为下级劳动保障行政部门不予受理行为确属有正当理由，应当将审查结论告知申请人。

第十八条　劳动保障行政部门的保险争议处理机构对已受理的社会保险行政争议案件，应当自收到申请之日起7个工作日内，将申请书副本或者申请笔录复印件和行政复议受理通知书送达被申请人。

第十九条　被申请人应当自接到行政复议申请书副本或者申请笔录复印件之日起10日内，提交答辩书，并提交作出该具体行政行为的证据、所依据的法律规范及其他有关材料。

被申请人不提供或者无正当理由逾期提供的，视为该具体行政行为没有证据、依据。

第二十条　申请人可以依法查阅被申请人提出的书面答辩、作出具体行政行为的证据、依据和其他有关材料。

第二十一条 劳动保障行政部门处理社会保险行政争议案件，原则上采用书面审查方式。必要时，可以向有关单位和个人调查了解情况，听取申请人、被申请人和有关人员的意见，并制作笔录。

第二十二条 劳动保障行政部门处理社会保险行政争议案件，以法律、法规、规章和依法制定的其他规范性文件为依据。

第二十三条 劳动保障行政部门在依法向有关部门请示行政复议过程中所遇到的问题应当如何处理期间，行政复议中止。

第二十四条 劳动保障行政部门在审查申请人一并提出的作出具体行政行为所依据的有关规定的合法性时，应当根据具体情况，分别作出以下处理：

（一）该规定是由本行政机关制定的，应当在30日内对该规定依法作出处理结论；

（二）该规定是由本行政机关以外的劳动保障行政部门制定的，应当在7个工作日内将有关材料直接移送制定该规定的劳动保障行政部门，请其在60日内依法作出处理结论，并将处理结论告知移送的劳动保障行政部门。

（三）该规定是由政府及其他工作部门制定的，应当在7个工作日内按照法定程序转送有权处理的国家机关依法处理。

审查该规定期间，行政复议中止，劳动保障行政部门应将有关中止情况通知申请人和被申请人。

第二十五条 行政复议中止的情形结束后，劳动保障行政部门应当继续对该具体行政行为进行审查，并将恢复行政复议审查的时间通知申请人和被申请人。

第二十六条 申请人向劳动保障行政部门提出行政复议申请后，在劳动保障行政部门作出处理决定之前，撤回行政复议申请的，经说明理由，劳动保障行政部门可以终止审理，并将有关情况记录在案。

第二十七条 劳动保障行政部门行政复议期间，被申请人变更或者撤销原具体行政行为的，应当书面告知劳动保障行政部门和申请人。劳动保障行政部门可以终止对原具体行政行为的审查，并书面告知申请人和被申请人。

申请人对被申请人变更或者重新作出的具体行政行为不服，向劳动保障行政部门提出行政复议申请的，劳动保障行政部门应当受理。

第二十八条 劳动保障行政部门的保险争议处理机构应当对其组织审理的社会保险行政争议案件提出处理建议，经本行政机关负责人审查同意或者重大案件经本行政机关集体讨论决定后，由本行政机关依法作出行政复议决定。

第二十九条 劳动保障行政部门作出行政复议决定，应当制作行政复议决定书。行政复议决定书应当载明下列事项：

（一）申请人的姓名、性别、年龄、工作单位、住址（法人或者其他组织的名称、地址、法定代表人的姓名、职务）；

（二）被申请人的名称、地址、法定代表人的姓名、职务；

（三）申请人的复议请求和理由；

（四）被申请人的答辩意见；

（五）劳动保障行政部门认定的事实、理由，适用的法律、法规、规章和依法制定的其他规范性文件；

（六）复议结论；

（七）申请人不服复议决定向人民法院起诉的期限；

（八）作出复议决定的年、月、日。

行政复议决定书应当加盖本行政机关的印章。

第三十条　经办机构和劳动保障行政部门应当依照民事诉讼法有关送达的规定，将复查决定和行政复议文书送达申请人和被申请人。

第三十一条　申请人对劳动保障行政部门作出的行政复议决定不服的，可以依法向人民法院提起行政诉讼。

第三十二条　经办机构必须执行生效的行政复议决定书。拒不执行或者故意拖延不执行的，由直接主管该经办机构的劳动保障行政部门责令其限期履行，并按照人事管理权限对直接负责的主管人员给予行政处分，或者建议经办机构对有关人员给予行政处分。

第三十三条　经办机构或者劳动保障行政部门审查社会保险行政争议案件，不得向申请人收取任何费用。

行政复议活动所需经费，由本单位的行政经费予以保障。

第三十四条　本办法自发布之日起施行。

实施《中华人民共和国社会保险法》若干规定

人力资源和社会保障部令第13号　2011年6月29日

为了实施《中华人民共和国社会保险法》（以下简称社会保险法），制定本规定。

第一章　关于基本养老保险

第一条　社会保险法第十五条规定的统筹养老金，按照国务院规定的基础养老金计发办法计发。

第二条　参加职工基本养老保险的个人达到法定退休年龄时，累计缴费不足15年的，可以延长缴费至满15年。社会保险法实施前参保、延长缴费5年后仍不足15年的，可以一次性缴费至满15年。

第三条　参加职工基本养老保险的个人达到法定退休年龄后，累计缴费不足15年

(含依照第二条规定延长缴费)的,可以申请转入户籍所在地新型农村社会养老保险或者城镇居民社会养老保险,享受相应的养老保险待遇。

参加职工基本养老保险的个人达到法定退休年龄后,累计缴费不足15年(含依照第二条规定延长缴费),且未转入新型农村社会养老保险或者城镇居民社会养老保险的,个人可以书面申请终止职工基本养老保险关系。社会保险经办机构收到申请后,应当书面告知其转入新型农村社会养老保险或者城镇居民社会养老保险的权利以及终止职工基本养老保险关系的后果,经本人书面确认后,终止其职工基本养老保险关系,并将个人账户储存额一次性支付给本人。

第四条 参加职工基本养老保险的个人跨省流动就业,达到法定退休年龄时累计缴费不足15年的,按照《国务院办公厅关于转发人力资源社会保障部财政部城镇企业职工基本养老保险关系转移接续暂行办法的通知》(国办发〔2009〕66号)有关待遇领取地的规定确定继续缴费地后,按照本规定第二条办理。

第五条 参加职工基本养老保险的个人跨省流动就业,符合按月领取基本养老金条件时,基本养老金分段计算、统一支付的具体办法,按照《国务院办公厅关于转发人力资源社会保障部财政部城镇企业职工基本养老保险关系转移接续暂行办法的通知》(国办发〔2009〕66号)执行。

第六条 职工基本养老保险个人账户不得提前支取。个人在达到法定的领取基本养老金条件前离境定居的,其个人账户予以保留,达到法定领取条件时,按照国家规定享受相应的养老保险待遇。其中,丧失中华人民共和国国籍的,可以在其离境时或者离境后书面申请终止职工基本养老保险关系。社会保险经办机构收到申请后,应当书面告知其保留个人账户的权利以及终止职工基本养老保险关系的后果,经本人书面确认后,终止其职工基本养老保险关系,并将个人账户储存额一次性支付给本人。

参加职工基本养老保险的个人死亡后,其个人账户中的余额可以全部依法继承。

第二章　关于基本医疗保险

第七条 社会保险法第二十七条规定的退休人员享受基本医疗保险待遇的缴费年限按照各地规定执行。

参加职工基本医疗保险的个人,基本医疗保险关系转移接续时,基本医疗保险缴费年限累计计算。

第八条 参保人员在协议医疗机构发生的医疗费用,符合基本医疗保险药品目录、诊疗项目、医疗服务设施标准的,按照国家规定从基本医疗保险基金中支付。

参保人员确需急诊、抢救的,可以在非协议医疗机构就医;因抢救必须使用的药品可以适当放宽范围。参保人员急诊、抢救的医疗服务具体管理办法由统筹地区根据当地实际情况制定。

第三章 关于工伤保险

第九条 职工(包括非全日制从业人员)在两个或者两个以上用人单位同时就业的，各用人单位应当分别为职工缴纳工伤保险费。职工发生工伤，由职工受到伤害时工作的单位依法承担工伤保险责任。

第十条 社会保险法第三十七条第二项中的醉酒标准，按照《车辆驾驶人员血液、呼气酒精含量阈值与检验》(GB19522－2004)执行。公安机关交通管理部门、医疗机构等有关单位依法出具的检测结论、诊断证明等材料，可以作为认定醉酒的依据。

第十一条 社会保险法第三十八条第八项中的因工死亡补助金是指《工伤保险条例》第三十九条的一次性工亡补助金，标准为工伤发生时上一年度全国城镇居民人均可支配收入的20倍。

上一年度全国城镇居民人均可支配收入以国家统计局公布的数据为准。

第十二条 社会保险法第三十九条第一项治疗工伤期间的工资福利，按照《工伤保险条例》第三十三条有关职工在停工留薪期内应当享受的工资福利和护理等待遇的规定执行。

第四章 关于失业保险

第十三条 失业人员符合社会保险法第四十五条规定条件的，可以申请领取失业保险金并享受其他失业保险待遇。其中，非因本人意愿中断就业包括下列情形：

(一)依照劳动合同法第四十四条第一项、第四项、第五项规定终止劳动合同的；

(二)由用人单位依照劳动合同法第三十九条、第四十条、第四十一条规定解除劳动合同的；

(三)用人单位依照劳动合同法第三十六条规定向劳动者提出解除劳动合同并与劳动者协商一致解除劳动合同的；

(四)由用人单位提出解除聘用合同或者被用人单位辞退、除名、开除的；

(五)劳动者本人依照劳动合同法第三十八条规定解除劳动合同的；

(六)法律、法规、规章规定的其他情形。

第十四条 失业人员领取失业保险金后重新就业的，再次失业时，缴费时间重新计算。失业人员因当期不符合失业保险金领取条件的，原有缴费时间予以保留，重新就业并参保的，缴费时间累计计算。

第十五条 失业人员在领取失业保险金期间，应当积极求职，接受职业介绍和职业培训。失业人员接受职业介绍、职业培训的补贴由失业保险基金按照规定支付。

第五章　关于基金管理和经办服务

第十六条　社会保险基金预算、决算草案的编制、审核和批准，依照《国务院关于试行社会保险基金预算的意见》(国发〔2010〕2号)的规定执行。

第十七条　社会保险经办机构应当每年至少一次将参保人员个人权益记录单通过邮寄方式寄送本人。同时，社会保险经办机构可以通过手机短信或者电子邮件等方式向参保人员发送个人权益记录。

第十八条　社会保险行政部门、社会保险经办机构及其工作人员应当依法为用人单位和个人的信息保密，不得违法向他人泄露下列信息：

(一)涉及用人单位商业秘密或者公开后可能损害用人单位合法利益的信息；

(二)涉及个人权益的信息。

第六章　关于法律责任

第十九条　用人单位在终止或者解除劳动合同时拒不向职工出具终止或者解除劳动关系证明，导致职工无法享受社会保险待遇的，用人单位应当依法承担赔偿责任。

第二十条　职工应当缴纳的社会保险费由用人单位代扣代缴。用人单位未依法代扣代缴的，由社会保险费征收机构责令用人单位限期代缴，并自欠缴之日起向用人单位按日加收万分之五的滞纳金。用人单位不得要求职工承担滞纳金。

第二十一条　用人单位因不可抗力造成生产经营出现严重困难的，经省级人民政府社会保险行政部门批准后，可以暂缓缴纳一定期限的社会保险费，期限一般不超过1年。暂缓缴费期间，免收滞纳金。到期后，用人单位应当缴纳相应的社会保险费。

第二十二条　用人单位按照社会保险法第六十三条的规定，提供担保并与社会保险费征收机构签订缓缴协议的，免收缓缴期间的滞纳金。

第二十三条　用人单位按照本规定第二十一条、第二十二条缓缴社会保险费期间，不影响其职工依法享受社会保险待遇。

第二十四条　用人单位未按月将缴纳社会保险费的明细情况告知职工本人的，由社会保险行政部门责令改正；逾期不改的，按照《劳动保障监察条例》第三十条的规定处理。

第二十五条　医疗机构、药品经营单位等社会保险服务机构以欺诈、伪造证明材料或者其他手段骗取社会保险基金支出的，由社会保险行政部门责令退回骗取的社会保险金，处骗取金额2倍以上5倍以下的罚款。对与社会保险经办机构签订服务协议的医疗机构、药品经营单位，由社会保险经办机构按照协议追究责任，情节严重的，可以解除与其签订的服务协议。对有执业资格的直接负责的主管人员和其他直接责任人员，由社会保险行政部门建议授予其执业资格的有关主管部门依法吊销其执业资格。

第二十六条　社会保险经办机构、社会保险费征收机构、社会保险基金投资运营机构、开设社会保险基金专户的机构和专户管理银行及其工作人员有下列违法情形的，由社会保险行政部门按照社会保险法第九十一条的规定查处：

（一）将应征和已征的社会保险基金，采取隐藏、非法放置等手段，未按规定征缴、入账的；

（二）违规将社会保险基金转入社会保险基金专户以外的账户的；

（三）侵吞社会保险基金的；

（四）将各项社会保险基金互相挤占或者其他社会保障基金挤占社会保险基金的；

（五）将社会保险基金用于平衡财政预算，兴建、改建办公场所和支付人员经费、运行费用、管理费用的；

（六）违反国家规定的投资运营政策的。

第七章　其他

第二十七条　职工与所在用人单位发生社会保险争议的，可以依照《中华人民共和国劳动争议调解仲裁法》、《劳动人事争议仲裁办案规则》的规定，申请调解、仲裁，提起诉讼。

职工认为用人单位有未按时足额为其缴纳社会保险费等侵害其社会保险权益行为的，也可以要求社会保险行政部门或者社会保险费征收机构依法处理。社会保险行政部门或者社会保险费征收机构应当按照社会保险法和《劳动保障监察条例》等相关规定处理。在处理过程中，用人单位对双方的劳动关系提出异议的，社会保险行政部门应当依法查明相关事实后继续处理。

第二十八条　在社会保险经办机构征收社会保险费的地区，社会保险行政部门应当依法履行社会保险法第六十三条所规定的有关行政部门的职责。

第二十九条　2011 年 7 月 1 日后对用人单位未按时足额缴纳社会保险费的处理，按照社会保险法和本规定执行；对 2011 年 7 月 1 日前发生的用人单位未按时足额缴纳社会保险费的行为，按照国家和地方人民政府的有关规定执行。

第三十条　本规定自 2011 年 7 月 1 日起施行。

社会保险稽核办法

劳动和社会保障部令第 16 号　2003 年 2 月 27 日

第一条　为了规范社会保险稽核工作，确保社会保险费应收尽收，维护参保人员的合法权益，根据《社会保险费征缴暂行条例》和国家有关规定，制定本办法。

第二条　本办法所称稽核是指社会保险经办机构依法对社会保险费缴纳情况和社

会保险待遇领取情况进行的核查。

第三条　县级以上社会保险经办机构负责社会保险稽核工作。

县级以上社会保险经办机构的稽核部门具体承办社会保险稽核工作。

第四条　社会保险稽核人员应当具备以下条件：

(一)坚持原则,作风正派,公正廉洁；

(二)具备中专以上学历和财会、审计专业知识；

(三)熟悉社会保险业务及相关法律、法规,具备开展稽核工作的相应资格。

第五条　社会保险经办机构及社会保险稽核人员开展稽核工作,行使下列职权：

(一)要求被稽核单位提供用人情况、工资收入情况、财务报表、统计报表、缴费数据和相关账册、会计凭证等与缴纳社会保险费有关的情况和资料；

(二)可以记录、录音、录像、照相和复制与缴纳社会保险费有关的资料,对被稽核对象的参保情况和缴纳社会保险费等方面的情况进行调查、询问；

(三)要求被稽核对象提供与稽核事项有关的资料。

第六条　社会保险稽核人员承担下列义务：

(一)办理稽核事务应当实事求是,客观公正,不得利用工作之便谋取私利；

(二)保守被稽核单位的商业秘密以及个人隐私；

(三)为举报人保密。

第七条　社会保险稽核人员有下列情形之一的,应当自行回避：

(一)与被稽核单位负责人或者被稽核个人之间有亲属关系的；

(二)与被稽核单位或者稽核事项有经济利益关系的；

(三)与被稽核单位或者稽核事项有其他利害关系,可能影响稽核公正实施的。

被稽核对象有权以口头形式或者书面形式申请有前款规定情形之一的人员回避。

稽核人员的回避,由其所在的社会保险经办机构的负责人决定。对稽核人员的回避做出决定前,稽核人员不得停止实施稽核。

第八条　社会保险稽核采取日常稽核、重点稽核和举报稽核等方式进行。

社会保险经办机构应当制定日常稽核工作计划,根据工作计划定期实施日常稽核。

社会保险经办机构对特定的对象和内容应当进行重点稽核。

对于不按规定缴纳社会保险费的行为,任何单位和个人有权举报,社会保险经办机构应当及时受理举报并进行稽核。

第九条　社会保险缴费情况稽核内容包括：

(一)缴费单位和缴费个人申报的社会保险缴费人数、缴费基数是否符合国家规定；

(二)缴费单位和缴费个人是否按时足额缴纳社会保险费；

(三)欠缴社会保险费的单位和个人的补缴情况；

(四)国家规定的或者劳动保障行政部门交办的其他稽核事项。

第十条　社会保险经办机构对社会保险费缴纳情况按照下列程序实施稽核：

(一)提前3日将进行稽核的有关内容、要求、方法和需要准备的资料等事项通知被稽核对象，特殊情况下的稽核也可以不事先通知；

（二）应有两名以上稽核人员共同进行，出示执行公务的证件，并向被稽核对象说明身份；

（三）对稽核情况应做笔录，笔录应当由稽核人员和被稽核单位法定代表人（或法定代表人委托的代理人）签名或盖章，被稽核单位法定代表人拒不签名或盖章的，应注明拒签原因；

（四）对于经稽核未发现违反法规行为的被稽核对象，社会保险经办机构应当在稽核结束后5个工作日内书面告知其稽核结果；

（五）发现被稽核对象在缴纳社会保险费或按规定参加社会保险等方面，存在违反法规行为，要据实写出稽核意见书，并在稽核结束后10个工作日内送达被稽核对象。被稽核对象应在限定时间内予以改正。

第十一条　被稽核对象少报、瞒报缴费基数和缴费人数，社会保险经办机构应当责令其改正；拒不改正的，社会保险经办机构应当报请劳动保障行政部门依法处罚。

被稽核对象拒绝稽核或伪造、变造、故意毁灭有关账册、材料迟延缴纳社会保险费的，社会保险经办机构应当报请劳动保障行政部门依法处罚。

社会保险经办机构应定期向劳动保障行政部门报告社会保险稽核工作情况。劳动保障行政部门应将社会保险经办机构提请处理事项的结果及时通报社会保险经办机构。

第十二条　社会保险经办机构应当对参保个人领取社会保险待遇情况进行核查，发现社会保险待遇领取人丧失待遇领取资格后本人或他人继续领取待遇或以其他形式骗取社会保险待遇的，社会保险经办机构应当立即停止待遇的支付并责令退还；拒不退还的，由劳动保障行政部门依法处理，并可对其处以500元以上1000元以下罚款；构成犯罪的，由司法机关依法追究刑事责任。

第十三条　社会保险经办机构工作人员在稽核工作中滥用职权、徇私舞弊、玩忽职守的，依法给予行政处分；构成犯罪的，依法追究刑事责任。

第十四条　本办法自2003年4月1日起施行。

社会保险基金行政监督办法

人力资源社会保障部令第48号　2022年2月9日

第一章　总则

第一条　为了保障社会保险基金安全，规范和加强社会保险基金行政监督，根据《中华人民共和国社会保险法》和有关法律法规，制定本办法。

第二条　本办法所称社会保险基金行政监督，是指人力资源社会保障行政部门对基本养老保险基金、工伤保险基金、失业保险基金等人力资源社会保障部门管理的社会保险基金收支、管理情况进行的监督。

第三条 社会保险基金行政监督应当遵循合法、客观、公正、效率的原则。

第四条 人力资源社会保障部主管全国社会保险基金行政监督工作。县级以上地方各级人力资源社会保障行政部门负责本行政区域内的社会保险基金行政监督工作。

人力资源社会保障行政部门对下级人力资源社会保障行政部门管辖范围内的重大监督事项，可以直接进行监督。

第五条 人力资源社会保障行政部门应当加强社会保险基金行政监督队伍建设，保证工作所需经费，保障监督工作独立性。

第六条 社会保险基金行政监督工作人员应当忠于职守、清正廉洁、秉公执法、保守秘密。

社会保险基金行政监督工作人员依法履行监督职责受法律保护，失职追责、尽职免责。

社会保险基金行政监督工作人员应当具备与履行职责相适应的专业能力，依规取得行政执法证件，并定期参加培训。

第七条 人力资源社会保障行政部门负责社会保险基金监督的机构具体实施社会保险基金行政监督工作。人力资源社会保障部门负责社会保险政策、经办、信息化综合管理等机构，依据职责协同做好社会保险基金行政监督工作。

第八条 人力资源社会保障行政部门应当加强与公安、民政、司法行政、财政、卫生健康、人民银行、审计、税务、医疗保障等部门的协同配合，加强信息共享、分析，加大协同查处力度，共同维护社会保险基金安全。

第九条 人力资源社会保障行政部门应当畅通社会监督渠道，鼓励和支持社会各方参与社会保险基金监督。

任何组织或者个人有权对涉及社会保险基金的违法违规行为进行举报。

第二章　监督职责

第十条 人力资源社会保障行政部门依法履行下列社会保险基金行政监督职责：

（一）检查社会保险基金收支、管理情况；

（二）受理有关社会保险基金违法违规行为的举报；

（三）依法查处社会保险基金违法违规问题；

（四）宣传社会保险基金监督法律、法规、规章和政策；

（五）法律、法规规定的其他事项。

第十一条 人力资源社会保障行政部门对社会保险经办机构的下列事项实施监督：

（一）执行社会保险基金收支、管理的有关法律、法规、规章和政策的情况；

（二）社会保险基金预算执行及决算情况；

（三）社会保险基金收入户、支出户等银行账户开立、使用和管理情况；

（四）社会保险待遇审核和基金支付情况；

（五）社会保险服务协议订立、变更、履行、解除或者终止情况；

（六）社会保险基金收支、管理内部控制情况；

（七）法律、法规规定的其他事项。

第十二条 人力资源社会保障行政部门对社会保险服务机构的下列事项实施监督：

（一）遵守社会保险相关法律、法规、规章和政策的情况；

（二）社会保险基金管理使用情况；

（三）社会保险基金管理使用内部控制情况；

（四）社会保险服务协议履行情况；

（五）法律、法规规定的其他事项。

第十三条 人力资源社会保障行政部门对与社会保险基金收支、管理直接相关单位的下列事项实施监督：

（一）提前退休审批情况；

（二）工伤认定（职业伤害确认）情况；

（三）劳动能力鉴定情况；

（四）法律、法规规定的其他事项。

第三章 监督权限

第十四条 人力资源社会保障行政部门有权要求被监督单位提供与监督事项有关的资料，包括但不限于与社会保险基金收支、管理相关的文件、财务资料、业务资料、审计报告、会议纪要等。

被监督单位应当全面、完整提供实施监督所需资料，说明情况，并对所提供资料真实性、完整性作出书面承诺。

第十五条 人力资源社会保障行政部门有权查阅、记录、复制被监督单位与社会保险基金有关的会计凭证、会计账簿、财务会计报告、业务档案，以及其他与社会保险基金收支、管理有关的数据、资料，有权查询被监督单位社会保险信息系统的用户管理、权限控制、数据管理等情况。

第十六条 人力资源社会保障行政部门有权询问与监督事项有关的单位和个人，要求其对与监督事项有关的问题作出说明、提供有关佐证。

第十七条 人力资源社会保障行政部门应当充分利用信息化技术手段查找问题，加强社会保险基金监管信息系统应用。

第十八条 信息化综合管理机构应当根据监督工作需要，向社会保险基金行政监督工作人员开放社会保险经办系统等信息系统的查询权限，提供有关信息数据。

第十九条 人力资源社会保障行政部门有权对隐匿、伪造、变造或者故意销毁会计凭证、会计账簿、财务会计报告以及其他与社会保险基金收支、管理有关资料的行为予以制止并责令改正；有权对可能被转移、隐匿或者灭失的资料予以封存。

第二十条 人力资源社会保障行政部门有权对隐匿、转移、侵占、挪用社会保险基金的行为予以制止并责令改正。

第四章 监督实施

第二十一条 社会保险基金行政监督的检查方式包括现场检查和非现场检查。人力资源社会保障行政部门应当制定年度检查计划，明确检查范围和重点。

被监督单位应当配合人力资源社会保障行政部门的工作，并提供必要的工作条件。

第二十二条 人力资源社会保障行政部门实施现场检查，依照下列程序进行：

（一）根据年度检查计划和工作需要确定检查项目及检查内容，制定检查方案，并在实施检查3个工作日前通知被监督单位；提前通知可能影响检查结果的，可以现场下达检查通知。

（二）检查被监督单位社会保险基金相关凭证账簿，查阅与监督事项有关的文件、资料、档案、数据，向被监督单位和有关个人调查取证，听取被监督单位有关社会保险基金收支、管理使用情况的汇报。

（三）根据检查结果，形成检查报告，并送被监督单位征求意见。被监督单位如有异议，应当在接到检查报告10个工作日内提出书面意见。逾期未提出书面意见的，视同无异议。

第二十三条 人力资源社会保障行政部门实施非现场检查，依照下列程序进行：

（一）根据检查计划及工作需要，确定非现场检查目的及检查内容，通知被监督单位按照规定的范围、格式及时限报送数据、资料；或者从信息系统提取社会保险基金管理使用相关数据；

（二）审核被监督单位报送和提取的数据、资料，数据、资料不符合要求的，被监督单位应当补报或者重新报送；

（三）比对分析数据、资料，对发现的疑点问题要求被监督单位核查说明；对存在的重大问题，实施现场核实；评估社会保险基金收支、管理状况及存在的问题，形成检查报告。

对报送和提取的数据、资料，人力资源社会保障行政部门应当做好存储和使用管理，保证数据安全。

第二十四条 人力资源社会保障行政部门对监督发现的问题，采取以下处理措施：

（一）对社会保险基金收支、管理存在问题的，依法提出整改意见，采取约谈、函询、通报等手段督促整改；

（二）对依法应当由有关主管机关处理的，向有关主管机关提出处理建议。

人力资源社会保障行政部门有权对被监督单位的整改情况进行检查。

第二十五条 人力资源社会保障行政部门对通过社会保险基金行政监督检查发现、

上级部门交办、举报、媒体曝光、社会保险经办机构移送等渠道获取的违法违规线索，应当查处，进行调查并依法作出行政处理、处罚决定。

人力资源社会保障行政部门作出行政处理、处罚决定前，应当听取当事人陈述、申辩；作出行政处理、处罚决定，应当告知当事人依法享有申请行政复议或者提起行政诉讼的权利。

第二十六条　社会保险基金行政监督的检查和查处应当由两名及以上工作人员共同进行，出示行政执法证件。

社会保险基金行政监督工作人员不得利用职务便利牟取不正当利益，不得从事影响客观履行基金监督职责的工作。

社会保险基金行政监督工作人员与被监督单位、个人或者事项存在利害关系的，应当回避。

第二十七条　人力资源社会保障行政部门可以聘请会计师事务所等第三方机构对社会保险基金的收支、管理情况进行审计，聘请专业人员协助开展检查。

被聘请机构和人员不得复制涉及参保个人的明细数据，不得未经授权复制统计数据和财务数据，不得将工作中获取、知悉的被监督单位资料或者相关信息用于社会保险基金监督管理以外的其他用途，不得泄露相关个人信息和商业秘密。

第二十八条　人力资源社会保障行政部门应当建立社会保险基金要情报告制度。

地方人力资源社会保障行政部门应当依规、按时、完整、准确向上级人力资源社会保障行政部门报告社会保险基金要情。

社会保险经办机构应当及时向本级人力资源社会保障行政部门报告社会保险基金要情。

本办法所称社会保险基金要情是指贪污挪用、欺诈骗取等侵害社会保险基金的情况。

第五章　法律责任

第二十九条　社会保险经办机构及其工作人员有下列行为之一的，由人力资源社会保障行政部门责令改正；对直接负责的主管人员和其他直接责任人员依法给予处分；法律法规另有规定的，从其规定：

（一）未履行社会保险法定职责的；

（二）未将社会保险基金存入财政专户的；

（三）克扣或者拒不按时支付社会保险待遇的；

（四）丢失或者篡改缴费记录、享受社会保险待遇记录等社会保险数据、个人权益记录的；

（五）违反社会保险经办内部控制制度的；

（六）其他违反社会保险法律、法规的行为。

第三十条 社会保险经办机构及其工作人员隐匿、转移、侵占、挪用社会保险基金的，按照《中华人民共和国社会保险法》第九十一条的规定处理。

第三十一条 社会保险服务机构有下列行为之一，以欺诈、伪造证明材料或者其他手段骗取社会保险基金支出的，按照《中华人民共和国社会保险法》第八十七条的规定处理：

（一）工伤保险协议医疗机构、工伤康复协议机构、工伤保险辅助器具配置协议机构、工伤预防项目实施单位等通过提供虚假证明材料及相关报销票据等手段，骗取工伤保险基金支出的；

（二）培训机构通过提供虚假培训材料等手段，骗取失业保险培训补贴的；

（三）其他以欺诈、伪造证明材料等手段骗取社会保险基金支出的行为。

第三十二条 用人单位、个人有下列行为之一，以欺诈、伪造证明材料或者其他手段骗取社会保险待遇的，按照《中华人民共和国社会保险法》第八十八条的规定处理：

（一）通过虚构个人信息、劳动关系，使用伪造、变造或者盗用他人可用于证明身份的证件，提供虚假证明材料等手段虚构社会保险参保条件、违规补缴，骗取社会保险待遇的；

（二）通过虚假待遇资格认证等方式，骗取社会保险待遇的；

（三）通过伪造或者变造个人档案、劳动能力鉴定结论等手段违规办理退休，违规增加视同缴费年限，骗取基本养老保险待遇的；

（四）通过谎报工伤事故、伪造或者变造证明材料等进行工伤认定或者劳动能力鉴定，或者提供虚假工伤认定结论、劳动能力鉴定结论，骗取工伤保险待遇的；

（五）通过伪造或者变造就医资料、票据等，或者冒用工伤人员身份就医、配置辅助器具，骗取工伤保险待遇的；

（六）其他以欺诈、伪造证明材料等手段骗取社会保险待遇的。

第三十三条 人力资源社会保障行政部门工作人员弄虚作假将不符合条件的人员认定为工伤职工或者批准提前退休，给社会保险基金造成损失的，依法给予处分。

从事劳动能力鉴定的组织或者个人提供虚假鉴定意见、诊断证明，给社会保险基金造成损失的，按照《工伤保险条例》第六十一条的规定处理。

第三十四条 被监督单位有下列行为之一的，由人力资源社会保障行政部门责令改正；拒不改正的，可以通报批评，给予警告；依法对直接负责的主管人员和其他责任人员给予处分：

（一）拒绝、阻挠社会保险基金行政监督工作人员进行监督的；

（二）拒绝、拖延提供与监督事项有关资料的；

（三）隐匿、伪造、变造或者故意销毁会计凭证、会计账簿、财务会计报告以及其他与社会保险基金收支、管理有关资料的。

第三十五条 报复陷害社会保险基金行政监督工作人员的，依法给予处分。

第三十六条 人力资源社会保障行政部门、社会保险经办机构违反本办法第二十八条的规定，对发现的社会保险基金要情隐瞒不报、谎报或者拖延不报的，按照有关规定追究相关人员责任。

第三十七条　人力资源社会保障行政部门负责人、社会保险基金行政监督工作人员违反本办法规定或者有其他滥用职权、徇私舞弊、玩忽职守行为的，依法给予处分。

第三十八条　人力资源社会保障行政部门、社会保险经办机构、会计师事务所等被聘请的第三方机构及其工作人员泄露、篡改、毁损、非法向他人提供个人信息、商业秘密的，对直接负责的主管人员和其他直接责任人员依法给予处分；违反其他法律、行政法规的，由有关主管部门依法处理。

第三十九条　违反本办法规定，构成违反治安管理行为的，依法给予治安管理处罚；构成犯罪的，依法追究刑事责任。

第六章　附则

第四十条　本办法所称的社会保险服务机构，包括工伤保险协议医疗机构、工伤康复协议机构、工伤保险辅助器具配置协议机构、工伤预防项目实施单位、享受失业保险培训补贴的培训机构、承办社会保险经办业务的商业保险机构等。

对乡镇（街道）事务所（中心、站）等承担社会保险经办服务工作的机构的监督，参照对社会保险经办机构监督相关规定执行。

第四十一条　基本养老保险基金委托投资运营监管另行规定。

第四十二条　本办法自2022年3月18日起施行。原劳动和社会保障部《社会保险基金行政监督办法》（劳动和社会保障部令第12号）同时废止。

山东省女职工劳动保护办法

山东省人民政府令第322号　2019年1月16日

第一条　为了保护女职工在劳动中的安全与健康，维护女职工合法权益，根据《中华人民共和国劳动法》《女职工劳动保护特别规定》等法律法规，结合本省实际，制定本办法。

第二条　本省行政区域内国家机关、企业、事业单位、社会团体、个体经济组织、民办非企业单位以及其他社会组织等用人单位的女职工劳动保护，适用本办法。

第三条　县级以上人民政府应当加强对女职工劳动保护工作的领导，将女职工劳动保护工作纳入妇女发展规划并监督落实；采取措施维护女职工合法权益，并对女职工劳动保护工作成绩突出的企业给予扶持。

第四条 县级以上人民政府人力资源社会保障、应急管理、卫生、医疗保障等部门和机构应当建立健全用人单位女职工劳动保护工作守信联合激励和失信联合惩戒机制，按照各自职责对用人单位女职工劳动保护工作进行监督检查。

第五条 工会、妇女联合会依法对用人单位女职工劳动保护工作进行监督，支持和协助女职工维护其合法权益。

第六条 用人单位应当建立健全女职工劳动保护制度，采取措施改善女职工劳动安全卫生条件，对女职工进行劳动安全、职业卫生、心理健康等知识培训。

鼓励用人单位明确专门机构或者专门人员负责女职工劳动保护工作。

第七条 用人单位应当遵守国家有关女职工禁忌从事的劳动范围规定，书面告知女职工本单位属于女职工禁忌从事的劳动范围的岗位、在劳动过程中可能产生的职业危害及其后果，并落实职业危害防护措施和待遇。

第八条 用人单位不得有下列侵害女职工合法权益的行为：

(一)除国家规定的不适合妇女的工种或者岗位外，以性别为由拒绝录用妇女或者提高对妇女的录用标准；

(二)限制或者变相限制女职工结婚、生育；

(三)因女职工结婚、怀孕、生育、哺乳等情形降低其工资、福利待遇，限制其晋级、晋职、评定专业技术职务，单方面解除劳动合同、聘用合同或者予以辞退；

(四)法律、法规规定的其他情形。

第九条 用人单位应当按照下列规定对经期女职工给予保护：

(一)不安排国家规定的经期禁忌从事的劳动；

(二)长久站立、行走劳动的，适当安排其工间休息；

(三)经医疗机构诊断证明痛经或者月经过多，申请休息的，按照国家有关病假的规定执行。

第十条 待孕女职工提出申请，用人单位可以按照国家规定的孕期禁忌从事的劳动范围给予保护。

第十一条 用人单位应当按照下列规定对孕期女职工给予保护：

(一)不安排国家规定的孕期禁忌从事的劳动；

(二)不能适应原安排的劳动的，根据医疗机构诊断证明减轻其劳动量或者安排其他能够适应的劳动；

(三)在劳动时间内进行产前检查的，将其所需时间计入劳动时间；

(四)怀孕不满 3 个月并且妊娠反应剧烈的，在劳动时间内安排其一定的休息时间；

(五)怀孕 7 个月以上的，不延长其劳动时间或者安排其夜班劳动，每天在劳动时间内安排其休息不少于 1 小时。

孕期女职工上班确有困难申请离岗休息的，可以与用人单位协商。

第十二条 女职工生育享受 98 天产假，其中产前可以休假 15 天；难产的，增加产假 15 天；生育多胞胎的，每多生育 1 个婴儿，增加产假 15 天。

符合法律、法规规定生育子女的夫妻，依法增加女职工产假60天、给予男方护理假7天。

女职工怀孕未满4个月流产的，享受15天产假；怀孕满4个月流产的，享受42天产假。

第十三条 女职工产假或者计划生育手术期间享受的职工生育保险待遇，按照国家和省有关规定执行。

第十四条 女职工产假期满上班，用人单位可以给予1至2周的适应时间。

女职工产假期满，因身体原因不能正常劳动的，经医疗机构证明，按照国家有关病假的规定执行。

第十五条 女职工哺乳未满1周岁婴儿的，用人单位不得安排其从事国家规定的哺乳期禁忌从事的劳动，不得延长其劳动时间或者安排其夜班劳动。

用人单位应当在每天的劳动时间内为哺乳期女职工安排1小时哺乳时间；女职工生育多胞胎的，每多哺乳1个婴儿每天增加1小时哺乳时间。

女职工每天的哺乳时间可以一次或者两次使用，哺乳时间不包括必要的往返路途时间；女职工从事有定额考核的劳动的，用人单位应当扣除其哺乳时间相应的劳动定额。

第十六条 女职工经医疗机构诊断为围绝经期综合征不能适应原安排的劳动，申请调整工作岗位的，用人单位应当安排其能够适应的其他劳动。

第十七条 企业应当就女职工劳动保护事项与职工一方进行集体协商，签订女职工权益保护专项集体合同或者将女职工劳动保护事项纳入集体合同；集体协商应当邀请女职工代表参加。

第十八条 女职工比较多的用人单位应当根据女职工的需要，配备女职工卫生室、孕妇休息室或者哺乳室等设施。

第十九条 在劳动场所，用人单位应当预防和制止对女职工的性骚扰。

女职工在劳动场所受到性骚扰，向用人单位反映或者投诉的，用人单位应当及时妥善处理；向公安机关报案或者向人民法院提起民事诉讼的，用人单位应当给予支持。

有关单位在处理对女职工的性骚扰事件时，应当依法保护女职工的个人隐私。

第二十条 用人单位应当每1至2年组织一次女职工妇科检查；在劳动时间内组织检查的，将检查时间计入劳动时间。

鼓励用人单位定期组织女职工进行乳腺癌、宫颈癌筛查，为女职工提供健康知识讲座、心理咨询等服务，向女职工发放必要的卫生用品。

第二十一条 用人单位违反本办法规定，侵害女职工合法权益的，女职工可以依法向有关机关和组织投诉、举报、申诉或者申请调解、仲裁。

第二十二条 企业不履行集体合同或者女职工权益保护专项集体合同，侵害女职工合法权益的，其工会组织应当及时向有关部门反映情况，依法要求企业承担责任；因履行集体合同或者女职工权益保护专项集体合同发生争议，经协商无法解决的，其工会组织可以依法申请调解仲裁、提起诉讼。

第二十三条 用人单位违反本办法规定，侵害女职工合法权益的，由县级以上人民政府人力资源社会保障等部门依法予以处罚。

第二十四条 县级以上人民政府人力资源社会保障、应急管理、卫生、医疗保障等部门和机构及其工作人员，在女职工劳动保护工作中滥用职权、玩忽职守、徇私舞弊，侵害女职工合法权益的，对直接负责的主管人员和其他直接责任人员依法给予处分。

第二十五条 本办法所称医疗机构，是指二级以上医疗机构或者用人单位指定的医疗机构。

第二十六条 本办法自2019年3月1日起施行。1991年8月23日山东省人民政府发布的《山东省实施〈女职工劳动保护规定〉办法》(省政府令第22号)同时废止。

山东省企业职工生育保险规定(2022年修正)

山东省人民政府令第339号　2021年1月30日

(2021年1月30日山东省人民政府令第339号公布　根据2022年4月25日山东省人民政府令第349号《山东省人民政府关于修改和废止部分省政府规章的决定》修正)

第一条 为了维护企业职工的合法权益，保障女职工生育期间的基本生活和基本医疗服务，根据《中华人民共和国社会保险法》《女职工劳动保护特别规定》等法律、法规，结合本省实际，制定本规定。

第二条 本省行政区域内的企业、社会组织以及有雇工的个体工商户(以下统称用人单位)及其职工参加生育保险，适用本规定。

第三条 县级以上人民政府医疗保障行政部门主管本行政区域内的生育保险工作，其所属的医疗保障经办机构负责生育保险的经办业务。

发展改革、财政、人力资源社会保障、卫生健康、税务等部门按照职责，做好生育保险的有关工作。

第四条 工会、妇女联合会依法对本规定的实施情况进行监督，维护职工合法权益。

第五条 生育保险费按照以支定收、收支平衡的原则筹集和使用，缴费基数按照医疗保险费缴费基数核定。

设区的市人民政府根据国家和省有关规定，按照职工基本医疗保险基金支出情况确定和调整用人单位缴费比例。

第六条 用人单位应当按照设区的市人民政府确定的缴费比例缴纳生育保险费。职工不缴纳生育保险费。

第七条 用人单位因破产、解散等原因终止的，其欠缴的生育保险费，依据《中华人民共和国企业破产法》的有关规定予以清偿。

第八条 税务部门按照规定统一征收生育保险费和基本医疗保险费。

征收的生育保险费并入职工基本医疗保险基金，按照规定存入财政专户依法管理，任何组织和个人不得侵占、挪用。

第九条 用人单位依法参加生育保险并按时足额缴纳生育保险费的，其职工按照规定享受生育保险待遇。

第十条 生育保险待遇包括生育医疗费用和生育津贴。

生育医疗费用包括生育的医疗费用、计划生育的医疗费用以及法律、法规规定的其他项目的费用。

第十一条 生育的医疗费用包括女职工因怀孕、生育发生的检查费、接生费、手术费、住院费、药费、治疗费和因生育引起疾病的医疗费。

第十二条 计划生育的医疗费用包括职工实施放置（取出）宫内节育器、流产术、引产术、绝育及复通手术所发生的医疗费用。

第十三条 女职工产假或者计划生育手术期间享受的生育保险待遇，按照国家和省有关规定执行。其中，生育津贴按照职工所在用人单位上年度职工月平均工资计发。

第十四条 参加生育保险男职工的未就业配偶，符合计划生育政策规定生育，未享受生育医疗费待遇的，按照女职工生育医疗费标准的50%享受生育医疗费待遇。

第十五条 县级以上人民政府医疗保障行政部门应当完善生育医疗费用支付方式，推动住院分娩等生育医疗费用按病种、产前检查费按人头等方式支付。

第十六条 生育保险纳入医疗保险定点协议管理范围。除急诊急救外，参加生育保险的职工应当到定点医疗机构就医。

医疗保障经办机构应当按照规定与定点医疗机构签订服务协议，明确双方的权利和义务。

定点医疗机构应当按照服务协议的内容为参加生育保险的职工提供生育医疗服务；提供生育保险支付范围以外的药品、诊疗项目和医疗服务设施，应当征得职工或者其家属的同意。

第十七条 联网结算的生育医疗费用实行医疗保障经办机构与定点医疗机构直接结算。

职工申请生育保险待遇，并按照医疗保障经办机构要求提供相关资料的，医疗保障经办机构应当按照规定期限办理。

第十八条 用人单位、职工、定点医疗机构应当如实提供生育保险有关材料并对材料的真实性负责，不得以欺诈、伪造证明材料或者其他手段骗取生育保险待遇。

第十九条 县级以上人民政府财政、医疗保障等部门依法对生育保险费的筹集、使用、管理情况进行监督。

第二十条 用人单位未按照规定参加生育保险或者未按时足额缴纳生育保险费的，按照法律、法规和省有关规定处理。

第二十一条 职工有权向用人单位或者医疗保障经办机构查询其享受的生育保险待遇。

职工对用人单位未依法为其缴纳生育保险费，要求用人单位承担生育保险待遇发生争议的，可以依法申请调解、仲裁或者提起诉讼。

第二十二条 医疗保障行政部门及其医疗保障经办机构、其他有关部门的工作人员未依法履行职责，或者滥用职权、玩忽职守、徇私舞弊的，由其所在单位或者有权机关依法给予处分。

第二十三条 对违反本规定的行为，法律、法规已有处理规定的，适用其规定。

第二十四条 本规定自2021年3月1日起施行。2007年4月1日发布的山东省人民政府令第193号《山东省企业职工生育保险规定》同时废止。

山东省高温天气劳动保护办法

山东省人民政府令第239号 2011年7月28日

第一条 为了规范高温天气劳动保护工作，保障劳动者身体健康和生命安全，根据国家有关规定，结合本省实际，制定本办法。

第二条 本省行政区域内的企业、个体经济组织、民办非企业单位等组织（以下统称用人单位）在高温天气期间安排劳动者工作适用本办法。

国家机关、事业单位、社会团体在高温天气期间安排与之建立劳动关系的劳动者户外露天作业，参照本办法执行。

第三条 本办法所称高温天气是指县级以上气象主管机构所属气象台站发布的日最高气温达到35℃以上的天气。

第四条 各级人民政府应当加强对高温天气劳动保护工作的领导。

人力资源社会保障、卫生、安全生产监督管理、经济和信息化、住房城乡建设、水利、交通运输、海洋与渔业等部门根据各自职责，对高温天气劳动保护工作进行指导和监督检查。

电力、冶金、邮政、燃气等行业，根据各自行业特点，做好本行业的高温天气劳动保护工作。

工会组织依法对用人单位高温天气期间劳动保护措施实行监督。

第五条 县级以上人民政府应当建立高温天气预警预报制度，建立和完善气象灾害预警信息发布系统。气象主管机构所属的气象台站发布高温预警信号后，广播、电视、报纸、电信等媒体应当及时向公众传播。

第六条 用人单位应当建立健全防暑降温工作制度，落实相关措施，保障劳动者身体健康和生命安全。

第七条 用人单位在下列高温天气期间，应当合理安排工作时间，减轻劳动强度，采

取有效措施,保障劳动者身体健康和生命安全:

(一)日最高气温达到40℃以上,当日应当停止工作;

(二)日最高气温达到37℃以上至40℃以下,全天户外露天作业时间不得超过5小时,11时至16时应当暂停户外露天作业;

(三)日最高气温达到35℃以上至37℃以下,用人单位应当采取换班轮休等方式,缩短连续作业时间,并且不得安排户外露天作业劳动者加班加点。

用人单位采取空调降温等措施,使工作场所温度低于33℃的,以及因行业特点不能停工或者因生产、人身财产安全和公众利益需要紧急处理的,不适用前款规定。

第八条 用人单位不得强迫劳动者在高温天气期间工作。

因高温停止工作、缩短工作时间,用人单位不得扣除或者降低劳动者工资。

第九条 用人单位应当对劳动者发放夏季防暑降温费,所需费用在成本费用中列支。

防暑降温费标准由省人力资源社会保障部门会同有关部门制定,并根据社会经济发展状况适时调整。

第十条 用人单位应当按照规定向在高温天气期间工作或者户外露天作业的劳动者供给足够的符合卫生标准的清凉饮料和含盐饮料;提供的清凉饮料等不能充抵防暑降温费。

第十一条 用人单位应当保证高温天气期间的生产环境安全,向劳动者提供必需的劳动保护设施和个人防护用品,并加强对劳动保护设施的维护和用品的管理工作。

第十二条 用人单位应当根据国家有关规定,合理布局生产现场,改进生产工艺和操作流程,采用良好的隔热、通风、降温设施,保证生产现场符合国家标准。

第十三条 用人单位应当对高温天气期间高温作业和露天作业劳动者进行职业健康检查,并建立或者记入劳动者健康档案。对患有心、肺、血管器质性疾病、持久性高血压、糖尿病、肺结核、中枢神经系统疾病等身体状况不适合高温环境的劳动者,以及孕期、哺乳期、年龄较大、体质较差的劳动者,应当在高温天气期间调整其工作地点或者工作岗位;确因工作需要不能调整的,应当在高温天气期间对其加强预防中暑和其他疾病的保护措施。

第十四条 用人单位应当对劳动者进行防暑和中暑急救的宣传教育,增强劳动者高温天气作业的自我劳动保护意识。

第十五条 用人单位应当改善劳动者高温天气期间的饮食卫生条件,防止夏季疾病流行。

第十六条 用人单位应当在高温工作环境下设立休息场所,并设有座椅,保持通风良好或者有空调等防暑降温设施。

第十七条 用人单位应当按照劳动者数量和高温天气作业情况,设立中暑紧急救助场所或者配备中暑救助人员。

第十八条 劳动者在高温天气期间因工作发生中暑的,用人单位应当安排劳动者停止作业，立即救治；发生重症中暑的，用人单位应当迅速采取有效措施，组织抢救，减少人员伤亡，并按照国家有关规定报告当地主管部门。认定为工伤的，依法享受工伤保险待遇。

第十九条 劳动者应当服从用人单位在高温天气期间合理调整作息时间或者工作岗位的安排。

第二十条 任何组织或者个人对违反本办法的行为有权向有关部门举报、投诉；新闻媒体对违反本办法的行为有权予以曝光。

第二十一条 违反本办法，用人单位具有下列行为之一的，由县级以上卫生行政部门责令改正；逾期未改正的，处以2000元以上20000元以下的罚款；构成犯罪的，依法追究刑事责任：

（一）未进行职业健康检查的；

（二）未建立劳动者健康档案的；

（三）未设立中暑紧急救助场所或者配备中暑救助人员的；

（四）提供的清凉饮料和含盐饮料不符合卫生标准的。

第二十二条 违反本办法，用人单位强迫劳动者在高温天气期间工作的，或者未按规定标准发放防暑降温费的，由县级以上人力资源社会保障部门责令改正；逾期未改正的，处以2000元以上20000元以下罚款；构成犯罪的，依法追究刑事责任。

第二十三条 其他气象灾害条件下，用人单位应根据县级以上气象主管机构所属气象台站发布的气象灾害预警信号及其防御指南，调整工作时间，保证安全生产，保障劳动者身体健康和生命安全。

第二十四条 本办法自公布之日起施行。

关于企业实行不定时工作制和综合计算工时工作制的审批办法

劳部发〔1994〕503号　1994年12月14日

第一条 根据《中华人民共和国劳动法》第三十九条的规定，制定本办法。

第二条 本办法适用于中华人民共和国境内的企业。

第三条 企业因生产特点不能实行《中华人民共和国劳动法》第三十六条、第三十八条规定的，可以实行不定时工作制或综合计算工时工作制等其他工作和休息办法。

第四条 企业对符合下列条件之一的职工，可以实行不定时工作制。

（一）企业中的高级管理人员、外勤人员、推销人员、部分值班人员和其他因工作无法按标准工作时间衡量的职工；

（二）企业中的长途运输人员、出租汽车司机和铁路、港口、仓库的部分装卸人员以及因工作性质特殊，需机动作业的职工；

（三）其他因生产特点、工作特殊需要或职责范围的关系，适合实行不定时工作制的职工。

第五条 企业对符合下列条件之一的职工，可实行综合计算工时工作制，即分别以周、月、季、年等为周期，综合计算工作时间，但其平均日工作时间和平均周工作时间应与法定标准工作时间基本相同。

（一）交通、铁路、邮电、水运、航空、渔业等行业中因工作性质特殊，需连续作业的职工；

（二）地质及资源勘探、建筑、制盐、制糖、旅游等受季节和自然条件限制的行业的部分职工；

（三）其他适合实行综合计算工时工作制的职工。

第六条 对于实行不定时工作制和综合计算工时工作制等其他工作和休息办法的职工，企业应根据《中华人民共和国劳动法》第一章、第四章有关规定，在保障职工身体健康并充分听取职工意见的基础上，采用集中工作、集中休息、轮休调休、弹性工作时间等适当方式，确保职工的休息休假权利和生产、工作任务的完成。

第七条 中央直属企业实行不定时工作制和综合计算工时工作制等其他工作和休息办法的，经国务院行业主管部门审核，报国务院劳动行政部门批准。

地方企业实行不定时工作制和综合计算工时工作制等其他工作和休息办法的审批办法，由各省、自治区、直辖市人民政府劳动行政部门制定，报国务院劳动行政部门备案。

第八条 本办法自一九九五年一月一日起施行。

人力资源社会保障部 国家发展改革委 交通运输部 应急部 市场监管总局 国家医保局 最高人民法院 全国总工会关于维护新就业形态劳动者劳动保障权益的指导意见

人社部发〔2021〕56号 2021年7月16日

各省、自治区、直辖市人民政府、高级人民法院、总工会，新疆生产建设兵团，新疆维吾尔自治区高级人民法院生产建设兵团分院，新疆生产建设兵团总工会：

近年来，平台经济迅速发展，创造了大量就业机会，依托互联网平台就业的网约配送员、网约车驾驶员、货车司机、互联网营销师等新就业形态劳动者数量大幅增加，维护劳动者劳动保障权益面临新情况新问题。为深入贯彻落实党中央、国务院决策部署，支持和规范发展新就业形态，切实维护新就业形态劳动者劳动保障权益，促进平台经济规范健康持续发展，经国务院同意，现提出以下意见：

一、规范用工，明确劳动者权益保障责任

（一）指导和督促企业依法合规用工，积极履行用工责任，稳定劳动者队伍。主动关心关爱劳动者，努力改善劳动条件，拓展职业发展空间，逐步提高劳动者权益保障水平。培育健康向上的企业文化，推动劳动者共享企业发展成果。

（二）符合确立劳动关系情形的，企业应当依法与劳动者订立劳动合同。不完全符合确立劳动关系情形但企业对劳动者进行劳动管理（以下简称不完全符合确立劳动关系情形）的，指导企业与劳动者订立书面协议，合理确定企业与劳动者的权利义务。个人依托平台自主开展经营活动、从事自由职业等，按照民事法律调整双方的权利义务。

（三）平台企业采取劳务派遣等合作用工方式组织劳动者完成平台工作的，应选择具备合法经营资质的企业，并对其保障劳动者权益情况进行监督。平台企业采用劳务派遣方式用工的，依法履行劳务派遣用工单位责任。对采取外包等其他合作用工方式，劳动者权益受到损害的，平台企业依法承担相应责任。

二、健全制度，补齐劳动者权益保障短板

（四）落实公平就业制度，消除就业歧视。企业招用劳动者不得违法设置性别、民族、年龄等歧视性条件，不得以缴纳保证金、押金或者其他名义向劳动者收取财物，不得违法限制劳动者在多平台就业。

（五）健全最低工资和支付保障制度，推动将不完全符合确立劳动关系情形的新就业形态劳动者纳入制度保障范围。督促企业向提供正常劳动的劳动者支付不低于当地最低工资标准的劳动报酬，按时足额支付，不得克扣或者无故拖欠。引导企业建立劳动报酬合理增长机制，逐步提高劳动报酬水平。

（六）完善休息制度，推动行业明确劳动定员定额标准，科学确定劳动者工作量和劳动强度。督促企业按规定合理确定休息办法，在法定节假日支付高于正常工作时间劳动报酬的合理报酬。

（七）健全并落实劳动安全卫生责任制，严格执行国家劳动安全卫生保护标准。企业要牢固树立安全“红线”意识，不得制定损害劳动者安全健康的考核指标。要严格遵守安全生产相关法律法规，落实全员安全生产责任制，建立健全安全生产规章制度和操作规程，配备必要的劳动安全卫生设施和劳动防护用品，及时对劳动工具的安全和合规状态进行检查，加强安全生产和职业卫生教育培训，重视劳动者身心健康，及时开展心理疏导。强化恶劣天气等特殊情形下的劳动保护，最大限度减少安全生产事故和职业病危害。

（八）完善基本养老保险、医疗保险相关政策，各地要放开灵活就业人员在就业地参加基本养老、基本医疗保险的户籍限制，个别超大型城市难以一步实现的，要结合本地实际，积极创造条件逐步放开。组织未参加职工基本养老、职工基本医疗保险的灵活就业人员，按规定参加城乡居民基本养老、城乡居民基本医疗保险，做到应保尽保。督促企业依法参加社会保险。企业要引导和支持不完全符合确立劳动关系情形的新就业形态劳动者根据自身情况参加相应的社会保险。

（九）强化职业伤害保障，以出行、外卖、即时配送、同城货运等行业的平台企业为重点，组织开展平台灵活就业人员职业伤害保障试点，平台企业应当按规定参加。采取政府主导、信息化引领和社会力量承办相结合的方式，建立健全职业伤害保障管理服务规范和运行机制。鼓励平台企业通过购买人身意外、雇主责任等商业保险，提升平台灵活就业人员保障水平。

（十）督促企业制定修订平台进入退出、订单分配、计件单价、抽成比例、报酬构成及支付、工作时间、奖惩等直接涉及劳动者权益的制度规则和平台算法，充分听取工会或劳动者代表的意见建议，将结果公示并告知劳动者。工会或劳动者代表提出协商要求的，企业应当积极响应，并提供必要的信息和资料。指导企业建立健全劳动者申诉机制，保障劳动者的申诉得到及时回应和客观公正处理。

三、提升效能，优化劳动者权益保障服务

（十一）创新方式方法，积极为各类新就业形态劳动者提供个性化职业介绍、职业指导、创业培训等服务，及时发布职业薪酬和行业人工成本信息等，为企业和劳动者提供便捷化的劳动保障、税收、市场监管等政策咨询服务，便利劳动者求职就业和企业招工用工。

（十二）优化社会保险经办，探索适合新就业形态的社会保险经办服务模式，在参保缴费、权益查询、待遇领取和结算等方面提供更加便捷的服务，做好社会保险关系转移接续工作，提高社会保险经办服务水平，更好保障参保人员公平享受各项社会保险待遇。

（十三）建立适合新就业形态劳动者的职业技能培训模式，保障其平等享有培训的权利。对各类新就业形态劳动者在就业地参加职业技能培训的，优化职业技能培训补贴申领、发放流程，加大培训补贴资金直补企业工作力度，符合条件的按规定给予职业技能培训补贴。健全职业技能等级制度，支持符合条件的企业按规定开展职业技能等级认定。完善职称评审政策，畅通新就业形态劳动者职称申报评价渠道。

（十四）加快城市综合服务网点建设，推动在新就业形态劳动者集中居住区、商业区设置临时休息场所，解决停车、充电、饮水、如厕等难题，为新就业形态劳动者提供工作生活便利。

（十五）保障符合条件的新就业形态劳动者子女在常住地平等接受义务教育的权利。推动公共文体设施向劳动者免费或低收费开放，丰富公共文化产品和服务供给。

四、齐抓共管，完善劳动者权益保障工作机制

（十六）保障新就业形态劳动者权益是稳定就业、改善民生、加强社会治理的重要内容。各地区要加强组织领导，强化责任落实，切实做好新就业形态劳动者权益保障各项工作。人力资源社会保障部、国家发展改革委、交通运输部、应急部、市场监管总局、国家医保局、最高人民法院、全国总工会等部门和单位要认真履行职责，强化工作协同，将保障劳动者权益纳入数字经济协同治理体系，建立平台企业用工情况报告制度，健全劳动者权益保障联合激励惩戒机制，完善相关政策措施和司法解释。

(十七)各级工会组织要加强组织和工作有效覆盖,拓宽维权和服务范围,积极吸纳新就业形态劳动者加入工会。加强对劳动者的思想政治引领,引导劳动者理性合法维权。监督企业履行用工责任,维护好劳动者权益。积极与行业协会、头部企业或企业代表组织开展协商,签订行业集体合同或协议,推动制定行业劳动标准。

(十八)各级法院和劳动争议调解仲裁机构要加强劳动争议办案指导,畅通裁审衔接,根据用工事实认定企业和劳动者的关系,依法依规处理新就业形态劳动者劳动保障权益案件。各类调解组织、法律援助机构及其他专业化社会组织要依法为新就业形态劳动者提供更加便捷、优质高效的纠纷调解、法律咨询、法律援助等服务。

(十九)各级人力资源社会保障行政部门要加大劳动保障监察力度,督促企业落实新就业形态劳动者权益保障责任,加强治理拖欠劳动报酬、违法超时加班等突出问题,依法维护劳动者权益。各级交通运输、应急、市场监管等职能部门和行业主管部门要规范企业经营行为,加大监管力度,及时约谈、警示、查处侵害劳动者权益的企业。

各地区各有关部门要认真落实本意见要求,出台具体实施办法,加强政策宣传,积极引导社会舆论,增强新就业形态劳动者职业荣誉感,努力营造良好环境,确保各项劳动保障权益落到实处。

第三编

保障农民工工资支付

中华人民共和国劳动法（2018年修正）

中华人民共和国主席令第28号　1994年7月5日

（1994年7月5日第八届全国人民代表大会常务委员会第八次会议通过　根据2009年8月27日第十一届全国人民代表大会常务委员会第十次会议《关于修改部分法律的决定》第一次修正　根据2018年12月29日第十三届全国人民代表大会常务委员会第七次会议《关于修改〈中华人民共和国劳动法〉等七部法律的决定》第二次修正）

第一章　总则

第一条　为了保护劳动者的合法权益，调整劳动关系，建立和维护适应社会主义市场经济的劳动制度，促进经济发展和社会进步，根据宪法，制定本法。

第二条　在中华人民共和国境内的企业、个体经济组织（以下统称用人单位）和与之形成劳动关系的劳动者，适用本法。

国家机关、事业组织、社会团体和与之建立劳动合同关系的劳动者，依照本法执行。

第三条　劳动者享有平等就业和选择职业的权利、取得劳动报酬的权利、休息休假的权利、获得劳动安全卫生保护的权利、接受职业技能培训的权利、享受社会保险和福利的权利、提请劳动争议处理的权利以及法律规定的其他劳动权利。

劳动者应当完成劳动任务，提高职业技能，执行劳动安全卫生规程，遵守劳动纪律和职业道德。

第四条　用人单位应当依法建立和完善规章制度，保障劳动者享有劳动权利和履行劳动义务。

第五条　国家采取各种措施，促进劳动就业，发展职业教育，制定劳动标准，调节社会收入，完善社会保险，协调劳动关系，逐步提高劳动者的生活水平。

第六条　国家提倡劳动者参加社会义务劳动，开展劳动竞赛和合理化建议活动，鼓励和保护劳动者进行科学研究、技术革新和发明创造，表彰和奖励劳动模范和先进工作者。

第七条　劳动者有权依法参加和组织工会。

工会代表和维护劳动者的合法权益，依法独立自主地开展活动。

第八条　劳动者依照法律规定，通过职工大会、职工代表大会或者其他形式，参与民主管理或者就保护劳动者合法权益与用人单位进行平等协商。

第九条　国务院劳动行政部门主管全国劳动工作。

县级以上地方人民政府劳动行政部门主管本行政区域内的劳动工作。

第二章 促进就业

第十条 国家通过促进经济和社会发展，创造就业条件，扩大就业机会。

国家鼓励企业、事业组织、社会团体在法律、行政法规规定的范围内兴办产业或者拓展经营，增加就业。

国家支持劳动者自愿组织起来就业和从事个体经营实现就业。

第十一条 地方各级人民政府应当采取措施，发展多种类型的职业介绍机构，提供就业服务。

第十二条 劳动者就业，不因民族、种族、性别、宗教信仰不同而受歧视。

第十三条 妇女享有与男子平等的就业权利。在录用职工时，除国家规定的不适合妇女的工种或者岗位外，不得以性别为由拒绝录用妇女或者提高对妇女的录用标准。

第十四条 残疾人、少数民族人员、退出现役的军人的就业，法律、法规有特别规定的，从其规定。

第十五条 禁止用人单位招用未满十六周岁的未成年人。

文艺、体育和特种工艺单位招用未满十六周岁的未成年人，必须遵守国家有关规定，并保障其接受义务教育的权利。

第三章 劳动合同和集体合同

第十六条 劳动合同是劳动者与用人单位确立劳动关系、明确双方权利和义务的协议。

建立劳动关系应当订立劳动合同。

第十七条 订立和变更劳动合同，应当遵循平等自愿、协商一致的原则，不得违反法律、行政法规的规定。

劳动合同依法订立即具有法律约束力，当事人必须履行劳动合同规定的义务。

第十八条 下列劳动合同无效：

（一）违反法律、行政法规的劳动合同；

（二）采取欺诈、威胁等手段订立的劳动合同。

无效的劳动合同，从订立的时候起，就没有法律约束力。确认劳动合同部分无效的，如果不影响其余部分的效力，其余部分仍然有效。

劳动合同的无效，由劳动争议仲裁委员会或者人民法院确认。

第十九条 劳动合同应当以书面形式订立，并具备以下条款：

（一）劳动合同期限；

（二）工作内容；

（三）劳动保护和劳动条件；

（四）劳动报酬；

（五）劳动纪律；

（六）劳动合同终止的条件；

（七）违反劳动合同的责任。

劳动合同除前款规定的必备条款外，当事人可以协商约定其他内容。

第二十条 劳动合同的期限分为有固定期限、无固定期限和以完成一定的工作为期限。

劳动者在同一用人单位连续工作满十年以上，当事人双方同意续延劳动合同的，如果劳动者提出订立无固定期限的劳动合同，应当订立无固定期限的劳动合同。

第二十一条 劳动合同可以约定试用期。试用期最长不得超过六个月。

第二十二条 劳动合同当事人可以在劳动合同中约定保守用人单位商业秘密的有关事项。

第二十三条 劳动合同期满或者当事人约定的劳动合同终止条件出现，劳动合同即行终止。

第二十四条 经劳动合同当事人协商一致，劳动合同可以解除。

第二十五条 劳动者有下列情形之一的，用人单位可以解除劳动合同：

（一）在试用期间被证明不符合录用条件的；

（二）严重违反劳动纪律或者用人单位规章制度的；

（三）严重失职，营私舞弊，对用人单位利益造成重大损害的；

（四）被依法追究刑事责任的。

第二十六条 有下列情形之一的，用人单位可以解除劳动合同，但是应当提前三十日以书面形式通知劳动者本人：

（一）劳动者患病或者非因工负伤，医疗期满后，不能从事原工作也不能从事由用人单位另行安排的工作的；

（二）劳动者不能胜任工作，经过培训或者调整工作岗位，仍不能胜任工作的；

（三）劳动合同订立时所依据的客观情况发生重大变化，致使原劳动合同无法履行，经当事人协商不能就变更劳动合同达成协议的。

第二十七条 用人单位濒临破产进行法定整顿期间或者生产经营状况发生严重困难，确需裁减人员的，应当提前三十日向工会或者全体职工说明情况，听取工会或者职工的意见，经向劳动行政部门报告后，可以裁减人员。

用人单位依据本条规定裁减人员，在六个月内录用人员的，应当优先录用被裁减的人员。

第二十八条 用人单位依据本法第二十四条、第二十六条、第二十七条的规定解除劳动合同的，应当依照国家有关规定给予经济补偿。

第二十九条 劳动者有下列情形之一的，用人单位不得依据本法第二十六条、第二十七条的规定解除劳动合同：

（一）患职业病或者因工负伤并被确认丧失或者部分丧失劳动能力的；

（二）患病或者负伤，在规定的医疗期内的；

（三）女职工在孕期、产期、哺乳期内的；

（四）法律、行政法规规定的其他情形。

第三十条 用人单位解除劳动合同，工会认为不适当的，有权提出意见。如果用人单位违反法律、法规或者劳动合同，工会有权要求重新处理；劳动者申请仲裁或者提起诉讼的，工会应当依法给予支持和帮助。

第三十一条 劳动者解除劳动合同，应当提前三十日以书面形式通知用人单位。

第三十二条 有下列情形之一的，劳动者可以随时通知用人单位解除劳动合同：

（一）在试用期内的；

（二）用人单位以暴力、威胁或者非法限制人身自由的手段强迫劳动的；

（三）用人单位未按照劳动合同约定支付劳动报酬或者提供劳动条件的。

第三十三条 企业职工一方与企业可以就劳动报酬、工作时间、休息休假、劳动安全卫生、保险福利等事项，签订集体合同。集体合同草案应当提交职工代表大会或者全体职工讨论通过。

集体合同由工会代表职工与企业签订；没有建立工会的企业，由职工推举的代表与企业签订。

第三十四条 集体合同签订后应当报送劳动行政部门；劳动行政部门自收到集体合同文本之日起十五日内未提出异议的，集体合同即行生效。

第三十五条 依法签订的集体合同对企业和企业全体职工具有约束力。职工个人与企业订立的劳动合同中劳动条件和劳动报酬等标准不得低于集体合同的规定。

第四章　工作时间和休息休假

第三十六条 国家实行劳动者每日工作时间不超过八小时、平均每周工作时间不超过四十四小时的工时制度。

第三十七条 对实行计件工作的劳动者，用人单位应当根据本法第三十六条规定的工时制度合理确定其劳动定额和计件报酬标准。

第三十八条 用人单位应当保证劳动者每周至少休息一日。

第三十九条 企业因生产特点不能实行本法第三十六条、第三十八条规定的，经劳动行政部门批准，可以实行其他工作和休息办法。

第四十条 用人单位在下列节日期间应当依法安排劳动者休假：

（一）元旦；

（二）春节；

（三）国际劳动节；

（四）国庆节；

（五）法律、法规规定的其他休假节日。

第四十一条　用人单位由于生产经营需要，经与工会和劳动者协商后可以延长工作时间，一般每日不得超过一小时；因特殊原因需要延长工作时间的，在保障劳动者身体健康的条件下延长工作时间每日不得超过三小时，但是每月不得超过三十六小时。

第四十二条　有下列情形之一的，延长工作时间不受本法第四十一条规定的限制：

（一）发生自然灾害、事故或者因其他原因，威胁劳动者生命健康和财产安全，需要紧急处理的；

（二）生产设备、交通运输线路、公共设施发生故障，影响生产和公众利益，必须及时抢修的；

（三）法律、行政法规规定的其他情形。

第四十三条　用人单位不得违反本法规定延长劳动者的工作时间。

第四十四条　有下列情形之一的，用人单位应当按照下列标准支付高于劳动者正常工作时间工资的工资报酬：

（一）安排劳动者延长工作时间的，支付不低于工资的百分之一百五十的工资报酬；

（二）休息日安排劳动者工作又不能安排补休的，支付不低于工资的百分之二百的工资报酬；

（三）法定休假日安排劳动者工作的，支付不低于工资的百分之三百的工资报酬。

第四十五条　国家实行带薪年休假制度。

劳动者连续工作一年以上的，享受带薪年休假。具体办法由国务院规定。

第五章　工资

第四十六条　工资分配应当遵循按劳分配原则，实行同工同酬。

工资水平在经济发展的基础上逐步提高。国家对工资总量实行宏观调控。

第四十七条　用人单位根据本单位的生产经营特点和经济效益，依法自主确定本单位的工资分配方式和工资水平。

第四十八条　国家实行最低工资保障制度。最低工资的具体标准由省、自治区、直辖市人民政府规定，报国务院备案。

用人单位支付劳动者的工资不得低于当地最低工资标准。

第四十九条　确定和调整最低工资标准应当综合参考下列因素：

（一）劳动者本人及平均赡养人口的最低生活费用；

（二）社会平均工资水平；

（三）劳动生产率；

（四）就业状况；

（五）地区之间经济发展水平的差异。

第五十条 工资应当以货币形式按月支付给劳动者本人。不得克扣或者无故拖欠劳动者的工资。

第五十一条 劳动者在法定休假日和婚丧假期间以及依法参加社会活动期间，用人单位应当依法支付工资。

第六章 劳动安全卫生

第五十二条 用人单位必须建立、健全劳动安全卫生制度，严格执行国家劳动安全卫生规程和标准，对劳动者进行劳动安全卫生教育，防止劳动过程中的事故，减少职业危害。

第五十三条 劳动安全卫生设施必须符合国家规定的标准。

新建、改建、扩建工程的劳动安全卫生设施必须与主体工程同时设计、同时施工、同时投入生产和使用。

第五十四条 用人单位必须为劳动者提供符合国家规定的劳动安全卫生条件和必要的劳动防护用品，对从事有职业危害作业的劳动者应当定期进行健康检查。

第五十五条 从事特种作业的劳动者必须经过专门培训并取得特种作业资格。

第五十六条 劳动者在劳动过程中必须严格遵守安全操作规程。

劳动者对用人单位管理人员违章指挥、强令冒险作业，有权拒绝执行；对危害生命安全和身体健康的行为，有权提出批评、检举和控告。

第五十七条 国家建立伤亡事故和职业病统计报告和处理制度。县级以上各级人民政府劳动行政部门、有关部门和用人单位应当依法对劳动者在劳动过程中发生的伤亡事故和劳动者的职业病状况，进行统计、报告和处理。

第七章 女职工和未成年工特殊保护

第五十八条 国家对女职工和未成年工实行特殊劳动保护。

未成年工是指年满十六周岁未满十八周岁的劳动者。

第五十九条 禁止安排女职工从事矿山井下、国家规定的第四级体力劳动强度的劳动和其他禁忌从事的劳动。

第六十条 不得安排女职工在经期从事高处、低温、冷水作业和国家规定的第三级体力劳动强度的劳动。

第六十一条 不得安排女职工在怀孕期间从事国家规定的第三级体力劳动强度的劳动和孕期禁忌从事的劳动。对怀孕七个月以上的女职工，不得安排其延长工作时间和夜班劳动。

第六十二条 女职工生育享受不少于九十天的产假。

第六十三条 不得安排女职工在哺乳未满一周岁的婴儿期间从事国家规定的第三

级体力劳动强度的劳动和哺乳期禁忌从事的其他劳动，不得安排其延长工作时间和夜班劳动。

第六十四条 不得安排未成年工从事矿山井下、有毒有害、国家规定的第四级体力劳动强度的劳动和其他禁忌从事的劳动。

第六十五条 用人单位应当对未成年工定期进行健康检查。

第八章 职业培训

第六十六条 国家通过各种途径，采取各种措施，发展职业培训事业，开发劳动者的职业技能，提高劳动者素质，增强劳动者的就业能力和工作能力。

第六十七条 各级人民政府应当把发展职业培训纳入社会经济发展的规划，鼓励和支持有条件的企业、事业组织、社会团体和个人进行各种形式的职业培训。

第六十八条 用人单位应当建立职业培训制度，按照国家规定提取和使用职业培训经费，根据本单位实际，有计划地对劳动者进行职业培训。

从事技术工种的劳动者，上岗前必须经过培训。

第六十九条 国家确定职业分类，对规定的职业制定职业技能标准，实行职业资格证书制度，由经备案的考核鉴定机构负责对劳动者实施职业技能考核鉴定。

第九章 社会保险和福利

第七十条 国家发展社会保险事业，建立社会保险制度，设立社会保险基金，使劳动者在年老、患病、工伤、失业、生育等情况下获得帮助和补偿。

第七十一条 社会保险水平应当与社会经济发展水平和社会承受能力相适应。

第七十二条 社会保险基金按照保险类型确定资金来源，逐步实行社会统筹。用人单位和劳动者必须依法参加社会保险，缴纳社会保险费。

第七十三条 劳动者在下列情形下，依法享受社会保险待遇：

（一）退休；

（二）患病、负伤；

（三）因工伤残或者患职业病；

（四）失业；

（五）生育。

劳动者死亡后，其遗属依法享受遗属津贴。

劳动者享受社会保险待遇的条件和标准由法律、法规规定。

劳动者享受的社会保险金必须按时足额支付。

第七十四条 社会保险基金经办机构依照法律规定收支、管理和运营社会保险基金，并负有使社会保险基金保值增值的责任。

社会保险基金监督机构依照法律规定,对社会保险基金的收支、管理和运营实施监督。

社会保险基金经办机构和社会保险基金监督机构的设立和职能由法律规定。

任何组织和个人不得挪用社会保险基金。

第七十五条 国家鼓励用人单位根据本单位实际情况为劳动者建立补充保险。

国家提倡劳动者个人进行储蓄性保险。

第七十六条 国家发展社会福利事业,兴建公共福利设施,为劳动者休息、休养和疗养提供条件。

用人单位应当创造条件,改善集体福利,提高劳动者的福利待遇。

第十章 劳动争议

第七十七条 用人单位与劳动者发生劳动争议,当事人可以依法申请调解、仲裁、提起诉讼,也可以协商解决。

调解原则适用于仲裁和诉讼程序。

第七十八条 解决劳动争议,应当根据合法、公正、及时处理的原则,依法维护劳动争议当事人的合法权益。

第七十九条 劳动争议发生后,当事人可以向本单位劳动争议调解委员会申请调解;调解不成,当事人一方要求仲裁的,可以向劳动争议仲裁委员会申请仲裁。当事人一方也可以直接向劳动争议仲裁委员会申请仲裁。对仲裁裁决不服的,可以向人民法院提起诉讼。

第八十条 在用人单位内,可以设立劳动争议调解委员会。劳动争议调解委员会由职工代表、用人单位代表和工会代表组成。劳动争议调解委员会主任由工会代表担任。

劳动争议经调解达成协议的,当事人应当履行。

第八十一条 劳动争议仲裁委员会由劳动行政部门代表、同级工会代表、用人单位方面的代表组成。劳动争议仲裁委员会主任由劳动行政部门代表担任。

第八十二条 提出仲裁要求的一方应当自劳动争议发生之日起六十日内向劳动争议仲裁委员会提出书面申请。仲裁裁决一般应在收到仲裁申请的六十日内作出。对仲裁裁决无异议的,当事人必须履行。

第八十三条 劳动争议当事人对仲裁裁决不服的,可以自收到仲裁裁决书之日起十五日内向人民法院提起诉讼。一方当事人在法定期限内不起诉又不履行仲裁裁决的,另一方当事人可以申请人民法院强制执行。

第八十四条 因签订集体合同发生争议,当事人协商解决不成的,当地人民政府劳动行政部门可以组织有关各方协调处理。

因履行集体合同发生争议,当事人协商解决不成的,可以向劳动争议仲裁委员会申请仲裁;对仲裁裁决不服的,可以自收到仲裁裁决书之日起十五日内向人民法院提起诉讼。

第十一章 监督检查

第八十五条 县级以上各级人民政府劳动行政部门依法对用人单位遵守劳动法律、法规的情况进行监督检查,对违反劳动法律、法规的行为有权制止,并责令改正。

第八十六条 县级以上各级人民政府劳动行政部门监督检查人员执行公务,有权进入用人单位了解执行劳动法律、法规的情况,查阅必要的资料,并对劳动场所进行检查。

县级以上各级人民政府劳动行政部门监督检查人员执行公务,必须出示证件,秉公执法并遵守有关规定。

第八十七条 县级以上各级人民政府有关部门在各自职责范围内,对用人单位遵守劳动法律、法规的情况进行监督。

第八十八条 各级工会依法维护劳动者的合法权益,对用人单位遵守劳动法律、法规的情况进行监督。

任何组织和个人对于违反劳动法律、法规的行为有权检举和控告。

第十二章 法律责任

第八十九条 用人单位制定的劳动规章制度违反法律、法规规定的,由劳动行政部门给予警告,责令改正;对劳动者造成损害的,应当承担赔偿责任。

第九十条 用人单位违反本法规定,延长劳动者工作时间的,由劳动行政部门给予警告,责令改正,并可以处以罚款。

第九十一条 用人单位有下列侵害劳动者合法权益情形之一的,由劳动行政部门责令支付劳动者的工资报酬、经济补偿,并可以责令支付赔偿金:

(一)克扣或者无故拖欠劳动者工资的;

(二)拒不支付劳动者延长工作时间工资报酬的;

(三)低于当地最低工资标准支付劳动者工资的;

(四)解除劳动合同后,未依照本法规定给予劳动者经济补偿的。

第九十二条 用人单位的劳动安全设施和劳动卫生条件不符合国家规定或者未向劳动者提供必要的劳动防护用品和劳动保护设施的,由劳动行政部门或者有关部门责令改正,可以处以罚款;情节严重的,提请县级以上人民政府决定责令停产整顿;对事故隐患不采取措施,致使发生重大事故,造成劳动者生命和财产损失的,对责任人员依照刑法有关规定追究刑事责任。

第九十三条 用人单位强令劳动者违章冒险作业,发生重大伤亡事故,造成严重后果的,对责任人员依法追究刑事责任。

第九十四条 用人单位非法招用未满十六周岁的未成年人的,由劳动行政部门责令改正,处以罚款;情节严重的,由市场监督管理部门吊销营业执照。

第九十五条 用人单位违反本法对女职工和未成年工的保护规定，侵害其合法权益的，由劳动行政部门责令改正，处以罚款；对女职工或者未成年工造成损害的，应当承担赔偿责任。

第九十六条 用人单位有下列行为之一，由公安机关对责任人员处以十五日以下拘留、罚款或者警告；构成犯罪的，对责任人员依法追究刑事责任：

（一）以暴力、威胁或者非法限制人身自由的手段强迫劳动的；

（二）侮辱、体罚、殴打、非法搜查和拘禁劳动者的。

第九十七条 由于用人单位的原因订立的无效合同，对劳动者造成损害的，应当承担赔偿责任。

第九十八条 用人单位违反本法规定的条件解除劳动合同或者故意拖延不订立劳动合同的，由劳动行政部门责令改正；对劳动者造成损害的，应当承担赔偿责任。

第九十九条 用人单位招用尚未解除劳动合同的劳动者，对原用人单位造成经济损失的，该用人单位应当依法承担连带赔偿责任。

第一百条 用人单位无故不缴纳社会保险费的，由劳动行政部门责令其限期缴纳；逾期不缴的，可以加收滞纳金。

第一百零一条 用人单位无理阻挠劳动行政部门、有关部门及其工作人员行使监督检查权，打击报复举报人员的，由劳动行政部门或者有关部门处以罚款；构成犯罪的，对责任人员依法追究刑事责任。

第一百零二条 劳动者违反本法规定的条件解除劳动合同或者违反劳动合同中约定的保密事项，对用人单位造成经济损失的，应当依法承担赔偿责任。

第一百零三条 劳动行政部门或者有关部门的工作人员滥用职权、玩忽职守、徇私舞弊，构成犯罪的，依法追究刑事责任；不构成犯罪的，给予行政处分。

第一百零四条 国家工作人员和社会保险基金经办机构的工作人员挪用社会保险基金，构成犯罪的，依法追究刑事责任。

第一百零五条 违反本法规定侵害劳动者合法权益，其他法律、行政法规已规定处罚的，依照该法律、行政法规的规定处罚。

第十三章　附则

第一百零六条 省、自治区、直辖市人民政府根据本法和本地区的实际情况，规定劳动合同制度的实施步骤，报国务院备案。

第一百零七条 本法自 1995 年 1 月 1 日起施行。

中华人民共和国劳动合同法（2012年修订）

中华人民共和国主席令第65号　2007年6月29日

（2007年6月29日第十届全国人民代表大会常务委员会第二十八次会议通过　根据2012年12月28日《全国人民代表大会常务委员会关于修改〈中华人民共和国劳动合同法〉的决定》修订）

第一章　总则

第一条　为了完善劳动合同制度，明确劳动合同双方当事人的权利和义务，保护劳动者的合法权益，构建和发展和谐稳定的劳动关系，制定本法。

第二条　中华人民共和国境内的企业、个体经济组织、民办非企业单位等组织（以下称用人单位）与劳动者建立劳动关系，订立、履行、变更、解除或者终止劳动合同，适用本法。

国家机关、事业单位、社会团体和与其建立劳动关系的劳动者，订立、履行、变更、解除或者终止劳动合同，依照本法执行。

第三条　订立劳动合同，应当遵循合法、公平、平等自愿、协商一致、诚实信用的原则。

依法订立的劳动合同具有约束力，用人单位与劳动者应当履行劳动合同约定的义务。

第四条　用人单位应当依法建立和完善劳动规章制度，保障劳动者享有劳动权利、履行劳动义务。

用人单位在制定、修改或者决定有关劳动报酬、工作时间、休息休假、劳动安全卫生、保险福利、职工培训、劳动纪律以及劳动定额管理等直接涉及劳动者切身利益的规章制度或者重大事项时，应当经职工代表大会或者全体职工讨论，提出方案和意见，与工会或者职工代表平等协商确定。

在规章制度和重大事项决定实施过程中，工会或者职工认为不适当的，有权向用人单位提出，通过协商予以修改完善。

用人单位应当将直接涉及劳动者切身利益的规章制度和重大事项决定公示，或者告知劳动者。

第五条　县级以上人民政府劳动行政部门会同工会和企业方面代表，建立健全协调劳动关系三方机制，共同研究解决有关劳动关系的重大问题。

第六条 工会应当帮助、指导劳动者与用人单位依法订立和履行劳动合同，并与用人单位建立集体协商机制，维护劳动者的合法权益。

第二章 劳动合同的订立

第七条 用人单位自用工之日起即与劳动者建立劳动关系。用人单位应当建立职工名册备查。

第八条 用人单位招用劳动者时，应当如实告知劳动者工作内容、工作条件、工作地点、职业危害、安全生产状况、劳动报酬，以及劳动者要求了解的其他情况；用人单位有权了解劳动者与劳动合同直接相关的基本情况，劳动者应当如实说明。

第九条 用人单位招用劳动者，不得扣押劳动者的居民身份证和其他证件，不得要求劳动者提供担保或者以其他名义向劳动者收取财物。

第十条 建立劳动关系，应当订立书面劳动合同。

已建立劳动关系，未同时订立书面劳动合同的，应当自用工之日起一个月内订立书面劳动合同。

用人单位与劳动者在用工前订立劳动合同的，劳动关系自用工之日起建立。

第十一条 用人单位未在用工的同时订立书面劳动合同，与劳动者约定的劳动报酬不明确的，新招用的劳动者的劳动报酬按照集体合同规定的标准执行；没有集体合同或者集体合同未规定的，实行同工同酬。

第十二条 劳动合同分为固定期限劳动合同、无固定期限劳动合同和以完成一定工作任务为期限的劳动合同。

第十三条 固定期限劳动合同，是指用人单位与劳动者约定合同终止时间的劳动合同。

用人单位与劳动者协商一致，可以订立固定期限劳动合同。

第十四条 无固定期限劳动合同，是指用人单位与劳动者约定无确定终止时间的劳动合同。

用人单位与劳动者协商一致，可以订立无固定期限劳动合同。有下列情形之一，劳动者提出或者同意续订、订立劳动合同的，除劳动者提出订立固定期限劳动合同外，应当订立无固定期限劳动合同：

（一）劳动者在该用人单位连续工作满十年的；

（二）用人单位初次实行劳动合同制度或者国有企业改制重新订立劳动合同时，劳动者在该用人单位连续工作满十年且距法定退休年龄不足十年的；

（三）连续订立二次固定期限劳动合同，且劳动者没有本法第三十九条和第四十条第一项、第二项规定的情形，续订劳动合同的。

用人单位自用工之日起满一年不与劳动者订立书面劳动合同的，视为用人单位与劳动者已订立无固定期限劳动合同。

第十五条　以完成一定工作任务为期限的劳动合同，是指用人单位与劳动者约定以某项工作的完成为合同期限的劳动合同。

用人单位与劳动者协商一致，可以订立以完成一定工作任务为期限的劳动合同。

第十六条　劳动合同由用人单位与劳动者协商一致，并经用人单位与劳动者在劳动合同文本上签字或者盖章生效。

劳动合同文本由用人单位和劳动者各执一份。

第十七条　劳动合同应当具备以下条款：

（一）用人单位的名称、住所和法定代表人或者主要负责人；

（二）劳动者的姓名、住址和居民身份证或者其他有效身份证件号码；

（三）劳动合同期限；

（四）工作内容和工作地点；

（五）工作时间和休息休假；

（六）劳动报酬；

（七）社会保险；

（八）劳动保护、劳动条件和职业危害防护；

（九）法律、法规规定应当纳入劳动合同的其他事项。

劳动合同除前款规定的必备条款外，用人单位与劳动者可以约定试用期、培训、保守秘密、补充保险和福利待遇等其他事项。

第十八条　劳动合同对劳动报酬和劳动条件等标准约定不明确，引发争议的，用人单位与劳动者可以重新协商；协商不成的，适用集体合同规定；没有集体合同或者集体合同未规定劳动报酬的，实行同工同酬；没有集体合同或者集体合同未规定劳动条件等标准的，适用国家有关规定。

第十九条　劳动合同期限三个月以上不满一年的，试用期不得超过一个月；劳动合同期限一年以上不满三年的，试用期不得超过二个月；三年以上固定期限和无固定期限的劳动合同，试用期不得超过六个月。

同一用人单位与同一劳动者只能约定一次试用期。

以完成一定工作任务为期限的劳动合同或者劳动合同期限不满三个月的，不得约定试用期。

试用期包含在劳动合同期限内。劳动合同仅约定试用期的，试用期不成立，该期限为劳动合同期限。

第二十条　劳动者在试用期的工资不得低于本单位相同岗位最低档工资或者劳动合同约定工资的百分之八十，并不得低于用人单位所在地的最低工资标准。

第二十一条　在试用期中，除劳动者有本法第三十九条和第四十条第一项、第二项规定的情形外，用人单位不得解除劳动合同。用人单位在试用期解除劳动合同的，应当向劳动者说明理由。

第二十二条　用人单位为劳动者提供专项培训费用，对其进行专业技术培训的，可以与该劳动者订立协议，约定服务期。

劳动者违反服务期约定的，应当按照约定向用人单位支付违约金。违约金的数额不得超过用人单位提供的培训费用。用人单位要求劳动者支付的违约金不得超过服务期尚未履行部分所应分摊的培训费用。

用人单位与劳动者约定服务期的，不影响按照正常的工资调整机制提高劳动者在服务期期间的劳动报酬。

第二十三条 用人单位与劳动者可以在劳动合同中约定保守用人单位的商业秘密和与知识产权相关的保密事项。

对负有保密义务的劳动者，用人单位可以在劳动合同或者保密协议中与劳动者约定竞业限制条款，并约定在解除或者终止劳动合同后，在竞业限制期限内按月给予劳动者经济补偿。劳动者违反竞业限制约定的，应当按照约定向用人单位支付违约金。

第二十四条 竞业限制的人员限于用人单位的高级管理人员、高级技术人员和其他负有保密义务的人员。竞业限制的范围、地域、期限由用人单位与劳动者约定，竞业限制的约定不得违反法律、法规的规定。

在解除或者终止劳动合同后，前款规定的人员到与本单位生产或者经营同类产品、从事同类业务的有竞争关系的其他用人单位，或者自己开业生产或者经营同类产品、从事同类业务的竞业限制期限，不得超过二年。

第二十五条 除本法第二十二条和第二十三条规定的情形外，用人单位不得与劳动者约定由劳动者承担违约金。

第二十六条 下列劳动合同无效或者部分无效：

(一)以欺诈、胁迫的手段或者乘人之危，使对方在违背真实意思的情况下订立或者变更劳动合同的；

(二)用人单位免除自己的法定责任、排除劳动者权利的；

(三)违反法律、行政法规强制性规定的。

对劳动合同的无效或者部分无效有争议的，由劳动争议仲裁机构或者人民法院确认。

第二十七条 劳动合同部分无效，不影响其他部分效力的，其他部分仍然有效。

第二十八条 劳动合同被确认无效，劳动者已付出劳动的，用人单位应当向劳动者支付劳动报酬。劳动报酬的数额，参照本单位相同或者相近岗位劳动者的劳动报酬确定。

第三章 劳动合同的履行和变更

第二十九条 用人单位与劳动者应当按照劳动合同的约定，全面履行各自的义务。

第三十条 用人单位应当按照劳动合同约定和国家规定，向劳动者及时足额支付劳动报酬。

用人单位拖欠或者未足额支付劳动报酬的，劳动者可以依法向当地人民法院申请支付令，人民法院应当依法发出支付令。

第三十一条　用人单位应当严格执行劳动定额标准，不得强迫或者变相强迫劳动者加班。用人单位安排加班的，应当按照国家有关规定向劳动者支付加班费。

第三十二条　劳动者拒绝用人单位管理人员违章指挥、强令冒险作业的，不视为违反劳动合同。

劳动者对危害生命安全和身体健康的劳动条件，有权对用人单位提出批评、检举和控告。

第三十三条　用人单位变更名称、法定代表人、主要负责人或者投资人等事项，不影响劳动合同的履行。

第三十四条　用人单位发生合并或者分立等情况，原劳动合同继续有效，劳动合同由承继其权利和义务的用人单位继续履行。

第三十五条　用人单位与劳动者协商一致，可以变更劳动合同约定的内容。变更劳动合同，应当采用书面形式。

变更后的劳动合同文本由用人单位和劳动者各执一份。

第四章　劳动合同的解除和终止

第三十六条　用人单位与劳动者协商一致，可以解除劳动合同。

第三十七条　劳动者提前三十日以书面形式通知用人单位，可以解除劳动合同。劳动者在试用期内提前三日通知用人单位，可以解除劳动合同。

第三十八条　用人单位有下列情形之一的，劳动者可以解除劳动合同：

（一）未按照劳动合同约定提供劳动保护或者劳动条件的；

（二）未及时足额支付劳动报酬的；

（三）未依法为劳动者缴纳社会保险费的；

（四）用人单位的规章制度违反法律、法规的规定，损害劳动者权益的；

（五）因本法第二十六条第一款规定的情形致使劳动合同无效的；

（六）法律、行政法规规定劳动者可以解除劳动合同的其他情形。

用人单位以暴力、威胁或者非法限制人身自由的手段强迫劳动者劳动的，或者用人单位违章指挥、强令冒险作业危及劳动者人身安全的，劳动者可以立即解除劳动合同，不需事先告知用人单位。

第三十九条　劳动者有下列情形之一的，用人单位可以解除劳动合同：

（一）在试用期间被证明不符合录用条件的；

（二）严重违反用人单位的规章制度的；

（三）严重失职，营私舞弊，给用人单位造成重大损害的；

（四）劳动者同时与其他用人单位建立劳动关系，对完成本单位的工作任务造成严重影响，或者经用人单位提出，拒不改正的；

（五）因本法第二十六条第一款第一项规定的情形致使劳动合同无效的；

（六）被依法追究刑事责任的。

第四十条 有下列情形之一的，用人单位提前三十日以书面形式通知劳动者本人或者额外支付劳动者一个月工资后，可以解除劳动合同：

（一）劳动者患病或者非因工负伤，在规定的医疗期满后不能从事原工作，也不能从事由用人单位另行安排的工作的；

（二）劳动者不能胜任工作，经过培训或者调整工作岗位，仍不能胜任工作的；

（三）劳动合同订立时所依据的客观情况发生重大变化，致使劳动合同无法履行，经用人单位与劳动者协商，未能就变更劳动合同内容达成协议的。

第四十一条 有下列情形之一，需要裁减人员二十人以上或者裁减不足二十人但占企业职工总数百分之十以上的，用人单位提前三十日向工会或者全体职工说明情况，听取工会或者职工的意见后，裁减人员方案经向劳动行政部门报告，可以裁减人员：

（一）依照企业破产法规定进行重整的；

（二）生产经营发生严重困难的；

（三）企业转产、重大技术革新或者经营方式调整，经变更劳动合同后，仍需裁减人员的；

（四）其他因劳动合同订立时所依据的客观经济情况发生重大变化，致使劳动合同无法履行的。

裁减人员时，应当优先留用下列人员：

（一）与本单位订立较长期限的固定期限劳动合同的；

（二）与本单位订立无固定期限劳动合同的；

（三）家庭无其他就业人员，有需要扶养的老人或者未成年人的。

用人单位依照本条第一款规定裁减人员，在六个月内重新招用人员的，应当通知被裁减的人员，并在同等条件下优先招用被裁减的人员。

第四十二条 劳动者有下列情形之一的，用人单位不得依照本法第四十条、第四十一条的规定解除劳动合同：

（一）从事接触职业病危害作业的劳动者未进行离岗前职业健康检查，或者疑似职业病病人在诊断或者医学观察期间的；

（二）在本单位患职业病或者因工负伤并被确认丧失或者部分丧失劳动能力的；

（三）患病或者非因工负伤，在规定的医疗期内的；

（四）女职工在孕期、产期、哺乳期的；

（五）在本单位连续工作满十五年，且距法定退休年龄不足五年的；

（六）法律、行政法规规定的其他情形。

第四十三条 用人单位单方解除劳动合同，应当事先将理由通知工会。用人单位违反法律、行政法规规定或者劳动合同约定的，工会有权要求用人单位纠正。用人单位应当研究工会的意见，并将处理结果书面通知工会。

第四十四条 有下列情形之一的，劳动合同终止：

（一）劳动合同期满的；

（二）劳动者开始依法享受基本养老保险待遇的；

（三）劳动者死亡，或者被人民法院宣告死亡或者宣告失踪的；

（四）用人单位被依法宣告破产的；

（五）用人单位被吊销营业执照、责令关闭、撤销或者用人单位决定提前解散的；

（六）法律、行政法规规定的其他情形。

第四十五条 劳动合同期满，有本法第四十二条规定情形之一的，劳动合同应当续延至相应的情形消失时终止。但是，本法第四十二条第二项规定丧失或者部分丧失劳动能力劳动者的劳动合同的终止，按照国家有关工伤保险的规定执行。

第四十六条 有下列情形之一的，用人单位应当向劳动者支付经济补偿：

（一）劳动者依照本法第三十八条规定解除劳动合同的；

（二）用人单位依照本法第三十六条规定向劳动者提出解除劳动合同并与劳动者协商一致解除劳动合同的；

（三）用人单位依照本法第四十条规定解除劳动合同的；

（四）用人单位依照本法第四十一条第一款规定解除劳动合同的；

（五）除用人单位维持或者提高劳动合同约定条件续订劳动合同，劳动者不同意续订的情形外，依照本法第四十四条第一项规定终止固定期限劳动合同的；

（六）依照本法第四十四条第四项、第五项规定终止劳动合同的；

（七）法律、行政法规规定的其他情形。

第四十七条 经济补偿按劳动者在本单位工作的年限，每满一年支付一个月工资的标准向劳动者支付。六个月以上不满一年的，按一年计算；不满六个月的，向劳动者支付半个月工资的经济补偿。

劳动者月工资高于用人单位所在直辖市、设区的市级人民政府公布的本地区上年度职工月平均工资三倍的，向其支付经济补偿的标准按职工月平均工资三倍的数额支付，向其支付经济补偿的年限最高不超过十二年。

本条所称月工资是指劳动者在劳动合同解除或者终止前十二个月的平均工资。

第四十八条 用人单位违反本法规定解除或者终止劳动合同，劳动者要求继续履行劳动合同的，用人单位应当继续履行；劳动者不要求继续履行劳动合同或者劳动合同已经不能继续履行的，用人单位应当依照本法第八十七条规定支付赔偿金。

第四十九条 国家采取措施，建立健全劳动者社会保险关系跨地区转移接续制度。

第五十条 用人单位应当在解除或者终止劳动合同时出具解除或者终止劳动合同的证明，并在十五日内为劳动者办理档案和社会保险关系转移手续。

劳动者应当按照双方约定，办理工作交接。用人单位依照本法有关规定应当向劳动者支付经济补偿的，在办结工作交接时支付。

用人单位对已经解除或者终止的劳动合同的文本，至少保存二年备查。

第五章 特别规定

第一节 集体合同

第五十一条 企业职工一方与用人单位通过平等协商，可以就劳动报酬、工作时间、休息休假、劳动安全卫生、保险福利等事项订立集体合同。集体合同草案应当提交职工代表大会或者全体职工讨论通过。

集体合同由工会代表企业职工一方与用人单位订立；尚未建立工会的用人单位，由上级工会指导劳动者推举的代表与用人单位订立。

第五十二条 企业职工一方与用人单位可以订立劳动安全卫生、女职工权益保护、工资调整机制等专项集体合同。

第五十三条 在县级以下区域内，建筑业、采矿业、餐饮服务业等行业可以由工会与企业方面代表订立行业性集体合同，或者订立区域性集体合同。

第五十四条 集体合同订立后，应当报送劳动行政部门；劳动行政部门自收到集体合同文本之日起十五日内未提出异议的，集体合同即行生效。

依法订立的集体合同对用人单位和劳动者具有约束力。行业性、区域性集体合同对当地本行业、本区域的用人单位和劳动者具有约束力。

第五十五条 集体合同中劳动报酬和劳动条件等标准不得低于当地人民政府规定的最低标准；用人单位与劳动者订立的劳动合同中劳动报酬和劳动条件等标准不得低于集体合同规定的标准。

第五十六条 用人单位违反集体合同，侵犯职工劳动权益的，工会可以依法要求用人单位承担责任；因履行集体合同发生争议，经协商解决不成的，工会可以依法申请仲裁、提起诉讼。

第二节 劳务派遣

第五十七条 经营劳务派遣业务应当具备下列条件：

（一）注册资本不得少于人民币二百万元；

（二）有与开展业务相适应的固定的经营场所和设施；

（三）有符合法律、行政法规规定的劳务派遣管理制度；

（四）法律、行政法规规定的其他条件。

经营劳务派遣业务，应当向劳动行政部门依法申请行政许可；经许可的，依法办理相应的公司登记。未经许可，任何单位和个人不得经营劳务派遣业务。

第五十八条 劳务派遣单位是本法所称用人单位，应当履行用人单位对劳动者的义务。劳务派遣单位与被派遣劳动者订立的劳动合同，除应当载明本法第十七条规定的事项外，还应当载明被派遣劳动者的用工单位以及派遣期限、工作岗位等情况。

劳务派遣单位应当与被派遣劳动者订立二年以上的固定期限劳动合同，按月支付劳动报酬；被派遣劳动者在无工作期间，劳务派遣单位应当按照所在地人民政府规定的最低工资标准，向其按月支付报酬。

第五十九条 劳务派遣单位派遣劳动者应当与接受以劳务派遣形式用工的单位(以下称用工单位)订立劳务派遣协议。劳务派遣协议应当约定派遣岗位和人员数量、派遣期限、劳动报酬和社会保险费的数额与支付方式以及违反协议的责任。

用工单位应当根据工作岗位的实际需要与劳务派遣单位确定派遣期限，不得将连续用工期限分割订立数个短期劳务派遣协议。

第六十条 劳务派遣单位应当将劳务派遣协议的内容告知被派遣劳动者。

劳务派遣单位不得克扣用工单位按照劳务派遣协议支付给被派遣劳动者的劳动报酬。

劳务派遣单位和用工单位不得向被派遣劳动者收取费用。

第六十一条 劳务派遣单位跨地区派遣劳动者的，被派遣劳动者享有的劳动报酬和劳动条件，按照用工单位所在地的标准执行。

第六十二条 用工单位应当履行下列义务：

(一)执行国家劳动标准，提供相应的劳动条件和劳动保护；

(二)告知被派遣劳动者的工作要求和劳动报酬；

(三)支付加班费、绩效奖金，提供与工作岗位相关的福利待遇；

(四)对在岗被派遣劳动者进行工作岗位所必需的培训；

(五)连续用工的，实行正常的工资调整机制。

用工单位不得将被派遣劳动者再派遣到其他用人单位。

第六十三条 被派遣劳动者享有与用工单位的劳动者同工同酬的权利。用工单位应当按照同工同酬原则，对被派遣劳动者与本单位同类岗位的劳动者实行相同的劳动报酬分配办法。用工单位无同类岗位劳动者的，参照用工单位所在地相同或者相近岗位劳动者的劳动报酬确定。

劳务派遣单位与被派遣劳动者订立的劳动合同和与用工单位订立的劳务派遣协议，载明或者约定的向被派遣劳动者支付的劳动报酬应当符合前款规定。

第六十四条 被派遣劳动者有权在劳务派遣单位或者用工单位依法参加或者组织工会，维护自身的合法权益。

第六十五条 被派遣劳动者可以依照本法第三十六条、第三十八条的规定与劳务派遣单位解除劳动合同。

被派遣劳动者有本法第三十九条和第四十条第一项、第二项规定情形的，用工单位可以将劳动者退回劳务派遣单位，劳务派遣单位依照本法有关规定，可以与劳动者解除劳动合同。

第六十六条 劳动合同用工是我国的企业基本用工形式。劳务派遣用工是补充形式，只能在临时性、辅助性或者替代性的工作岗位上实施。

前款规定的临时性工作岗位是指存续时间不超过六个月的岗位；辅助性工作岗位是指为主营业务岗位提供服务的非主营业务岗位；替代性工作岗位是指用工单位的劳动者因脱产学习、休假等原因无法工作的一定期间内，可以由其他劳动者替代工作的岗位。

用工单位应当严格控制劳务派遣用工数量，不得超过其用工总量的一定比例，具体比例由国务院劳动行政部门规定。

第六十七条 用人单位不得设立劳务派遣单位向本单位或者所属单位派遣劳动者。

第三节 非全日制用工

第六十八条 非全日制用工，是指以小时计酬为主，劳动者在同一用人单位一般平均每日工作时间不超过四小时，每周工作时间累计不超过二十四小时的用工形式。

第六十九条 非全日制用工双方当事人可以订立口头协议。

从事非全日制用工的劳动者可以与一个或者一个以上用人单位订立劳动合同；但是，后订立的劳动合同不得影响先订立的劳动合同的履行。

第七十条 非全日制用工双方当事人不得约定试用期。

第七十一条 非全日制用工双方当事人任何一方都可以随时通知对方终止用工。终止用工，用人单位不向劳动者支付经济补偿。

第七十二条 非全日制用工小时计酬标准不得低于用人单位所在地人民政府规定的最低小时工资标准。

非全日制用工劳动报酬结算支付周期最长不得超过十五日。

第六章 监督检查

第七十三条 国务院劳动行政部门负责全国劳动合同制度实施的监督管理。

县级以上地方人民政府劳动行政部门负责本行政区域内劳动合同制度实施的监督管理。

县级以上各级人民政府劳动行政部门在劳动合同制度实施的监督管理工作中，应当听取工会、企业方面代表以及有关行业主管部门的意见。

第七十四条 县级以上地方人民政府劳动行政部门依法对下列实施劳动合同制度的情况进行监督检查：

（一）用人单位制定直接涉及劳动者切身利益的规章制度及其执行的情况；

（二）用人单位与劳动者订立和解除劳动合同的情况；

（三）劳务派遣单位和用工单位遵守劳务派遣有关规定的情况；

（四）用人单位遵守国家关于劳动者工作时间和休息休假规定的情况；

（五）用人单位支付劳动合同约定的劳动报酬和执行最低工资标准的情况；

（六）用人单位参加各项社会保险和缴纳社会保险费的情况；

（七）法律、法规规定的其他劳动监察事项。

第七十五条 县级以上地方人民政府劳动行政部门实施监督检查时，有权查阅与劳动合同、集体合同有关的材料，有权对劳动场所进行实地检查，用人单位和劳动者都应当如实提供有关情况和材料。

劳动行政部门的工作人员进行监督检查，应当出示证件，依法行使职权，文明执法。

第七十六条 县级以上人民政府建设、卫生、安全生产监督管理等有关主管部门在各自职责范围内，对用人单位执行劳动合同制度的情况进行监督管理。

第七十七条 劳动者合法权益受到侵害的，有权要求有关部门依法处理，或者依法申请仲裁、提起诉讼。

第七十八条 工会依法维护劳动者的合法权益，对用人单位履行劳动合同、集体合同的情况进行监督。用人单位违反劳动法律、法规和劳动合同、集体合同的，工会有权提出意见或者要求纠正；劳动者申请仲裁、提起诉讼的，工会依法给予支持和帮助。

第七十九条 任何组织或者个人对违反本法的行为都有权举报，县级以上人民政府劳动行政部门应当及时核实、处理，并对举报有功人员给予奖励。

第七章 法律责任

第八十条 用人单位直接涉及劳动者切身利益的规章制度违反法律、法规规定的，由劳动行政部门责令改正，给予警告；给劳动者造成损害的，应当承担赔偿责任。

第八十一条 用人单位提供的劳动合同文本未载明本法规定的劳动合同必备条款或者用人单位未将劳动合同文本交付劳动者的，由劳动行政部门责令改正；给劳动者造成损害的，应当承担赔偿责任。

第八十二条 用人单位自用工之日起超过一个月不满一年未与劳动者订立书面劳动合同的，应当向劳动者每月支付二倍的工资。

用人单位违反本法规定不与劳动者订立无固定期限劳动合同的，自应当订立无固定期限劳动合同之日起向劳动者每月支付二倍的工资。

第八十三条 用人单位违反本法规定与劳动者约定试用期的，由劳动行政部门责令改正；违法约定的试用期已经履行的，由用人单位以劳动者试用期满月工资为标准，按已经履行的超过法定试用期的期间向劳动者支付赔偿金。

第八十四条 用人单位违反本法规定，扣押劳动者居民身份证等证件的，由劳动行政部门责令限期退还劳动者本人，并依照有关法律规定给予处罚。

用人单位违反本法规定，以担保或者其他名义向劳动者收取财物的，由劳动行政部门责令限期退还劳动者本人，并以每人五百元以上二千元以下的标准处以罚款；给劳动者造成损害的，应当承担赔偿责任。

劳动者依法解除或者终止劳动合同，用人单位扣押劳动者档案或者其他物品的，依照前款规定处罚。

第八十五条 用人单位有下列情形之一的，由劳动行政部门责令限期支付劳动报酬、加班费或者经济补偿；劳动报酬低于当地最低工资标准的，应当支付其差额部分；逾期不支付的，责令用人单位按应付金额百分之五十以上百分之一百以下的标准向劳动者加付赔偿金：

（一）未按照劳动合同的约定或者国家规定及时足额支付劳动者劳动报酬的；

（二）低于当地最低工资标准支付劳动者工资的；

（三）安排加班不支付加班费的；

（四）解除或者终止劳动合同，未依照本法规定向劳动者支付经济补偿的。

第八十六条 劳动合同依照本法第二十六条规定被确认无效，给对方造成损害的，有过错的一方应当承担赔偿责任。

第八十七条 用人单位违反本法规定解除或者终止劳动合同的，应当依照本法第四十七条规定的经济补偿标准的二倍向劳动者支付赔偿金。

第八十八条 用人单位有下列情形之一的，依法给予行政处罚；构成犯罪的，依法追究刑事责任；给劳动者造成损害的，应当承担赔偿责任：

（一）以暴力、威胁或者非法限制人身自由的手段强迫劳动的；

（二）违章指挥或者强令冒险作业危及劳动者人身安全的；

（三）侮辱、体罚、殴打、非法搜查或者拘禁劳动者的；

（四）劳动条件恶劣、环境污染严重，给劳动者身心健康造成严重损害的。

第八十九条 用人单位违反本法规定未向劳动者出具解除或者终止劳动合同的书面证明，由劳动行政部门责令改正；给劳动者造成损害的，应当承担赔偿责任。

第九十条 劳动者违反本法规定解除劳动合同，或者违反劳动合同中约定的保密义务或者竞业限制，给用人单位造成损失的，应当承担赔偿责任。

第九十一条 用人单位招用与其他用人单位尚未解除或者终止劳动合同的劳动者，给其他用人单位造成损失的，应当承担连带赔偿责任。

第九十二条 违反本法规定，未经许可，擅自经营劳务派遣业务的，由劳动行政部门责令停止违法行为，没收违法所得，并处违法所得一倍以上五倍以下的罚款；没有违法所得的，可以处五万元以下的罚款。

劳务派遣单位、用工单位违反本法有关劳务派遣规定的，由劳动行政部门责令限期改正；逾期不改正的，以每人五千元以上一万元以下的标准处以罚款，对劳务派遣单位，吊销其劳务派遣业务经营许可证。用工单位给被派遣劳动者造成损害的，劳务派遣单位与用工单位承担连带赔偿责任。

第九十三条 对不具备合法经营资格的用人单位的违法犯罪行为，依法追究法律责任；劳动者已经付出劳动的，该单位或者其出资人应当依照本法有关规定向劳动者支付劳动报酬、经济补偿、赔偿金；给劳动者造成损害的，应当承担赔偿责任。

第九十四条 个人承包经营违反本法规定招用劳动者，给劳动者造成损害的，发包的组织与个人承包经营者承担连带赔偿责任。

第九十五条 劳动行政部门和其他有关主管部门及其工作人员玩忽职守、不履行法定职责，或者违法行使职权，给劳动者或者用人单位造成损害的，应当承担赔偿责任；对直接负责的主管人员和其他直接责任人员，依法给予行政处分；构成犯罪的，依法追究刑事责任。

第八章 附则

第九十六条 事业单位与实行聘用制的工作人员订立、履行、变更、解除或者终止劳动合同，法律、行政法规或者国务院另有规定的，依照其规定；未作规定的，依照本法有关规定执行。

第九十七条 本法施行前已依法订立且在本法施行之日存续的劳动合同，继续履行；本法第十四条第二款第三项规定连续订立固定期限劳动合同的次数，自本法施行后续订固定期限劳动合同时开始计算。

本法施行前已建立劳动关系，尚未订立书面劳动合同的，应当自本法施行之日起一个月内订立。

本法施行之日存续的劳动合同在本法施行后解除或者终止，依照本法第四十六条规定应当支付经济补偿的，经济补偿年限自本法施行之日起计算；本法施行前按照当时有关规定，用人单位应当向劳动者支付经济补偿的，按照当时有关规定执行。

第九十八条 本法自2008年1月1日起施行。

中华人民共和国劳动争议调解仲裁法

中华人民共和国主席令第80号 2007年12月29日

第一章 总则

第一条 为了公正及时解决劳动争议，保护当事人合法权益，促进劳动关系和谐稳定，制定本法。

第二条 中华人民共和国境内的用人单位与劳动者发生的下列劳动争议，适用本法：

（一）因确认劳动关系发生的争议；

（二）因订立、履行、变更、解除和终止劳动合同发生的争议；

（三）因除名、辞退和辞职、离职发生的争议；

（四）因工作时间、休息休假、社会保险、福利、培训以及劳动保护发生的争议；

（五）因劳动报酬、工伤医疗费、经济补偿或者赔偿金等发生的争议；

（六）法律、法规规定的其他劳动争议。

第三条 解决劳动争议，应当根据事实，遵循合法、公正、及时、着重调解的原则，依法保护当事人的合法权益。

第四条 发生劳动争议，劳动者可以与用人单位协商，也可以请工会或者第三方共同与用人单位协商，达成和解协议。

第五条 发生劳动争议，当事人不愿协商、协商不成或者达成和解协议后不履行的，可以向调解组织申请调解；不愿调解、调解不成或者达成调解协议后不履行的，可以向劳动争议仲裁委员会申请仲裁；对仲裁裁决不服的，除本法另有规定的外，可以向人民法院提起诉讼。

第六条 发生劳动争议，当事人对自己提出的主张，有责任提供证据。与争议事项有关的证据属于用人单位掌握管理的，用人单位应当提供；用人单位不提供的，应当承担不利后果。

第七条 发生劳动争议的劳动者一方在十人以上，并有共同请求的，可以推举代表参加调解、仲裁或者诉讼活动。

第八条 县级以上人民政府劳动行政部门会同工会和企业方面代表建立协调劳动关系三方机制，共同研究解决劳动争议的重大问题。

第九条 用人单位违反国家规定，拖欠或者未足额支付劳动报酬，或者拖欠工伤医疗费、经济补偿或者赔偿金的，劳动者可以向劳动行政部门投诉，劳动行政部门应当依法处理。

第二章　调解

第十条 发生劳动争议，当事人可以到下列调解组织申请调解：

（一）企业劳动争议调解委员会；

（二）依法设立的基层人民调解组织；

（三）在乡镇、街道设立的具有劳动争议调解职能的组织。

企业劳动争议调解委员会由职工代表和企业代表组成。职工代表由工会成员担任或者由全体职工推举产生，企业代表由企业负责人指定。企业劳动争议调解委员会主任由工会成员或者双方推举的人员担任。

第十一条 劳动争议调解组织的调解员应当由公道正派、联系群众、热心调解工作，并具有一定法律知识、政策水平和文化水平的成年公民担任。

第十二条 当事人申请劳动争议调解可以书面申请，也可以口头申请。口头申请的，调解组织应当当场记录申请人基本情况、申请调解的争议事项、理由和时间。

第十三条 调解劳动争议，应当充分听取双方当事人对事实和理由的陈述，耐心疏导，帮助其达成协议。

第十四条 经调解达成协议的，应当制作调解协议书。

调解协议书由双方当事人签名或者盖章，经调解员签名并加盖调解组织印章后生效，对双方当事人具有约束力，当事人应当履行。

自劳动争议调解组织收到调解申请之日起十五日内未达成调解协议的，当事人可以依法申请仲裁。

第十五条 达成调解协议后，一方当事人在协议约定期限内不履行调解协议的，另一方当事人可以依法申请仲裁。

第十六条 因支付拖欠劳动报酬、工伤医疗费、经济补偿或者赔偿金事项达成调解协议，用人单位在协议约定期限内不履行的，劳动者可以持调解协议书依法向人民法院申请支付令。人民法院应当依法发出支付令。

第三章 仲裁

第一节 一般规定

第十七条 劳动争议仲裁委员会按照统筹规划、合理布局和适应实际需要的原则设立。省、自治区人民政府可以决定在市、县设立；直辖市人民政府可以决定在区、县设立。直辖市、设区的市也可以设立一个或者若干个劳动争议仲裁委员会。劳动争议仲裁委员会不按行政区划层层设立。

第十八条 国务院劳动行政部门依照本法有关规定制定仲裁规则。省、自治区、直辖市人民政府劳动行政部门对本行政区域的劳动争议仲裁工作进行指导。

第十九条 劳动争议仲裁委员会由劳动行政部门代表、工会代表和企业方面代表组成。劳动争议仲裁委员会组成人员应当是单数。

劳动争议仲裁委员会依法履行下列职责：

（一）聘任、解聘专职或者兼职仲裁员；

（二）受理劳动争议案件；

（三）讨论重大或者疑难的劳动争议案件；

（四）对仲裁活动进行监督。

劳动争议仲裁委员会下设办事机构，负责办理劳动争议仲裁委员会的日常工作。

第二十条 劳动争议仲裁委员会应当设仲裁员名册。

仲裁员应当公道正派并符合下列条件之一：

（一）曾任审判员的；

（二）从事法律研究、教学工作并具有中级以上职称的；

（三）具有法律知识、从事人力资源管理或者工会等专业工作满五年的；

（四）律师执业满三年的。

第二十一条 劳动争议仲裁委员会负责管辖本区域内发生的劳动争议。

劳动争议由劳动合同履行地或者用人单位所在地的劳动争议仲裁委员会管辖。双方当事人分别向劳动合同履行地和用人单位所在地的劳动争议仲裁委员会申请仲裁的，由劳动合同履行地的劳动争议仲裁委员会管辖。

第二十二条 发生劳动争议的劳动者和用人单位为劳动争议仲裁案件的双方当事人。

劳务派遣单位或者用工单位与劳动者发生劳动争议的，劳务派遣单位和用工单位为共同当事人。

第二十三条 与劳动争议案件的处理结果有利害关系的第三人，可以申请参加仲裁活动或者由劳动争议仲裁委员会通知其参加仲裁活动。

第二十四条 当事人可以委托代理人参加仲裁活动。委托他人参加仲裁活动，应当向劳动争议仲裁委员会提交有委托人签名或者盖章的委托书，委托书应当载明委托事项和权限。

第二十五条 丧失或者部分丧失民事行为能力的劳动者，由其法定代理人代为参加仲裁活动；无法定代理人的，由劳动争议仲裁委员会为其指定代理人。劳动者死亡的，由其近亲属或者代理人参加仲裁活动。

第二十六条 劳动争议仲裁公开进行，但当事人协议不公开进行或者涉及国家秘密、商业秘密和个人隐私的除外。

第二节　申请和受理

第二十七条 劳动争议申请仲裁的时效期间为一年。仲裁时效期间从当事人知道或者应当知道其权利被侵害之日起计算。

前款规定的仲裁时效，因当事人一方向对方当事人主张权利，或者向有关部门请求权利救济，或者对方当事人同意履行义务而中断。从中断时起，仲裁时效期间重新计算。

因不可抗力或者有其他正当理由，当事人不能在本条第一款规定的仲裁时效期间申请仲裁的，仲裁时效中止。从中止时效的原因消除之日起，仲裁时效期间继续计算。

劳动关系存续期间因拖欠劳动报酬发生争议的，劳动者申请仲裁不受本条第一款规定的仲裁时效期间的限制；但是，劳动关系终止的，应当自劳动关系终止之日起一年内提出。

第二十八条 申请人申请仲裁应当提交书面仲裁申请，并按照被申请人人数提交副本。

仲裁申请书应当载明下列事项：

（一）劳动者的姓名、性别、年龄、职业、工作单位和住所，用人单位的名称、住所和法定代表人或者主要负责人的姓名、职务；

（二）仲裁请求和所根据的事实、理由；

（三）证据和证据来源、证人姓名和住所。

书写仲裁申请确有困难的，可以口头申请，由劳动争议仲裁委员会记入笔录，并告知对方当事人。

第二十九条　劳动争议仲裁委员会收到仲裁申请之日起五日内，认为符合受理条件的，应当受理，并通知申请人；认为不符合受理条件的，应当书面通知申请人不予受理，并说明理由。对劳动争议仲裁委员会不予受理或者逾期未作出决定的，申请人可以就该劳动争议事项向人民法院提起诉讼。

第三十条　劳动争议仲裁委员会受理仲裁申请后，应当在五日内将仲裁申请书副本送达被申请人。

被申请人收到仲裁申请书副本后，应当在十日内向劳动争议仲裁委员会提交答辩书。劳动争议仲裁委员会收到答辩书后，应当在五日内将答辩书副本送达申请人。被申请人未提交答辩书的，不影响仲裁程序的进行。

第三节　开庭和裁决

第三十一条　劳动争议仲裁委员会裁决劳动争议案件实行仲裁庭制。仲裁庭由三名仲裁员组成，设首席仲裁员。简单劳动争议案件可以由一名仲裁员独任仲裁。

第三十二条　劳动争议仲裁委员会应当在受理仲裁申请之日起五日内将仲裁庭的组成情况书面通知当事人。

第三十三条　仲裁员有下列情形之一，应当回避，当事人也有权以口头或者书面方式提出回避申请：

（一）是本案当事人或者当事人、代理人的近亲属的；

（二）与本案有利害关系的；

（三）与本案当事人、代理人有其他关系，可能影响公正裁决的；

（四）私自会见当事人、代理人，或者接受当事人、代理人的请客送礼的。

劳动争议仲裁委员会对回避申请应当及时作出决定，并以口头或者书面方式通知当事人。

第三十四条　仲裁员有本法第三十三条第四项规定情形，或者有索贿受贿、徇私舞弊、枉法裁决行为的，应当依法承担法律责任。劳动争议仲裁委员会应当将其解聘。

第三十五条　仲裁庭应当在开庭五日前，将开庭日期、地点书面通知双方当事人。当事人有正当理由的，可以在开庭三日前请求延期开庭。是否延期，由劳动争议仲裁委员会决定。

第三十六条　申请人收到书面通知，无正当理由拒不到庭或者未经仲裁庭同意中途退庭的，可以视为撤回仲裁申请。

被申请人收到书面通知，无正当理由拒不到庭或者未经仲裁庭同意中途退庭的，可以缺席裁决。

第三十七条　仲裁庭对专门性问题认为需要鉴定的，可以交由当事人约定的鉴定机构鉴定；当事人没有约定或者无法达成约定的，由仲裁庭指定的鉴定机构鉴定。

根据当事人的请求或者仲裁庭的要求，鉴定机构应当派鉴定人参加开庭。当事人经仲裁庭许可，可以向鉴定人提问。

第三十八条 当事人在仲裁过程中有权进行质证和辩论。质证和辩论终结时，首席仲裁员或者独任仲裁员应当征询当事人的最后意见。

第三十九条 当事人提供的证据经查证属实的，仲裁庭应当将其作为认定事实的根据。

劳动者无法提供由用人单位掌握管理的与仲裁请求有关的证据，仲裁庭可以要求用人单位在指定期限内提供。用人单位在指定期限内不提供的，应当承担不利后果。

第四十条 仲裁庭应当将开庭情况记入笔录。当事人和其他仲裁参加人认为对自己陈述的记录有遗漏或者差错的，有权申请补正。如果不予补正，应当记录该申请。

笔录由仲裁员、记录人员、当事人和其他仲裁参加人签名或者盖章。

第四十一条 当事人申请劳动争议仲裁后，可以自行和解。达成和解协议的，可以撤回仲裁申请。

第四十二条 仲裁庭在作出裁决前，应当先行调解。

调解达成协议的，仲裁庭应当制作调解书。

调解书应当写明仲裁请求和当事人协议的结果。调解书由仲裁员签名，加盖劳动争议仲裁委员会印章，送达双方当事人。调解书经双方当事人签收后，发生法律效力。

调解不成或者调解书送达前，一方当事人反悔的，仲裁庭应当及时作出裁决。

第四十三条 仲裁庭裁决劳动争议案件，应当自劳动争议仲裁委员会受理仲裁申请之日起四十五日内结束。案情复杂需要延期的，经劳动争议仲裁委员会主任批准，可以延期并书面通知当事人，但是延长期限不得超过十五日。逾期未作出仲裁裁决的，当事人可以就该劳动争议事项向人民法院提起诉讼。

仲裁庭裁决劳动争议案件时，其中一部分事实已经清楚，可以就该部分先行裁决。

第四十四条 仲裁庭对追索劳动报酬、工伤医疗费、经济补偿或者赔偿金的案件，根据当事人的申请，可以裁决先予执行，移送人民法院执行。

仲裁庭裁决先予执行的，应当符合下列条件：

(一)当事人之间权利义务关系明确；

(二)不先予执行将严重影响申请人的生活。

劳动者申请先予执行的，可以不提供担保。

第四十五条 裁决应当按照多数仲裁员的意见作出，少数仲裁员的不同意见应当记入笔录。仲裁庭不能形成多数意见时，裁决应当按照首席仲裁员的意见作出。

第四十六条 裁决书应当载明仲裁请求、争议事实、裁决理由、裁决结果和裁决日期。裁决书由仲裁员签名，加盖劳动争议仲裁委员会印章。对裁决持不同意见的仲裁员，可以签名，也可以不签名。

第四十七条 下列劳动争议，除本法另有规定的外，仲裁裁决为终局裁决，裁决书自作出之日起发生法律效力：

(一)追索劳动报酬、工伤医疗费、经济补偿或者赔偿金，不超过当地月最低工资标准十二个月金额的争议；

（二）因执行国家的劳动标准在工作时间、休息休假、社会保险等方面发生的争议。

第四十八条　劳动者对本法第四十七条规定的仲裁裁决不服的，可以自收到仲裁裁决书之日起十五日内向人民法院提起诉讼。

第四十九条　用人单位有证据证明本法第四十七条规定的仲裁裁决有下列情形之一，可以自收到仲裁裁决书之日起三十日内向劳动争议仲裁委员会所在地的中级人民法院申请撤销裁决：

（一）适用法律、法规确有错误的；

（二）劳动争议仲裁委员会无管辖权的；

（三）违反法定程序的；

（四）裁决所根据的证据是伪造的；

（五）对方当事人隐瞒了足以影响公正裁决的证据的；

（六）仲裁员在仲裁该案时有索贿受贿、徇私舞弊、枉法裁决行为的。

人民法院经组成合议庭审查核实裁决有前款规定情形之一的，应当裁定撤销。

仲裁裁决被人民法院裁定撤销的，当事人可以自收到裁定书之日起十五日内就该劳动争议事项向人民法院提起诉讼。

第五十条　当事人对本法第四十七条规定以外的其他劳动争议案件的仲裁裁决不服的，可以自收到仲裁裁决书之日起十五日内向人民法院提起诉讼；期满不起诉的，裁决书发生法律效力。

第五十一条　当事人对发生法律效力的调解书、裁决书，应当依照规定的期限履行。一方当事人逾期不履行的，另一方当事人可以依照民事诉讼法的有关规定向人民法院申请执行。受理申请的人民法院应当依法执行。

第四章　附则

第五十二条　事业单位实行聘用制的工作人员与本单位发生劳动争议的，依照本法执行；法律、行政法规或者国务院另有规定的，依照其规定。

第五十三条　劳动争议仲裁不收费。劳动争议仲裁委员会的经费由财政予以保障。

第五十四条　本法自 2008 年 5 月 1 日起施行。

中华人民共和国建筑法(2019年修正)(摘选)

中华人民共和国主席令第91号　1997年11月1日

(1997年11月1日第八届全国人民代表大会常务委员会第二十八次会议通过　根据2011年4月22日第十一届全国人民代表大会常务委员会第二十次会议《关于修改〈中华人民共和国建筑法〉的决定》第一次修正　根据2019年4月23日第十三届全国人民代表大会常务委员会第十次会议《关于修改〈中华人民共和国建筑法〉等八部法律的决定》第二次修正)

第一章　总则

第一条　为了加强对建筑活动的监督管理,维护建筑市场秩序,保证建筑工程的质量和安全,促进建筑业健康发展,制定本法。

第二条　在中华人民共和国境内从事建筑活动,实施对建筑活动的监督管理,应当遵守本法。

本法所称建筑活动,是指各类房屋建筑及其附属设施的建造和与其配套的线路、管道、设备的安装活动。

第三条　建筑活动应当确保建筑工程质量和安全,符合国家的建筑工程安全标准。

第四条　国家扶持建筑业的发展,支持建筑科学技术研究,提高房屋建筑设计水平,鼓励节约能源和保护环境,提倡采用先进技术、先进设备、先进工艺、新型建筑材料和现代管理方式。

第五条　从事建筑活动应当遵守法律、法规,不得损害社会公共利益和他人的合法权益。

任何单位和个人都不得妨碍和阻挠依法进行的建筑活动。

第六条　国务院建设行政主管部门对全国的建筑活动实施统一监督管理。

第二章　建筑许可

第一节　建筑工程施工许可

第七条　建筑工程开工前,建设单位应当按照国家有关规定向工程所在地县级以上人民政府建设行政主管部门申请领取施工许可证;但是,国务院建设行政主管部门确定的限额以下的小型工程除外。

按照国务院规定的权限和程序批准开工报告的建筑工程，不再领取施工许可证。

第八条 申请领取施工许可证，应当具备下列条件：

（一）已经办理该建筑工程用地批准手续；

（二）依法应当办理建设工程规划许可证的，已经取得建设工程规划许可证；

（三）需要拆迁的，其拆迁进度符合施工要求；

（四）已经确定建筑施工企业；

（五）有满足施工需要的资金安排、施工图纸及技术资料；

（六）有保证工程质量和安全的具体措施。

建设行政主管部门应当自收到申请之日起七日内，对符合条件的申请颁发施工许可证。

第九条 建设单位应当自领取施工许可证之日起三个月内开工。因故不能按期开工的，应当向发证机关申请延期；延期以两次为限，每次不超过三个月。既不开工又不申请延期或者超过延期时限的，施工许可证自行废止。

第十条 在建的建筑工程因故中止施工的，建设单位应当自中止施工之日起一个月内，向发证机关报告，并按照规定做好建筑工程的维护管理工作。

建筑工程恢复施工时，应当向发证机关报告；中止施工满一年的工程恢复施工前，建设单位应当报发证机关核验施工许可证。

第十一条 按照国务院有关规定批准开工报告的建筑工程，因故不能按期开工或者中止施工的，应当及时向批准机关报告情况。因故不能按期开工超过六个月的，应当重新办理开工报告的批准手续。

…………

第三章 建筑工程发包与承包

第一节 一般规定

第十五条 建筑工程的发包单位与承包单位应当依法订立书面合同，明确双方的权利和义务。

发包单位和承包单位应当全面履行合同约定的义务。不按照合同约定履行义务的，依法承担违约责任。

第十六条 建筑工程发包与承包的招标投标活动，应当遵循公开、公正、平等竞争的原则，择优选择承包单位。

建筑工程的招标投标，本法没有规定的，适用有关招标投标法律的规定。

第十七条 发包单位及其工作人员在建筑工程发包中不得收受贿赂、回扣或者索取其他好处。

承包单位及其工作人员不得利用向发包单位及其工作人员行贿、提供回扣或者给予其他好处等不正当手段承揽工程。

第十八条 建筑工程造价应当按照国家有关规定，由发包单位与承包单位在合同中约定。公开招标发包的，其造价的约定，须遵守招标投标法律的规定。

发包单位应当按照合同的约定，及时拨付工程款项。

第二节 发包

第十九条 建筑工程依法实行招标发包，对不适于招标发包的可以直接发包。

第二十条 建筑工程实行公开招标的，发包单位应当依照法定程序和方式，发布招标公告，提供载有招标工程的主要技术要求、主要的合同条款、评标的标准和方法以及开标、评标、定标的程序等内容的招标文件。

开标应当在招标文件规定的时间、地点公开进行。开标后应当按照招标文件规定的评标标准和程序对标书进行评价、比较，在具备相应资质条件的投标者中，择优选定中标者。

第二十一条 建筑工程招标的开标、评标、定标由建设单位依法组织实施，并接受有关行政主管部门的监督。

第二十二条 建筑工程实行招标发包的，发包单位应当将建筑工程发包给依法中标的承包单位。建筑工程实行直接发包的，发包单位应当将建筑工程发包给具有相应资质条件的承包单位。

第二十三条 政府及其所属部门不得滥用行政权力，限定发包单位将招标发包的建筑工程发包给指定的承包单位。

第二十四条 提倡对建筑工程实行总承包，禁止将建筑工程肢解发包。

建筑工程的发包单位可以将建筑工程的勘察、设计、施工、设备采购一并发包给一个工程总承包单位，也可以将建筑工程勘察、设计、施工、设备采购的一项或者多项发包给一个工程总承包单位；但是，不得将应当由一个承包单位完成的建筑工程肢解成若干部分发包给几个承包单位。

第二十五条 按照合同约定，建筑材料、建筑构配件和设备由工程承包单位采购的，发包单位不得指定承包单位购入用于工程的建筑材料、建筑构配件和设备或者指定生产厂、供应商。

第三节 承包

第二十六条 承包建筑工程的单位应当持有依法取得的资质证书，并在其资质等级许可的业务范围内承揽工程。

禁止建筑施工企业超越本企业资质等级许可的业务范围或者以任何形式用其他建筑施工企业的名义承揽工程。禁止建筑施工企业以任何形式允许其他单位或者个人使用本企业的资质证书、营业执照，以本企业的名义承揽工程。

第二十七条 大型建筑工程或者结构复杂的建筑工程，可以由两个以上的承包单位联合共同承包。共同承包的各方对承包合同的履行承担连带责任。

两个以上不同资质等级的单位实行联合共同承包的，应当按照资质等级低的单位的业务许可范围承揽工程。

第二十八条 禁止承包单位将其承包的全部建筑工程转包给他人，禁止承包单位将其承包的全部建筑工程肢解以后以分包的名义分别转包给他人。

第二十九条 建筑工程总承包单位可以将承包工程中的部分工程发包给具有相应资质条件的分包单位；但是，除总承包合同中约定的分包外，必须经建设单位认可。施工总承包的，建筑工程主体结构的施工必须由总承包单位自行完成。

建筑工程总承包单位按照总承包合同的约定对建设单位负责；分包单位按照分包合同的约定对总承包单位负责。总承包单位和分包单位就分包工程对建设单位承担连带责任。

禁止总承包单位将工程分包给不具备相应资质条件的单位。禁止分包单位将其承包的工程再分包。

第四章 建筑工程监理

第三十条 国家推行建筑工程监理制度。

国务院可以规定实行强制监理的建筑工程的范围。

第三十一条 实行监理的建筑工程，由建设单位委托具有相应资质条件的工程监理单位监理。建设单位与其委托的工程监理单位应当订立书面委托监理合同。

第三十二条 建筑工程监理应当依照法律、行政法规及有关的技术标准、设计文件和建筑工程承包合同，对承包单位在施工质量、建设工期和建设资金使用等方面，代表建设单位实施监督。

工程监理人员认为工程施工不符合工程设计要求、施工技术标准和合同约定的，有权要求建筑施工企业改正。

工程监理人员发现工程设计不符合建筑工程质量标准或者合同约定的质量要求的，应当报告建设单位要求设计单位改正。

第三十三条 实施建筑工程监理前，建设单位应当将委托的工程监理单位、监理的内容及监理权限，书面通知被监理的建筑施工企业。

第三十四条 工程监理单位应当在其资质等级许可的监理范围内，承担工程监理业务。

工程监理单位应当根据建设单位的委托，客观、公正地执行监理任务。

工程监理单位与被监理工程的承包单位以及建筑材料、建筑构配件和设备供应单位不得有隶属关系或者其他利害关系。

工程监理单位不得转让工程监理业务。

第三十五条 工程监理单位不按照委托监理合同的约定履行监理义务，对应当监督检查的项目不检查或者不按照规定检查，给建设单位造成损失的，应当承担相应的赔偿责任。

工程监理单位与承包单位串通，为承包单位谋取非法利益，给建设单位造成损失的，应当与承包单位承担连带赔偿责任。

第五章　建筑安全生产管理

第三十六条　建筑工程安全生产管理必须坚持安全第一、预防为主的方针，建立健全安全生产的责任制度和群防群治制度。

第三十七条　建筑工程设计应当符合按照国家规定制定的建筑安全规程和技术规范，保证工程的安全性能。

第三十八条　建筑施工企业在编制施工组织设计时，应当根据建筑工程的特点制定相应的安全技术措施；对专业性较强的工程项目，应当编制专项安全施工组织设计，并采取安全技术措施。

第三十九条　建筑施工企业应当在施工现场采取维护安全、防范危险、预防火灾等措施；有条件的，应当对施工现场实行封闭管理。

施工现场对毗邻的建筑物、构筑物和特殊作业环境可能造成损害的，建筑施工企业应当采取安全防护措施。

第四十条　建设单位应当向建筑施工企业提供与施工现场相关的地下管线资料，建筑施工企业应当采取措施加以保护。

第四十一条　建筑施工企业应当遵守有关环境保护和安全生产的法律、法规的规定，采取控制和处理施工现场的各种粉尘、废气、废水、固体废物以及噪声、振动对环境的污染和危害的措施。

第四十二条　有下列情形之一的，建设单位应当按照国家有关规定办理申请批准手续：

（一）需要临时占用规划批准范围以外场地的；

（二）可能损坏道路、管线、电力、邮电通讯等公共设施的；

（三）需要临时停水、停电、中断道路交通的；

（四）需要进行爆破作业的；

（五）法律、法规规定需要办理报批手续的其他情形。

第四十三条　建设行政主管部门负责建筑安全生产的管理，并依法接受劳动行政主管部门对建筑安全生产的指导和监督。

第四十四条　建筑施工企业必须依法加强对建筑安全生产的管理，执行安全生产责任制度，采取有效措施，防止伤亡和其他安全生产事故的发生。

建筑施工企业的法定代表人对本企业的安全生产负责。

第四十五条　施工现场安全由建筑施工企业负责。实行施工总承包的，由总承包单位负责。分包单位向总承包单位负责，服从总承包单位对施工现场的安全生产管理。

第四十六条 建筑施工企业应当建立健全劳动安全生产教育培训制度，加强对职工安全生产的教育培训；未经安全生产教育培训的人员，不得上岗作业。

第四十七条 建筑施工企业和作业人员在施工过程中，应当遵守有关安全生产的法律、法规和建筑行业安全规章、规程，不得违章指挥或者违章作业。作业人员有权对影响人身健康的作业程序和作业条件提出改进意见，有权获得安全生产所需的防护用品。作业人员对危及生命安全和人身健康的行为有权提出批评、检举和控告。

第四十八条 建筑施工企业应当依法为职工参加工伤保险缴纳工伤保险费。鼓励企业为从事危险作业的职工办理意外伤害保险，支付保险费。

第四十九条 涉及建筑主体和承重结构变动的装修工程，建设单位应当在施工前委托原设计单位或者具有相应资质条件的设计单位提出设计方案；没有设计方案的，不得施工。

第五十条 房屋拆除应当由具备保证安全条件的建筑施工单位承担，由建筑施工单位负责人对安全负责。

第五十一条 施工中发生事故时，建筑施工企业应当采取紧急措施减少人员伤亡和事故损失，并按照国家有关规定及时向有关部门报告。

…………

第七章 法律责任

第六十四条 违反本法规定，未取得施工许可证或者开工报告未经批准擅自施工的，责令改正，对不符合开工条件的责令停止施工，可以处以罚款。

第六十五条 发包单位将工程发包给不具有相应资质条件的承包单位的，或者违反本法规定将建筑工程肢解发包的，责令改正，处以罚款。

超越本单位资质等级承揽工程的，责令停止违法行为，处以罚款，可以责令停业整顿，降低资质等级；情节严重的，吊销资质证书；有违法所得的，予以没收。

未取得资质证书承揽工程的，予以取缔，并处罚款；有违法所得的，予以没收。

以欺骗手段取得资质证书的，吊销资质证书，处以罚款；构成犯罪的，依法追究刑事责任。

第六十六条 建筑施工企业转让、出借资质证书或者以其他方式允许他人以本企业的名义承揽工程的，责令改正，没收违法所得，并处罚款，可以责令停业整顿，降低资质等级；情节严重的，吊销资质证书。对因该项承揽工程不符合规定的质量标准造成的损失，建筑施工企业与使用本企业名义的单位或者个人承担连带赔偿责任。

第六十七条 承包单位将承包的工程转包的，或者违反本法规定进行分包的，责令改正，没收违法所得，并处罚款，可以责令停业整顿，降低资质等级；情节严重的，吊销资质证书。

承包单位有前款规定的违法行为的，对因转包工程或者违法分包的工程不符合规定的质量标准造成的损失,与接受转包或者分包的单位承担连带赔偿责任。

第六十八条 在工程发包与承包中索贿、受贿、行贿,构成犯罪的,依法追究刑事责任;不构成犯罪的,分别处以罚款,没收贿赂的财物,对直接负责的主管人员和其他直接责任人员给予处分。

对在工程承包中行贿的承包单位,除依照前款规定处罚外,可以责令停业整顿,降低资质等级或者吊销资质证书。

第六十九条 工程监理单位与建设单位或者建筑施工企业串通,弄虚作假、降低工程质量的,责令改正,处以罚款,降低资质等级或者吊销资质证书;有违法所得的,予以没收;造成损失的,承担连带赔偿责任;构成犯罪的,依法追究刑事责任。

工程监理单位转让监理业务的,责令改正,没收违法所得,可以责令停业整顿,降低资质等级;情节严重的,吊销资质证书。

第七十条 违反本法规定,涉及建筑主体或者承重结构变动的装修工程擅自施工的,责令改正,处以罚款;造成损失的,承担赔偿责任;构成犯罪的,依法追究刑事责任。

第七十一条 建筑施工企业违反本法规定,对建筑安全事故隐患不采取措施予以消除的,责令改正,可以处以罚款;情节严重的,责令停业整顿,降低资质等级或者吊销资质证书;构成犯罪的,依法追究刑事责任。

建筑施工企业的管理人员违章指挥、强令职工冒险作业,因而发生重大伤亡事故或者造成其他严重后果的,依法追究刑事责任。

第七十二条 建设单位违反本法规定,要求建筑设计单位或者建筑施工企业违反建筑工程质量、安全标准,降低工程质量的,责令改正,可以处以罚款;构成犯罪的,依法追究刑事责任。

第七十三条 建筑设计单位不按照建筑工程质量、安全标准进行设计的,责令改正,处以罚款;造成工程质量事故的,责令停业整顿,降低资质等级或者吊销资质证书,没收违法所得,并处罚款;造成损失的,承担赔偿责任;构成犯罪的,依法追究刑事责任。

第七十四条 建筑施工企业在施工中偷工减料的,使用不合格的建筑材料、建筑构配件和设备的,或者有其他不按照工程设计图纸或者施工技术标准施工的行为的,责令改正,处以罚款;情节严重的,责令停业整顿,降低资质等级或者吊销资质证书;造成建筑工程质量不符合规定的质量标准的,负责返工、修理,并赔偿因此造成的损失;构成犯罪的,依法追究刑事责任。

第七十五条 建筑施工企业违反本法规定,不履行保修义务或者拖延履行保修义务的,责令改正,可以处以罚款,并对在保修期内因屋顶、墙面渗漏、开裂等质量缺陷造成的损失,承担赔偿责任。

第七十六条 本法规定的责令停业整顿、降低资质等级和吊销资质证书的行政处罚,由颁发资质证书的机关决定;其他行政处罚,由建设行政主管部门或者有关部门依照法律和国务院规定的职权范围决定。

依照本法规定被吊销资质证书的,由工商行政管理部门吊销其营业执照。

第七十七条 违反本法规定，对不具备相应资质等级条件的单位颁发该等级资质证书的，由其上级机关责令收回所发的资质证书，对直接负责的主管人员和其他直接责任人员给予行政处分；构成犯罪的，依法追究刑事责任。

第七十八条 政府及其所属部门的工作人员违反本法规定，限定发包单位将招标发包的工程发包给指定的承包单位的，由上级机关责令改正；构成犯罪的，依法追究刑事责任。

第七十九条 负责颁发建筑工程施工许可证的部门及其工作人员对不符合施工条件的建筑工程颁发施工许可证的，负责工程质量监督检查或者竣工验收的部门及其工作人员对不合格的建筑工程出具质量合格文件或者按合格工程验收的，由上级机关责令改正，对责任人员给予行政处分；构成犯罪的，依法追究刑事责任；造成损失的，由该部门承担相应的赔偿责任。

第八十条 在建筑物的合理使用寿命内，因建筑工程质量不合格受到损害的，有权向责任者要求赔偿。

第八章 附则

第八十一条 本法关于施工许可、建筑施工企业资质审查和建筑工程发包、承包、禁止转包，以及建筑工程监理、建筑工程安全和质量管理的规定，适用于其他专业建筑工程的建筑活动，具体办法由国务院规定。

第八十二条 建设行政主管部门和其他有关部门在对建筑活动实施监督管理中，除按照国务院有关规定收取费用外，不得收取其他费用。

第八十三条 省、自治区、直辖市人民政府确定的小型房屋建筑工程的建筑活动，参照本法执行。

依法核定作为文物保护的纪念建筑物和古建筑等的修缮，依照文物保护的有关法律规定执行。

抢险救灾及其他临时性房屋建筑和农民自建低层住宅的建筑活动，不适用本法。

第八十四条 军用房屋建筑工程建筑活动的具体管理办法，由国务院、中央军事委员会依据本法制定。

第八十五条 本法自 1998 年 3 月 1 日起施行。

中华人民共和国公路法(2017年修正)(摘选)

中华人民共和国主席令第86号　1997年7月3日

(1997年7月3日第八届全国人民代表大会常务委员会第二十六次会议通过　根据1999年10月31日第九届全国人民代表大会常务委员会第十二次会议《关于修改〈中华人民共和国公路法〉的决定》第一次修正　根据2004年8月28日第十届全国人民代表大会常务委员会第十一次会议《关于修改〈中华人民共和国公路法〉的决定》第二次修正　根据2009年8月27日第十一届全国人民代表大会常务委员会第十次会议《关于修改部分法律的决定》第三次修正　根据2016年11月7日第十二届全国人民代表大会常务委员会第二十四次会议《关于修改〈中华人民共和国对外贸易法〉等十二部法律的决定》第四次修正　根据2017年11月4日第十二届全国人民代表大会常务委员会第三十次会议《关于修改〈中华人民共和国会计法〉等十一部法律的决定》第五次修正)

…………

第三章　公路建设

第二十条　县级以上人民政府交通主管部门应当依据职责维护公路建设秩序,加强对公路建设的监督管理。

…………

第二十三条　公路建设项目应当按照国家有关规定实行法人负责制度、招标投标制度和工程监理制度。

第二十四条　公路建设单位应当根据公路建设工程的特点和技术要求,选择具有相应资格的勘查设计单位、施工单位和工程监理单位,并依照有关法律、法规、规章的规定和公路工程技术标准的要求,分别签订合同,明确双方的权利义务。

承担公路建设项目的可行性研究单位、勘查设计单位、施工单位和工程监理单位,必须持有国家规定的资质证书。

第二十五条　公路建设项目的施工,须按国务院交通主管部门的规定报请县级以上地方人民政府交通主管部门批准。

…………

第四章　公路养护

…………

第三十八条　县、乡级人民政府应当在农村义务工的范围内，按照国家有关规定组织公路两侧的农村居民履行为公路建设和养护提供劳务的义务。

第三十九条　为保障公路养护人员的人身安全，公路养护人员进行养护作业时，应当穿着统一的安全标志服；利用车辆进行养护作业时，应当在公路作业车辆上设置明显的作业标志。

公路养护车辆进行作业时，在不影响过往车辆通行的前提下，其行驶路线和方向不受公路标志、标线限制；过往车辆对公路养护车辆和人员应当注意避让。

公路养护工程施工影响车辆、行人通行时，施工单位应当依照本法第三十二条的规定办理。

…………

第八章　法律责任

第七十四条　违反法律或者国务院有关规定，擅自在公路上设卡、收费的，由交通主管部门责令停止违法行为，没收违法所得，可以处违法所得三倍以下的罚款，没有违法所得的，可以处二万元以下的罚款；对负有直接责任的主管人员和其他直接责任人员，依法给予行政处分。

第七十五条　违反本法第二十五条规定，未经有关交通主管部门批准擅自施工的，交通主管部门可以责令停止施工，并可以处五万元以下的罚款。

第七十六条　有下列违法行为之一的，由交通主管部门责令停止违法行为，可以处三万元以下的罚款：

（一）违反本法第四十四条第一款规定，擅自占用、挖掘公路的；

（二）违反本法第四十五条规定，未经同意或者未按照公路工程技术标准的要求修建桥梁、渡槽或者架设、埋设管线、电缆等设施的；

（三）违反本法第四十七条规定，从事危及公路安全的作业的；

（四）违反本法第四十八条规定，铁轮车、履带车和其他可能损害路面的机具擅自在公路上行驶的；

（五）违反本法第五十条规定，车辆超限使用汽车渡船或者在公路上擅自超限行驶的；

（六）违反本法第五十二条、第五十六条规定，损坏、移动、涂改公路附属设施或者损坏、挪动建筑控制区的标桩、界桩，可能危及公路安全的。

第七十七条　违反本法第四十六条的规定，造成公路路面损坏、污染或者影响公路畅通的，或者违反本法第五十一条规定，将公路作为试车场地的，由交通主管部门责令停止违法行为，可以处五千元以下的罚款。

第七十八条 违反本法第五十三条规定，造成公路损坏，未报告的，由交通主管部门处一千元以下的罚款。

第七十九条 违反本法第五十四条规定，在公路用地范围内设置公路标志以外的其他标志的，由交通主管部门责令限期拆除，可以处二万元以下的罚款；逾期不拆除的，由交通主管部门拆除，有关费用由设置者负担。

第八十条 违反本法第五十五条规定，未经批准在公路上增设平面交叉道口的，由交通主管部门责令恢复原状，处五万元以下的罚款。

第八十一条 违反本法第五十六条规定，在公路建筑控制区内修建建筑物、地面构筑物或者擅自埋设管线、电缆等设施的，由交通主管部门责令限期拆除，并可以处五万元以下的罚款。逾期不拆除的，由交通主管部门拆除，有关费用由建筑者、构筑者承担。

第八十二条 除本法第七十四条、第七十五条的规定外，本章规定由交通主管部门行使的行政处罚权和行政措施，可以依照本法第八条第四款的规定由公路管理机构行使。

第八十三条 阻碍公路建设或者公路抢修，致使公路建设或者抢修不能正常进行，尚未造成严重损失的，依照《中华人民共和国治安管理处罚法》的规定处罚。

损毁公路或者擅自移动公路标志，可能影响交通安全，尚不够刑事处罚的，适用《中华人民共和国道路交通安全法》第九十九条的处罚规定。

拒绝、阻碍公路监督检查人员依法执行职务未使用暴力、威胁方法的，依照《中华人民共和国治安管理处罚法》的规定处罚。

第八十四条 违反本法有关规定，构成犯罪的，依法追究刑事责任。

第八十五条 违反本法有关规定，对公路造成损害的，应当依法承担民事责任。

对公路造成较大损害的车辆，必须立即停车，保护现场，报告公路管理机构，接受公路管理机构的调查、处理后方得驶离。

第八十六条 交通主管部门、公路管理机构的工作人员玩忽职守、徇私舞弊、滥用职权，构成犯罪的，依法追究刑事责任；尚不构成犯罪的，依法给予行政处分。

…………

中华人民共和国水法(2016年修正)(摘选)

中华人民共和国主席令第61号 1988年1月21日

(1988年1月21日第六届全国人民代表大会常务委员会第二十四次会议通过 2002年8月29日第九届全国人民代表大会常务委员会第二十九次会议修订 根据2009年8月27日第十一届全国人民代表大会常务委员会第十次会议《关于修改部分法律的决定》第一次修正 根据2016年7月2日第十二届全国人民代表大会常务委员会第二十一次会议《关于修改〈中华人民共和国节约能源法〉等六部法律的决定》第二次修正)

第一章 总则

…………

第十二条 国家对水资源实行流域管理与行政区域管理相结合的管理体制。

国务院水行政主管部门负责全国水资源的统一管理和监督工作。

国务院水行政主管部门在国家确定的重要江河、湖泊设立的流域管理机构(以下简称流域管理机构),在所管辖的范围内行使法律、行政法规规定的和国务院水行政主管部门授予的水资源管理和监督职责。

县级以上地方人民政府水行政主管部门按照规定的权限,负责本行政区域内水资源的统一管理和监督工作。

第十三条 国务院有关部门按照职责分工,负责水资源开发、利用、节约和保护的有关工作。

县级以上地方人民政府有关部门按照职责分工,负责本行政区域内水资源开发、利用、节约和保护的有关工作。

第二章 水资源规划

…………

第十九条 建设水工程,必须符合流域综合规划。在国家确定的重要江河、湖泊和跨省、自治区、直辖市的江河、湖泊上建设水工程,未取得有关流域管理机构签署的符合流域综合规划要求的规划同意书的,建设单位不得开工建设;在其他江河、湖泊上建设水工程,未取得县级以上地方人民政府水行政主管部门按照管理权限签署的符合流域综合规划要求的规划同意书的,建设单位不得开工建设。水工程建设涉及防洪的,依照防洪法的有关规定执行；涉及其他地区和行业的，建设单位应当事先征求有关地区和部门的意见。

…………

第四章　水资源、水域和水工程的保护

…………

第三十五条　从事工程建设，占用农业灌溉水源、灌排工程设施，或者对原有灌溉用水、供水水源有不利影响的，建设单位应当采取相应的补救措施；造成损失的，依法给予补偿。

…………

第三十八条　在河道管理范围内建设桥梁、码头和其他拦河、跨河、临河建筑物、构筑物，铺设跨河管道、电缆，应当符合国家规定的防洪标准和其他有关的技术要求，工程建设方案应当依照防洪法的有关规定报经有关水行政主管部门审查同意。

因建设前款工程设施，需要扩建、改建、拆除或者损坏原有水工程设施的，建设单位应当负担扩建、改建的费用和损失补偿。但是，原有工程设施属于违法工程的除外。

…………

第六章　水事纠纷处理与执法监督检查

第五十六条　不同行政区域之间发生水事纠纷的，应当协商处理；协商不成的，由上一级人民政府裁决，有关各方必须遵照执行。在水事纠纷解决前，未经各方达成协议或者共同的上一级人民政府批准，在行政区域交界线两侧一定范围内，任何一方不得修建排水、阻水、取水和截（蓄）水工程，不得单方面改变水的现状。

第五十七条　单位之间、个人之间、单位与个人之间发生的水事纠纷，应当协商解决；当事人不愿协商或者协商不成的，可以申请县级以上地方人民政府或者其授权的部门调解，也可以直接向人民法院提起民事诉讼。县级以上地方人民政府或者其授权的部门调解不成的，当事人可以向人民法院提起民事诉讼。

在水事纠纷解决前，当事人不得单方面改变现状。

第五十八条　县级以上人民政府或者其授权的部门在处理水事纠纷时，有权采取临时处置措施，有关各方或者当事人必须服从。

第五十九条　县级以上人民政府水行政主管部门和流域管理机构应当对违反本法的行为加强监督检查并依法进行查处。

水政监督检查人员应当忠于职守，秉公执法。

第六十条　县级以上人民政府水行政主管部门、流域管理机构及其水政监督检查人员履行本法规定的监督检查职责时，有权采取下列措施：

(一)要求被检查单位提供有关文件、证照、资料；

(二)要求被检查单位就执行本法的有关问题作出说明；

(三)进入被检查单位的生产场所进行调查；

(四)责令被检查单位停止违反本法的行为，履行法定义务。

第六十一条 有关单位或者个人对水政监督检查人员的监督检查工作应当给予配合，不得拒绝或者阻碍水政监督检查人员依法执行职务。

第六十二条 水政监督检查人员在履行监督检查职责时，应当向被检查单位或者个人出示执法证件。

第六十三条 县级以上人民政府或者上级水行政主管部门发现本级或者下级水行政主管部门在监督检查工作中有违法或者失职行为的，应当责令其限期改正。

第七章 法律责任

第六十四条 水行政主管部门或者其他有关部门以及水工程管理单位及其工作人员，利用职务上的便利收取他人财物、其他好处或者玩忽职守，对不符合法定条件的单位或者个人核发许可证、签署审查同意意见，不按照水量分配方案分配水量，不按照国家有关规定收取水资源费，不履行监督职责，或者发现违法行为不予查处，造成严重后果，构成犯罪的，对负有责任的主管人员和其他直接责任人员依照刑法的有关规定追究刑事责任；尚不够刑事处罚的，依法给予行政处分。

第六十五条 在河道管理范围内建设妨碍行洪的建筑物、构筑物，或者从事影响河势稳定、危害河岸堤防安全和其他妨碍河道行洪的活动的，由县级以上人民政府水行政主管部门或者流域管理机构依据职权，责令停止违法行为，限期拆除违法建筑物、构筑物，恢复原状；逾期不拆除、不恢复原状的，强行拆除，所需费用由违法单位或者个人负担，并处一万元以上十万元以下的罚款。

未经水行政主管部门或者流域管理机构同意，擅自修建水工程，或者建设桥梁、码头和其他拦河、跨河、临河建筑物、构筑物，铺设跨河管道、电缆，且防洪法未作规定的，由县级以上人民政府水行政主管部门或者流域管理机构依据职权，责令停止违法行为，限期补办有关手续；逾期不补办或者补办未被批准的，责令限期拆除违法建筑物、构筑物；逾期不拆除的，强行拆除，所需费用由违法单位或者个人负担，并处一万元以上十万元以下的罚款。

虽经水行政主管部门或者流域管理机构同意，但未按照要求修建前款所列工程设施的，由县级以上人民政府水行政主管部门或者流域管理机构依据职权，责令限期改正，按照情节轻重，处一万元以上十万元以下的罚款。

第六十六条 有下列行为之一，且防洪法未作规定的，由县级以上人民政府水行政主管部门或者流域管理机构依据职权，责令停止违法行为，限期清除障碍或者采取其他补救措施，处一万元以上五万元以下的罚款：

(一)在江河、湖泊、水库、运河、渠道内弃置、堆放阻碍行洪的物体和种植阻碍行洪的林木及高秆作物的；

(二)围湖造地或者未经批准围垦河道的。

第六十七条 在饮用水水源保护区内设置排污口的，由县级以上地方人民政府责令限期拆除、恢复原状；逾期不拆除、不恢复原状的，强行拆除、恢复原状，并处五万元以上十万元以下的罚款。

未经水行政主管部门或者流域管理机构审查同意，擅自在江河、湖泊新建、改建或者扩大排污口的，由县级以上人民政府水行政主管部门或者流域管理机构依据职权，责令停止违法行为，限期恢复原状，处五万元以上十万元以下的罚款。

第六十八条 生产、销售或者在生产经营中使用国家明令淘汰的落后的、耗水量高的工艺、设备和产品的，由县级以上地方人民政府经济综合主管部门责令停止生产、销售或者使用，处二万元以上十万元以下的罚款。

第六十九条 有下列行为之一的，由县级以上人民政府水行政主管部门或者流域管理机构依据职权，责令停止违法行为，限期采取补救措施，处二万元以上十万元以下的罚款；情节严重的，吊销其取水许可证：

(一)未经批准擅自取水的；

(二)未依照批准的取水许可规定条件取水的。

第七十条 拒不缴纳、拖延缴纳或者拖欠水资源费的，由县级以上人民政府水行政主管部门或者流域管理机构依据职权，责令限期缴纳；逾期不缴纳的，从滞纳之日起按日加收滞纳部分千分之二的滞纳金，并处应缴或者补缴水资源费一倍以上五倍以下的罚款。

第七十一条 建设项目的节水设施没有建成或者没有达到国家规定的要求，擅自投入使用的，由县级以上人民政府有关部门或者流域管理机构依据职权，责令停止使用，限期改正，处五万元以上十万元以下的罚款。

第七十二条 有下列行为之一，构成犯罪的，依照刑法的有关规定追究刑事责任；尚不够刑事处罚，且防洪法未作规定的，由县级以上地方人民政府水行政主管部门或者流域管理机构依据职权，责令停止违法行为，采取补救措施，处一万元以上五万元以下的罚款；违反治安管理处罚法的，由公安机关依法给予治安管理处罚；给他人造成损失的，依法承担赔偿责任：

(一)侵占、毁坏水工程及堤防、护岸等有关设施，毁坏防汛、水文监测、水文地质监测设施的；

(二)在水工程保护范围内，从事影响水工程运行和危害水工程安全的爆破、打井、采石、取土等活动的。

第七十三条 侵占、盗窃或者抢夺防汛物资，防洪排涝、农田水利、水文监测和测量以及其他水工程设备和器材，贪污或者挪用国家救灾、抢险、防汛、移民安置和补偿及其他水利建设款物，构成犯罪的，依照刑法的有关规定追究刑事责任。

第七十四条　在水事纠纷发生及其处理过程中煽动闹事、结伙斗殴、抢夺或者损坏公私财物、非法限制他人人身自由，构成犯罪的，依照刑法的有关规定追究刑事责任；尚不够刑事处罚的，由公安机关依法给予治安管理处罚。

第七十五条　不同行政区域之间发生水事纠纷，有下列行为之一的，对负有责任的主管人员和其他直接责任人员依法给予行政处分：

（一）拒不执行水量分配方案和水量调度预案的；

（二）拒不服从水量统一调度的；

（三）拒不执行上一级人民政府的裁决的；

（四）在水事纠纷解决前，未经各方达成协议或者上一级人民政府批准，单方面违反本法规定改变水的现状的。

第七十六条　引水、截（蓄）水、排水，损害公共利益或者他人合法权益的，依法承担民事责任。

第七十七条　对违反本法第三十九条有关河道采砂许可制度规定的行政处罚，由国务院规定。

…………

中华人民共和国港口法（2018年修正）（摘选）

中华人民共和国主席令第5号　2003年6月28日

（2003年6月28日第十届全国人民代表大会常务委员会第三次会议通过　根据2015年4月24日第十二届全国人民代表大会常务委员会第十四次会议《关于修改〈中华人民共和国港口法〉等七部法律的决定》第一次修正　根据2017年11月4日第十二届全国人民代表大会常务委员会第三十次会议《关于修改〈中华人民共和国会计法〉等十一部法律的决定》第二次修正　根据2018年12月29日第十三届全国人民代表大会常务委员会第七次会议《关于修改〈中华人民共和国电力法〉等四部法律的决定》第三次修正）

第一章　总则

第一条　为了加强港口管理，维护港口的安全与经营秩序，保护当事人的合法权益，促进港口的建设与发展，制定本法。

第二条　从事港口规划、建设、维护、经营、管理及其相关活动，适用本法。

第三条　本法所称港口，是指具有船舶进出、停泊、靠泊，旅客上下，货物装卸、驳运、储存等功能，具有相应的码头设施，由一定范围的水域和陆域组成的区域。

港口可以由一个或者多个港区组成。

第四条 国务院和有关县级以上地方人民政府应当在国民经济和社会发展计划中体现港口的发展和规划要求，并依法保护和合理利用港口资源。

第五条 国家鼓励国内外经济组织和个人依法投资建设、经营港口，保护投资者的合法权益。

第六条 国务院交通主管部门主管全国的港口工作。

地方人民政府对本行政区域内港口的管理，按照国务院关于港口管理体制的规定确定。

依照前款确定的港口管理体制，由港口所在地的市、县人民政府管理的港口，由市、县人民政府确定一个部门具体实施对港口的行政管理；由省、自治区、直辖市人民政府管理的港口，由省、自治区、直辖市人民政府确定一个部门具体实施对港口的行政管理。

依照前款确定的对港口具体实施行政管理的部门，以下统称港口行政管理部门。

第二章 港口规划与建设

第七条 港口规划应当根据国民经济和社会发展的要求以及国防建设的需要编制，体现合理利用岸线资源的原则，符合城镇体系规划，并与土地利用总体规划、城市总体规划、江河流域规划、防洪规划、海洋功能区划、水路运输发展规划和其他运输方式发展规划以及法律、行政法规规定的其他有关规划相衔接、协调。

编制港口规划应当组织专家论证，并依法进行环境影响评价。

第八条 港口规划包括港口布局规划和港口总体规划。

港口布局规划，是指港口的分布规划，包括全国港口布局规划和省、自治区、直辖市港口布局规划。

港口总体规划，是指一个港口在一定时期的具体规划，包括港口的水域和陆域范围、港区划分、吞吐量和到港船型、港口的性质和功能、水域和陆域使用、港口设施建设岸线使用、建设用地配置以及分期建设序列等内容。

港口总体规划应当符合港口布局规划。

第九条 全国港口布局规划，由国务院交通主管部门征求国务院有关部门和有关军事机关的意见编制，报国务院批准后公布实施。

省、自治区、直辖市港口布局规划，由省、自治区、直辖市人民政府根据全国港口布局规划组织编制，并送国务院交通主管部门征求意见。国务院交通主管部门自收到征求意见的材料之日起满三十日未提出修改意见的，该港口布局规划由有关省、自治区、直辖市人民政府公布实施；国务院交通主管部门认为不符合全国港口布局规划的，应当自收到征求意见的材料之日起三十日内提出修改意见；有关省、自治区、直辖市人民政府对修改意见有异议的，报国务院决定。

第十条 港口总体规划由港口行政管理部门征求有关部门和有关军事机关的意见

编制。

第十一条 地理位置重要、吞吐量较大、对经济发展影响较广的主要港口的总体规划，由国务院交通主管部门征求国务院有关部门和有关军事机关的意见后，会同有关省、自治区、直辖市人民政府批准，并公布实施。主要港口名录由国务院交通主管部门征求国务院有关部门意见后确定并公布。

省、自治区、直辖市人民政府征求国务院交通主管部门的意见后确定本地区的重要港口。重要港口的总体规划由省、自治区、直辖市人民政府征求国务院交通主管部门意见后批准，公布实施。

前两款规定以外的港口的总体规划，由港口所在地的市、县人民政府批准后公布实施，并报省、自治区、直辖市人民政府备案。

市、县人民政府港口行政管理部门编制的属于本条第一款、第二款规定范围的港口的总体规划，在报送审批前应当经本级人民政府审核同意。

第十二条 港口规划的修改，按照港口规划制定程序办理。

第十三条 在港口总体规划区内建设港口设施，使用港口深水岸线的，由国务院交通主管部门会同国务院经济综合宏观调控部门批准；建设港口设施，使用非深水岸线的，由港口行政管理部门批准。但是，由国务院或者国务院经济综合宏观调控部门批准建设的项目使用港口岸线，不再另行办理使用港口岸线的审批手续。

港口深水岸线的标准由国务院交通主管部门制定。

第十四条 港口建设应当符合港口规划。不得违反港口规划建设任何港口设施。

第十五条 按照国家规定须经有关机关批准的港口建设项目，应当按照国家有关规定办理审批手续，并符合国家有关标准和技术规范。

建设港口工程项目，应当依法进行环境影响评价。

港口建设项目的安全设施和环境保护设施，必须与主体工程同时设计、同时施工、同时投入使用。

第十六条 港口建设使用土地和水域，应当依照有关土地管理、海域使用管理、河道管理、航道管理、军事设施保护管理的法律、行政法规以及其他有关法律、行政法规的规定办理。

第十七条 港口的危险货物作业场所、实施卫生除害处理的专用场所，应当符合港口总体规划和国家有关安全生产、消防、检验检疫和环境保护的要求，其与人口密集区和港口客运设施的距离应当符合国务院有关部门的规定；经依法办理有关手续后，方可建设。

第十八条 航标设施以及其他辅助性设施，应当与港口同步建设，并保证按期投入使用。

港口内有关行政管理机构办公设施的建设应当符合港口总体规划，建设费用不得向港口经营人摊派。

第十九条 港口设施建设项目竣工后，应当按照国家有关规定经验收合格，方可投入使用。

港口设施的所有权，依照有关法律规定确定。

第二十条 县级以上有关人民政府应当保证必要的资金投入，用于港口公用的航道、防波堤、锚地等基础设施的建设和维护。具体办法由国务院规定。

第二十一条 县级以上有关人民政府应当采取措施，组织建设与港口相配套的航道、铁路、公路、给排水、供电、通信等设施。

…………

第五章 法律责任

第四十五条 港口经营人、港口理货业务经营人有本法规定的违法行为的，依照有关法律、行政法规的规定纳入信用记录，并予以公示。

第四十六条 有下列行为之一的，由县级以上地方人民政府或者港口行政管理部门责令限期改正；逾期不改正的，由作出限期改正决定的机关申请人民法院强制拆除违法建设的设施；可以处五万元以下罚款：

（一）违反港口规划建设港口、码头或者其他港口设施的；

（二）未经依法批准，建设港口设施使用港口岸线的。

建设项目的审批部门对违反港口规划的建设项目予以批准的，对其直接负责的主管人员和其他直接责任人员，依法给予行政处分。

第四十七条 在港口建设的危险货物作业场所、实施卫生除害处理的专用场所与人口密集区或者港口客运设施的距离不符合国务院有关部门的规定的，由港口行政管理部门责令停止建设或者使用，限期改正，可以处五万元以下罚款。

第四十八条 码头或者港口装卸设施、客运设施未经验收合格，擅自投入使用的，由港口行政管理部门责令停止使用，限期改正，可以处五万元以下罚款。

第四十九条 未依法取得港口经营许可证从事港口经营，或者港口理货业务经营人兼营货物装卸经营业务、仓储经营业务的，由港口行政管理部门责令停止违法经营，没收违法所得；违法所得十万元以上的，并处违法所得二倍以上五倍以下罚款；违法所得不足十万元的，处五万元以上二十万元以下罚款。

第五十条 港口经营人不优先安排抢险物资、救灾物资、国防建设急需物资的作业的，由港口行政管理部门责令改正；造成严重后果的，吊销港口经营许可证。

第五十一条 港口经营人违反有关法律、行政法规的规定，在经营活动中实施垄断行为或者不正当竞争行为的，依照有关法律、行政法规的规定承担法律责任。

第五十二条 港口经营人违反本法第三十二条关于安全生产的规定的，由港口行政管理部门或者其他依法负有安全生产监督管理职责的部门依法给予处罚；情节严重的，由港口行政管理部门吊销港口经营许可证，并对其主要负责人依法给予处分；构成犯罪的，依法追究刑事责任。

第五十三条　船舶进出港口，未依照本法第三十四条的规定向海事管理机构报告的，由海事管理机构依照有关水上交通安全的法律、行政法规的规定处罚。

第五十四条　未依法向港口行政管理部门报告并经其同意，在港口内进行危险货物的装卸、过驳作业的，由港口行政管理部门责令停止作业，处五千元以上五万元以下罚款。

第五十五条　在港口水域内从事养殖、种植活动的，由海事管理机构责令限期改正；逾期不改正的，强制拆除养殖、种植设施，拆除费用由违法行为人承担；可以处一万元以下罚款。

第五十六条　未经依法批准在港口进行可能危及港口安全的采掘、爆破等活动的，向港口水域倾倒泥土、砂石的，由港口行政管理部门责令停止违法行为，限期消除因此造成的安全隐患；逾期不消除的，强制消除，因此发生的费用由违法行为人承担；处五千元以上五万元以下罚款；依照有关水上交通安全的法律、行政法规的规定由海事管理机构处罚的，依照其规定；构成犯罪的，依法追究刑事责任。

第五十七条　交通主管部门、港口行政管理部门、海事管理机构等不依法履行职责，有下列行为之一的，对直接负责的主管人员和其他直接责任人员依法给予行政处分；构成犯罪的，依法追究刑事责任：

（一）违法批准建设港口设施使用港口岸线，或者违法批准船舶载运危险货物进出港口、违法批准在港口内进行危险货物的装卸、过驳作业的；

（二）对不符合法定条件的申请人给予港口经营许可的；

（三）发现取得经营许可的港口经营人不再具备法定许可条件而不及时吊销许可证的；

（四）不依法履行监督检查职责，对违反港口规划建设港口、码头或者其他港口设施的行为，未经依法许可从事港口经营业务的行为，不遵守安全生产管理规定的行为，危及港口作业安全的行为，以及其他违反本法规定的行为，不依法予以查处的。

第五十八条　行政机关违法干预港口经营人的经营自主权的，由其上级行政机关或者监察机关责令改正；向港口经营人摊派财物或者违法收取费用的，责令退回；情节严重的，对直接负责的主管人员和其他直接责任人员依法给予行政处分。

…………

中华人民共和国航道法（2016年修正）（摘选）

中华人民共和国主席令第17号　2014年12月28日

（2014年12月28日第十二届全国人民代表大会常务委员会第十二次会议通过　根据2016年7月2日第十二届全国人民代表大会常务委员会第二十一次会议《关于修改〈中华人民共和国节约能源法〉等六部法律的决定》修正）

第一章　总则

第一条　为了规范和加强航道的规划、建设、养护、保护，保障航道畅通和通航安全，促进水路运输发展，制定本法。

第二条　本法所称航道，是指中华人民共和国领域内的江河、湖泊等内陆水域中可以供船舶通航的通道，以及内海、领海中经建设、养护可以供船舶通航的通道。航道包括通航建筑物、航道整治建筑物和航标等航道设施。

第三条　规划、建设、养护、保护航道，应当根据经济社会发展和国防建设的需要，遵循综合利用和保护水资源、保护生态环境的原则，服从综合交通运输体系建设和防洪总体安排，统筹兼顾供水、灌溉、发电、渔业等需求，发挥水资源的综合效益。

第四条　国务院和有关县级以上地方人民政府应当加强对航道工作的领导，组织、协调、督促有关部门采取措施，保持和改善航道通航条件，保护航道安全，维护航道网络完整和畅通。

国务院和有关县级以上地方人民政府应当根据经济社会发展水平和航道建设、养护的需要，在财政预算中合理安排航道建设和养护资金。

第五条　国务院交通运输主管部门主管全国航道管理工作，并按照国务院的规定直接管理跨省、自治区、直辖市的重要干线航道和国际、国境河流航道等重要航道。

县级以上地方人民政府交通运输主管部门按照省、自治区、直辖市人民政府的规定主管所辖航道的管理工作。

国务院交通运输主管部门按照国务院规定设置的负责航道管理的机构和县级以上地方人民政府负责航道管理的部门或者机构（以下统称负责航道管理的部门），承担本法规定的航道管理工作。

第二章　航道规划

第六条　航道规划分为全国航道规划、流域航道规划、区域航道规划和省、自治区、直辖市航道规划。

航道规划应当包括航道的功能定位、规划目标、发展规划技术等级、规划实施步骤以及保障措施等内容。

航道规划应当符合依法制定的流域、区域综合规划，符合水资源规划、防洪规划和海洋功能区划，并与涉及水资源综合利用的相关专业规划以及依法制定的城乡规划、环境保护规划等其他相关规划和军事设施保护区划相协调。

第七条　航道应当划分技术等级。航道技术等级包括现状技术等级和发展规划技术等级。航道发展规划技术等级根据相关自然条件以及防洪、供水、水资源保护、生态环境保护要求和航运发展需求等因素评定。

第八条 全国航道规划由国务院交通运输主管部门会同国务院发展改革部门、国务院水行政主管部门等部门编制，报国务院批准公布。流域航道规划、区域航道规划由国务院交通运输主管部门编制并公布。

省、自治区、直辖市航道规划由省、自治区、直辖市人民政府交通运输主管部门会同同级发展改革部门、水行政主管部门等部门编制，报省、自治区、直辖市人民政府会同国务院交通运输主管部门批准公布。

编制航道规划应当征求有关部门和有关军事机关的意见，并依法进行环境影响评价。涉及海域、重要渔业水域的，应当有同级海洋主管部门、渔业行政主管部门参加。编制全国航道规划和流域航道规划、区域航道规划应当征求相关省、自治区、直辖市人民政府的意见。

流域航道规划、区域航道规划和省、自治区、直辖市航道规划应当符合全国航道规划。

第九条 依法制定并公布的航道规划应当依照执行；航道规划确需修改的，依照规划编制程序办理。

第三章 航道建设

第十条 新建航道以及为改善航道通航条件而进行的航道工程建设，应当遵守法律、行政法规关于建设工程质量管理、安全管理和生态环境保护的规定，符合航道规划，执行有关的国家标准、行业标准和技术规范，依法办理相关手续。

第十一条 航道建设单位应当根据航道建设工程的技术要求，依法通过招标等方式选择具有相应资质的勘察、设计、施工和监理单位进行工程建设，对工程质量和安全进行监督检查，并对工程质量和安全负责。

从事航道工程建设的勘察、设计、施工和监理单位，应当依照法律、行政法规的规定取得相应的资质，并在其资质等级许可的范围内从事航道工程建设活动，依法对勘察、设计、施工、监理的质量和安全负责。

第十二条 有关县级以上人民政府交通运输主管部门应当加强对航道建设工程质量和安全的监督检查，保障航道建设工程的质量和安全。

第十三条 航道建设工程竣工后，应当按照国家有关规定组织竣工验收，经验收合格方可正式投入使用。

航道建设单位应当自航道建设工程竣工验收合格之日起六十日内，将竣工测量图报送负责航道管理的部门。沿海航道的竣工测量图还应当报送海军航海保证部门。

第十四条 进行航道工程建设应当维护河势稳定，符合防洪要求，不得危及依法建设的其他工程或者设施的安全。因航道工程建设损坏依法建设的其他工程或者设施的，航道建设单位应当予以修复或者依法赔偿。

…………

第六章　法律责任

第三十八条　航道建设、勘察、设计、施工、监理单位在航道建设活动中违反本法规定的，由县级以上人民政府交通运输主管部门依照有关招标投标和工程建设管理的法律、行政法规的规定处罚。

第三十九条　建设单位未依法报送航道通航条件影响评价材料而开工建设的，由有审核权的交通运输主管部门或者航道管理机构责令停止建设，限期补办手续，处三万元以下的罚款；逾期不补办手续继续建设的，由有审核权的交通运输主管部门或者航道管理机构责令恢复原状，处二十万元以上五十万元以下的罚款。

报送的航道通航条件影响评价材料未通过审核，建设单位开工建设的，由有审核权的交通运输主管部门或者航道管理机构责令停止建设、恢复原状，处二十万元以上五十万元以下的罚款。

违反航道通航条件影响评价的规定建成的项目导致航道通航条件严重下降的，由前两款规定的交通运输主管部门或者航道管理机构责令限期采取补救措施或者拆除；逾期未采取补救措施或者拆除的，由交通运输主管部门或者航道管理机构代为采取补救措施或者依法组织拆除，所需费用由建设单位承担。

第四十条　与航道有关的工程的建设单位违反本法规定，未及时清除影响航道通航条件的临时设施及其残留物的，由负责航道管理的部门责令限期清除，处二万元以下的罚款；逾期仍未清除的，处三万元以上二十万元以下的罚款，并由负责航道管理的部门依法组织清除，所需费用由建设单位承担。

第四十一条　在通航水域上建设桥梁等建筑物，建设单位未按照规定设置航标等设施的，由负责航道管理的部门或者海事管理机构责令改正，处五万元以下罚款。

第四十二条　违反本法规定，有下列行为之一的，由负责航道管理的部门责令改正，对单位处五万元以下罚款，对个人处二千元以下罚款；造成损失的，依法承担赔偿责任：

(一)在航道内设置渔具或者水产养殖设施的；

(二)在航道和航道保护范围内倾倒砂石、泥土、垃圾以及其他废弃物的；

(三)在通航建筑物及其引航道和船舶调度区内从事货物装卸、水上加油、船舶维修、捕鱼等，影响通航建筑物正常运行的；

(四)危害航道设施安全的；

(五)其他危害航道通航安全的行为。

第四十三条　在河道内依法划定的砂石禁采区采砂、无证采砂、未按批准的范围和作业方式采砂等非法采砂的，依照有关法律、行政法规的规定处罚。

违反本法规定，在航道和航道保护范围内采砂，损害航道通航条件的，由负责航道管理的部门责令停止违法行为，没收违法所得，可以扣押或者没收非法采砂船舶，并处五万元以上三十万元以下罚款；造成损失的，依法承担赔偿责任。

第四十四条　违反法律规定，污染环境、破坏生态或者有其他环境违法行为的，依照《中华人民共和国环境保护法》等法律的规定处罚。

第四十五条　交通运输主管部门以及其他有关部门不依法履行本法规定的职责的，对直接负责的主管人员和其他直接责任人员依法给予处分。

负责航道管理的机构不依法履行本法规定的职责的，由其上级主管部门责令改正，对直接负责的主管人员和其他直接责任人员依法给予处分。

第四十六条　违反本法规定，构成违反治安管理行为的，依法给予治安管理处罚；构成犯罪的，依法追究刑事责任。

…………

中华人民共和国刑法（2020年修正）（摘选）

全国人大常务委员会委员长令第5号　1979年7月6日

（1979年7月1日第五届全国人民代表大会第二次会议通过　1997年3月14日第八届全国人民代表大会第五次会议修订　根据1998年12月29日第九届全国人民代表大会常务委员会第六次会议通过的《全国人民代表大会常务委员会关于惩治骗购外汇、逃汇和非法买卖外汇犯罪的决定》、1999年12月25日第九届全国人民代表大会常务委员会第十三次会议通过的《中华人民共和国刑法修正案》、2001年8月31日第九届全国人民代表大会常务委员会第二十三次会议通过的《中华人民共和国刑法修正案（二）》、2001年12月29日第九届全国人民代表大会常务委员会第二十五次会议通过的《中华人民共和国刑法修正案（三）》、2002年12月28日第九届全国人民代表大会常务委员会第三十一次会议通过的《中华人民共和国刑法修正案（四）》、2005年2月28日第十届全国人民代表大会常务委员会第十四次会议通过的《中华人民共和国刑法修正案（五）》、2006年6月29日第十届全国人民代表大会常务委员会第二十二次会议通过的《中华人民共和国刑法修正案（六）》、2009年2月28日第十一届全国人民代表大会常务委员会第七次会议通过的《中华人民共和国刑法修正案（七）》、2009年8月27日第十一届全国人民代表大会常务委员会第十次会议通过的《全国人民代表大会常务委员会关于修改部分法律的决定》、2011年2月25日第十一届全国人民代表大会常务委员会第十九次会议通过的《中华人民共和国刑法修正案（八）》、2015年8月29日第十二届全国人民代表大会常务委员会第十六次会议通过的《中华人民共和国刑法修正案（九）》、2017年11月4日第十二届全国人民代表大会常务委员会第三十次会议通过的《中华人民共和国刑法修正案（十）》和2020年12月26日第十三届全国人民代表大会常务委员会第二十四次会议通过的《中华人民共和国刑法修正案（十一）》修正）

…………

第二章　危害公共安全罪

第一百三十四条　【重大责任事故罪】在生产、作业中违反有关安全管理的规定，因而发生重大伤亡事故或者造成其他严重后果的，处三年以下有期徒刑或者拘役；情节特别恶劣的，处三年以上七年以下有期徒刑。

【强令、组织他人违章冒险作业罪】强令他人违章冒险作业，或者明知存在重大事故隐患而不排除，仍冒险组织作业，因而发生重大伤亡事故或者造成其他严重后果的，处五年以下有期徒刑或者拘役；情节特别恶劣的，处五年以上有期徒刑。

第一百三十四条之一　【危险作业罪】在生产、作业中违反有关安全管理的规定，有下列情形之一，具有发生重大伤亡事故或者其他严重后果的现实危险的，处一年以下有期徒刑、拘役或者管制：

（一）关闭、破坏直接关系生产安全的监控、报警、防护、救生设备、设施，或者篡改、隐瞒、销毁其相关数据、信息的；

（二）因存在重大事故隐患被依法责令停产停业、停止施工、停止使用有关设备、设施、场所或者立即采取排除危险的整改措施，而拒不执行的；

（三）涉及安全生产的事项未经依法批准或者许可，擅自从事矿山开采、金属冶炼、建筑施工，以及危险物品生产、经营、储存等高度危险的生产作业活动的。

第一百三十五条　【重大劳动安全事故罪】安全生产设施或者安全生产条件不符合国家规定，因而发生重大伤亡事故或者造成其他严重后果的，对直接负责的主管人员和其他直接责任人员，处三年以下有期徒刑或者拘役；情节特别恶劣的，处三年以上七年以下有期徒刑。

…………

第一百三十七条　【工程重大安全事故罪】建设单位、设计单位、施工单位、工程监理单位违反国家规定，降低工程质量标准，造成重大安全事故的，对直接责任人员，处五年以下有期徒刑或者拘役，并处罚金；后果特别严重的，处五年以上十年以下有期徒刑，并处罚金。

…………

第一百三十九条之一　【不报、谎报安全事故罪】在安全事故发生后，负有报告职责的人员不报或者谎报事故情况，贻误事故抢救，情节严重的，处三年以下有期徒刑或者拘役；情节特别严重的，处三年以上七年以下有期徒刑。

…………

第四章　侵犯公民人身权利、民主权利罪

…………

第二百四十四条 【强迫劳动罪】以暴力、威胁或者限制人身自由的方法强迫他人劳动的，处三年以下有期徒刑或者拘役，并处罚金；情节严重的，处三年以上十年以下有期徒刑，并处罚金。

明知他人实施前款行为，为其招募、运送人员或者有其他协助强迫他人劳动行为的，依照前款的规定处罚。

单位犯前两款罪的，对单位判处罚金，并对其直接负责的主管人员和其他直接责任人员，依照第一款的规定处罚。

第二百四十四条之一 【雇用童工从事危重劳动罪】违反劳动管理法规，雇用未满十六周岁的未成年人从事超强度体力劳动的，或者从事高空、井下作业的，或者在爆炸性、易燃性、放射性、毒害性等危险环境下从事劳动，情节严重的，对直接责任人员，处三年以下有期徒刑或者拘役，并处罚金；情节特别严重的，处三年以上七年以下有期徒刑，并处罚金。

有前款行为，造成事故，又构成其他犯罪的，依照数罪并罚的规定处罚。

…………

第五章 侵犯财产罪

第二百七十六条之一 【拒不支付劳动报酬罪】以转移财产、逃匿等方法逃避支付劳动者的劳动报酬或者有能力支付而不支付劳动者的劳动报酬，数额较大，经政府有关部门责令支付仍不支付的，处三年以下有期徒刑或者拘役，并处或者单处罚金；造成严重后果的，处三年以上七年以下有期徒刑，并处罚金。

单位犯前款罪的，对单位判处罚金，并对其直接负责的主管人员和其他直接责任人员，依照前款的规定处罚。

有前两款行为，尚未造成严重后果，在提起公诉前支付劳动者的劳动报酬，并依法承担相应赔偿责任的，可以减轻或者免除处罚。

第六章 妨害社会管理秩序罪

第一节 扰乱公共秩序罪

第二百七十七条 【妨害公务罪】以暴力、威胁方法阻碍国家机关工作人员依法执行职务的，处三年以下有期徒刑、拘役、管制或者罚金。

以暴力、威胁方法阻碍全国人民代表大会和地方各级人民代表大会代表依法执行代表职务的，依照前款的规定处罚。

在自然灾害和突发事件中，以暴力、威胁方法阻碍红十字会工作人员依法履行职责的，依照第一款的规定处罚。

故意阻碍国家安全机关、公安机关依法执行国家安全工作任务，未使用暴力、威胁方法，造成严重后果的，依照第一款的规定处罚。

…………

第二节　妨害司法罪

…………

第三百零七条之一　【虚假诉讼罪】以捏造的事实提起民事诉讼，妨害司法秩序或者严重侵害他人合法权益的，处三年以下有期徒刑、拘役或者管制，并处或者单处罚金；情节严重的，处三年以上七年以下有期徒刑，并处罚金。

单位犯前款罪的，对单位判处罚金，并对其直接负责的主管人员和其他直接责任人员，依照前款的规定处罚。

有第一款行为，非法占有他人财产或者逃避合法债务，又构成其他犯罪的，依照处罚较重的规定定罪从重处罚。

司法工作人员利用职权，与他人共同实施前三款行为的，从重处罚；同时构成其他犯罪的，依照处罚较重的规定定罪从重处罚。

…………

第三百一十三条　【拒不执行判决、裁定罪】对人民法院的判决、裁定有能力执行而拒不执行，情节严重的，处三年以下有期徒刑、拘役或者罚金；情节特别严重的，处三年以上七年以下有期徒刑，并处罚金。

单位犯前款罪的，对单位判处罚金，并对其直接负责的主管人员和其他直接责任人员，依照前款的规定处罚。

第三百一十四条　【非法处置查封、扣押、冻结的财产罪】隐藏、转移、变卖、故意毁损已被司法机关查封、扣押、冻结的财产，情节严重的，处三年以下有期徒刑、拘役或者罚金。

保障农民工工资支付条例

国务院令第 724 号　2019 年 12 月 30 日

第一章　总则

第一条　为了规范农民工工资支付行为，保障农民工按时足额获得工资，根据《中华人民共和国劳动法》及有关法律规定，制定本条例。

第二条　保障农民工工资支付，适用本条例。

本条例所称农民工，是指为用人单位提供劳动的农村居民。

本条例所称工资，是指农民工为用人单位提供劳动后应当获得的劳动报酬。

第三条　农民工有按时足额获得工资的权利。任何单位和个人不得拖欠农民工工资。

农民工应当遵守劳动纪律和职业道德，执行劳动安全卫生规程，完成劳动任务。

第四条　县级以上地方人民政府对本行政区域内保障农民工工资支付工作负责，建立保障农民工工资支付工作协调机制，加强监管能力建设，健全保障农民工工资支付工作目标责任制，并纳入对本级人民政府有关部门和下级人民政府进行考核和监督的内容。

乡镇人民政府、街道办事处应当加强对拖欠农民工工资矛盾的排查和调处工作，防范和化解矛盾，及时调解纠纷。

第五条　保障农民工工资支付，应当坚持市场主体负责、政府依法监管、社会协同监督，按照源头治理、预防为主、防治结合、标本兼治的要求，依法根治拖欠农民工工资问题。

第六条　用人单位实行农民工劳动用工实名制管理，与招用的农民工书面约定或者通过依法制定的规章制度规定工资支付标准、支付时间、支付方式等内容。

第七条　人力资源社会保障行政部门负责保障农民工工资支付工作的组织协调、管理指导和农民工工资支付情况的监督检查，查处有关拖欠农民工工资案件。

住房城乡建设、交通运输、水利等相关行业工程建设主管部门按照职责履行行业监管责任，督办因违法发包、转包、违法分包、挂靠、拖欠工程款等导致的拖欠农民工工资案件。

发展改革等部门按照职责负责政府投资项目的审批管理，依法审查政府投资项目的资金来源和筹措方式，按规定及时安排政府投资，加强社会信用体系建设，组织对拖欠农民工工资失信联合惩戒对象依法依规予以限制和惩戒。

财政部门负责政府投资资金的预算管理，根据经批准的预算按规定及时足额拨付政府投资资金。

公安机关负责及时受理、侦办涉嫌拒不支付劳动报酬刑事案件，依法处置因农民工工资拖欠引发的社会治安案件。

司法行政、自然资源、人民银行、审计、国有资产管理、税务、市场监管、金融监管等部门，按照职责做好与保障农民工工资支付相关的工作。

第八条　工会、共产主义青年团、妇女联合会、残疾人联合会等组织按照职责依法维护农民工获得工资的权利。

第九条　新闻媒体应当开展保障农民工工资支付法律法规政策的公益宣传和先进典型的报道，依法加强对拖欠农民工工资违法行为的舆论监督，引导用人单位增强依法用工、按时足额支付工资的法律意识，引导农民工依法维权。

第十条　被拖欠工资的农民工有权依法投诉，或者申请劳动争议调解仲裁和提起诉讼。

任何单位和个人对拖欠农民工工资的行为，有权向人力资源社会保障行政部门或者其他有关部门举报。

人力资源社会保障行政部门和其他有关部门应当公开举报投诉电话、网站等渠道，依法接受对拖欠农民工工资行为的举报、投诉。对于举报、投诉的处理实行首问负责制，属于本部门受理的，应当依法及时处理；不属于本部门受理的，应当及时转送相关部门，相关部门应当依法及时处理，并将处理结果告知举报、投诉人。

第二章 工资支付形式与周期

第十一条 农民工工资应当以货币形式，通过银行转账或者现金支付给农民工本人，不得以实物或者有价证券等其他形式替代。

第十二条 用人单位应当按照与农民工书面约定或者依法制定的规章制度规定的工资支付周期和具体支付日期足额支付工资。

第十三条 实行月、周、日、小时工资制的，按照月、周、日、小时为周期支付工资；实行计件工资制的，工资支付周期由双方依法约定。

第十四条 用人单位与农民工书面约定或者依法制定的规章制度规定的具体支付日期，可以在农民工提供劳动的当期或者次期。具体支付日期遇法定节假日或者休息日的，应当在法定节假日或者休息日前支付。

用人单位因不可抗力未能在支付日期支付工资的，应当在不可抗力消除后及时支付。

第十五条 用人单位应当按照工资支付周期编制书面工资支付台账，并至少保存3年。

书面工资支付台账应当包括用人单位名称，支付周期，支付日期，支付对象姓名、身份证号码、联系方式，工作时间，应发工资项目及数额，代扣、代缴、扣除项目和数额，实发工资数额，银行代发工资凭证或者农民工签字等内容。

用人单位向农民工支付工资时，应当提供农民工本人的工资清单。

第三章 工资清偿

第十六条 用人单位拖欠农民工工资的，应当依法予以清偿。

第十七条 不具备合法经营资格的单位招用农民工，农民工已经付出劳动而未获得工资的，依照有关法律规定执行。

第十八条 用工单位使用个人、不具备合法经营资格的单位或者未依法取得劳务派遣许可证的单位派遣的农民工，拖欠农民工工资的，由用工单位清偿，并可以依法进行追偿。

第十九条 用人单位将工作任务发包给个人或者不具备合法经营资格的单位，导致拖欠所招用农民工工资的，依照有关法律规定执行。

用人单位允许个人、不具备合法经营资格或者未取得相应资质的单位以用人单位的名义对外经营，导致拖欠所招用农民工工资的，由用人单位清偿，并可以依法进行追偿。

第二十条　合伙企业、个人独资企业、个体经济组织等用人单位拖欠农民工工资的，应当依法予以清偿；不清偿的，由出资人依法清偿。

第二十一条　用人单位合并或者分立时，应当在实施合并或者分立前依法清偿拖欠的农民工工资；经与农民工书面协商一致的，可以由合并或者分立后承继其权利和义务的用人单位清偿。

第二十二条　用人单位被依法吊销营业执照或者登记证书、被责令关闭、被撤销或者依法解散的，应当在申请注销登记前依法清偿拖欠的农民工工资。

未依据前款规定清偿农民工工资的用人单位主要出资人，应当在注册新用人单位前清偿拖欠的农民工工资。

第四章　工程建设领域特别规定

第二十三条　建设单位应当有满足施工所需要的资金安排。没有满足施工所需要的资金安排的，工程建设项目不得开工建设；依法需要办理施工许可证的，相关行业工程建设主管部门不予颁发施工许可证。

政府投资项目所需资金，应当按照国家有关规定落实到位，不得由施工单位垫资建设。

第二十四条　建设单位应当向施工单位提供工程款支付担保。

建设单位与施工总承包单位依法订立书面工程施工合同，应当约定工程款计量周期、工程款进度结算办法以及人工费用拨付周期，并按照保障农民工工资按时足额支付的要求约定人工费用。人工费用拨付周期不得超过1个月。

建设单位与施工总承包单位应当将工程施工合同保存备查。

第二十五条　施工总承包单位与分包单位依法订立书面分包合同，应当约定工程款计量周期、工程款进度结算办法。

第二十六条　施工总承包单位应当按照有关规定开设农民工工资专用账户，专项用于支付该工程建设项目农民工工资。

开设、使用农民工工资专用账户有关资料应当由施工总承包单位妥善保存备查。

第二十七条　金融机构应当优化农民工工资专用账户开设服务流程，做好农民工工资专用账户的日常管理工作；发现资金未按约定拨付等情况的，及时通知施工总承包单位，由施工总承包单位报告人力资源社会保障行政部门和相关行业工程建设主管部门，并纳入欠薪预警系统。

工程完工且未拖欠农民工工资的，施工总承包单位公示30日后，可以申请注销农民工工资专用账户，账户内余额归施工总承包单位所有。

第二十八条　施工总承包单位或者分包单位应当依法与所招用的农民工订立劳动合同并进行用工实名登记，具备条件的行业应当通过相应的管理服务信息平台进行用工实名登记、管理。未与施工总承包单位或者分包单位订立劳动合同并进行用工实名登记的人员，不得进入项目现场施工。

施工总承包单位应当在工程项目部配备劳资专管员，对分包单位劳动用工实施监督管理，掌握施工现场用工、考勤、工资支付等情况，审核分包单位编制的农民工工资支付表，分包单位应当予以配合。

施工总承包单位、分包单位应当建立用工管理台账，并保存至工程完工且工资全部结清后至少3年。

第二十九条 建设单位应当按照合同约定及时拨付工程款，并将人工费用及时足额拨付至农民工工资专用账户，加强对施工总承包单位按时足额支付农民工工资的监督。

因建设单位未按照合同约定及时拨付工程款导致农民工工资拖欠的，建设单位应当以未结清的工程款为限先行垫付被拖欠的农民工工资。

建设单位应当以项目为单位建立保障农民工工资支付协调机制和工资拖欠预防机制，督促施工总承包单位加强劳动用工管理，妥善处理与农民工工资支付相关的矛盾纠纷。发生农民工集体讨薪事件的，建设单位应当会同施工总承包单位及时处理，并向项目所在地人力资源社会保障行政部门和相关行业工程建设主管部门报告有关情况。

第三十条 分包单位对所招用农民工的实名制管理和工资支付负直接责任。

施工总承包单位对分包单位劳动用工和工资发放等情况进行监督。

分包单位拖欠农民工工资的，由施工总承包单位先行清偿，再依法进行追偿。

工程建设项目转包，拖欠农民工工资的，由施工总承包单位先行清偿，再依法进行追偿。

第三十一条 工程建设领域推行分包单位农民工工资委托施工总承包单位代发制度。

分包单位应当按月考核农民工工作量并编制工资支付表，经农民工本人签字确认后，与当月工程进度等情况一并交施工总承包单位。

施工总承包单位根据分包单位编制的工资支付表，通过农民工工资专用账户直接将工资支付到农民工本人的银行账户，并向分包单位提供代发工资凭证。

用于支付农民工工资的银行账户所绑定的农民工本人社会保障卡或者银行卡，用人单位或者其他人员不得以任何理由扣押或者变相扣押。

第三十二条 施工总承包单位应当按照有关规定存储工资保证金，专项用于支付为所承包工程提供劳动的农民工被拖欠的工资。

工资保证金实行差异化存储办法，对一定时期内未发生工资拖欠的单位实行减免措施，对发生工资拖欠的单位适当提高存储比例。工资保证金可以用金融机构保函替代。

工资保证金的存储比例、存储形式、减免措施等具体办法，由国务院人力资源社会保障行政部门会同有关部门制定。

第三十三条 除法律另有规定外，农民工工资专用账户资金和工资保证金不得因支付为本项目提供劳动的农民工工资之外的原因被查封、冻结或者划拨。

第三十四条　施工总承包单位应当在施工现场醒目位置设立维权信息告示牌，明示下列事项：

（一）建设单位、施工总承包单位及所在项目部、分包单位、相关行业工程建设主管部门、劳资专管员等基本信息；

（二）当地最低工资标准、工资支付日期等基本信息；

（三）相关行业工程建设主管部门和劳动保障监察投诉举报电话、劳动争议调解仲裁申请渠道、法律援助申请渠道、公共法律服务热线等信息。

第三十五条　建设单位与施工总承包单位或者承包单位与分包单位因工程数量、质量、造价等产生争议的，建设单位不得因争议不按照本条例第二十四条的规定拨付工程款中的人工费用，施工总承包单位也不得因争议不按照规定代发工资。

第三十六条　建设单位或者施工总承包单位将建设工程发包或者分包给个人或者不具备合法经营资格的单位，导致拖欠农民工工资的，由建设单位或者施工总承包单位清偿。

施工单位允许其他单位和个人以施工单位的名义对外承揽建设工程，导致拖欠农民工工资的，由施工单位清偿。

第三十七条　工程建设项目违反国土空间规划、工程建设等法律法规，导致拖欠农民工工资的，由建设单位清偿。

第五章　监督检查

第三十八条　县级以上地方人民政府应当建立农民工工资支付监控预警平台，实现人力资源社会保障、发展改革、司法行政、财政、住房城乡建设、交通运输、水利等部门的工程项目审批、资金落实、施工许可、劳动用工、工资支付等信息及时共享。

人力资源社会保障行政部门根据水电燃气供应、物业管理、信贷、税收等反映企业生产经营相关指标的变化情况，及时监控和预警工资支付隐患并做好防范工作，市场监管、金融监管、税务等部门应当予以配合。

第三十九条　人力资源社会保障行政部门、相关行业工程建设主管部门和其他有关部门应当按照职责，加强对用人单位与农民工签订劳动合同、工资支付以及工程建设项目实行农民工实名制管理、农民工工资专用账户管理、施工总承包单位代发工资、工资保证金存储、维权信息公示等情况的监督检查，预防和减少拖欠农民工工资行为的发生。

第四十条　人力资源社会保障行政部门在查处拖欠农民工工资案件时，需要依法查询相关单位金融账户和相关当事人拥有房产、车辆等情况的，应当经设区的市级以上地方人民政府人力资源社会保障行政部门负责人批准，有关金融机构和登记部门应当予以配合。

第四十一条　人力资源社会保障行政部门在查处拖欠农民工工资案件时，发生用人单位拒不配合调查、清偿责任主体及相关当事人无法联系等情形的，可以请求公安机关和其他有关部门协助处理。

人力资源社会保障行政部门发现拖欠农民工工资的违法行为涉嫌构成拒不支付劳动报酬罪的，应当按照有关规定及时移送公安机关审查并作出决定。

第四十二条 人力资源社会保障行政部门作出责令支付被拖欠的农民工工资的决定，相关单位不支付的，可以依法申请人民法院强制执行。

第四十三条 相关行业工程建设主管部门应当依法规范本领域建设市场秩序，对违法发包、转包、违法分包、挂靠等行为进行查处，并对导致拖欠农民工工资的违法行为及时予以制止、纠正。

第四十四条 财政部门、审计机关和相关行业工程建设主管部门按照职责，依法对政府投资项目建设单位按照工程施工合同约定向农民工工资专用账户拨付资金情况进行监督。

第四十五条 司法行政部门和法律援助机构应当将农民工列为法律援助的重点对象，并依法为请求支付工资的农民工提供便捷的法律援助。

公共法律服务相关机构应当积极参与相关诉讼、咨询、调解等活动，帮助解决拖欠农民工工资问题。

第四十六条 人力资源社会保障行政部门、相关行业工程建设主管部门和其他有关部门应当按照“谁执法谁普法”普法责任制的要求，通过以案释法等多种形式，加大对保障农民工工资支付相关法律法规的普及宣传。

第四十七条 人力资源社会保障行政部门应当建立用人单位及相关责任人劳动保障守法诚信档案，对用人单位开展守法诚信等级评价。

用人单位有严重拖欠农民工工资违法行为的，由人力资源社会保障行政部门向社会公布，必要时可以通过召开新闻发布会等形式向媒体公开曝光。

第四十八条 用人单位拖欠农民工工资，情节严重或者造成严重不良社会影响的，有关部门应当将该用人单位及其法定代表人或者主要负责人、直接负责的主管人员和其他直接责任人员列入拖欠农民工工资失信联合惩戒对象名单，在政府资金支持、政府采购、招投标、融资贷款、市场准入、税收优惠、评优评先、交通出行等方面依法依规予以限制。

拖欠农民工工资需要列入失信联合惩戒名单的具体情形，由国务院人力资源社会保障行政部门规定。

第四十九条 建设单位未依法提供工程款支付担保或者政府投资项目拖欠工程款，导致拖欠农民工工资的，县级以上地方人民政府应当限制其新建项目，并记入信用记录，纳入国家信用信息系统进行公示。

第五十条 农民工与用人单位就拖欠工资存在争议，用人单位应当提供依法由其保存的劳动合同、职工名册、工资支付台账和清单等材料；不提供的，依法承担不利后果。

第五十一条 工会依法维护农民工工资权益，对用人单位工资支付情况进行监督；发现拖欠农民工工资的，可以要求用人单位改正，拒不改正的，可以请求人力资源社会保障行政部门和其他有关部门依法处理。

第五十二条　单位或者个人编造虚假事实或者采取非法手段讨要农民工工资，或者以拖欠农民工工资为名讨要工程款的，依法予以处理。

第六章　法律责任

第五十三条　违反本条例规定拖欠农民工工资的，依照有关法律规定执行。

第五十四条　有下列情形之一的，由人力资源社会保障行政部门责令限期改正；逾期不改正的，对单位处2万元以上5万元以下的罚款，对法定代表人或者主要负责人、直接负责的主管人员和其他直接责任人员处1万元以上3万元以下的罚款：

（一）以实物、有价证券等形式代替货币支付农民工工资；

（二）未编制工资支付台账并依法保存，或者未向农民工提供工资清单；

（三）扣押或者变相扣押用于支付农民工工资的银行账户所绑定的农民工本人社会保障卡或者银行卡。

第五十五条　有下列情形之一的，由人力资源社会保障行政部门、相关行业工程建设主管部门按照职责责令限期改正；逾期不改正的，责令项目停工，并处5万元以上10万元以下的罚款；情节严重的，给予施工单位限制承接新工程、降低资质等级、吊销资质证书等处罚：

（一）施工总承包单位未按规定开设或者使用农民工工资专用账户；

（二）施工总承包单位未按规定存储工资保证金或者未提供金融机构保函；

（三）施工总承包单位、分包单位未实行劳动用工实名制管理。

第五十六条　有下列情形之一的，由人力资源社会保障行政部门、相关行业工程建设主管部门按照职责责令限期改正；逾期不改正的，处5万元以上10万元以下的罚款：

（一）分包单位未按月考核农民工工作量、编制工资支付表并经农民工本人签字确认；

（二）施工总承包单位未对分包单位劳动用工实施监督管理；

（三）分包单位未配合施工总承包单位对其劳动用工进行监督管理；

（四）施工总承包单位未实行施工现场维权信息公示制度。

第五十七条　有下列情形之一的，由人力资源社会保障行政部门、相关行业工程建设主管部门按照职责责令限期改正；逾期不改正的，责令项目停工，并处5万元以上10万元以下的罚款：

（一）建设单位未依法提供工程款支付担保；

（二）建设单位未按约定及时足额向农民工工资专用账户拨付工程款中的人工费用；

（三）建设单位或者施工总承包单位拒不提供或者无法提供工程施工合同、农民工工资专用账户有关资料。

第五十八条　不依法配合人力资源社会保障行政部门查询相关单位金融账户的，由金融监管部门责令改正；拒不改正的，处2万元以上5万元以下的罚款。

第五十九条 政府投资项目政府投资资金不到位拖欠农民工工资的，由人力资源社会保障行政部门报本级人民政府批准，责令限期足额拨付所拖欠的资金；逾期不拨付的，由上一级人民政府人力资源社会保障行政部门约谈直接责任部门和相关监管部门负责人，必要时进行通报，约谈地方人民政府负责人。情节严重的，对地方人民政府及其有关部门负责人、直接负责的主管人员和其他直接责任人员依法依规给予处分。

第六十条 政府投资项目建设单位未经批准立项建设、擅自扩大建设规模、擅自增加投资概算、未及时拨付工程款等导致拖欠农民工工资的，除依法承担责任外，由人力资源社会保障行政部门、其他有关部门按照职责约谈建设单位负责人，并作为其业绩考核、薪酬分配、评优评先、职务晋升等的重要依据。

第六十一条 对于建设资金不到位、违法违规开工建设的社会投资工程建设项目拖欠农民工工资的，由人力资源社会保障行政部门、其他有关部门按照职责依法对建设单位进行处罚；对建设单位负责人依法依规给予处分。相关部门工作人员未依法履行职责的，由有关机关依法依规给予处分。

第六十二条 县级以上地方人民政府人力资源社会保障、发展改革、财政、公安等部门和相关行业工程建设主管部门工作人员，在履行农民工工资支付监督管理职责过程中滥用职权、玩忽职守、徇私舞弊的，依法依规给予处分；构成犯罪的，依法追究刑事责任。

第七章　附则

第六十三条 用人单位一时难以支付拖欠的农民工工资或者拖欠农民工工资逃匿的，县级以上地方人民政府可以动用应急周转金，先行垫付用人单位拖欠的农民工部分工资或者基本生活费。对已经垫付的应急周转金，应当依法向拖欠农民工工资的用人单位进行追偿。

第六十四条 本条例自2020年5月1日起施行。

中华人民共和国劳动合同法实施条例

国务院令第535号　2008年9月18日

第一章　总则

第一条 为了贯彻实施《中华人民共和国劳动合同法》(以下简称劳动合同法)，制定本条例。

第二条 各级人民政府和县级以上人民政府劳动行政等有关部门以及工会等组织，应当采取措施，推动劳动合同法的贯彻实施，促进劳动关系的和谐。

第三条 依法成立的会计师事务所、律师事务所等合伙组织和基金会，属于劳动合同法规定的用人单位。

第二章 劳动合同的订立

第四条 劳动合同法规定的用人单位设立的分支机构，依法取得营业执照或者登记证书的，可以作为用人单位与劳动者订立劳动合同；未依法取得营业执照或者登记证书的，受用人单位委托可以与劳动者订立劳动合同。

第五条 自用工之日起一个月内，经用人单位书面通知后，劳动者不与用人单位订立书面劳动合同的，用人单位应当书面通知劳动者终止劳动关系，无需向劳动者支付经济补偿，但是应当依法向劳动者支付其实际工作时间的劳动报酬。

第六条 用人单位自用工之日起超过一个月不满一年未与劳动者订立书面劳动合同的，应当依照劳动合同法第八十二条的规定向劳动者每月支付两倍的工资，并与劳动者补订书面劳动合同；劳动者不与用人单位订立书面劳动合同的，用人单位应当书面通知劳动者终止劳动关系，并依照劳动合同法第四十七条的规定支付经济补偿。

前款规定的用人单位向劳动者每月支付两倍工资的起算时间为用工之日起满一个月的次日，截止时间为补订书面劳动合同的前一日。

第七条 用人单位自用工之日起满一年未与劳动者订立书面劳动合同的，自用工之日起满一个月的次日至满一年的前一日应当依照劳动合同法第八十二条的规定向劳动者每月支付两倍的工资，并视为自用工之日起满一年的当日已经与劳动者订立无固定期限劳动合同，应当立即与劳动者补订书面劳动合同。

第八条 劳动合同法第七条规定的职工名册，应当包括劳动者姓名、性别、公民身份号码、户籍地址及现住址、联系方式、用工形式、用工起始时间、劳动合同期限等内容。

第九条 劳动合同法第十四条第二款规定的连续工作满 10 年的起始时间，应当自用人单位用工之日起计算，包括劳动合同法施行前的工作年限。

第十条 劳动者非因本人原因从原用人单位被安排到新用人单位工作的，劳动者在原用人单位的工作年限合并计算为新用人单位的工作年限。原用人单位已经向劳动者支付经济补偿的，新用人单位在依法解除、终止劳动合同计算支付经济补偿的工作年限时，不再计算劳动者在原用人单位的工作年限。

第十一条 除劳动者与用人单位协商一致的情形外，劳动者依照劳动合同法第十四条第二款的规定，提出订立无固定期限劳动合同的，用人单位应当与其订立无固定期限劳动合同。对劳动合同的内容，双方应当按照合法、公平、平等自愿、协商一致、诚实信用的原则协商确定；对协商不一致的内容，依照劳动合同法第十八条的规定执行。

第十二条 地方各级人民政府及县级以上地方人民政府有关部门为安置就业困难人员提供的给予岗位补贴和社会保险补贴的公益性岗位，其劳动合同不适用劳动合同法有关无固定期限劳动合同的规定以及支付经济补偿的规定。

第十三条 用人单位与劳动者不得在劳动合同法第四十四条规定的劳动合同终止情形之外约定其他的劳动合同终止条件。

第十四条 劳动合同履行地与用人单位注册地不一致的，有关劳动者的最低工资标准、劳动保护、劳动条件、职业危害防护和本地区上年度职工月平均工资标准等事项，按照劳动合同履行地的有关规定执行；用人单位注册地的有关标准高于劳动合同履行地的有关标准，且用人单位与劳动者约定按照用人单位注册地的有关规定执行的，从其约定。

第十五条 劳动者在试用期的工资不得低于本单位相同岗位最低档工资的80%或者不得低于劳动合同约定工资的80%，并不得低于用人单位所在地的最低工资标准。

第十六条 劳动合同法第二十二条第二款规定的培训费用，包括用人单位为了对劳动者进行专业技术培训而支付的有凭证的培训费用、培训期间的差旅费用以及因培训产生的用于该劳动者的其他直接费用。

第十七条 劳动合同期满，但是用人单位与劳动者依照劳动合同法第二十二条的规定约定的服务期尚未到期的，劳动合同应当续延至服务期满；双方另有约定的，从其约定。

第三章 劳动合同的解除和终止

第十八条 有下列情形之一的，依照劳动合同法规定的条件、程序，劳动者可以与用人单位解除固定期限劳动合同、无固定期限劳动合同或者以完成一定工作任务为期限的劳动合同：

(一)劳动者与用人单位协商一致的；

(二)劳动者提前30日以书面形式通知用人单位的；

(三)劳动者在试用期内提前3日通知用人单位的；

(四)用人单位未按照劳动合同约定提供劳动保护或者劳动条件的；

(五)用人单位未及时足额支付劳动报酬的；

(六)用人单位未依法为劳动者缴纳社会保险费的；

(七)用人单位的规章制度违反法律、法规的规定，损害劳动者权益的；

(八)用人单位以欺诈、胁迫的手段或者乘人之危，使劳动者在违背真实意思的情况下订立或者变更劳动合同的；

(九)用人单位在劳动合同中免除自己的法定责任、排除劳动者权利的；

(十)用人单位违反法律、行政法规强制性规定的；

(十一)用人单位以暴力、威胁或者非法限制人身自由的手段强迫劳动者劳动的；

(十二)用人单位违章指挥、强令冒险作业危及劳动者人身安全的；

(十三)法律、行政法规规定劳动者可以解除劳动合同的其他情形。

第十九条 有下列情形之一的，依照劳动合同法规定的条件、程序，用人单位可以与劳动者解除固定期限劳动合同、无固定期限劳动合同或者以完成一定工作任务为期限的劳动合同：

（一）用人单位与劳动者协商一致的；

（二）劳动者在试用期间被证明不符合录用条件的；

（三）劳动者严重违反用人单位的规章制度的；

（四）劳动者严重失职，营私舞弊，给用人单位造成重大损害的；

（五）劳动者同时与其他用人单位建立劳动关系，对完成本单位的工作任务造成严重影响，或者经用人单位提出，拒不改正的；

（六）劳动者以欺诈、胁迫的手段或者乘人之危，使用人单位在违背真实意思的情况下订立或者变更劳动合同的；

（七）劳动者被依法追究刑事责任的；

（八）劳动者患病或者非因工负伤，在规定的医疗期满后不能从事原工作，也不能从事由用人单位另行安排的工作的；

（九）劳动者不能胜任工作，经过培训或者调整工作岗位，仍不能胜任工作的；

（十）劳动合同订立时所依据的客观情况发生重大变化，致使劳动合同无法履行，经用人单位与劳动者协商，未能就变更劳动合同内容达成协议的；

（十一）用人单位依照企业破产法规定进行重整的；

（十二）用人单位生产经营发生严重困难的；

（十三）企业转产、重大技术革新或者经营方式调整，经变更劳动合同后，仍需裁减人员的；

（十四）其他因劳动合同订立时所依据的客观经济情况发生重大变化，致使劳动合同无法履行的。

第二十条　用人单位依照劳动合同法第四十条的规定，选择额外支付劳动者一个月工资解除劳动合同的，其额外支付的工资应当按照该劳动者上一个月的工资标准确定。

第二十一条　劳动者达到法定退休年龄的，劳动合同终止。

第二十二条　以完成一定工作任务为期限的劳动合同因任务完成而终止的，用人单位应当依照劳动合同法第四十七条的规定向劳动者支付经济补偿。

第二十三条　用人单位依法终止工伤职工的劳动合同的，除依照劳动合同法第四十七条的规定支付经济补偿外，还应当依照国家有关工伤保险的规定支付一次性工伤医疗补助金和伤残就业补助金。

第二十四条　用人单位出具的解除、终止劳动合同的证明，应当写明劳动合同期限、解除或者终止劳动合同的日期、工作岗位、在本单位的工作年限。

第二十五条　用人单位违反劳动合同法的规定解除或者终止劳动合同，依照劳动合同法第八十七条的规定支付了赔偿金的，不再支付经济补偿。赔偿金的计算年限自用工之日起计算。

第二十六条　用人单位与劳动者约定了服务期，劳动者依照劳动合同法第三十八条的规定解除劳动合同的，不属于违反服务期的约定，用人单位不得要求劳动者支付违约金。

有下列情形之一，用人单位与劳动者解除约定服务期的劳动合同的，劳动者应当按照劳动合同的约定向用人单位支付违约金：

(一)劳动者严重违反用人单位的规章制度的；

(二)劳动者严重失职，营私舞弊，给用人单位造成重大损害的；

(三)劳动者同时与其他用人单位建立劳动关系，对完成本单位的工作任务造成严重影响，或者经用人单位提出，拒不改正的；

(四)劳动者以欺诈、胁迫的手段或者乘人之危，使用人单位在违背真实意思的情况下订立或者变更劳动合同的；

(五)劳动者被依法追究刑事责任的。

第二十七条 劳动合同法第四十七条规定的经济补偿的月工资按照劳动者应得工资计算，包括计时工资或者计件工资以及奖金、津贴和补贴等货币性收入。劳动者在劳动合同解除或者终止前12个月的平均工资低于当地最低工资标准的，按照当地最低工资标准计算。劳动者工作不满12个月的，按照实际工作的月数计算平均工资。

第四章 劳务派遣特别规定

第二十八条 用人单位或者其所属单位出资或者合伙设立的劳务派遣单位，向本单位或者所属单位派遣劳动者的，属于劳动合同法第六十七条规定的不得设立的劳务派遣单位。

第二十九条 用工单位应当履行劳动合同法第六十二条规定的义务，维护被派遣劳动者的合法权益。

第三十条 劳务派遣单位不得以非全日制用工形式招用被派遣劳动者。

第三十一条 劳务派遣单位或者被派遣劳动者依法解除、终止劳动合同的经济补偿，依照劳动合同法第四十六条、第四十七条的规定执行。

第三十二条 劳务派遣单位违法解除或者终止被派遣劳动者的劳动合同的，依照劳动合同法第四十八条的规定执行。

第五章 法律责任

第三十三条 用人单位违反劳动合同法有关建立职工名册规定的，由劳动行政部门责令限期改正；逾期不改正的，由劳动行政部门处2000元以上2万元以下的罚款。

第三十四条 用人单位依照劳动合同法的规定应当向劳动者每月支付两倍的工资或者应当向劳动者支付赔偿金而未支付的，劳动行政部门应当责令用人单位支付。

第三十五条 用工单位违反劳动合同法和本条例有关劳务派遣规定的，由劳动行政部门和其他有关主管部门责令改正；情节严重的，以每位被派遣劳动者1000元以上5000

元以下的标准处以罚款；给被派遣劳动者造成损害的，劳务派遣单位和用工单位承担连带赔偿责任。

第六章 附则

第三十六条 对违反劳动合同法和本条例的行为的投诉、举报，县级以上地方人民政府劳动行政部门依照《劳动保障监察条例》的规定处理。

第三十七条 劳动者与用人单位因订立、履行、变更、解除或者终止劳动合同发生争议的，依照《中华人民共和国劳动争议调解仲裁法》的规定处理。

第三十八条 本条例自公布之日起施行。

政府投资条例

国务院令第712号 2019年4月14日

第一章 总则

第一条 为了充分发挥政府投资作用，提高政府投资效益，规范政府投资行为，激发社会投资活力，制定本条例。

第二条 本条例所称政府投资，是指在中国境内使用预算安排的资金进行固定资产投资建设活动，包括新建、扩建、改建、技术改造等。

第三条 政府投资资金应当投向市场不能有效配置资源的社会公益服务、公共基础设施、农业农村、生态环境保护、重大科技进步、社会管理、国家安全等公共领域的项目，以非经营性项目为主。

国家完善有关政策措施，发挥政府投资资金的引导和带动作用，鼓励社会资金投向前款规定的领域。

国家建立政府投资范围定期评估调整机制，不断优化政府投资方向和结构。

第四条 政府投资应当遵循科学决策、规范管理、注重绩效、公开透明的原则。

第五条 政府投资应当与经济社会发展水平和财政收支状况相适应。

国家加强对政府投资资金的预算约束。政府及其有关部门不得违法违规举借债务筹措政府投资资金。

第六条 政府投资资金按项目安排，以直接投资方式为主；对确需支持的经营性项目，主要采取资本金注入方式，也可以适当采取投资补助、贷款贴息等方式。

安排政府投资资金，应当符合推进中央与地方财政事权和支出责任划分改革的有关要求，并平等对待各类投资主体，不得设置歧视性条件。

国家通过建立项目库等方式，加强对使用政府投资资金项目的储备。

第七条 国务院投资主管部门依照本条例和国务院的规定，履行政府投资综合管理职责。国务院其他有关部门依照本条例和国务院规定的职责分工，履行相应的政府投资管理职责。

县级以上地方人民政府投资主管部门和其他有关部门依照本条例和本级人民政府规定的职责分工，履行相应的政府投资管理职责。

第二章 政府投资决策

第八条 县级以上人民政府应当根据国民经济和社会发展规划、中期财政规划和国家宏观调控政策，结合财政收支状况，统筹安排使用政府投资资金的项目，规范使用各类政府投资资金。

第九条 政府采取直接投资方式、资本金注入方式投资的项目（以下统称政府投资项目），项目单位应当编制项目建议书、可行性研究报告、初步设计，按照政府投资管理权限和规定的程序，报投资主管部门或者其他有关部门审批。

项目单位应当加强政府投资项目的前期工作，保证前期工作的深度达到规定的要求，并对项目建议书、可行性研究报告、初步设计以及依法应当附具的其他文件的真实性负责。

第十条 除涉及国家秘密的项目外，投资主管部门和其他有关部门应当通过投资项目在线审批监管平台（以下简称在线平台），使用在线平台生成的项目代码办理政府投资项目审批手续。

投资主管部门和其他有关部门应当通过在线平台列明与政府投资有关的规划、产业政策等，公开政府投资项目审批的办理流程、办理时限等，并为项目单位提供相关咨询服务。

第十一条 投资主管部门或者其他有关部门应当根据国民经济和社会发展规划、相关领域专项规划、产业政策等，从下列方面对政府投资项目进行审查，作出是否批准的决定：

（一）项目建议书提出的项目建设的必要性；

（二）可行性研究报告分析的项目的技术经济可行性、社会效益以及项目资金等主要建设条件的落实情况；

（三）初步设计及其提出的投资概算是否符合可行性研究报告批复以及国家有关标准和规范的要求；

（四）依照法律、行政法规和国家有关规定应当审查的其他事项。

投资主管部门或者其他有关部门对政府投资项目不予批准的，应当书面通知项目单位并说明理由。

对经济社会发展、社会公众利益有重大影响或者投资规模较大的政府投资项目，投资主管部门或者其他有关部门应当在中介服务机构评估、公众参与、专家评议、风险评估的基础上作出是否批准的决定。

第十二条 经投资主管部门或者其他有关部门核定的投资概算是控制政府投资项目总投资的依据。

初步设计提出的投资概算超过经批准的可行性研究报告提出的投资估算10%的，项目单位应当向投资主管部门或者其他有关部门报告，投资主管部门或者其他有关部门可以要求项目单位重新报送可行性研究报告。

第十三条 对下列政府投资项目，可以按照国家有关规定简化需要报批的文件和审批程序：

（一）相关规划中已经明确的项目；

（二）部分扩建、改建项目；

（三）建设内容单一、投资规模较小、技术方案简单的项目；

（四）为应对自然灾害、事故灾难、公共卫生事件、社会安全事件等突发事件需要紧急建设的项目。

前款第三项所列项目的具体范围，由国务院投资主管部门会同国务院其他有关部门规定。

第十四条 采取投资补助、贷款贴息等方式安排政府投资资金的，项目单位应当按照国家有关规定办理手续。

第三章 政府投资年度计划

第十五条 国务院投资主管部门对其负责安排的政府投资编制政府投资年度计划，国务院其他有关部门对其负责安排的本行业、本领域的政府投资编制政府投资年度计划。

县级以上地方人民政府有关部门按照本级人民政府的规定，编制政府投资年度计划。

第十六条 政府投资年度计划应当明确项目名称、建设内容及规模、建设工期、项目总投资、年度投资额及资金来源等事项。

第十七条 列入政府投资年度计划的项目应当符合下列条件：

（一）采取直接投资方式、资本金注入方式的，可行性研究报告已经批准或者投资概算已经核定；

（二）采取投资补助、贷款贴息等方式的，已经按照国家有关规定办理手续；

（三）县级以上人民政府有关部门规定的其他条件。

第十八条 政府投资年度计划应当和本级预算相衔接。

第十九条 财政部门应当根据经批准的预算，按照法律、行政法规和国库管理的有关规定，及时、足额办理政府投资资金拨付。

第四章　政府投资项目实施

第二十条　政府投资项目开工建设，应当符合本条例和有关法律、行政法规规定的建设条件；不符合规定的建设条件的，不得开工建设。

国务院规定应当审批开工报告的重大政府投资项目，按照规定办理开工报告审批手续后方可开工建设。

第二十一条　政府投资项目应当按照投资主管部门或者其他有关部门批准的建设地点、建设规模和建设内容实施；拟变更建设地点或者拟对建设规模、建设内容等作较大变更的，应当按照规定的程序报原审批部门审批。

第二十二条　政府投资项目所需资金应当按照国家有关规定确保落实到位。

政府投资项目不得由施工单位垫资建设。

第二十三条　政府投资项目建设投资原则上不得超过经核定的投资概算。

因国家政策调整、价格上涨、地质条件发生重大变化等原因确需增加投资概算的，项目单位应当提出调整方案及资金来源，按照规定的程序报原初步设计审批部门或者投资概算核定部门核定；涉及预算调整或者调剂的，依照有关预算的法律、行政法规和国家有关规定办理。

第二十四条　政府投资项目应当按照国家有关规定合理确定并严格执行建设工期，任何单位和个人不得非法干预。

第二十五条　政府投资项目建成后，应当按照国家有关规定进行竣工验收，并在竣工验收合格后及时办理竣工财务决算。

政府投资项目结余的财政资金，应当按照国家有关规定缴回国库。

第二十六条　投资主管部门或者其他有关部门应当按照国家有关规定选择有代表性的已建成政府投资项目，委托中介服务机构对所选项目进行后评价。后评价应当根据项目建成后的实际效果，对项目审批和实施进行全面评价并提出明确意见。

第五章　监督管理

第二十七条　投资主管部门和依法对政府投资项目负有监督管理职责的其他部门应当采取在线监测、现场核查等方式，加强对政府投资项目实施情况的监督检查。

项目单位应当通过在线平台如实报送政府投资项目开工建设、建设进度、竣工的基本信息。

第二十八条　投资主管部门和依法对政府投资项目负有监督管理职责的其他部门应当建立政府投资项目信息共享机制，通过在线平台实现信息共享。

第二十九条　项目单位应当按照国家有关规定加强政府投资项目档案管理，将项目审批和实施过程中的有关文件、资料存档备查。

第三十条 政府投资年度计划、政府投资项目审批和实施以及监督检查的信息应当依法公开。

第三十一条 政府投资项目的绩效管理、建设工程质量管理、安全生产管理等事项，依照有关法律、行政法规和国家有关规定执行。

第六章 法律责任

第三十二条 有下列情形之一的，责令改正，对负有责任的领导人员和直接责任人员依法给予处分：

(一)超越审批权限审批政府投资项目；

(二)对不符合规定的政府投资项目予以批准；

(三)未按照规定核定或者调整政府投资项目的投资概算；

(四)为不符合规定的项目安排投资补助、贷款贴息等政府投资资金；

(五)履行政府投资管理职责中其他玩忽职守、滥用职权、徇私舞弊的情形。

第三十三条 有下列情形之一的，依照有关预算的法律、行政法规和国家有关规定追究法律责任：

(一)政府及其有关部门违法违规举借债务筹措政府投资资金；

(二)未按照规定及时、足额办理政府投资资金拨付；

(三)转移、侵占、挪用政府投资资金。

第三十四条 项目单位有下列情形之一的，责令改正，根据具体情况，暂停、停止拨付资金或者收回已拨付的资金，暂停或者停止建设活动，对负有责任的领导人员和直接责任人员依法给予处分：

(一)未经批准或者不符合规定的建设条件开工建设政府投资项目；

(二)弄虚作假骗取政府投资项目审批或者投资补助、贷款贴息等政府投资资金；

(三)未经批准变更政府投资项目的建设地点或者对建设规模、建设内容等作较大变更；

(四)擅自增加投资概算；

(五)要求施工单位对政府投资项目垫资建设；

(六)无正当理由不实施或者不按照建设工期实施已批准的政府投资项目。

第三十五条 项目单位未按照规定将政府投资项目审批和实施过程中的有关文件、资料存档备查，或者转移、隐匿、篡改、毁弃项目有关文件、资料的，责令改正，对负有责任的领导人员和直接责任人员依法给予处分。

第三十六条 违反本条例规定，构成犯罪的，依法追究刑事责任。

第七章 附则

第三十七条 国防科技工业领域政府投资的管理办法，由国务院国防科技工业管理部门根据本条例规定的原则另行制定。

第三十八条 中国人民解放军和中国人民武装警察部队的固定资产投资管理，按照中央军事委员会的规定执行。

第三十九条 本条例自2019年7月1日起施行。

建设工程质量管理条例（2019年修订）

国务院令第279号 2000年1月30日

（2000年1月30日中华人民共和国国务院令第279号发布 根据2017年10月7日《国务院关于修改部分行政法规的决定》第一次修订 根据2019年4月23日《国务院关于修改部分行政法规的决定》第二次修订）

第一章 总则

第一条 为了加强对建设工程质量的管理，保证建设工程质量，保护人民生命和财产安全，根据《中华人民共和国建筑法》，制定本条例。

第二条 凡在中华人民共和国境内从事建设工程的新建、扩建、改建等有关活动及实施对建设工程质量监督管理的，必须遵守本条例。

本条例所称建设工程，是指土木工程、建筑工程、线路管道和设备安装工程及装修工程。

第三条 建设单位、勘察单位、设计单位、施工单位、工程监理单位依法对建设工程质量负责。

第四条 县级以上人民政府建设行政主管部门和其他有关部门应当加强对建设工程质量的监督管理。

第五条 从事建设工程活动，必须严格执行基本建设程序，坚持先勘察、后设计、再施工的原则。

县级以上人民政府及其有关部门不得超越权限审批建设项目或者擅自简化基本建设程序。

第六条 国家鼓励采用先进的科学技术和管理方法，提高建设工程质量。

第二章 建设单位的质量责任和义务

第七条 建设单位应当将工程发包给具有相应资质等级的单位。

建设单位不得将建设工程肢解发包。

第八条 建设单位应当依法对工程建设项目的勘察、设计、施工、监理以及与工程建设有关的重要设备、材料等的采购进行招标。

第九条 建设单位必须向有关的勘察、设计、施工、工程监理等单位提供与建设工程有关的原始资料。

原始资料必须真实、准确、齐全。

第十条 建设工程发包单位，不得迫使承包方以低于成本的价格竞标，不得任意压缩合理工期。

建设单位不得明示或者暗示设计单位或者施工单位违反工程建设强制性标准，降低建设工程质量。

第十一条 施工图设计文件审查的具体办法，由国务院建设行政主管部门、国务院其他有关部门制定。

施工图设计文件未经审查批准的，不得使用。

第十二条 实行监理的建设工程，建设单位应当委托具有相应资质等级的工程监理单位进行监理，也可以委托具有工程监理相应资质等级并与被监理工程的施工承包单位没有隶属关系或者其他利害关系的该工程的设计单位进行监理。

下列建设工程必须实行监理：

（一）国家重点建设工程；

（二）大中型公用事业工程；

（三）成片开发建设的住宅小区工程；

（四）利用外国政府或者国际组织贷款、援助资金的工程；

（五）国家规定必须实行监理的其他工程。

第十三条 建设单位在开工前，应当按照国家有关规定办理工程质量监督手续，工程质量监督手续可以与施工许可证或者开工报告合并办理。

第十四条 按照合同约定，由建设单位采购建筑材料、建筑构配件和设备的，建设单位应当保证建筑材料、建筑构配件和设备符合设计文件和合同要求。

建设单位不得明示或者暗示施工单位使用不合格的建筑材料、建筑构配件和设备。

第十五条 涉及建筑主体和承重结构变动的装修工程，建设单位应当在施工前委托原设计单位或者具有相应资质等级的设计单位提出设计方案；没有设计方案的，不得施工。

房屋建筑使用者在装修过程中，不得擅自变动房屋建筑主体和承重结构。

第十六条 建设单位收到建设工程竣工报告后，应当组织设计、施工、工程监理等有关单位进行竣工验收。

建设工程竣工验收应当具备下列条件：

（一）完成建设工程设计和合同约定的各项内容；

（二）有完整的技术档案和施工管理资料；

（三）有工程使用的主要建筑材料、建筑构配件和设备的进场试验报告；

（四）有勘察、设计、施工、工程监理等单位分别签署的质量合格文件；

（五）有施工单位签署的工程保修书。

建设工程经验收合格的，方可交付使用。

第十七条 建设单位应当严格按照国家有关档案管理的规定，及时收集、整理建设项目各环节的文件资料，建立、健全建设项目档案，并在建设工程竣工验收后，及时向建设行政主管部门或者其他有关部门移交建设项目档案。

第三章 勘察、设计单位的质量责任和义务

第十八条 从事建设工程勘察、设计的单位应当依法取得相应等级的资质证书，并在其资质等级许可的范围内承揽工程。

禁止勘察、设计单位超越其资质等级许可的范围或者以其他勘察、设计单位的名义承揽工程。禁止勘察、设计单位允许其他单位或者个人以本单位的名义承揽工程。

勘察、设计单位不得转包或者违法分包所承揽的工程。

第十九条 勘察、设计单位必须按照工程建设强制性标准进行勘察、设计，并对其勘察、设计的质量负责。

注册建筑师、注册结构工程师等注册执业人员应当在设计文件上签字，对设计文件负责。

第二十条 勘察单位提供的地质、测量、水文等勘察成果必须真实、准确。

第二十一条 设计单位应当根据勘察成果文件进行建设工程设计。

设计文件应当符合国家规定的设计深度要求，注明工程合理使用年限。

第二十二条 设计单位在设计文件中选用的建筑材料、建筑构配件和设备，应当注明规格、型号、性能等技术指标，其质量要求必须符合国家规定的标准。

除有特殊要求的建筑材料、专用设备、工艺生产线等外，设计单位不得指定生产厂、供应商。

第二十三条 设计单位应当就审查合格的施工图设计文件向施工单位作出详细说明。

第二十四条 设计单位应当参与建设工程质量事故分析，并对因设计造成的质量事故，提出相应的技术处理方案。

第四章 施工单位的质量责任和义务

第二十五条 施工单位应当依法取得相应等级的资质证书，并在其资质等级许可的范围内承揽工程。

禁止施工单位超越本单位资质等级许可的业务范围或者以其他施工单位的名义承揽工程。禁止施工单位允许其他单位或者个人以本单位的名义承揽工程。

施工单位不得转包或者违法分包工程。

第二十六条 施工单位对建设工程的施工质量负责。

施工单位应当建立质量责任制，确定工程项目的项目经理、技术负责人和施工管理负责人。

建设工程实行总承包的，总承包单位应当对全部建设工程质量负责；建设工程勘察、设计、施工、设备采购的一项或者多项实行总承包的，总承包单位应当对其承包的建设工程或者采购的设备的质量负责。

第二十七条 总承包单位依法将建设工程分包给其他单位的，分包单位应当按照分包合同的约定对其分包工程的质量向总承包单位负责，总承包单位与分包单位对分包工程的质量承担连带责任。

第二十八条 施工单位必须按照工程设计图纸和施工技术标准施工，不得擅自修改工程设计，不得偷工减料。

施工单位在施工过程中发现设计文件和图纸有差错的，应当及时提出意见和建议。

第二十九条 施工单位必须按照工程设计要求、施工技术标准和合同约定，对建筑材料、建筑构配件、设备和商品混凝土进行检验，检验应当有书面记录和专人签字；未经检验或者检验不合格的，不得使用。

第三十条 施工单位必须建立、健全施工质量的检验制度，严格工序管理，作好隐蔽工程的质量检查和记录。隐蔽工程在隐蔽前，施工单位应当通知建设单位和建设工程质量监督机构。

第三十一条 施工人员对涉及结构安全的试块、试件以及有关材料，应当在建设单位或者工程监理单位监督下现场取样，并送具有相应资质等级的质量检测单位进行检测。

第三十二条 施工单位对施工中出现质量问题的建设工程或者竣工验收不合格的建设工程，应当负责返修。

第三十三条 施工单位应当建立、健全教育培训制度，加强对职工的教育培训；未经教育培训或者考核不合格的人员，不得上岗作业。

第五章 工程监理单位的质量责任和义务

第三十四条 工程监理单位应当依法取得相应等级的资质证书，并在其资质等级许可的范围内承担工程监理业务。

禁止工程监理单位超越本单位资质等级许可的范围或者以其他工程监理单位的名义承担工程监理业务。禁止工程监理单位允许其他单位或者个人以本单位的名义承担工程监理业务。

工程监理单位不得转让工程监理业务。

第三十五条 工程监理单位与被监理工程的施工承包单位以及建筑材料、建筑构配件和设备供应单位有隶属关系或者其他利害关系的，不得承担该项建设工程的监理业务。

第三十六条 工程监理单位应当依照法律、法规以及有关技术标准、设计文件和建设工程承包合同，代表建设单位对施工质量实施监理，并对施工质量承担监理责任。

第三十七条 工程监理单位应当选派具备相应资格的总监理工程师和监理工程师进驻施工现场。

未经监理工程师签字，建筑材料、建筑构配件和设备不得在工程上使用或者安装，施工单位不得进行下一道工序的施工。未经总监理工程师签字，建设单位不拨付工程款，不进行竣工验收。

第三十八条 监理工程师应当按照工程监理规范的要求，采取旁站、巡视和平行检验等形式，对建设工程实施监理。

第六章 建设工程质量保修

第三十九条 建设工程实行质量保修制度。

建设工程承包单位在向建设单位提交工程竣工验收报告时，应当向建设单位出具质量保修书。质量保修书中应当明确建设工程的保修范围、保修期限和保修责任等。

第四十条 在正常使用条件下，建设工程的最低保修期限为：

（一）基础设施工程、房屋建筑的地基基础工程和主体结构工程，为设计文件规定的该工程的合理使用年限；

（二）屋面防水工程、有防水要求的卫生间、房间和外墙面的防渗漏，为5年；

（三）供热与供冷系统，为2个采暖期、供冷期；

（四）电气管线、给排水管道、设备安装和装修工程，为2年。

其他项目的保修期限由发包方与承包方约定。

建设工程的保修期，自竣工验收合格之日起计算。

第四十一条 建设工程在保修范围和保修期限内发生质量问题的，施工单位应当履行保修义务，并对造成的损失承担赔偿责任。

第四十二条 建设工程在超过合理使用年限后需要继续使用的，产权所有人应当委托具有相应资质等级的勘察、设计单位鉴定，并根据鉴定结果采取加固、维修等措施，重新界定使用期。

第七章 监督管理

第四十三条 国家实行建设工程质量监督管理制度。

国务院建设行政主管部门对全国的建设工程质量实施统一监督管理。国务院铁路、交通、水利等有关部门按照国务院规定的职责分工，负责对全国的有关专业建设工程质量的监督管理。

县级以上地方人民政府建设行政主管部门对本行政区域内的建设工程质量实施监督管理。县级以上地方人民政府交通、水利等有关部门在各自的职责范围内，负责对本行政区域内的专业建设工程质量的监督管理。

第四十四条 国务院建设行政主管部门和国务院铁路、交通、水利等有关部门应当加强对有关建设工程质量的法律、法规和强制性标准执行情况的监督检查。

第四十五条 国务院发展计划部门按照国务院规定的职责，组织稽察特派员，对国家出资的重大建设项目实施监督检查。

国务院经济贸易主管部门按照国务院规定的职责，对国家重大技术改造项目实施监督检查。

第四十六条 建设工程质量监督管理，可以由建设行政主管部门或者其他有关部门委托的建设工程质量监督机构具体实施。

从事房屋建筑工程和市政基础设施工程质量监督的机构，必须按照国家有关规定经国务院建设行政主管部门或者省、自治区、直辖市人民政府建设行政主管部门考核；从事专业建设工程质量监督的机构，必须按照国家有关规定经国务院有关部门或者省、自治区、直辖市人民政府有关部门考核。经考核合格后，方可实施质量监督。

第四十七条 县级以上地方人民政府建设行政主管部门和其他有关部门应当加强对有关建设工程质量的法律、法规和强制性标准执行情况的监督检查。

第四十八条 县级以上人民政府建设行政主管部门和其他有关部门履行监督检查职责时，有权采取下列措施：

（一）要求被检查的单位提供有关工程质量的文件和资料；

（二）进入被检查单位的施工现场进行检查；

（三）发现有影响工程质量的问题时，责令改正。

第四十九条 建设单位应当自建设工程竣工验收合格之日起15日内，将建设工程竣工验收报告和规划、公安消防、环保等部门出具的认可文件或者准许使用文件报建设行政主管部门或者其他有关部门备案。

建设行政主管部门或者其他有关部门发现建设单位在竣工验收过程中有违反国家有关建设工程质量管理规定行为的，责令停止使用，重新组织竣工验收。

第五十条 有关单位和个人对县级以上人民政府建设行政主管部门和其他有关部门进行的监督检查应当支持与配合，不得拒绝或者阻碍建设工程质量监督检查人员依法执行职务。

第五十一条 供水、供电、供气、公安消防等部门或者单位不得明示或者暗示建设单位、施工单位购买其指定的生产供应单位的建筑材料、建筑构配件和设备。

第五十二条 建设工程发生质量事故，有关单位应当在24小时内向当地建设行政主管部门和其他有关部门报告。对重大质量事故，事故发生地的建设行政主管部门和其他有关部门应当按照事故类别和等级向当地人民政府和上级建设行政主管部门和其他有关部门报告。

特别重大质量事故的调查程序按照国务院有关规定办理。

第五十三条 任何单位和个人对建设工程的质量事故、质量缺陷都有权检举、控告、投诉。

第八章 罚则

第五十四条 违反本条例规定，建设单位将建设工程发包给不具有相应资质等级的勘察、设计、施工单位或者委托给不具有相应资质等级的工程监理单位的，责令改正，处50万元以上100万元以下的罚款。

第五十五条 违反本条例规定，建设单位将建设工程肢解发包的，责令改正，处工程合同价款0.5%以上1%以下的罚款；对全部或者部分使用国有资金的项目，并可以暂停项目执行或者暂停资金拨付。

第五十六条 违反本条例规定，建设单位有下列行为之一的，责令改正，处20万元以上50万元以下的罚款：

（一）迫使承包方以低于成本的价格竞标的；

（二）任意压缩合理工期的；

（三）明示或者暗示设计单位或者施工单位违反工程建设强制性标准，降低工程质量的；

（四）施工图设计文件未经审查或者审查不合格，擅自施工的；

（五）建设项目必须实行工程监理而未实行工程监理的；

（六）未按照国家规定办理工程质量监督手续的；

（七）明示或者暗示施工单位使用不合格的建筑材料、建筑构配件和设备的；

（八）未按照国家规定将竣工验收报告、有关认可文件或者准许使用文件报送备案的。

第五十七条 违反本条例规定，建设单位未取得施工许可证或者开工报告未经批准，擅自施工的，责令停止施工，限期改正，处工程合同价款1%以上2%以下的罚款。

第五十八条 违反本条例规定，建设单位有下列行为之一的，责令改正，处工程合同价款2%以上4%以下的罚款；造成损失的，依法承担赔偿责任：

（一）未组织竣工验收，擅自交付使用的；

（二）验收不合格，擅自交付使用的；

（三）对不合格的建设工程按照合格工程验收的。

第五十九条 违反本条例规定，建设工程竣工验收后，建设单位未向建设行政主管部门或者其他有关部门移交建设项目档案的，责令改正，处1万元以上10万元以下的罚款。

第六十条 违反本条例规定，勘察、设计、施工、工程监理单位超越本单位资质等级承揽工程的，责令停止违法行为，对勘察、设计单位或者工程监理单位处合同约定的勘察费、设计费或者监理酬金1倍以上2倍以下的罚款；对施工单位处工程合同价款2%以上4%以下的罚款，可以责令停业整顿，降低资质等级；情节严重的，吊销资质证书；有违法所得的，予以没收。

未取得资质证书承揽工程的，予以取缔，依照前款规定处以罚款；有违法所得的，予以没收。

以欺骗手段取得资质证书承揽工程的，吊销资质证书，依照本条第一款规定处以罚款；有违法所得的，予以没收。

第六十一条　违反本条例规定，勘察、设计、施工、工程监理单位允许其他单位或者个人以本单位名义承揽工程的，责令改正，没收违法所得，对勘察、设计单位和工程监理单位处合同约定的勘察费、设计费和监理酬金1倍以上2倍以下的罚款；对施工单位处工程合同价款2%以上4%以下的罚款；可以责令停业整顿，降低资质等级；情节严重的，吊销资质证书。

第六十二条　违反本条例规定，承包单位将承包的工程转包或者违法分包的，责令改正，没收违法所得，对勘察、设计单位处合同约定的勘察费、设计费25%以上50%以下的罚款；对施工单位处工程合同价款0.5%以上1%以下的罚款；可以责令停业整顿，降低资质等级；情节严重的，吊销资质证书。

工程监理单位转让工程监理业务的，责令改正，没收违法所得，处合同约定的监理酬金25%以上50%以下的罚款；可以责令停业整顿，降低资质等级；情节严重的，吊销资质证书。

第六十三条　违反本条例规定，有下列行为之一的，责令改正，处10万元以上30万元以下的罚款：

（一）勘察单位未按照工程建设强制性标准进行勘察的；

（二）设计单位未根据勘察成果文件进行工程设计的；

（三）设计单位指定建筑材料、建筑构配件的生产厂、供应商的；

（四）设计单位未按照工程建设强制性标准进行设计的。

有前款所列行为，造成工程质量事故的，责令停业整顿，降低资质等级；情节严重的，吊销资质证书；造成损失的，依法承担赔偿责任。

第六十四条　违反本条例规定，施工单位在施工中偷工减料的，使用不合格的建筑材料、建筑构配件和设备的，或者有不按照工程设计图纸或者施工技术标准施工的其他行为的，责令改正，处工程合同价款2%以上4%以下的罚款；造成建设工程质量不符合规定的质量标准的，负责返工、修理，并赔偿因此造成的损失；情节严重的，责令停业整顿，降低资质等级或者吊销资质证书。

第六十五条　违反本条例规定，施工单位未对建筑材料、建筑构配件、设备和商品混凝土进行检验，或者未对涉及结构安全的试块、试件以及有关材料取样检测的，责令改正，处10万元以上20万元以下的罚款；情节严重的，责令停业整顿，降低资质等级或者吊销资质证书；造成损失的，依法承担赔偿责任。

第六十六条 违反本条例规定，施工单位不履行保修义务或者拖延履行保修义务的，责令改正，处10万元以上20万元以下的罚款，并对在保修期内因质量缺陷造成的损失承担赔偿责任。

第六十七条 工程监理单位有下列行为之一的，责令改正，处50万元以上100万元以下的罚款，降低资质等级或者吊销资质证书；有违法所得的，予以没收；造成损失的，承担连带赔偿责任：

（一）与建设单位或者施工单位串通，弄虚作假、降低工程质量的；

（二）将不合格的建设工程、建筑材料、建筑构配件和设备按照合格签字的。

第六十八条 违反本条例规定，工程监理单位与被监理工程的施工承包单位以及建筑材料、建筑构配件和设备供应单位有隶属关系或者其他利害关系承担该项建设工程的监理业务的，责令改正，处5万元以上10万元以下的罚款，降低资质等级或者吊销资质证书；有违法所得的，予以没收。

第六十九条 违反本条例规定，涉及建筑主体或者承重结构变动的装修工程，没有设计方案擅自施工的，责令改正，处50万元以上100万元以下的罚款；房屋建筑使用者在装修过程中擅自变动房屋建筑主体和承重结构的，责令改正，处5万元以上10万元以下的罚款。

有前款所列行为，造成损失的，依法承担赔偿责任。

第七十条 发生重大工程质量事故隐瞒不报、谎报或者拖延报告期限的，对直接负责的主管人员和其他责任人员依法给予行政处分。

第七十一条 违反本条例规定，供水、供电、供气、公安消防等部门或者单位明示或者暗示建设单位或者施工单位购买其指定的生产供应单位的建筑材料、建筑构配件和设备的，责令改正。

第七十二条 违反本条例规定，注册建筑师、注册结构工程师、监理工程师等注册执业人员因过错造成质量事故的，责令停止执业1年；造成重大质量事故的，吊销执业资格证书，5年以内不予注册；情节特别恶劣的，终身不予注册。

第七十三条 依照本条例规定，给予单位罚款处罚的，对单位直接负责的主管人员和其他直接责任人员处单位罚款数额5%以上10%以下的罚款。

第七十四条 建设单位、设计单位、施工单位、工程监理单位违反国家规定，降低工程质量标准，造成重大安全事故，构成犯罪的，对直接责任人员依法追究刑事责任。

第七十五条 本条例规定的责令停业整顿，降低资质等级和吊销资质证书的行政处罚，由颁发资质证书的机关决定；其他行政处罚，由建设行政主管部门或者其他有关部门依照法定职权决定。

依照本条例规定被吊销资质证书的，由工商行政管理部门吊销其营业执照。

第七十六条 国家机关工作人员在建设工程质量监督管理工作中玩忽职守、滥用职权、徇私舞弊，构成犯罪的，依法追究刑事责任；尚不构成犯罪的，依法给予行政处分。

第七十七条　建设、勘察、设计、施工、工程监理单位的工作人员因调动工作、退休等原因离开该单位后，被发现在该单位工作期间违反国家有关建设工程质量管理规定，造成重大工程质量事故的，仍应当依法追究法律责任。

第九章　附则

第七十八条　本条例所称肢解发包，是指建设单位将应当由一个承包单位完成的建设工程分解成若干部分发包给不同的承包单位的行为。

本条例所称违法分包，是指下列行为：

（一）总承包单位将建设工程分包给不具备相应资质条件的单位的；

（二）建设工程总承包合同中未有约定，又未经建设单位认可，承包单位将其承包的部分建设工程交由其他单位完成的；

（三）施工总承包单位将建设工程主体结构的施工分包给其他单位的；

（四）分包单位将其承包的建设工程再分包的。

本条例所称转包，是指承包单位承包建设工程后，不履行合同约定的责任和义务，将其承包的全部建设工程转给他人或者将其承包的全部建设工程肢解以后以分包的名义分别转给其他单位承包的行为。

第七十九条　本条例规定的罚款和没收的违法所得，必须全部上缴国库。

第八十条　抢险救灾及其他临时性房屋建筑和农民自建低层住宅的建设活动，不适用本条例。

第八十一条　军事建设工程的管理，按照中央军事委员会的有关规定执行。

第八十二条　本条例自发布之日起施行。

工资集体协商试行办法

劳动和社会保障部令第9号　2000年11月8日

第一章　总则

第一条　为规范工资集体协商和签订工资集体协议（以下简称工资协议）的行为，保障劳动关系双方的合法权益，促进劳动关系的和谐稳定，依据《中华人民共和国劳动法》和国家有关规定，制定本办法。

第二条　中华人民共和国境内的企业依法开展工资集体协商，签订工资协议，适用本办法。

第三条 本办法所称工资集体协商，是指职工代表与企业代表依法就企业内部工资分配制度、工资分配形式、工资收入水平等事项进行平等协商，在协商一致的基础上签订工资协议的行为。

本办法所称工资协议，是指专门就工资事项签订的专项集体合同。已订立集体合同的，工资协议作为集体合同的附件，并与集体合同具有同等效力。

第四条 依法订立的工资协议对企业和职工双方具有同等约束力。双方必须全面履行工资协议规定的义务，任何一方不得擅自变更或解除工资协议。

第五条 职工个人与企业订立的劳动合同中关于工资报酬的标准，不得低于工资协议规定的最低标准。

第六条 县级以上劳动保障行政部门依法对工资协议进行审查，对协议的履行情况进行监督检查。

第二章 工资集体协商内容

第七条 工资集体协商一般包括以下内容：

（一）工资协议的期限；

（二）工资分配制度、工资标准和工资分配形式；

（三）职工年度平均工资水平及其调整幅度；

（四）奖金、津贴、补贴等分配办法；

（五）工资支付办法；

（六）变更、解除工资协议的程序；

（七）工资协议的终止条件；

（八）工资协议的违约责任；

（九）双方认为应当协商约定的其他事项。

第八条 协商确定职工年度工资水平应符合国家有关工资分配的宏观调控政策，并综合参考下列因素：

（一）地区、行业、企业的人工成本水平；

（二）地区、行业的职工平均工资水平；

（三）当地政府发布的工资指导线、劳动力市场工资指导价位；

（四）本地区城镇居民消费价格指数；

（五）企业劳动生产率和经济效益；

（六）国有资产保值增值；

（七）上年度企业职工工资总额和职工平均工资水平；

（八）其他与工资集体协商有关的情况。

第三章 工资集体协商代表

第九条 工资集体协商代表应依照法定程序产生。职工一方由工会代表。未建工会的企业由职工民主推举代表，并得到半数以上职工的同意。企业代表由法定代表人和法定代表人指定的其他人员担任。

第十条 协商双方各确定一名首席代表。职工首席代表应当由工会主席担任，工会主席可以书面委托其他人员作为自己的代理人；未成立工会的，由职工集体协商代表推举。企业首席代表应当由法定代表人担任，法定代表人可以书面委托其他管理人员作为自己的代理人。

第十一条 协商双方的首席代表在工资集体协商期间轮流担任协商会议执行主席。协商会议执行主席的主要职责是负责工资集体协商有关组织协调工作，并对协商过程中发生的问题提出处理建议。

第十二条 协商双方可书面委托本企业以外的专业人士作为本方协商代表。委托人数不得超过本方代表的1/3。

第十三条 协商双方享有平等的建议权、否决权和陈述权。

第十四条 由企业内部产生的协商代表参加工资集体协商的活动应视为提供正常劳动，享受的工资、奖金、津贴、补贴、保险福利待遇不变。其中，职工协商代表的合法权益受法律保护。企业不得对职工协商代表采取歧视性行为，不得违法解除或变更其劳动合同。

第十五条 协商代表应遵守双方确定的协商规则，履行代表职责，并负有保守企业商业秘密的责任。协商代表任何一方不得采取过激、威胁、收买、欺骗等行为。

第十六条 协商代表应了解和掌握工资分配的有关情况，广泛征求各方面的意见，接受本方人员对工资集体协商有关问题的质询。

第四章 工资集体协商程序

第十七条 职工和企业任何一方均可提出进行工资集体协商的要求。工资集体协商的提出方应向另一方提出书面的协商意向书，明确协商的时间、地点、内容等。另一方接到协商意向书后，应于20日内予以书面答复，并与提出方共同进行工资集体协商。

第十八条 在不违反有关法律、法规的前提下，协商双方有义务按照对方要求，在协商开始前5日内，提供与工资集体协商有关的真实情况和资料。

第十九条 工资协议草案应提交职工代表大会或职工大会讨论审议。

第二十条 工资集体协商双方达成一致意见后，由企业行政方制作工资协议文本。工资协议经双方首席代表签字盖章后成立。

第五章　工资协议审查

第二十一条　工资协议签订后，应于7日内由企业将工资协议一式三份及说明，报送劳动保障行政部门审查。

第二十二条　劳动保障行政部门应在收到工资协议15日内，对工资集体协商双方代表资格、工资协议的条款内容和签订程序等进行审查。

劳动保障行政部门经审查对工资协议无异议，应及时向协商双方送达《工资协议审查意见书》，工资协议即行生效。

劳动保障行政部门对工资协议有修改意见，应将修改意见在《工资协议审查意见书》中通知协商双方。双方应就修改意见及时协商，修改工资协议，并重新报送劳动保障行政部门。

工资协议向劳动保障行政部门报送经过15日后，协议双方未收到劳动保障行政部门的《工资协议审查意见书》，视为已经劳动保障行政部门同意，该工资协议即行生效。

第二十三条　协商双方应于5日内将已经生效的工资协议以适当形式向本方全体人员公布。

第二十四条　工资集体协商一般情况下一年进行一次。职工和企业双方均可在原工资协议期满前60日内，向对方书面提出协商意向书，进行下一轮的工资集体协商，做好新旧工资协议的相互衔接。

第六章　附则

第二十五条　本办法对工资集体协商和工资协议的有关内容未做规定的，按《集体合同规定》的有关规定执行。

第二十六条　本办法自发布之日起施行。

最低工资规定

劳动和社会保障部令第21号　2004年1月20日

第一条　为了维护劳动者取得劳动报酬的合法权益，保障劳动者个人及其家庭成员的基本生活，根据劳动法和国务院有关规定，制定本规定。

第二条　本规定适用于在中华人民共和国境内的企业、民办非企业单位、有雇工的个体工商户（以下统称用人单位）和与之形成劳动关系的劳动者。

国家机关、事业单位、社会团体和与之建立劳动合同关系的劳动者，依照本规定执行。

第三条 本规定所称最低工资标准，是指劳动者在法定工作时间或依法签订的劳动合同约定的工作时间内提供了正常劳动的前提下，用人单位依法应支付的最低劳动报酬。

本规定所称正常劳动，是指劳动者按依法签订的劳动合同约定，在法定工作时间或劳动合同约定的工作时间内从事的劳动。劳动者依法享受带薪年休假、探亲假、婚丧假、生育（产）假、节育手术假等国家规定的假期间，以及法定工作时间内依法参加社会活动期间，视为提供了正常劳动。

第四条 县级以上地方人民政府劳动保障行政部门负责对本行政区域内用人单位执行本规定情况进行监督检查。

各级工会组织依法对本规定执行情况进行监督，发现用人单位支付劳动者工资违反本规定的，有权要求当地劳动保障行政部门处理。

第五条 最低工资标准一般采取月最低工资标准和小时最低工资标准的形式。月最低工资标准适用于全日制就业劳动者，小时最低工资标准适用于非全日制就业劳动者。

第六条 确定和调整月最低工资标准，应参考当地就业者及其赡养人口的最低生活费用、城镇居民消费价格指数、职工个人缴纳的社会保险费和住房公积金、职工平均工资、经济发展水平、就业状况等因素。

确定和调整小时最低工资标准，应在颁布的月最低工资标准的基础上，考虑单位应缴纳的基本养老保险费和基本医疗保险费因素，同时还应适当考虑非全日制劳动者在工作稳定性、劳动条件和劳动强度、福利等方面与全日制就业人员之间的差异。

月最低工资标准和小时最低工资标准具体测算方法见附件。

第七条 省、自治区、直辖市范围内的不同行政区域可以有不同的最低工资标准。

第八条 最低工资标准的确定和调整方案，由省、自治区、直辖市人民政府劳动保障行政部门会同同级工会、企业联合会/企业家协会研究拟订，并将拟订的方案报送劳动保障部。方案内容包括最低工资确定和调整的依据、适用范围、拟订标准和说明。劳动保障部在收到拟订方案后，应征求全国总工会、中国企业联合会/企业家协会的意见。

劳动保障部对方案可以提出修订意见，若在方案收到后 14 日内未提出修订意见的，视为同意。

第九条 省、自治区、直辖市劳动保障行政部门应将本地区最低工资标准方案报省、自治区、直辖市人民政府批准，并在批准后 7 日内在当地政府公报上和至少一种全地区性报纸上发布。省、自治区、直辖市劳动保障行政部门应在发布后 10 日内将最低工资标准报劳动保障部。

第十条 最低工资标准发布实施后，如本规定第六条所规定的相关因素发生变化，应当适时调整。最低工资标准每两年至少调整一次。

第十一条 用人单位应在最低工资标准发布后 10 日内将该标准向本单位全体劳动

者公示。

第十二条 在劳动者提供正常劳动的情况下，用人单位应支付给劳动者的工资在剔除下列各项以后，不得低于当地最低工资标准：

（一）延长工作时间工资；

（二）中班、夜班、高温、低温、井下、有毒有害等特殊工作环境、条件下的津贴；

（三）法律、法规和国家规定的劳动者福利待遇等。

实行计件工资或提成工资等工资形式的用人单位，在科学合理的劳动定额基础上，其支付劳动者的工资不得低于相应的最低工资标准。

劳动者由于本人原因造成在法定工作时间内或依法签订的劳动合同约定的工作时间内未提供正常劳动的，不适用于本条规定。

第十三条 用人单位违反本规定第十一条规定的，由劳动保障行政部门责令其限期改正；违反本规定第十二条规定的，由劳动保障行政部门责令其限期补发所欠劳动者工资，并可责令其按所欠工资的1至5倍支付劳动者赔偿金。

第十四条 劳动者与用人单位之间就执行最低工资标准发生争议，按劳动争议处理有关规定处理。

第十五条 本规定自2004年3月1日起实施。1993年11月24日原劳动部发布的《企业最低工资规定》同时废止。

附件：最低工资标准测算方法

一、确定最低工资标准应考虑的因素

确定最低工资标准一般考虑城镇居民生活费用支出、职工个人缴纳社会保险费、住房公积金、职工平均工资、失业率、经济发展水平等因素。可用公式表示为：

$M=f(C,S,A,U,E,a)$

M 最低工资标准；

C 城镇居民人均生活费用；

S 职工个人缴纳社会保险费、住房公积金；

A 职工平均工资；

U 失业率；

E 经济发展水平；

a 调整因素。

二、确定最低工资标准的通用方法

1.比重法即根据城镇居民家计调查资料，确定一定比例的最低人均收入户为贫困户，统计出贫困户的人均生活费用支出水平，乘以每一就业者的赡养系数，再加上一个调整数。

2.恩格尔系数法即根据国家营养学会提供的年度标准食物谱及标准食物摄取量，结合标准食物的市场价格，计算出最低食物支出标准，除以恩格尔系数，得出最低生活费用标准，再乘以每一就业者的赡养系数，再加上一个调整数。以上方法计算出月最低工资标准后，再考虑职工个人缴纳社会保险费、住房公积金、职工平均工资水平、社会救济金和失业保险金标准、就业状况、经济发展水平等进行必要的修正。举例：某地区最低收入组人均每月生活费支出为210元，每一就业者赡养系数为1.87，最低食物费用为127元，恩格尔系数为0.604，平均工资为900元。

1.按比重法计算得出该地区月最低工资标准为：

月最低工资标准＝210×1.87＋a＝393＋a(元)　　(1)

2.按恩格尔系数法计算得出该地区月最低工资标准为：

月最低工资标准＝127÷0.604×1.87＋a＝393＋a(元)　　(2)

公式(1)与(2)中a的调整因素主要考虑当地个人缴纳养老、失业、医疗保险费和住房公积金等费用。

另，按照国际上一般月最低工资标准相当于月平均工资的40%～60%，则该地区月最低工资标准范围应在360～540元。

小时最低工资标准＝[(月最低工资标准÷20.92÷8)×(1＋单位应当缴纳的基本养老保险费、基本医疗保险费比例之和)]×(1＋浮动系数)

浮动系数的确定主要考虑非全日制就业劳动者工作稳定性、劳动条件和劳动强度、福利等方面与全日制就业人员之间的差异。

各地可参照以上测算办法，根据当地实际情况合理确定月、小时最低工资标准。

山东省企业工资支付规定(2021年修订)

山东省人民政府令第188号　2006年7月31日

(2006年7月31日山东省人民政府令第188号发布　根据2021年2月7日山东省人民政府令第340号修订)

第一章　总则

第一条　为规范企业工资支付行为，维护劳动者依法取得劳动报酬的权利，根据《中华人民共和国劳动法》及有关法律、法规，结合本省实际，制定本规定。

第二条　本省行政区域内的企业工资支付及监督管理，适用本规定。

第三条　企业工资分配应当遵循按劳分配原则，实行同工同酬；企业工资支付应当遵循诚实信用原则，以货币形式按时足额支付。

第四条　县级以上人民政府应当加强对企业工资支付工作的领导，建立工资支付动态监测预警机制，及时解决企业工资支付中的突出问题。

第五条　县级以上人民政府人力资源社会保障行政部门负责本行政区域内企业工

资支付的监督管理工作。

财政、国资、住房城乡建设、工业和信息化、税务、市场监督、审计、统计等有关部门按照各自职责，做好企业工资支付相关的监督管理工作。

第六条 工会组织依法对企业的工资支付行为实施监督，有权对企业的违法行为提出改正意见或者向人力资源社会保障行政部门提出处理建议，支持和帮助劳动者维护其合法权益。

第七条 人力资源社会保障行政部门应当建立企业工资支付违法行为的举报处理制度，公开举报电话、信箱或者电子邮件地址等。

第二章 工资确定

第八条 省人民政府根据国家有关规定，结合本省经济社会发展水平和劳动力供求状况，制定本省企业工资宏观调控政策，发布最低工资标准和工资指导线。

设区的市人民政府根据国家和省有关规定，制定和发布本市小时最低工资标准。

县级以上人民政府人力资源社会保障行政部门根据当地的工资水平，定期发布劳动力市场工资指导价位和人工成本监测预警信息。

第九条 企业应当按照国家规定建立工资集体协商制度，与企业工会或者职工代表就企业工资分配制度、工资分配形式、工资收入水平等事项进行平等协商。在协商一致的基础上，经企业职工代表大会或者职工大会审议通过后，签订工资集体协议。

第十条 企业应当根据工资集体协议或者本企业的经济效益和政府发布的企业工资宏观调控政策，通过与劳动者平等协商，签订劳动合同，确定工资支付标准。

劳动合同中约定的工资标准可以根据劳动者所在岗位的变化进行调整和变更，但不得低于工资集体协议中确定的工资标准。

第十一条 企业应当建立正常的工资增长机制，根据本单位的经济效益增长情况，参照当地政府发布的工资指导线、劳动力市场工资指导价位和本地区、行业的职工平均工资水平等因素，逐步增加劳动者工资。

企业应当在政府发布工资指导线30日内，制定落实工资指导线实施方案。

第十二条 企业应当按照国家有关规定建立工资分配制度。工资分配制度应当包括下列内容：

（一）工资确定办法；

（二）各岗位的工资分配办法；

（三）工资正常增长办法；

（四）奖金分配办法；

（五）津贴、补贴分配办法；

（六）患病、休假等特殊情况下的工资分配办法。

第十三条 企业因生产经营困难、经济效益下降，确无正常工资支付能力，需要降低工资标准或者按照当地最低工资标准支付劳动者工资的，应当经职工代表大会或者全体职工讨论，提出方案和意见，与工会或者职工代表平等协商确定。

企业与工会或者职工代表应协商确定恢复原有工资标准的条件。企业按照当地最低工资标准支付劳动者工资的，按照原有标准支付工资的义务自适用最低工资标准的法定条件消失之日起自动恢复，当事人另行约定工资回升标准的除外。

第三章 工资支付

第十四条 企业应当按照国家和省有关规定，制定工资支付制度。工资支付制度应当包括下列内容：

（一）工资支付项目、标准和形式；

（二）工资支付周期和日期；

（三）加班加点工资的计算标准和支付方式；

（四）患病、假期等特殊情况下的工资计算标准和支付方式；

（五）工资扣除事项；

（六）工资支付的其他事项。

第十五条 企业制定工资分配和工资支付制度，应当经职工代表大会或者全体职工讨论，与工会或者职工代表平等协商确定，并向全体劳动者公布。经协商确定的企业工资分配制度和工资支付制度，非经工会或者职工代表同意或其他法律特别规定的程序，不得调整变更。

第十六条 企业应当按照劳动合同或者工资集体协议约定的日期足额支付劳动者工资，不得克扣或者拖欠工资。工资支付日期遇到法定节假日或者休息日的，企业应当在节假日或者休息日前最近的工作日支付。

企业应当每月至少支付给劳动者一次工资，但实行年薪制的，可以按照规定的比例和期限定期支付劳动者工资。

对于从事临时性工作的劳动者，工作期间少于 1 个月的，企业应当在临时工作任务完成时立即支付劳动者工资；工作期间超过 1 个月的，企业应当按月支付劳动者工资。

第十七条 企业应当以货币形式支付劳动者工资，不得以实物或者有价证券等代替货币支付。

第十八条 企业应当将工资支付给劳动者本人。劳动者委托他人代领的，受委托人应当在代领时提供有委托人签名盖章的委托书。

企业委托银行代发工资的，应当按照劳动合同或者工资集体协议约定的工资支付日期，及时将工资存入劳动者账户。

第十九条 企业应当编制工资支付表，记载工资支付对象姓名、支付时间、支付项目、加班工资、应发金额、扣除项目、实发金额和劳动者签名等事项。

工资支付表应当按照国家会计档案管理的规定至少保存 15 年的时间备查。

企业应当在支付工资时向劳动者提供工资支付单，工资支付单应当载明工资支付表中的事项。劳动者有权查询本人的工资支付记录，企业应当及时为查询人提供相关资料。

第二十条 企业安排劳动者在法定标准工作时间以外工作的，应当按照下列规定支付加班工资：

（一）在日法定标准工作时间以外延长工作时间的，按照不低于小时工资基数的150%支付加班工资；

（二）在休息日安排工作的，应当安排同等时间的补休；不能安排补休的，按照不低于日或者小时工资基数的200%支付加班工资；

（三）在法定节假日安排工作的，应当按照不低于日或者小时工资基数的300%支付加班工资。

企业应当将加班工资在下一个工资发放日或者之前支付给劳动者。

第二十一条 实行计件工资制的企业，应当依照国家或者行业制定的劳动定额标准，结合本企业实际，经征求企业工会或者职工代表的意见，合理确定劳动定额和计件单价。

劳动者完成计件定额后，企业安排其在法定标准工作时间以外工作的，应当按照本规定第二十条规定，分别按照不低于计件单价的150%、200%、300%支付加班工资。

第二十二条 实行综合计算工时工作制的企业，劳动者综合计算工作时间超过法定标准工作时间的部分，视为延长工作时间，应当根据不同情形，按照本规定第二十条第一项、第三项的规定支付加班工资。

第二十三条 实行不定时工作制的企业，不适用本规定有关加班工资的规定。

第二十四条 劳动者在享受法定年休假、探亲假、婚假、丧假等休假和产假、哺乳假等假期期间，其工资支付按照国家和省有关规定执行。

劳动者请事假的，企业可以依据合同约定或者国家工资支付相关规定不支付其事假期间的工资。

第二十五条 根据本规定第二十条计算加班工资的工资基数和第二十四条第一款计算劳动者休假工资基数，应当按照劳动者上一月份提供正常劳动所得实际工资扣除该月加班工资后的数额确定。劳动者上一月份没有提供正常劳动的，按照向前顺推至其提供正常劳动月份所得实际工资扣除该月加班工资后的数额确定。

第二十六条 劳动者因工负伤或者患职业病的，企业应当按照《工伤保险条例》的规定，支付劳动者停工留薪期间的工资。

劳动者患病或者非因工负伤，在国家规定的医疗期内的，企业应当按照国家和省有关规定支付病假工资或者疾病救济费，病假工资或者疾病救济费不得低于当地最低工资标准的80%。

《中华人民共和国传染病防治法》列为甲类的传染病，以及虽未列为甲类传染病，但按照甲类传染病进行防治的传染病的疑似病人及密切接触者，经隔离观察或者留验排除是病人的，企业应当按照劳动者提供正常劳动时的标准支付其被隔离观察或者留验期间的工资。

第二十七条　劳动者在法定工作时间内参加下列社会活动的，企业应当按照劳动者提供正常劳动支付其工资：

（一）依法行使选举权和被选举权；

（二）出席乡（镇）、县（区）以上政府、党派、工会、共青团、妇联等组织召开的会议；

（三）依法出庭作证；

（四）出席劳动模范、先进工作者大会；

（五）《中华人民共和国工会法》规定的非专职工会主席、副主席、委员参加工会活动；

（六）依法参加的其他社会活动。

第二十八条　劳动者被判处管制、拘役适用缓刑、有期徒刑适用缓刑，或者被假释、监外执行、取保候审期间，企业未与其解除劳动合同，劳动者提供了正常劳动的，企业应当按照国家规定或者劳动合同约定的工资标准支付其工资。

第二十九条　企业依法从劳动者工资中代扣、代缴下列税费：

（一）劳动者应当缴纳的个人所得税；

（二）劳动者应当缴纳的社会保险费；

（三）劳动者应当缴纳的住房公积金；

（四）法院判决、裁定中要求企业代扣的抚养费、赡养费等费用；

（五）法律、法规、规章规定的其他税费。

第三十条　因劳动者原因造成企业经济损失需要赔偿的，企业可以从劳动者工资中扣除，但扣除后的剩余部分不得低于当地月最低工资标准。

第三十一条　非因劳动者原因造成企业停工、停产、歇业且企业未与劳动者解除劳动合同，停工、停产、歇业在一个工资支付周期内的，企业应当视同劳动者提供正常劳动并支付该工资支付周期的工资；超过一个工资支付周期的，企业另行安排劳动者从事其他工作的，按照双方新约定的标准支付工资，但不得低于当地最低工资标准；企业没有安排劳动者工作的，应当按照不低于当地最低工资标准的70%支付劳动者基本生活费。国家和省另有规定的，依照其规定执行。

第三十二条　企业因生产经营困难、经济效益下降，无法按时支付工资的，应当向劳动者说明情况，经与企业工会或者职工代表协商一致后，可以延期支付工资，但延期时间最长不得超过30日。

第三十三条　企业与劳动者依法解除、终止劳动合同的，企业应当在解除或者终止劳动合同时一次性支付劳动者应得的工资。

第三十四条　企业破产、终止或者解散的，经依法清算后的财产应当优先用于清偿所欠劳动者工资和社会保险费，法律、法规另有规定的除外。

第三十五条　企业合并或者分立前拖欠劳动者工资的，应当在合并或者分立的同时，一次性支付劳动者应得的工资。

第三十六条 劳动者从事非全日制工作的，工资标准由其与用人方协商约定，但不得低于当地最低小时工资标准。

第四章 监督管理

第三十七条 人力资源社会保障行政部门应当建立健全企业工资支付信息网络，全面收集、分析、处理企业工资支付信息，依法对企业工资支付行为进行监督检查，及时发现和查处企业侵犯劳动者依法取得劳动报酬权利的行为。

第三十八条 人力资源社会保障行政部门应当建立企业工资支付信用制度，将依法查处的发生严重克扣、拖欠劳动者工资和其他严重违反工资支付制度行为的企业记入企业信用档案，并可以在新闻媒体上公布。

第三十九条 劳动者发现企业有下列情形之一的，有权向人力资源社会保障行政部门举报：

（一）克扣或者拖欠工资的；

（二）不支付或者违反规定支付加班工资的；

（三）低于当地最低工资标准支付工资的；

（四）拖欠工资并且转移、隐匿企业资产的；

（五）其他侵犯劳动者权益的情形。

人力资源社会保障行政部门接到有关举报后，应当依法调查处理，将处理结果告知署名举报人，并为举报人保密。

第四十条 建立企业工资支付应急保障制度。

对多次发生工资拖欠的企业设立工资预留账户，由企业预留部分资金存入银行专用账户，用于该企业拖欠工资时支付劳动者工资。国家和省另有规定的，依照其规定执行。

设立工资预留账户的具体办法，由省人力资源社会保障行政部门会同有关部门制定，报省人民政府批准后公布执行。

第四十一条 建设单位、承包企业未按照合同约定支付工程款，造成施工企业拖欠劳动者工资的，人力资源社会保障行政部门可以责令建设单位、承包企业先行垫付劳动者工资。先行垫付的工资数额以未结清的工程款为限。

第四十二条 劳动争议仲裁委员会审理劳动争议案件时，对事实清楚且不及时支付工资会造成劳动者生活困难的，可以部分裁决由企业先予支付劳动者工资。

第四十三条 企业与劳动者因工资支付发生纠纷或者争议的，企业应当负举证责任。

第五章 法律责任

第四十四条 企业违反本规定，克扣、拖欠劳动者工资或者低于当地最低工资标准支付劳动者工资的，依照《劳动保障监察条例》的规定予以处罚。

第四十五条　企业弄虚作假或者隐匿、销毁企业工资支付表和其他应当保存的工资支付资料的，由人力资源社会保障行政部门给予警告，责令限期改正；逾期不改正的，处以 2000 元以上 10000 元以下的罚款。

第四十六条　企业制定的工资分配制度、工资支付制度以及落实工资指导线实施方案违反本规定的，由人力资源社会保障行政部门给予警告，责令限期改正。

第四十七条　对违反本规定的其他行为的处罚，依照有关法律、法规、规章的规定执行。

第四十八条　人力资源社会保障行政部门以及其他有关部门的工作人员不依法履行法定职责，发现违法行为不予查处，或者滥用职权、徇私舞弊的，由其所在单位或者有关机关依法给予行政处分；构成犯罪的，依法追究刑事责任。

第六章　附则

第四十九条　本规定下列用语的含义是：

工资，是指企业依据国家有关规定和劳动合同、工资集体协议的约定，以货币形式支付给劳动者的劳动报酬。包括计时工资、计件工资、奖金、津贴、补贴和加班等特殊情况下支付的工资。

克扣工资，是指除本规定第二十九条、第三十条规定外，企业扣减劳动者应得工资的行为。

拖欠工资，是指除自然灾害、战争等不可抗力以及本规定第三十二条规定的情形外，企业未按时足额支付劳动者工资的行为。

正常劳动，是指劳动者按照劳动合同的约定，在法定工作时间内从事的劳动。

第五十条　民办非企业单位、个体工商户以及其他经济组织的工资支付与监督管理，参照本规定执行。

第五十一条　本规定自 2006 年 9 月 1 日起施行。

最高人民法院关于审理拒不支付劳动报酬刑事案件适用法律若干问题的解释

法释〔2013〕3 号　2013 年 1 月 16 日

为依法惩治拒不支付劳动报酬犯罪，维护劳动者的合法权益，根据《中华人民共和国刑法》有关规定，现就办理此类刑事案件适用法律的若干问题解释如下：

第一条　劳动者依照《中华人民共和国劳动法》和《中华人民共和国劳动合同法》等

法律的规定应得的劳动报酬，包括工资、奖金、津贴、补贴、延长工作时间的工资报酬及特殊情况下支付的工资等，应当认定为刑法第二百七十六条之一第一款规定的“劳动者的劳动报酬”。

第二条 以逃避支付劳动者的劳动报酬为目的，具有下列情形之一的，应当认定为刑法第二百七十六条之一第一款规定的“以转移财产、逃匿等方法逃避支付劳动者的劳动报酬”：

（一）隐匿财产、恶意清偿、虚构债务、虚假破产、虚假倒闭或者以其他方法转移、处分财产的；

（二）逃跑、藏匿的；

（三）隐匿、销毁或者篡改账目、职工名册、工资支付记录、考勤记录等与劳动报酬相关的材料的；

（四）以其他方法逃避支付劳动报酬的。

第三条 具有下列情形之一的，应当认定为刑法第二百七十六条之一第一款规定的“数额较大”：

（一）拒不支付一名劳动者三个月以上的劳动报酬且数额在五千元至二万元以上的。

（二）拒不支付十名以上劳动者的劳动报酬且数额累计在三万元至十万元以上的。

各省、自治区、直辖市高级人民法院可以根据本地区经济社会发展状况，在前款规定的数额幅度内，研究确定本地区执行的具体数额标准，报最高人民法院备案。

第四条 经人力资源社会保障部门或者政府其他有关部门依法以限期整改指令书、行政处理决定书等文书责令支付劳动者的劳动报酬后，在指定的期限内仍不支付的，应当认定为刑法第二百七十六条之一第一款规定的“经政府有关部门责令支付仍不支付”，但有证据证明行为人有正当理由未知悉责令支付或者未及时支付劳动报酬的除外。

行为人逃匿，无法将责令支付文书送交其本人、同住成年家属或者所在单位负责收件的人的，如果有关部门已通过在行为人的住所地、生产经营场所等地张贴责令支付文书等方式责令支付，并采用拍照、录像等方式记录的，应当视为“经政府有关部门责令支付”。

第五条 拒不支付劳动者的劳动报酬，符合本解释第三条的规定，并具有下列情形之一的，应当认定为刑法第二百七十六条之一第一款规定的“造成严重后果”：

（一）造成劳动者或者其被赡养人、被扶养人、被抚养人的基本生活受到严重影响、重大疾病无法及时医治或者失学的；

（二）对要求支付劳动报酬的劳动者使用暴力或者进行暴力威胁的；

（三）造成其他严重后果的。

第六条 拒不支付劳动者的劳动报酬，尚未造成严重后果，在刑事立案前支付劳动者的劳动报酬，并依法承担相应赔偿责任的，可以认定为情节显著轻微危害不大，不认为是犯罪；在提起公诉前支付劳动者的劳动报酬，并依法承担相应赔偿责任的，可以减轻或者免除刑事处罚；在一审宣判前支付劳动者的劳动报酬，并依法承担相应赔偿责任的，可以从轻处罚。

对于免除刑事处罚的，可以根据案件的不同情况，予以训诫、责令具结悔过或者赔礼道歉。

拒不支付劳动者的劳动报酬，造成严重后果，但在宣判前支付劳动者的劳动报酬，并依法承担相应赔偿责任的，可以酌情从宽处罚。

第七条 不具备用工主体资格的单位或者个人，违法用工且拒不支付劳动者的劳动报酬，数额较大，经政府有关部门责令支付仍不支付的，应当依照刑法第二百七十六条之一的规定，以拒不支付劳动报酬罪追究刑事责任。

第八条 用人单位的实际控制人实施拒不支付劳动报酬行为，构成犯罪的，应当依照刑法第二百七十六条之一的规定追究刑事责任。

第九条 单位拒不支付劳动报酬，构成犯罪的，依照本解释规定的相应个人犯罪的定罪量刑标准，对直接负责的主管人员和其他直接责任人员定罪处罚，并对单位判处罚金。

工资支付暂行规定

劳部发〔1994〕489号 1994年12月6日

第一条 为维护劳动者通过劳动获得劳动报酬的权利，规范用人单位的工资支付行为，根据《中华人民共和国劳动法》有关规定，制定本规定。

第二条 本规定适用于在中华人民共和国境内的企业、个体经济组织（以下统称用人单位）和与之形成劳动关系的劳动者。

国家机关、事业组织、社会团体和与之建立劳动合同关系的劳动者，依照本规定执行。

第三条 本规定所称工资是指用人单位依据劳动合同的规定，以各种形式支付给劳动者的工资报酬。

第四条 工资支付主要包括：工资支付项目、工资支付水平、工资支付形式、工资支付对象、工资支付时间以及特殊情况下的工资支付。

第五条 工资应当以法定货币支付。不得以实物及有价证券替代货币支付。

第六条 用人单位应将工资支付给劳动者本人。劳动者本人因故不能领取工资时，可由其亲属或委托他人代领。

用人单位可委托银行代发工资。

用人单位必须书面记录支付劳动者工资的数额、时间、领取者的姓名以及签字，并保存两年以上备查。用人单位在支付工资时应向劳动者提供一份其个人的工资清单。

第七条 工资必须在用人单位与劳动者约定的日期支付。如遇节假日或休息日，则应提前在最近的工作日支付。工资至少每月支付一次，实行周、日、小时工资制的可按周、日、小时支付工资。

第八条 对完成一次性临时劳动或某项具体工作的劳动者，用人单位应按有关协议或合同规定在其完成劳动任务后即支付工资。

第九条 劳动关系双方依法解除或终止劳动合同时，用人单位应在解除或终止劳动合同时一次付清劳动者工资。

第十条 劳动者在法定工作时间内依法参加社会活动期间，用人单位应视同其提供了正常劳动而支付工资。社会活动包括：依法行使选举权或被选举权；当选代表出席乡（镇）、区以上政府、党派、工会、青年团、妇女联合会等组织召开的会议；出任人民法庭证明人；出席劳动模范、先进工作者大会；《工会法》规定的不脱产工会基层委员会委员因工会活动占用的生产或工作时间；其它依法参加的社会活动。

第十一条 劳动者依法享受年休假、探亲假、婚假、丧假期间，用人单位应按劳动合同规定的标准支付劳动者工资。

第十二条 非因劳动者原因造成单位停工、停产在一个工资支付周期内的，用人单位应按劳动合同规定的标准支付劳动者工资。超过一个工资支付周期的，若劳动者提供了正常劳动，则支付给劳动者的劳动报酬不得低于当地的最低工资标准；若劳动者没有提供正常劳动，应按国家有关规定办理。

第十三条 用人单位在劳动者完成劳动定额或规定的工作任务后，根据实际需要安排劳动者在法定标准工作时间以外工作的，应按以下标准支付工资：

（一）用人单位依法安排劳动者在日法定标准工作时间以外延长工作时间的，按照不低于劳动合同规定的劳动者本人小时工资标准的150%支付劳动者工资；

（二）用人单位依法安排劳动者在休息日工作，而又不能安排补休的，按照不低于劳动合同规定的劳动者本人日或小时工资标准的200%支付劳动者工资；

（三）用人单位依法安排劳动者在法定休假节日工作的，按照不低于劳动合同规定的劳动者本人日或小时工资标准的300%支付劳动者工资。

实行计件工资的劳动者，在完成计件定额任务后，由用人单位安排延长工作时间的，应根据上述规定的原则，分别按照不低于其本人法定工作时间计件单价的150%、200%、300%支付其工资。

经劳动行政部门批准实行综合计算工时工作制的，其综合计算工作时间超过法定标准工作时间的部分，应视为延长工作时间，并应按本规定支付劳动者延长工作时间的工资。

实行不定时工时制度的劳动者，不执行上述规定。

第十四条 用人单位依法破产时，劳动者有权获得其工资。在破产清偿中用人单位应按《中华人民共和国企业破产法》规定的清偿顺序，首先支付欠付本单位劳动者的工资。

第十五条 用人单位不得克扣劳动者工资。有下列情况之一的，用人单位可以代扣劳动者工资：

（一）用人单位代扣代缴的个人所得税；

（二）用人单位代扣代缴的应由劳动者个人负担的各项社会保险费用；

（三）法院判决、裁定中要求代扣的抚养费、赡养费；

（四）法律、法规规定可以从劳动者工资中扣除的其他费用。

第十六条　因劳动者本人原因给用人单位造成经济损失的，用人单位可按照劳动合同的约定要求其赔偿经济损失。经济损失的赔偿，可从劳动者本人的工资中扣除。但每月扣除的部分不得超过劳动者当月工资的20%。若扣除后的剩余工资部分低于当地月最低工资标准，则按最低工资标准支付。

第十七条　用人单位应根据本规定，通过与职工大会、职工代表大会或者其他形式协商制定内部的工资支付制度，并告知本单位全体劳动者，同时抄报当地劳动行政部门备案。

第十八条　各级劳动行政部门有权监察用人单位工资支付的情况。用人单位有下列侵害劳动者合法权益行为的，由劳动行政部门责令其支付劳动者工资和经济补偿，并可责令其支付赔偿金：

（一）克扣或者无故拖欠劳动者工资的；

（二）拒不支付劳动者延长工作时间工资的；

（三）低于当地最低工资标准支付劳动者工资的。

经济补偿和赔偿金的标准，按国家有关规定执行。

第十九条　劳动者与用人单位因工资支付发生劳动争议的，当事人可依法向劳动争议仲裁机关申请仲裁。对仲裁裁决不服的，可以向人民法院提起诉讼。

第二十条　本规定自一九九五年一月一日起执行。

对《工资支付暂行规定》有关问题的补充规定

劳部发〔1995〕226号　1995年5月12日

根据《工资支付暂行规定》（劳部发〔1994〕489号，以下简称《规定》）确定的原则，现就有关问题作出如下补充规定：

一、《规定》第十一条、第十二条、第十三条所称“按劳动合同规定的标准”，系指劳动合同规定的劳动者本人所在的岗位（职位）相对应的工资标准。

因劳动合同制度尚处于推进的过程中，按上述条款规定执行确有困难的，地方或行业劳动行政部门可在不违反《规定》所确定的总的原则基础上，制定过渡措施。

二、关于加班加点的工资支付问题。

1.《规定》第十三条第(一)、(二)、(三)款规定的在符合法定标准工作时间的制度工时以外延长工作时间及安排休息日和法定休假节日工作应支付的工资，是根据加班加点的多少，以劳动合同确定的正常工作时间工资标准的一定倍数所支付的劳动报酬，即凡是安排劳动者在法定工作日延长工作时间或安排在休息日工作而又不能补休的，均应支付给劳动者不低于劳动合同规定的劳动者本人小时或日工资标准150%、200%的工资；安排在法定休假节日工作的，应另外支付给劳动者不低于劳动合同规定的劳动者本人小时或日工资标准300%的工资。

2.关于劳动者日工资折算。由于劳动定额等劳动标准都与制度工时相联系，因此，劳动者日工资可统一按劳动者本人的月工资标准除以每月制度工作天数进行折算。

根据国家关于职工每日工作8小时，每周工作时间为40小时的规定，每月制度工时天数为21.5天，考虑到国家允许施行每周40小时工作制度有困难的企业最迟可以延期到1997年5月1日施行，因此，在过渡期内，实行每周44小时工时制度的企业，其日工资折算可仍按每月制度工作天数23.5天执行。

三、《规定》第十五条中所称“克扣”系指用人单位无正当理由扣减劳动者应得工资(即在劳动者已提供正常劳动的前提下用人单位按劳动合同规定的标准应当支付给劳动者的全部劳动报酬)。不包括以下减发工资的情况：(1)国家的法律、法规中有明确规定的；(2)依法签订的劳动合同中有明确规定的；(3)用人单位依法制定并经职代会批准的厂规、厂纪中有明确规定的；(4)企业工资总额与经济效益相联系，经济效益下浮时，工资必须下浮的(但支付给劳动者工资不得低于当地的最低工资标准)；(5)因劳动者请事假等相应减发工资等。

四、《规定》第十八条所称“无故拖欠”系指用人单位无正当理由超过规定付薪时间未支付劳动者工资。不包括：(1)用人单位遇到非人力所能抗拒的自然灾害、战争等原因，无法按时支付工资；(2)用人单位确因生产经营困难、资金周转受到影响，在征得本单位工会同意后，可暂时延期支付劳动者工资，延期时间的最长限制可由各省、自治区、直辖市劳动行政部门根据各地情况确定。其他情况下拖欠工资均属无故拖欠。

五、关于特殊人员的工资支付问题。

1.劳动者受处分后的工资支付：(1)劳动者受行政处分后仍在原单位工作(如留用察看、降级等)或受刑事处分后重新就业的，应主要由用人单位根据具体情况自主确定其工资报酬；(2)劳动者受刑事处分期间，如收容审查、拘留(羁押)、缓刑、监外执行或劳动教养期间，其待遇按国家有关规定执行。

2.学徒工、熟练工、大中专毕业生在学徒期、熟练期、见习期、试用期及转正定级后的工资待遇由用人单位自主确定。

3.新就业复员军人的工资待遇由用人单位自主确定；分配到企业军队转业干部的工资待遇，按国家有关规定执行。

关于贯彻执行《中华人民共和国劳动法》若干问题的意见

劳部发〔1995〕309号 1995年8月4日

《中华人民共和国劳动法》(以下简称劳动法)已于一九九五年一月一日起施行,现就劳动法在贯彻执行中遇到的若干问题提出以下意见。

一、适用范围

1.劳动法第二条中的"个体经济组织"是指一般雇工在七人以下的个体工商户。

2.中国境内的企业、个体经济组织与劳动者之间,只要形成劳动关系,即劳动者事实上已成为企业、个体经济组织的成员,并为其提供有偿劳动,适用劳动法。

3.国家机关、事业组织、社会团体实行劳动合同制度的以及按规定应实行劳动合同制度的工勤人员;实行企业化管理的事业组织的人员;其他通过劳动合同与国家机关、事业组织、社会团体建立劳动关系的劳动者,适用劳动法。

4.公务员和比照实行公务员制度的事业组织和社会团体的工作人员,以及农村劳动者(乡镇企业职工和进城务工、经商的农民除外)、现役军人和家庭保姆等不适用劳动法。

5.中国境内的企业、个体经济组织在劳动法中被称为用人单位。国家机关、事业组织、社会团体和与之建立劳动合同关系的劳动者依照劳动法执行。根据劳动法的这一规定,国家机关、事业组织、社会团体应当视为用人单位。

二、劳动合同和集体合同

(一)劳动合同的订立

6.用人单位应与其富余人员、放长假的职工,签订劳动合同,但其劳动合同与在岗职工的劳动合同在内容上可以有所区别。用人单位与劳动者经协商一致可以在劳动合同中就不在岗期间的有关事项作出规定。

7.用人单位应与其长期被外单位借用的人员、带薪上学人员以及其他非在岗但仍保持劳动关系的人员签订劳动合同,但在外借和上学期间,劳动合同中的某些相关条款经双方协商可以变更。

8.请长病假的职工,在病假期间与原单位保持着劳动关系,用人单位应与其签订劳动合同。

9.原固定工中经批准的停薪留职人员,愿意回原单位继续工作的,原单位应与其签订劳动合同;不愿回原单位继续工作的,原单位可以与其解除劳动关系。

10.根据劳动部《实施〈劳动法〉中有关劳动合同问题的解答》(劳部发〔1995〕202号)的规定,党委书记、工会主席等党群专职人员也是职工的一员,依照劳动法的规定,与用人单位签订劳动合同。对于有特殊规定的,可以按有关规定办理。

11.根据劳动部《实施〈劳动法〉中有关劳动合同问题的解答》(劳部发〔1995〕202 号)的规定,经理由其上级部门聘任(委任)的,应与聘任(委任)部门签订劳动合同。实行公司制的经理和有关经营管理人员,应依据《中华人民共和国公司法》的规定与董事会签订劳动合同。

12.在校生利用业余时间勤工助学,不视为就业,未建立劳动关系,可以不签订劳动合同。

13.用人单位发生分立或合并后,分立或合并后的用人单位可依据其实际情况与原用人单位的劳动者遵循平等自愿、协商一致的原则变更原劳动合同。

14.派出到合资、参股单位的职工如果与原单位仍保持着劳动关系,应当与原单位签订劳动合同,原单位可就劳动合同的有关内容在与合资、参股单位订立的劳务合同时,明确职工的工资、保险、福利、休假等有关待遇。

15.租赁经营(生产)、承包经营(生产)的企业,所有权并没有发生改变,法人名称未变,在与职工订立劳动合同时,该企业仍为用人单位一方。依据租赁合同或承包合同,租赁人、承包人如果作为该企业的法定代表人或者该法定代表人的授权委托人时,可代表该企业(用人单位)与劳动者订立劳动合同。

16.用人单位与劳动者签订劳动合同时,劳动合同可以由用人单位拟定,也可以由双方当事人共同拟定,但劳动合同必须经双方当事人协商一致后才能签订,职工被迫签订的劳动合同或未经协商一致签订的劳动合同为无效劳动合同。

17.用人单位与劳动者之间形成了事实劳动关系,而用人单位故意拖延不订立劳动合同,劳动行政部门应予以纠正。用人单位因此给劳动者造成损害的,应按劳动部《违反〈劳动法〉有关劳动合同规定的赔偿办法》(劳部发〔1995〕223 号)的规定进行赔偿。

(二)劳动合同的内容

18.劳动者被用人单位录用后,双方可以在劳动合同中约定试用期,试用期应包括在劳动合同期限内。

19.试用期是用人单位和劳动者为相互了解、选择而约定的不超过六个月的考察期。一般对初次就业或再次就业的职工可以约定。在原固定工进行劳动合同制度的转制过程中,用人单位与原固定工签订劳动合同时,可以不再约定试用期。

20.无固定期限的劳动合同是指不约定终止日期的劳动合同。按照平等自愿、协商一致的原则,用人单位和劳动者只要达成一致,无论初次就业的,还是由固定工转制的,都可以签订无固定期限的劳动合同。

无固定期限的劳动合同不得将法定解除条件约定为终止条件,以规避解除劳动合同时用人单位应承担支付给劳动者经济补偿的义务。

21.用人单位经批准招用农民工,其劳动合同期限可以由用人单位和劳动者协商确定。

从事矿山井下以及在其他有害身体健康的工种、岗位工作的农民工,实行定期轮换制度,合同期限最长不超过八年。

22.劳动法第二十条中的“在同一用人单位连续工作满十年以上”是指劳动者与同一用人单位签订的劳动合同的期限不间断达到十年，劳动合同期满双方同意续订劳动合同时，只要劳动者提出签订无固定期限劳动合同的，用人单位应当与其签订无固定期限的劳动合同。在固定工转制中各地如有特殊规定的，从其规定。

23.用人单位用于劳动者职业技能培训费用的支付和劳动者违约时培训费的赔偿可以在劳动合同中约定，但约定劳动者违约时负担的培训费和赔偿金的标准不得违反劳动部《违反〈劳动法〉有关劳动合同规定的赔偿办法》（劳部发〔1995〕223号）等有关规定。

24.用人单位在与劳动者订立劳动合同时，不得以任何形式向劳动者收取定金、保证金（物）或抵押金（物）。对违反以上规定的，应按照劳动部、公安部、全国总工会《关于加强外商投资企业和私营企业劳动管理切实保障职工合法权益的通知》（劳部发〔1994〕118号）和劳动部办公厅《对“关于国有企业和集体所有制企业能否参照执行劳部发〔1994〕118号文件中的有关规定的请示”的复函》（劳办发〔1994〕256号）的规定，由公安部门和劳动行政部门责令用人单位立即退还给劳动者本人。

（三）经济性裁员

25.依据劳动法第二十七条和劳动部《企业经济性裁减人员规定》（劳部发〔1994〕447号）第四条的规定，用人单位确需裁减人员，应按下列程序进行：

（1）提前三十日向工会或全体职工说明情况，并提供有关生产经营状况的资料；

（2）提出裁减人员方案，内容包括：被裁减人员名单、裁减时间及实施步骤，符合法律、法规规定和集体合同约定的被裁减人员的经济补偿办法；

（3）将裁减人员方案征求工会或者全体职工的意见，并对方案进行修改和完善；

（4）向当地劳动行政部门报告裁减人员方案以及工会或者全体职工的意见，并听取劳动行政部门的意见；

（5）由用人单位正式公布裁减人员方案，与被裁减人员办理解除劳动合同手续，按照有关规定向被裁减人员本人支付经济补偿金，并出具裁减人员证明书。

（四）劳动合同的解除和无效劳动合同

26.劳动合同的解除是指劳动合同订立后，尚未全部履行以前，由于某种原因导致劳动合同一方或双方当事人提前消灭劳动关系的法律行为。劳动合同的解除分为法定解除和约定解除两种。根据劳动法的规定，劳动合同既可以由单方依法解除，也可以双方协商解除。劳动合同的解除，只对未履行的部分发生效力，不涉及已履行的部分。

27.无效劳动合同是指所订立的劳动合同不符合法定条件，不能发生当事人预期的法律后果的劳动合同。劳动合同的无效由人民法院或劳动争议仲裁委员会确认，不能由合同双方当事人决定。

28.劳动者涉嫌违法犯罪被有关机关收容审查、拘留或逮捕的，用人单位在劳动者被限制人身自由期间，可与其暂时停止劳动合同的履行。

暂时停止履行劳动合同期间，用人单位不承担劳动合同规定的相应义务。劳动者经证明被错误限制人身自由的，暂时停止履行劳动合同期间劳动者的损失，可由其依据《国家赔偿法》要求有关部门赔偿。

29.劳动者被依法追究刑事责任的,用人单位可依据劳动法第二十五条解除劳动合同。

“被依法追究刑事责任”是指:被人民检察院免予起诉的、被人民法院判处刑罚的、被人民法院依据刑法第三十二条免予刑事处分的。

劳动者被人民法院判处拘役、三年以下有期徒刑缓刑的,用人单位可以解除劳动合同。

30.劳动法第二十五条为用人单位可以解除劳动合同的条款,即使存在第二十九条规定的情况,只要劳动者同时存在第二十五条规定的四种情形之一,用人单位也可以根据第二十五条的规定解除劳动合同。

31.劳动者被劳动教养的,用人单位可以依据被劳教的事实解除与该劳动者的劳动合同。

32.按照劳动法第三十一条的规定,劳动者解除劳动合同,应当提前三十日以书面形式通知用人单位。超过三十日,劳动者可以向用人单位提出办理解除劳动合同手续,用人单位予以办理。如果劳动者违法解除劳动合同给原用人单位造成经济损失,应当承担赔偿责任。

33.劳动者违反劳动法规定或劳动合同的约定解除劳动合同(如擅自离职),给用人单位造成经济损失的,应当根据劳动法第一百零二条和劳动部《违反〈劳动法〉有关劳动合同规定的赔偿办法》(劳部发〔1995〕223号)的规定,承担赔偿责任。

34.除劳动法第二十五条规定的情形外,劳动者在医疗期、孕期、产期和哺乳期内,劳动合同期限届满时,用人单位不得终止劳动合同。劳动合同的期限应自动延续至医疗期、孕期、产期和哺乳期期满为止。

35.请长病假的职工在医疗期满后,能从事原工作的,可以继续履行劳动合同;医疗期满后仍不能从事原工作也不能从事由单位另行安排的工作的,由劳动鉴定委员会参照工伤与职业病致残程度鉴定标准进行劳动能力鉴定。被鉴定为一至四级的,应当退出劳动岗位,解除劳动关系,办理因病或非因工负伤退休退职手续,享受相应的退休退职待遇;被鉴定为五至十级的,用人单位可以解除劳动合同,并按规定支付经济补偿金和医疗补助费。

(五)解除劳动合同的经济补偿

36.用人单位依据劳动法第二十四条、第二十六条、第二十七条的规定解除劳动合同,应当按照劳动法和劳动部《违反和解除劳动合同的经济补偿办法》(劳部发〔1994〕481号)支付劳动者经济补偿金。

37.根据《民法通则》第四十四条第二款“企业法人分立、合并,它的权利和义务由变更后的法人享有和承担”的规定,用人单位发生分立或合并后,分立或合并后的用人单位可依据其实际情况与原用人单位的劳动者遵循平等自愿、协商一致的原则变更、解除或重新签订劳动合同。

在此种情况下的重新签订劳动合同视为原劳动合同的变更，用人单位变更劳动合同，劳动者不能依据劳动法第二十八条要求经济补偿。

38.劳动合同期满或者当事人约定的劳动合同终止条件出现，劳动合同即行终止，用人单位可以不支付劳动者经济补偿金。国家另有规定的，可以从其规定。

39.用人单位依据劳动法第二十五条解除劳动合同，可以不支付劳动者经济补偿金。

40.劳动者依据劳动法第三十二条第(一)项解除劳动合同，用人单位可以不支付经济补偿金，但应按照劳动者的实际工作天数支付工资。

41.在原固定工实行劳动合同制度的过程中，企业富余职工辞职，经企业同意可以不与企业签订劳动合同的，企业应根据《国有企业富余职工安置规定》(国务院令第 111 号，1993 年公布)发给劳动者一次性生活补助费。

42.职工在接近退休年龄(按有关规定一般为五年以内)时因劳动合同到期终止劳动合同的，如果符合退休、退职条件，可以办理退休、退职手续；不符合退休、退职条件的，在终止劳动合同后按规定领取失业救济金。享受失业救济金的期限届满后仍未就业，符合社会救济条件的，可以按规定领取社会救济金，达到退休年龄时办理退休手续，领取养老保险金。

43.劳动合同解除后，用人单位对符合规定的劳动者应支付经济补偿金。不能因劳动者领取了失业救济金而拒付或克扣经济补偿金，失业保险机构也不得以劳动者领取了经济补偿金为由，停发或减发失业救济金。

(六)体制改革过程中实行劳动合同制度的有关政策

44.困难企业签订劳动合同，应区分不同情况，有些亏损企业属政策性亏损，生产仍在进行，还能发出工资，应该按照劳动法的规定签订劳动合同。已经停产半停产的企业，要根据具体情况签订劳动合同，保证这些企业职工的基本生活。

45.在国有企业固定工转制过程中，劳动者无正当理由不得单方面与用人单位解除劳动关系；用人单位也不得以实行劳动合同制度为由，借机辞退部分职工。

46.关于在企业内录干、聘干问题，劳动法规定用人单位内的全体职工统称为劳动者，在同一用人单位内，各种不同的身份界限随之打破。应该按照劳动法的规定，通过签订劳动合同来明确劳动者的工作内容、岗位等。用人单位根据工作需要，调整劳动者的工作岗位时，可以与劳动者协商一致，变更劳动合同的相关内容。

47.由于各用人单位千差万别，对工作内容、劳动报酬的规定也就差异很大，因此，国家不宜制定统一的劳动合同标准文本。目前，各地、各行业制定并向企业推荐的劳动合同文本，对于用人单位和劳动者双方有一定的指导意义，但这些劳动合同文本只能供用人单位和劳动者参考。

48.按照劳动部办公厅《对全面实行劳动合同制若干问题的请示的复函》(劳办发〔1995〕19 号)的规定，各地企业在与原固定工签订劳动合同时，应注意保护老弱病残职工的合法权益。对工作时间较长，年龄较大的职工，各地可以根据劳动法第一百零六条制定一次性的过渡政策，具体办法由各省、自治区、直辖市确定。

49.在企业全面建立劳动合同制度以后，原合同制工人与本企业内的原固定工应享受同等待遇。是否发给15％的工资性补贴，可以由各省、自治区、直辖市人民政府根据劳动法第一百零六条在制定劳动合同制度的实施步骤时加以规定。

50.在目前工伤保险和残疾人康复就业制度尚未建立和完善的情况下，对因工部分丧失劳动能力的职工，劳动合同期满也不能终止劳动合同，仍由原单位按照国家有关规定提供医疗等待遇。

（七）集体合同

51.当前签订集体合同的重点应在非国有企业和现代企业制度试点的企业进行，积累经验，逐步扩大范围。

52.关于国有企业在承包制条件下签订的“共保合同”，凡内容符合劳动法和有关法律、法规和规章关于集体合同规定的，应按照有关规定办理集体合同送审、备案手续；凡不符合劳动法和有关法律、法规和规章规定的，应积极创造条件逐步向规范的集体合同过渡。

三、工资

（一）最低工资

53.劳动法中的“工资”是指用人单位依据国家有关规定或劳动合同的约定，以货币形式直接支付给本单位劳动者的劳动报酬，一般包括计时工资、计件工资、奖金、津贴和补贴、延长工作时间的工资报酬以及特殊情况下支付的工资等。“工资”是劳动者劳动收入的主要组成部分。

劳动者的以下劳动收入不属于工资范围：

（1）单位支付给劳动者个人的社会保险福利费用，如丧葬抚恤救济费、生活困难补助费、计划生育补贴等；

（2）劳动保护方面的费用，如用人单位支付给劳动者的工作服、解毒剂、清凉饮料费用等；

（3）按规定未列入工资总额的各种劳动报酬及其他劳动收入，如根据国家规定发放的创造发明奖、国家星火奖、自然科学奖、科学技术进步奖、合理化建议和技术改进奖、中华技能大奖等，以及稿费、讲课费、翻译费等。

54.劳动法第四十八条中的“最低工资”是指劳动者在法定工作时间内履行了正常劳动义务的前提下，由其所在单位支付的最低劳动报酬。最低工资不包括延长工作时间的工资报酬，以货币形式支付的住房和用人单位支付的伙食补贴，中班、夜班、高温、低温、井下、有毒、有害等特殊工作环境和劳动条件下的津贴，国家法律、法规、规章规定的社会保险福利待遇。

55.劳动法第四十四条中的“劳动者正常工作时间工资”是指劳动合同规定的劳动者本人所在工作岗位（职位）相对应的工资。鉴于当前劳动合同制度尚处于推进过程中，按上述规定执行确有困难的用人单位，地方或行业劳动部门可在不违反劳动部《关于工资〈支付暂行规定〉有关问题的补充规定》（劳部发〔1995〕226号）文件所确定的总的原则的基础上，制定过渡办法。

56.在劳动合同中，双方当事人约定的劳动者在未完成劳动定额或承包任务的情况下，用人单位可低于最低工资标准支付劳动者工资的条款不具有法律效力。

57.劳动者与用人单位形成或建立劳动关系后，试用、熟练、见习期间，在法定工作时间内提供了正常劳动，其所在的用人单位应当支付其不低于最低工资标准的工资。

58.企业下岗待工人员，由企业依据当地政府的有关规定支付其生活费，生活费可以低于最低工资标准，下岗待工人员中重新就业的，企业应停发其生活费。女职工因生育、哺乳请长假而下岗的，在其享受法定产假期间，依法领取生育津贴；没有参加生育保险的企业，由企业照发原工资。

59.职工患病或非因工负伤治疗期间，在规定的医疗期间内由企业按有关规定支付其病假工资或疾病救济费，病假工资或疾病救济费可以低于当地最低工资标准支付，但不能低于最低工资标准的80%。

(二)延长工作时间的工资报酬

60.实行每天不超过8小时，每周不超过44小时或40小时标准工作时间制度的企业，以及经批准实行综合计算工时工作制的企业，应当按照劳动法的规定支付劳动者延长工作时间的工资报酬。全体职工已实行劳动合同制度的企业，一般管理人员(实行不定时工作制人员除外)经批准延长工作时间的，可以支付延长工作时间的工资报酬。

61.实行计时工资制的劳动者的日工资，按其本人月工资标准除以平均每月法定工作天数(实行每周40小时工作制的为21.16天，实行每周44小时工作制的为23.33天)进行计算。

62.实行综合计算工时工作制的企业职工，工作日正好是周休息日的，属于正常工作；工作日正好是法定节假日时，要依照劳动法第四十四条第(三)项的规定支付职工的工资报酬。

(三)有关企业工资支付的政策

63.企业克扣或无故拖欠劳动者工资的，劳动监察部门应根据劳动法第九十一条、劳动部《违反和解除劳动合同的经济补偿办法》第三条、《违反〈中华人民共和国劳动法〉行政处罚办法》第六条予以处理。

64.经济困难的企业执行劳动部《工资支付暂行规定》(劳部发〔1994〕489号)确有困难，应根据以下规定执行：

(1)《关于做好国有企业职工和离退休人员基本生活保障工作的通知》(国发〔1993〕76号)的规定，“企业发放工资确有困难时，应发给职工基本生活费，具体标准由各地区、各部门根据实际情况确定”；

(2)《关于国有企业流动资金贷款的紧急通知》(银传〔1994〕34号)的规定，“地方政府通过财政补贴，企业主管部门有可能也要拿出一部分资金，银行要拿出一部分贷款，共同保证职工基本生活和社会的稳定”；

(3)《国有企业富余职工安置规定》(国务院令第111号，1993年发布)的规定：“企业可以对职工实行有限期的放假。职工放假期间，由企业发给生活费”。

四、工作时间和休假

(一)综合计算工作时间

65.经批准实行综合计算工作时间的用人单位,分别以周、月、季、年等为周期综合计算工作时间,但其平均日工作时间和平均周工作时间应与法定标准工作时间基本相同。

66.对于那些在市场竞争中,由于外界因素的影响,生产任务不均衡的企业的部分职工,经劳动行政部门严格审批后,可以参照综合计算工时工作制的办法实施,但用人单位应采取适当方式确保职工的休息休假权利和生产、工作任务的完成。

67.经批准实行不定时工作制的职工,不受劳动法第四十一条规定的日延长工作时间标准和月延长工作时间标准的限制,但用人单位应采用弹性工作时间等适当的工作和休息方式,确保职工的休息休假权利和生产、工作任务的完成。

68.实行标准工时制度的企业,延长工作时间应严格按劳动法第四十一条的规定执行,不能按季、年综合计算延长工作时间。

69.中央直属企业、企业化管理的事业单位实行不定时工作制和综合计算工时工作制等其他工作和休息办法的,须经国务院行业主管部门审核,报国务院劳动行政部门批准。地方企业实行不定时工作制和综合计算工时工作制等其他工作和休息办法的审批办法,由省、自治区、直辖市人民政府劳动行政部门制定,报国务院劳动行政部门备案。

(二)延长工作时间

70.休息日安排劳动者工作的,应先按同等时间安排其补休,不能安排补休的应按劳动法第四十四条第(二)项的规定支付劳动者延长工作时间的工资报酬。法定节假日(元旦、春节、劳动节、国庆节)安排劳动者工作的,应按劳动法第四十四条第(三)项支付劳动者延长工作时间的工资报酬。

71.协商是企业决定延长工作时间的程序(劳动法第四十二条和《劳动部贯彻〈国务院关于职工工作时间的规定〉的实施办法》第七条规定除外),企业确因生产经营需要,必须延长工作时间时,应与工会和劳动者协商。协商后,企业可以在劳动法限定的延长工作时数内决定延长工作时间,对企业违反法律、法规强迫劳动者延长工作时间的,劳动者有权拒绝。若由此发生劳动争议,可以提请劳动争议处理机构予以处理。

(三)休假

72.实行新工时制度后,企业职工原有的年休假制度仍然实行。在国务院尚未作出新的规定之前,企业可以按照 1991 年 6 月 5 日《中共中央国务院关于职工休假问题的通知》,安排职工休假。

五、社会保险

73.企业实施破产时,按照国家有关企业破产的规定,从其财产清产和土地转让所得中按实际需要划拨出社会保险费用和职工再就业的安置费。其划拨的养老保险费和失业保险费由当地社会保险基金经办机构和劳动部门就业服务机构接收,并负责支付离退休人员的养老保险费用和支付失业人员应享受的失业保险待遇。

74.企业富余职工、请长假人员、请长病假人员、外借人员和带薪上学人员,其社会保险费仍按规定由原单位和个人继续缴纳，缴纳保险费期间计算为缴费年限。

75.用人单位全部职工实行劳动合同制度后，职工在用人单位内由转制前的原工人岗位转为原干部(技术)岗位或由原干部(技术)岗位转为原工人岗位，其退休年龄和条件，按现岗位国家规定执行。

76.依据劳动部《企业职工患病或非因工负伤医疗期的规定》(劳部发〔1994〕479 号)和劳动部《关于贯彻〈企业职工患病或非因工负伤医疗期的规定〉的通知》(劳部发〔1995〕236 号)，职工患病或非因工负伤，根据本人实际参加工作的年限和本企业工作年限长短，享受 3—24 个月的医疗期。对于某些患特殊疾病(如癌症、精神病、瘫痪等)的职工，在 24 个月内尚不能痊愈的，经企业和当地劳动部门批准，可以适当延长医疗期。

77.劳动者的工伤待遇在国家尚未颁布新的工伤保险法律、行政法规之前，各类企业仍要执行《劳动保险条例》及相关的政策规定，如果当地政府已实行工伤保险制度改革的，应执行当地的新规定；个体经济组织的劳动者的工伤保险参照企业职工的规定执行；国家机关、事业组织、社会团体的劳动者的工伤保险，如果包括在地方人民政府的工伤改革规定范围内的，按地方政府的规定执行。

78.劳动者患职业病按照 1987 年由卫生部等部门发布的《职业病范围和职业病患者处理办法的规定》和所附的“职业病名单”(〔87〕卫防第 60 号)处理，经职业病诊断机构确诊并发给《职业病诊断证明书》，劳动行政部门据此确认工伤，并通知用人单位或者社会保险基金经办机构发给有关工伤保险待遇；劳动者因工负伤的，劳动行政部门根据企业的工伤事故报告和工伤者本人的申请，作出工伤认定，由社会保险基金经办机构或用人单位，发给有关工伤保险待遇。患职业病或工伤致残的，由当地劳动鉴定委员会按照劳动部《职工工伤和职业病致残程度鉴定标准》(劳险字〔1992〕6 号)评定伤残等级和护理依赖程度。劳动鉴定委员会的伤残等级和护理依赖程度的结论，以医学检查、诊断结果为技术依据。

79.劳动者因工负伤或患职业病，用人单位应按国家和地方政府的规定进行工伤事故报告，或者经职业病诊断机构确诊进行职业病报告。用人单位和劳动者有权按规定向当地劳动行政部门报告。如果用人单位瞒报、漏报工作或职业病，工会、劳动者可以向劳动行政部门报告。经劳动行政部门确认后，用人单位或社会保险基金经办机构应补发工伤保险待遇。

80.劳动者对劳动行政部门作出的工伤或职业病的确认意见不服，可依法提起行政复议或行政诉讼。

81.劳动者被认定患职业病或因工负伤后，对劳动鉴定委员会作出的伤残等级和护理依赖程度鉴定结论不服，可依法提起行政复议或行政诉讼。对劳动能力鉴定结论所依据的医学检查、诊断结果有异议的，可以要求复查诊断，复查诊断按各省、自治区和直辖市劳动鉴定委员会规定的程序进行。

六、劳动争议

82.用人单位与劳动者发生劳动争议不论是否订立劳动合同，只要存在事实劳动关系，并符合劳动法的适用范围和《中华人民共和国企业劳动争议处理条例》的受案范围，劳动争议仲裁委员会均应受理。

83.劳动合同鉴证是劳动行政部门审查、证明劳动合同的真实性、合法性的一项行政监督措施，尤其在劳动合同制度全面实施的初期有其必要性。劳动行政部门鼓励并提倡用人单位和劳动者进行劳动合同鉴证。劳动争议仲裁委员会不能以劳动合同未经鉴证为由不受理相关的劳动争议案件。

84.国家机关、事业组织、社会团体与本单位工人以及其他与之建立劳动合同关系的劳动者之间，个体工商户与帮工、学徒之间，以及军队、武警部队的事业组织和企业与其无军籍的职工之间发生的劳动争议，只要符合劳动争议的受案范围，劳动争议仲裁委员会应予受理。

85.“劳动争议发生之日”是指当事人知道或者应当知道其权利被侵害之日。

86.根据《中华人民共和国商业银行法》的规定，商业银行为企业法人。商业银行与其职工适用《劳动法》、《中华人民共和国企业劳动争议处理条例》等劳动法律、法规和规章。商业银行与其职工发生的争议属于劳动争议的受案范围的，劳动争议仲裁委员会应予受理。

87.劳动法第二十五条第（三）项中的“重大损害”，应由企业内部规章来规定，不便于在全国对其作统一解释。若用人单位以此为由解除劳动合同，与劳动者发生劳动争议，当事人向劳动争议仲裁委员会申请仲裁的，由劳动争议仲裁委员会根据企业类型、规模和损害程度等情况，对企业规章中规定的“重大损害”进行认定。

88.劳动监察是劳动法授予劳动行政部门的职责，劳动争议仲裁是劳动法授予各级劳动争议仲裁委员会的职能。用人单位或行业部门不能设立劳动监察机构和劳动争议仲裁委员会，也不能设立劳动行政部门劳动监察机构的派出机构和劳动争议仲裁委员会的派出机构。

89.劳动争议当事人向企业劳动争议调解委员会申请调解，从当事人提出申请之日起，仲裁申诉时效中止，企业劳动争议调解委员会应当在三十日内结束调解，即中止期间最长不得超过三十日。结束调解之日起，当事人的申诉时效继续计算。调解超过三十日的，申诉时效从三十日之后的第一天继续计算。

90.劳动争议仲裁委员会的办事机构对未予受理的仲裁申请，应逐件向仲裁委员会报告并说明情况，仲裁委员会认为应当受理的，应及时通知当事人。当事人从申请至受理的期间应视为时效中止。

七、法律责任

91.劳动法第九十一条的含义是，如果用人单位实施了本条规定的前三项侵权行为之一的，劳动行政部门应责令用人单位支付劳动者的工资报酬和经济补偿，并可以责令支付赔偿金。如果用人单位实施了本条规定的第四项侵权行为，即解除劳动合同后未依法给予劳动者经济补偿的，因不存在支付工资报酬的问题，故劳动行政部门只责令用人单位支付劳动者经济补偿，还可以支付赔偿金。

92.用人单位实施下列行为之一的，应认定为劳动法第一百零一条中的“无理阻挠”

行为：

(1)阻止劳动监督检查人员进入用人单位内(包括进入劳动现场)进行监督检查的；

(2)隐瞒事实真象，出具伪证，或者隐匿、毁灭证据的；

(3)拒绝提供有关资料的；

(4)拒绝在规定的时间和地点就劳动行政部门所提问题作出解释和说明的；

(5)法律、法规和规章规定的其他情况。

八、适用法律

93.劳动部、外经贸部《外商投资企业劳动管理规定》(劳部发〔1994〕246号)与劳动部《违反和解除劳动合同的经济补偿办法》(劳部发〔1994〕481号)中关于解除劳动合同的经济补偿规定是一致的，246号文中的“生活补助费”是劳动法第二十八条所指经济补偿的具体化，与481号文中的“经济补偿金”可视为同一概念。

94.劳动部、外经贸部《外商投资企业劳动管理规定》(劳部发〔1994〕246号)与劳动部《违反〈中华人民共和国劳动法〉行政处罚办法》(劳部发〔1994〕532号)在企业低于当地最低工资标准支付职工工资应付赔偿金的标准，延长工作时间的罚款标准，阻止劳动监察人员行使监督检查权的罚款标准等方面规定不一致，按照同等效力的法律规范新法优于旧法执行的原则，应执行劳动部劳部发〔1994〕532号规章。

95.劳动部《企业最低工资规定》(劳部发〔1993〕333号)与劳动部《违反〈中华人民共和国劳动法〉行政处罚办法》(劳部发〔1994〕532号)在拖欠或低于国家最低工资标准支付工资的赔偿金标准方面规定不一致，应按劳动部劳部发〔1994〕532号规章执行。

96.劳动部《违反〈中华人民共和国劳动法〉行政处罚办法》(劳部发〔1994〕532号)对行政处罚行为、处罚标准未作规定，而其他劳动行政规章和地方政府规章作了规定的，按有关规定执行。

97.对违反劳动法的用人单位，劳动行政部门有权依据劳动法律、法规和规章的规定予以处理，用人单位对劳动行政部门作出的行政处罚决定不服，在法定期限内不提起诉讼或不申请复议又不执行行政处罚决定的，劳动行政部门可以根据行政诉讼法第六十六条申请人民法院强制执行。劳动行政部门依法申请人民法院强制执行时，应当提交申请执行书，据以执行的法律文书和其他必须提交的材料。

98.适用法律、法规、规章及其他规范性文件遵循下列原则：

(1)法律的效力高于行政法规与地方性法规；行政法规与地方性法规效力高于部门规章和地方政府规章；部门规章和地方政府规章效力高于其他规范性文件。

(2)在适用同一效力层次的文件时，新法律优于旧法律；新法规优于旧法规；新规章优于旧规章；新规范性文件优于旧规范性文件。

99.依据《法规规章备案规定》(国务院令第48号，1990年发布)“地方人民政府规章同国务院部门规章之间或者国务院部门规章相互之间有矛盾的，由国务院法制局进行协调；经协调不能取得一致意见的，由国务院法制局提出意见，报国务院决定。”地方劳动行政部门在发现劳动部规章与国务院其他部门规章或地方政府规章相矛盾时，可将情况报劳动部，由劳动部报国务院法制局进行协调或决定。

100.地方或行业劳动部门发现劳动部的规章之间、其他规范性文件之间或规章与其他规范性文件之间相矛盾，一般适用“新文件优于旧文件”的原则，同时可向劳动部请示。

人力资源社会保障部关于加强对拒不支付劳动报酬案件查处工作的通知

人社部发〔2012〕3号　2012年1月14日

各省、自治区、直辖市高级人民法院、人民检察院、人力资源社会保障厅（局）、公安厅（局），新疆维吾尔自治区高级人民法院生产建设兵团分院，新疆生产建设兵团人民检察院、人力资源社会保障局、公安局：

为贯彻执行《中华人民共和国刑法修正案（八）》关于拒不支付劳动报酬罪的规定，完善劳动保障监察执法与刑事司法衔接制度，加大对拒不支付劳动报酬、侵害劳动者权益行为的打击力度，切实维护劳动者合法权益和社会公平正义，根据《中华人民共和国刑法》、《中华人民共和国刑事诉讼法》、《行政执法机关移送涉嫌犯罪案件的规定》等法律法规的有关规定，现就进一步加强涉及拒不支付劳动报酬案件查处和司法移送工作通知如下：

一、统一思想认识，高度重视拒不支付劳动报酬案件依法查处和司法移送工作，严惩劳动保障领域违法犯罪行为

当前，个别企业和个人有的有能力支付而不支付劳动者劳动报酬，有的通过转移财产、逃匿等方法逃避支付劳动者的劳动报酬，致使一些劳动者生活陷入困境，甚至引发群体性事件，严重侵害了劳动者的合法权益，影响社会和谐稳定。依法惩治拒不支付劳动报酬违法犯罪行为，保护劳动者合法权益，对于化解社会矛盾，保障社会和谐稳定，促进公平正义具有重要作用。建立劳动保障监察执法与刑事司法衔接工作制度是依法履行职责、捍卫劳动者合法权益的重要保证，是依法严厉打击拒不支付劳动报酬违法犯罪行为的必然要求。各级人民法院、人民检察院、人力资源社会保障部门、公安机关要进一步统一思想，高度重视，充分认识此类违法犯罪活动的严重性、危害性，增强政治责任感，密切分工协作，依法移送和查处拒不支付劳动报酬涉嫌犯罪案件，及时查办一批典型案件，有力打击拒不支付劳动报酬的犯罪行为，维护法律权威，保障劳动者的合法权益，促进劳动关系和谐稳定与社会公平正义。

二、切实履行职责，依法查处拒不支付劳动报酬违法犯罪案件

人力资源社会保障部门、公安机关、人民检察院、人民法院要按照有关规定，认真做好拒不支付劳动报酬行为涉嫌犯罪案件的调查、移交、侦办、审查批捕、审查起诉和审判，尽可能提高办案效率，并及时将有关情况进行通报。

人力资源社会保障部门要依法对用人单位遵守劳动保障法律、法规和规章的情况进行监督检查，通过各种检查方式监督用人单位劳动报酬支付情况，依法受理拖欠劳动报酬的举报、投诉。经调查，对违法事实清楚、证据确凿的，应当依法及时责令用人单位向劳动者支付劳动报酬。行为人逃匿的，人力资源社会保障部门可以在行为人住所地、办公地点、生产经营场所或者建筑施工项目所在地张贴责令支付的文书，或者采取将责令支付的文书送交其单位管理人员及近亲属等适当方式。对涉嫌犯罪的案件，应按照《行政执法机关移送涉嫌犯罪案件的规定》的要求，核实案情向本部门负责人报告并经同意后制作《涉嫌犯罪案件移送书》，在规定期限内将案件向同级公安机关移送，并抄送同级人民检察院备案。

公安机关对人力资源社会保障部门移送涉嫌犯罪的拒不支付劳动报酬案件，应依法及时审查决定是否立案。认为有犯罪事实，需要追究刑事责任的，依法立案，并及时查明犯罪事实，正确运用法律惩罚犯罪，保障劳动者的合法权益不受侵害。

人民检察院要依法及时做好此类案件的立案监督、审查批捕、审查起诉等检察工作，对工作中发现的职务犯罪线索应当认真审查，依法处理。

人民法院要依法及时受理、审理各类拖欠劳动报酬纠纷，对其中构成犯罪的，要坚决依法追究刑事责任。

公安机关、人民检察院、人民法院在案件审查过程中，可以告知劳动者有提起刑事附带民事诉讼的权利。

对不依法移送或者不依法办理涉嫌拒不支付劳动报酬犯罪案件的国家工作人员，要依法追究行政纪律责任；构成犯罪的，要依法追究刑事责任。

三、加强协调配合，做好拒不支付劳动报酬案件移送工作

人力资源社会保障部门向公安机关移送涉嫌犯罪案件，应当附有《涉嫌犯罪案件移送书》、涉嫌拒不支付劳动报酬犯罪案件调查报告、涉案的有关书证、物证及其他有关涉嫌犯罪的材料。在移送案件时已经作出行政处罚决定的，应当将行政处罚决定书一并抄送公安机关、人民检察院；未作出行政处罚决定的，原则上应当在公安机关决定不予立案或者撤销案件、人民检察院作出不起诉决定、人民法院作出无罪判决或者免予刑事处罚后，再决定是否给予行政处罚。

公安机关对人力资源社会保障部门移送的涉嫌拒不支付劳动报酬犯罪案件，应当予以受理，并在涉嫌犯罪案件移送书回执上签字。对于不属于本部门管辖的，应在受理后24小时内转送有管辖权的部门，并书面告知移送案件的人力资源社会保障部门。

公安机关作出立案或者不立案决定，应当在作出决定之日起3日内书面告知移送案件的人力资源社会保障部门。决定不立案的，应当同时退回案卷材料，并书面说明不立案的理由。

人力资源社会保障部门对于公安机关不予立案的决定有异议的，可以自接到通知后3日内向作出不予立案的公安机关提出复议，也可以建议检察机关依法进行立案监督。

在涉案人员众多、涉嫌跨区域犯罪、社会影响较大或涉嫌犯罪行为人故意销毁会计账簿、转移财产、逃匿、暴力抗拒执法等紧急情形下，人力资源社会保障部门应当及时通报公安机关，公安机关应当依法及时处置。

上级人力资源社会保障部门和公安机关应当对下级人力资源社会保障部门和公安机关执行本通知的情况进行督促检查，定期抽查案件查办情况，及时纠正案件移送工作中的问题和错误。

四、建立沟通机制，确保劳动保障监察执法与刑事司法工作有效衔接

在办理拒不支付劳动报酬案件的过程中，各级人力资源社会保障部门和人民法院、人民检察院、公安机关要加强沟通协调、通力合作，形成打击合力。各级人力资源社会保障部门要与当地人民法院、人民检察院、公安机关建立拒不支付劳动报酬案件移送的联系机制，加强联动配合，确保工作衔接顺畅，案件查处及时有力。要定期组织召开联席会议，互通查处违法犯罪行为以及劳动保障监察执法与刑事司法衔接工作的有关情况，研究解决衔接工作中存在的问题，提出加强衔接工作的措施，切实打击拒不支付劳动报酬的犯罪行为。要健全信息通报制度，通过简报、会议、网络等多种形式实现信息共享，推动劳动保障监察执法与刑事司法衔接工作深入开展。

五、加大宣传力度，及时公布拒不支付劳动报酬案件查处结果

各地要通过广播、电视、报刊、网络等多种渠道向社会广泛宣传拒不支付劳动报酬违法犯罪行为的危害，大力宣传依法打击拒不支付劳动报酬违法犯罪行为的决心。要支持新闻媒体开展舆论监督，畅通信息交流渠道，认真调查处理新闻媒体报道的拒不支付劳动报酬行为，做好相关案件的宣传报道和舆论引导工作，并依法将查处的严重违法犯罪案件向社会公布，达到惩处违法犯罪行为、震慑犯罪分子的目的。

附件：1.涉嫌犯罪案件移送书
2.不立案决定提请复议书
3.立案监督建议书

附件1

×××人力资源和社会保障厅(局)

涉嫌犯罪案件移送书

__________________人社案移字[　　]年　　号

__________________公安(厅)局：

__________________________________一案，经查，________________________
__________的行为已涉嫌触犯《中华人民共和国刑法》________________________
__________的规定。根据国务院《行政执法机关移送涉嫌犯罪案件的规定》，现将有关材料移送你(厅)局，请审查决定是否予以立案侦查，并将审查结果书面告知我厅(局)。

联系人：　　　　　　　　联系电话：

附:案卷______册______页

其他文书和证据:

（人力资源社会保障部门印章）

年　月　日

涉嫌犯罪案件移送书

（回执）

______人力资源和社会保障厅(局):

今收到你单位移送的《涉嫌犯罪案件移送书》(______人社案移字[]号)______案件。

收到案卷______册______页。

其他文书和证据:

（接收机关印章）

年　月　日

附件2

×××人力资源和社会保障厅(局)

不立案决定提请复议书

______人社案提字[　]号

______公安(厅)局:

______一案因当事人涉嫌犯罪,我厅(局)于______年______月______日将有关材料移送你(厅)局。现你(厅)局认为______,决定不予立案。根据国务院《行政执法机关移送涉嫌犯罪案件的规定》第九条规定,现提请你(厅)局复议。理由如下:

______

______

（人力资源社会保障部门印章）

年　月　日

附件3

×××人力资源和社会保障厅(局)

立案监督建议书

________人社案建字[　　]号

________人民检察院：

________一案因当事人涉嫌犯罪，我厅(局)于________年________月________日将有关材料移送________公安(厅)局。但该(厅)局以________为由，决定不予立案。我厅(局)认为，________________，根据国务院《行政执法机关移送涉嫌犯罪案件的规定》第九条规定，建议你院对此案进行立案监督。

联系人：　　　　　　　　　联系电话：

附：案卷________册________页

其他文书和证据：

(人力资源社会保障部门印章)

年　　月　　日

关于加强涉嫌拒不支付劳动报酬犯罪案件查处衔接工作的通知

人社部发〔2014〕100号　2014年12月23日

各省、自治区、直辖市高级人民法院、人民检察院、人力资源社会保障厅(局)、公安厅(局)，新疆维吾尔自治区高级人民法院生产建设兵团分院，新疆生产建设兵团人民检察院、人力资源社会保障局、公安局：

为贯彻执行《中华人民共和国刑法》和《最高人民法院关于审理拒不支付劳动报酬刑事案件适用法律若干问题的解释》(法释〔2013〕3号)关于拒不支付劳动报酬罪的相关规定，进一步完善人力资源社会保障行政执法和刑事司法衔接制度，加大对拒不支付劳动报酬犯罪行为的打击力度，切实维护劳动者合法权益，根据《行政执法机关移送涉嫌犯罪案件的规定》(国务院2001年第310号令)及有关规定，现就进一步做好涉嫌拒不支付劳动报酬犯罪案件查处衔接工作通知如下：

一、切实加强涉嫌拒不支付劳动报酬违法犯罪案件查处工作

(一)由于行为人逃匿导致工资账册等证据材料无法调取或用人单位在规定的时间内未提供有关工资支付等相关证据材料的，人力资源社会保障部门应及时对劳动者进行调查询问并制作询问笔录，同时应积极收集可证明劳动用工、欠薪数额等事实的相关证据,依据劳动者提供的工资数额及其他有关证据认定事实。调查询问过程一般要录音录像。

(二)行为人拖欠劳动者劳动报酬后,人力资源社会保障部门通过书面、电话、短信等能够确认其收悉的方式,通知其在指定的时间内到指定的地点配合解决问题,但其在指定的时间内未到指定的地点配合解决问题或明确表示拒不支付劳动报酬的,视为刑法第二百七十六条之一第一款规定的"以逃匿方法逃避支付劳动者的劳动报酬"。但是,行为人有证据证明因自然灾害、突发重大疾病等非人力所能抗拒的原因造成其无法在指定的时间内到指定的地点配合解决问题的除外。

(三)企业将工程或业务分包、转包给不具备用工主体资格的单位或个人,该单位或个人违法招用劳动者不支付劳动报酬的,人力资源社会保障部门应向具备用工主体资格的企业下达限期整改指令书或行政处罚决定书,责令该企业限期支付劳动者劳动报酬。对于该企业有充足证据证明已向不具备用工主体资格的单位或个人支付了劳动者全部的劳动报酬,该单位或个人仍未向劳动者支付的,应向不具备用工主体资格的单位或个人下达限期整改指令书或行政处理决定书,并要求企业监督该单位或个人向劳动者发放到位。

(四)经人力资源社会保障部门调查核实,行为人拖欠劳动者劳动报酬事实清楚、证据确凿、数额较大的,应及时下达责令支付文书。对于行为人逃匿,无法将责令支付文书送交其同住成年家属或所在单位负责收件人的,人力资源社会保障部门可以在行为人住所地、办公地、生产经营场所、建筑施工项目所在地等地张贴责令支付文书,并采用拍照、录像等方式予以记录,相关影像资料应当纳入案卷。

二、切实规范涉嫌拒不支付劳动报酬犯罪案件移送工作

(一)人力资源社会保障部门向公安机关移送涉嫌拒不支付劳动报酬犯罪案件应按照《行政执法机关移送涉嫌犯罪案件的规定》的要求,履行相关手续,并制作《涉嫌犯罪案件移送书》,在规定的期限内将案件移送公安机关。移送的案件卷宗中应当附有以下材料:

1.涉嫌犯罪案件移送书;

2.涉嫌拒不支付劳动报酬犯罪案件调查报告;

3.涉嫌犯罪案件移送审批表;

4.限期整改指令书或行政处理决定书等执法文书及送达证明材料;

5.劳动者本人或劳动者委托代理人调查询问笔录;

6.拖欠劳动者劳动报酬的单位或个人的基本信息;

7.涉案的书证、物证等有关涉嫌拒不支付劳动报酬的证据材料。

人力资源社会保障部门向公安机关移送涉嫌犯罪案件应当移送与案件相关的全部材料,同时应将案件移送书及有关材料目录抄送同级人民检察院。在移送涉嫌犯罪案件时已经作出行政处罚决定的,应当将行政处罚决定书一并抄送公安机关、人民检察院。

(二)公安机关收到人力资源社会保障部门移送的涉嫌犯罪案件,应当在涉嫌犯罪案件移送书回执上签字，对移送材料不全的，可通报人力资源社会保障部门按上述规定补充移送。受理后认为不属于本机关管辖的，应当及时转送有管辖权的机关，并书面告知移送案件的人力资源社会保障部门。对受理的案件，公安机关应当及时审查，依法作出立案或者不予立案的决定，并书面通知人力资源社会保障部门，同时抄送人民检察院。公安机关立案后决定撤销案件的，应当书面通知人力资源社会保障部门，同时抄送人民检察院。公安机关作出不立案决定或者撤销案件的，应当同时将案卷材料退回人力资源社会保障部门，并书面说明理由。

（三）人力资源社会保障部门对于公安机关不接受移送的涉嫌犯罪案件或者已受理的案件未依法及时作出立案或不立案决定的，可以建议人民检察院依法进行立案监督。对公安机关受理后作出不予立案决定的，可在接到不予立案通知书后 3 日内向作出决定的公安机关提请复议，也可以建议人民检察院依法进行立案监督。

（四）人民检察院发现人力资源社会保障部门对应当移送公安机关的涉嫌拒不支付劳动报酬犯罪案件不移送或者逾期不移送的，应当督促移送。人力资源社会保障部门接到人民检察院提出移送涉嫌犯罪案件的书面意见后，应当及时移送案件。人民检察院发现相关部门拒不移送案件和拒不立案行为中存在职务犯罪线索的，应当认真审查，依法处理。

三、切实完善劳动保障监察行政执法与刑事司法衔接机制

（一）人力资源社会保障部门在依法查处涉嫌拒不支付劳动报酬犯罪案件过程中，对案情复杂、性质难以认定的案件可就犯罪标准、证据固定等问题向公安机关或人民检察院咨询；对跨区域犯罪、涉及人员众多、社会影响较大的案件，人力资源社会保障部门通报公安机关的，公安机关应依法及时处置。

（二）对于涉嫌拒不支付劳动报酬犯罪案件，公安机关、人民检察院、人民法院在侦查、审查起诉和审判期间提请人力资源社会保障部门协助的，人力资源社会保障部门应当予以配合。

（三）在办理拒不支付劳动报酬犯罪案件过程中，各级人民法院、人民检察院、人力资源社会保障部门、公安机关要加强联动配合，建立拒不支付劳动报酬犯罪案件移送的联席会议制度，定期互相通报案件办理情况，及时了解案件信息，研究解决查处拒不支付劳动报酬犯罪案件衔接工作中存在的问题，进一步完善监察行政执法与刑事司法衔接工作机制，切实发挥刑法打击拒不支付劳动报酬犯罪行为的有效作用。

拖欠农民工工资失信联合惩戒对象名单管理暂行办法

人力资源和社会保障部令第 45 号　2021 年 11 月 10 日

第一条　为了维护劳动者合法权益，完善失信约束机制，加强信用监管，规范拖欠农民工工资失信联合惩戒对象名单(以下简称失信联合惩戒名单)管理工作,根据《保障农民工工资支付条例》等有关规定,制定本办法。

第二条　人力资源社会保障行政部门实施列入失信联合惩戒名单、公开信息、信用修复等管理活动,适用本办法。

第三条　人力资源社会保障部负责组织、指导全国失信联合惩戒名单管理工作。

县级以上地方人力资源社会保障行政部门依据行政执法管辖权限,负责失信联合惩戒名单管理的具体实施工作。

第四条　失信联合惩戒名单管理实行“谁执法、谁认定、谁负责”,遵循依法依规、客观公正、公开透明、动态管理的原则。

实施失信联合惩戒名单管理,应当依法依规加强信用信息安全和个人信息保护。人力资源社会保障行政部门及其工作人员对实施失信联合惩戒名单管理过程中知悉的国家秘密、商业秘密、个人隐私,应当依法依规予以保密。

第五条　用人单位拖欠农民工工资,具有下列情形之一,经人力资源社会保障行政部门依法责令限期支付工资,逾期未支付的,人力资源社会保障行政部门应当作出列入决定,将该用人单位及其法定代表人或者主要负责人、直接负责的主管人员和其他直接责任人员(以下简称当事人)列入失信联合惩戒名单:

(一)克扣、无故拖欠农民工工资达到认定拒不支付劳动报酬罪数额标准的;

(二)因拖欠农民工工资违法行为引发群体性事件、极端事件造成严重不良社会影响的。

第六条　人力资源社会保障行政部门在作出列入决定前,应当告知当事人拟列入失信联合惩戒名单的事由、依据、提出异议等依法享有的权利和本办法第七条可以不予列入失信联合惩戒名单的规定。

当事人自收到告知之日起 5 个工作日内,可以向人力资源社会保障行政部门提出异议。对异议期内提出的异议,人力资源社会保障行政部门应当自收到异议之日起 5 个工作日内予以核实,并将结果告知当事人。

第七条　用人单位在人力资源社会保障行政部门作出列入决定前,已经改正拖欠农民工工资违法行为,且作出不再拖欠农民工工资书面信用承诺的,可以不予列入失信联合惩戒名单。

第八条　人力资源社会保障行政部门应当自责令限期支付工资文书指定期限届满之日起 20 个工作日内作出列入决定。情况复杂的,经人力资源社会保障行政部门负责人批准,可以延长 20 个工作日。

人力资源社会保障行政部门作出列入决定,应当制作列入决定书。列入决定书应当载明列入事由、列入依据、联合惩戒措施提示、提前移出条件和程序、救济措施等,并按照有关规定交付或者送达当事人。

第九条　作出列入决定的人力资源社会保障行政部门应当按照政府信息公开等有关规定,通过本部门门户网站和其他指定的网站公开失信联合惩戒名单。

第十条 作出列入决定的人力资源社会保障行政部门应当按照有关规定，将失信联合惩戒名单信息共享至同级信用信息共享平台，供相关部门作为在各自职责范围内按照《保障农民工工资支付条例》等有关规定，对被列入失信联合惩戒名单的当事人实施联合惩戒的依据。

对被列入失信联合惩戒名单的当事人，由相关部门在政府资金支持、政府采购、招投标、融资贷款、市场准入、税收优惠、评优评先、交通出行等方面依法依规予以限制。

第十一条 当事人被列入失信联合惩戒名单的期限为3年，自人力资源社会保障行政部门作出列入决定之日起计算。

第十二条 用人单位同时符合下列条件的，可以向作出列入决定的人力资源社会保障行政部门申请提前移出失信联合惩戒名单：

(一)已经改正拖欠农民工工资违法行为的；

(二)自改正之日起被列入失信联合惩戒名单满6个月的；

(三)作出不再拖欠农民工工资书面信用承诺的。

第十三条 用人单位符合本办法第十二条规定条件，但是具有下列情形之一的，不得提前移出失信联合惩戒名单：

(一)列入失信联合惩戒名单期限内再次发生拖欠农民工工资违法行为的；

(二)因涉嫌拒不支付劳动报酬犯罪正在刑事诉讼期间或者已经被追究刑事责任的；

(三)法律、法规和党中央、国务院政策文件规定的其他情形。

第十四条 用人单位申请提前移出失信联合惩戒名单，应当提交书面申请、已经改正拖欠农民工工资违法行为的证据和不再拖欠农民工工资书面信用承诺。

人力资源社会保障行政部门应当自收到用人单位提前移出失信联合惩戒名单申请之日起15个工作日内予以核实，决定是否准予提前移出，制作决定书并按照有关规定交付或者送达用人单位。不予提前移出的，应当说明理由。

人力资源社会保障行政部门准予用人单位提前移出失信联合惩戒名单的，应当将该用人单位的其他当事人一并提前移出失信联合惩戒名单。

第十五条 申请提前移出的用人单位故意隐瞒真实情况、提供虚假资料，情节严重的，由作出提前移出决定的人力资源社会保障行政部门撤销提前移出决定，恢复列入状态。列入的起止时间重新计算。

第十六条 列入决定所依据的责令限期支付工资文书被依法撤销的，作出列入决定的人力资源社会保障行政部门应当撤销列入决定。

第十七条 有下列情形之一的，作出列入决定的人力资源社会保障行政部门应当于10个工作日内将当事人移出失信联合惩戒名单，在本部门门户网站停止公开相关信息，并告知第九条规定的有关网站：

(一)当事人被列入失信联合惩戒名单期限届满的；

(二)人力资源社会保障行政部门决定提前移出失信联合惩戒名单的；

(三)列入决定被依法撤销的。

当事人被移出失信联合惩戒名单的，人力资源社会保障行政部门应当及时将移出信息共享至同级信用信息共享平台，相关部门联合惩戒措施按照规定终止。

第十八条 当事人对列入失信联合惩戒名单决定或者不予提前移出失信联合惩戒名单决定不服的，可以依法申请行政复议或者提起行政诉讼。

第十九条 人力资源社会保障行政部门工作人员在实施失信联合惩戒名单管理过程中，滥用职权、玩忽职守、徇私舞弊的，依法依规给予处分；构成犯罪的，依法追究刑事责任。

第二十条 本办法自2022年1月1日起施行。

建筑工程施工发包与承包违法行为认定查处管理办法

建市规〔2019〕1号 2019年1月3日

第一条 为规范建筑工程施工发包与承包活动中违法行为的认定、查处和管理，保证工程质量和施工安全，有效遏制发包与承包活动中的违法行为，维护建筑市场秩序和建筑工程主要参与方的合法权益，根据《中华人民共和国建筑法》《中华人民共和国招标投标法》《中华人民共和国合同法》《建设工程质量管理条例》《建设工程安全生产管理条例》《中华人民共和国招标投标法实施条例》等法律法规，以及《全国人大法工委关于对建筑施工企业母公司承接工程后交由子公司实施是否属于转包以及行政处罚两年追诉期认定法律适用问题的意见》(法工办发〔2017〕223号)，结合建筑活动实践，制定本办法。

第二条 本办法所称建筑工程，是指房屋建筑和市政基础设施工程及其附属设施和与其配套的线路、管道、设备安装工程。

第三条 住房和城乡建设部对全国建筑工程施工发包与承包违法行为的认定查处工作实施统一监督管理。

县级以上地方人民政府住房和城乡建设主管部门在其职责范围内具体负责本行政区域内建筑工程施工发包与承包违法行为的认定查处工作。

本办法所称的发包与承包违法行为具体是指违法发包、转包、违法分包及挂靠等违法行为。

第四条 建设单位与承包单位应严格依法签订合同，明确双方权利、义务、责任，严禁违法发包、转包、违法分包和挂靠，确保工程质量和施工安全。

第五条 本办法所称违法发包，是指建设单位将工程发包给个人或不具有相应资质的单位、肢解发包、违反法定程序发包及其他违反法律法规规定发包的行为。

第六条 存在下列情形之一的，属于违法发包：

(一)建设单位将工程发包给个人的；

(二)建设单位将工程发包给不具有相应资质的单位的；

(三)依法应当招标未招标或未按照法定招标程序发包的;

(四)建设单位设置不合理的招标投标条件,限制、排斥潜在投标人或者投标人的;

(五)建设单位将一个单位工程的施工分解成若干部分发包给不同的施工总承包或专业承包单位的。

第七条 本办法所称转包,是指承包单位承包工程后,不履行合同约定的责任和义务,将其承包的全部工程或者将其承包的全部工程肢解后以分包的名义分别转给其他单位或个人施工的行为。

第八条 存在下列情形之一的,应当认定为转包,但有证据证明属于挂靠或者其他违法行为的除外:

(一)承包单位将其承包的全部工程转给其他单位(包括母公司承接建筑工程后将所承接工程交由具有独立法人资格的子公司施工的情形)或个人施工的;

(二)承包单位将其承包的全部工程肢解以后,以分包的名义分别转给其他单位或个人施工的;

(三)施工总承包单位或专业承包单位未派驻项目负责人、技术负责人、质量管理负责人、安全管理负责人等主要管理人员,或派驻的项目负责人、技术负责人、质量管理负责人、安全管理负责人中一人及以上与施工单位没有订立劳动合同且没有建立劳动工资和社会养老保险关系,或派驻的项目负责人未对该工程的施工活动进行组织管理,又不能进行合理解释并提供相应证明的;

(四)合同约定由承包单位负责采购的主要建筑材料、构配件及工程设备或租赁的施工机械设备,由其他单位或个人采购、租赁,或施工单位不能提供有关采购、租赁合同及发票等证明,又不能进行合理解释并提供相应证明的;

(五)专业作业承包人承包的范围是承包单位承包的全部工程,专业作业承包人计取的是除上缴给承包单位"管理费"之外的全部工程价款的;

(六)承包单位通过采取合作、联营、个人承包等形式或名义,直接或变相将其承包的全部工程转给其他单位或个人施工的;

(七)专业工程的发包单位不是该工程的施工总承包或专业承包单位的,但建设单位依约作为发包单位的除外;

(八)专业作业的发包单位不是该工程承包单位的;

(九)施工合同主体之间没有工程款收付关系,或者承包单位收到款项后又将款项转拨给其他单位和个人,又不能进行合理解释并提供材料证明的。

两个以上的单位组成联合体承包工程,在联合体分工协议中约定或者在项目实际实施过程中,联合体一方不进行施工也未对施工活动进行组织管理的,并且向联合体其他方收取管理费或者其他类似费用的,视为联合体一方将承包的工程转包给联合体其他方。

第九条 本办法所称挂靠,是指单位或个人以其他有资质的施工单位的名义承揽工程的行为。

前款所称承揽工程，包括参与投标、订立合同、办理有关施工手续、从事施工等活动。

第十条 存在下列情形之一的，属于挂靠：

（一）没有资质的单位或个人借用其他施工单位的资质承揽工程的；

（二）有资质的施工单位相互借用资质承揽工程的，包括资质等级低的借用资质等级高的，资质等级高的借用资质等级低的，相同资质等级相互借用的；

（三）本办法第八条第一款第（三）至（九）项规定的情形，有证据证明属于挂靠的。

第十一条 本办法所称违法分包，是指承包单位承包工程后违反法律法规规定，把单位工程或分部分项工程分包给其他单位或个人施工的行为。

第十二条 存在下列情形之一的，属于违法分包：

（一）承包单位将其承包的工程分包给个人的；

（二）施工总承包单位或专业承包单位将工程分包给不具备相应资质单位的；

（三）施工总承包单位将施工总承包合同范围内工程主体结构的施工分包给其他单位的，钢结构工程除外；

（四）专业分包单位将其承包的专业工程中非劳务作业部分再分包的；

（五）专业作业承包人将其承包的劳务再分包的；

（六）专业作业承包人除计取劳务作业费用外，还计取主要建筑材料款和大中型施工机械设备、主要周转材料费用的。

第十三条 任何单位和个人发现违法发包、转包、违法分包及挂靠等违法行为的，均可向工程所在地县级以上人民政府住房和城乡建设主管部门进行举报。

接到举报的住房和城乡建设主管部门应当依法受理、调查、认定和处理，除无法告知举报人的情况外，应当及时将查处结果告知举报人。

第十四条 县级以上地方人民政府住房和城乡建设主管部门如接到人民法院、检察机关、仲裁机构、审计机关、纪检监察等部门转交或移送的涉及本行政区域内建筑工程发包与承包违法行为的建议或相关案件的线索或证据，应当依法受理、调查、认定和处理，并把处理结果及时反馈给转交或移送机构。

第十五条 县级以上人民政府住房和城乡建设主管部门对本行政区域内发现的违法发包、转包、违法分包及挂靠等违法行为，应当依法进行调查，按照本办法进行认定，并依法予以行政处罚。

（一）对建设单位存在本办法第五条规定的违法发包情形的处罚：

1.依据本办法第六条（一）、（二）项规定认定的，依据《中华人民共和国建筑法》第六十五条、《建设工程质量管理条例》第五十四条规定进行处罚；

2.依据本办法第六条（三）项规定认定的，依据《中华人民共和国招标投标法》第四十九条、《中华人民共和国招标投标法实施条例》第六十四条规定进行处罚；

3.依据本办法第六条（四）项规定认定的，依据《中华人民共和国招标投标法》第五十一条、《中华人民共和国招标投标法实施条例》第六十三条规定进行处罚。

4.依据本办法第六条（五）项规定认定的，依据《中华人民共和国建筑法》第六十五条、

《建设工程质量管理条例》第五十五条规定进行处罚。

5.建设单位违法发包，拒不整改或者整改后仍达不到要求的，视为没有依法确定施工企业，将其违法行为记入诚信档案，实行联合惩戒。对全部或部分使用国有资金的项目，同时将建设单位违法发包的行为告知其上级主管部门及纪检监察部门，并建议对建设单位直接负责的主管人员和其他直接责任人员给予相应的行政处分。

（二）对认定有转包、违法分包违法行为的施工单位，依据《中华人民共和国建筑法》第六十七条、《建设工程质量管理条例》第六十二条规定进行处罚。

（三）对认定有挂靠行为的施工单位或个人，依据《中华人民共和国招标投标法》第五十四条、《中华人民共和国建筑法》第六十五条和《建设工程质量管理条例》第六十条规定进行处罚。

（四）对认定有转让、出借资质证书或者以其他方式允许他人以本单位的名义承揽工程的施工单位，依据《中华人民共和国建筑法》第六十六条、《建设工程质量管理条例》第六十一条规定进行处罚。

（五）对建设单位、施工单位给予单位罚款处罚的，依据《建设工程质量管理条例》第七十三条、《中华人民共和国招标投标法》第四十九条、《中华人民共和国招标投标法实施条例》第六十四条规定，对单位直接负责的主管人员和其他直接责任人员进行处罚。

（六）对认定有转包、违法分包、挂靠、转让出借资质证书或者以其他方式允许他人以本单位的名义承揽工程等违法行为的施工单位，可依法限制其参加工程投标活动、承揽新的工程项目，并对其企业资质是否满足资质标准条件进行核查，对达不到资质标准要求的限期整改，整改后仍达不到要求的，资质审批机关撤回其资质证书。

对2年内发生2次及以上转包、违法分包、挂靠、转让出借资质证书或者以其他方式允许他人以本单位的名义承揽工程的施工单位，应当依法按照情节严重情形给予处罚。

（七）因违法发包、转包、违法分包、挂靠等违法行为导致发生质量安全事故的，应当依法按照情节严重情形给予处罚。

第十六条 对于违法发包、转包、违法分包、挂靠等违法行为的行政处罚追溯期限，应当按照法工办发〔2017〕223号文件的规定，从存在违法发包、转包、违法分包、挂靠的建筑工程竣工验收之日起计算；合同工程量未全部完成而解除或终止履行合同的，自合同解除或终止之日起计算。

第十七条 县级以上人民政府住房和城乡建设主管部门应将查处的违法发包、转包、违法分包、挂靠等违法行为和处罚结果记入相关单位或个人信用档案，同时向社会公示，并逐级上报至住房和城乡建设部，在全国建筑市场监管公共服务平台公示。

第十八条 房屋建筑和市政基础设施工程以外的专业工程可参照本办法执行。省级人民政府住房和城乡建设主管部门可结合本地实际，依据本办法制定相应实施细则。

第十九条 本办法中施工总承包单位、专业承包单位均指直接承接建设单位发包的工程的单位；专业分包单位是指承接施工总承包或专业承包企业分包专业工程的单位；承包单位包括施工总承包单位、专业承包单位和专业分包单位。

第二十条　本办法由住房和城乡建设部负责解释。

第二十一条　本办法自2019年1月1日起施行。2014年10月1日起施行的《建筑工程施工转包违法分包等违法行为认定查处管理办法(试行)》(建市〔2014〕118号)同时废止。

建筑工人实名制管理办法(试行)

建市〔2019〕18号　2019年2月17日

第一条　为规范建筑市场秩序，加强建筑工人管理，维护建筑工人和建筑企业合法权益，保障工程质量和安全生产，培育专业型、技能型建筑产业工人队伍，促进建筑业持续健康发展，依据建筑法、劳动合同法、《国务院办公厅关于全面治理拖欠农民工工资问题的意见》(国办发〔2016〕1号)和《国务院办公厅关于促进建筑业持续健康发展的意见》(国办发〔2017〕19号)等法律法规及规范性文件，制定本办法。

第二条　本办法所称建筑工人实名制是指对建筑企业所招用建筑工人的从业、培训、技能和权益保障等以真实身份信息认证方式进行综合管理的制度。

第三条　本办法适用于房屋建筑和市政基础设施工程。

第四条　住房和城乡建设部、人力资源社会保障部负责制定全国建筑工人实名制管理规定，对各地实施建筑工人实名制管理工作进行指导和监督；负责组织实施全国建筑工人管理服务信息平台的规划、建设和管理，制定全国建筑工人管理服务信息平台数据标准。

第五条　省(自治区、直辖市)级以下住房和城乡建设部门、人力资源社会保障部门负责本行政区域建筑工人实名制管理工作，制定建筑工人实名制管理制度，督促建筑企业在施工现场全面落实建筑工人实名制管理工作的各项要求；负责建立完善本行政区域建筑工人实名制管理平台，确保各项数据的完整、及时、准确，实现与全国建筑工人管理服务信息平台联通、共享。

第六条　建设单位应与建筑企业约定实施建筑工人实名制管理的相关内容，督促建筑企业落实建筑工人实名制管理的各项措施，为建筑企业实行建筑工人实名制管理创造条件，按照工程进度将建筑工人工资按时足额付至建筑企业在银行开设的工资专用账户。

第七条　建筑企业应承担施工现场建筑工人实名制管理职责，制定本企业建筑工人实名制管理制度，配备专(兼)职建筑工人实名制管理人员，通过信息化手段将相关数据实时、准确、完整上传至相关部门的建筑工人实名制管理平台。

总承包企业(包括施工总承包、工程总承包以及依法与建设单位直接签订合同的专业承包企业，下同)对所承接工程项目的建筑工人实名制管理负总责，分包企业对其招用的建筑工人实名制管理负直接责任，配合总承包企业做好相关工作。

第八条 全面实行建筑业农民工实名制管理制度，坚持建筑企业与农民工先签订劳动合同后进场施工。建筑企业应与招用的建筑工人依法签订劳动合同，对其进行基本安全培训，并在相关建筑工人实名制管理平台上登记，方可允许其进入施工现场从事与建筑作业相关的活动。

第九条 项目负责人、技术负责人、质量负责人、安全负责人、劳务负责人等项目管理人员应承担所承接项目的建筑工人实名制管理相应责任。进入施工现场的建设单位、承包单位、监理单位的项目管理人员及建筑工人均纳入建筑工人实名制管理范畴。

第十条 建筑工人应配合有关部门和所在建筑企业的实名制管理工作，进场作业前须依法签订劳动合同并接受基本安全培训。

第十一条 建筑工人实名制信息由基本信息、从业信息、诚信信息等内容组成。

基本信息应包括建筑工人和项目管理人员的身份证信息、文化程度、工种（专业）、技能（职称或岗位证书）等级和基本安全培训等信息。

从业信息应包括工作岗位、劳动合同签订、考勤、工资支付和从业记录等信息。

诚信信息应包括诚信评价、举报投诉、良好及不良行为记录等信息。

第十二条 总承包企业应以真实身份信息为基础，采集进入施工现场的建筑工人和项目管理人员的基本信息，并及时核实、实时更新；真实完整记录建筑工人工作岗位、劳动合同签订情况、考勤、工资支付等从业信息，建立建筑工人实名制管理台账；按项目所在地建筑工人实名制管理要求，将采集的建筑工人信息及时上传相关部门。

已录入全国建筑工人管理服务信息平台的建筑工人，1 年以上（含 1 年）无数据更新的，再次从事建筑作业时，建筑企业应对其重新进行基本安全培训，记录相关信息，否则不得进入施工现场上岗作业。

第十三条 建筑企业应配备实现建筑工人实名制管理所必须的硬件设施设备，施工现场原则上实施封闭式管理，设立进出场门禁系统，采用人脸、指纹、虹膜等生物识别技术进行电子打卡；不具备封闭式管理条件的工程项目，应采用移动定位、电子围栏等技术实施考勤管理。相关电子考勤和图像、影像等电子档案保存期限不少于 2 年。

实施建筑工人实名制管理所需费用可列入安全文明施工费和管理费。

第十四条 建筑企业应依法按劳动合同约定，通过农民工工资专用账户按月足额将工资直接发放给建筑工人，并按规定在施工现场显著位置设置“建筑工人维权告示牌”，公开相关信息。

第十五条 各级住房和城乡建设部门、人力资源社会保障部门、建筑企业、系统平台开发应用等单位应制定制度，采取措施，确保建筑工人实名制管理相关数据信息安全，以及建筑工人实名制信息的真实性、完整性，不得漏报、瞒报。

第十六条 各级住房和城乡建设部门、人力资源社会保障部门应加强与相关部门的数据共享，通过数据运用分析，利用新媒体和信息化技术渠道，建立建筑工人权益保障预警机制，切实保障建筑工人合法权益，提高服务建筑工人的能力。

第十七条 各级住房和城乡建设部门、人力资源社会保障部门应对下级部门落实建筑工人实名制管理情况进行监督检查，对于发现的问题要责令限期整改；拒不整改或整改不到位的，要约谈相关责任人；约谈后仍拒不整改或整改不到位的，列入重点监管范围并提请有关部门进行问责。

第十八条 各级住房和城乡建设部门应按照“双随机、一公开”的要求，加强对本行政区域施工现场建筑工人实名制管理制度落实情况的日常检查，对涉及建筑工人实名制管理相关投诉举报事项进行调查处理。对涉及不依法签订劳动合同、欠薪等侵害建筑工人劳动保障权益的，由人力资源社会保障部门会同住房和城乡建设部门依法处理；对涉及其他部门职能的违法问题或案件线索，应按职责分工及时移送处理。

第十九条 各级住房和城乡建设部门可将建筑工人实名制管理列入标准化工地考核内容。建筑工人实名制信息可作为有关部门处理建筑工人劳动纠纷的依据。各有关部门应制定激励办法，对切实落实建筑工人实名制管理的建筑企业给予支持，一定时期内未发生工资拖欠的，可减免农民工工资保证金。

第二十条 各级住房和城乡建设部门对在监督检查中发现的企业及个人弄虚作假、漏报瞒报等违规行为，应予以纠正、限期整改，录入建筑工人实名制管理平台并及时上传相关部门。拒不整改或整改不到位的，可通过曝光、核查企业资质等方式进行处理，存在工资拖欠的，可提高农民工工资保证金缴纳比例，并将相关不良行为记入企业或个人信用档案，通过全国建筑市场监管公共服务平台向社会公布。

第二十一条 严禁各级住房和城乡建设部门、人力资源社会保障部门借推行建筑工人实名制管理的名义，指定建筑企业采购相关产品；不得巧立名目乱收费，增加企业额外负担。对违规要求建筑企业强制使用某款产品或乱收费用的，要立即予以纠正；情节严重的依法提请有关部门进行问责，构成犯罪的，依法追究刑事责任。

第二十二条 各级住房和城乡建设部门、人力资源社会保障部门应结合本地实际情况，制定本办法实施细则。

第二十三条 本办法由住房和城乡建设部、人力资源社会保障部负责解释。

第二十四条 本办法自2019年3月1日起施行。

国务院办公厅关于全面治理拖欠农民工工资问题的意见

国办发〔2016〕1号 2016年1月17日

各省、自治区、直辖市人民政府，国务院各部委、各直属机构：

解决拖欠农民工工资问题，事关广大农民工切身利益，事关社会公平正义和社会和谐稳定。党中央、国务院历来高度重视，先后出台了一系列政策措施，各地区、各有关部门加大工作力度，经过多年治理取得了明显成效。但也要看到，这一问题尚未得到根本解决，部分行业特别是工程建设领域拖欠工资问题仍较突出，一些政府投资工程项目不同程度存在拖欠农民工工资问题，严重侵害了农民工合法权益，由此引发的群体性事件时有发生，影响社会稳定。为全面治理拖欠农民工工资问题，经国务院同意，现提出如下意见：

一、总体要求

（一）指导思想

全面贯彻党的十八大和十八届二中、三中、四中、五中全会精神，按照“四个全面”战略布局和党中央、国务院决策部署，牢固树立并切实贯彻创新、协调、绿色、开放、共享的发展理念，紧紧围绕保护农民工劳动所得，坚持标本兼治、综合治理，着力规范工资支付行为、优化市场环境、强化监管责任，健全预防和解决拖欠农民工工资问题的长效机制，切实保障农民工劳动报酬权益，维护社会公平正义，促进社会和谐稳定。

（二）目标任务

以建筑市政、交通、水利等工程建设领域和劳动密集型加工制造、餐饮服务等易发生拖欠工资问题的行业为重点，健全源头预防、动态监管、失信惩戒相结合的制度保障体系，完善市场主体自律、政府依法监管、社会协同监督、司法联动惩处的工作体系。到2020年，形成制度完备、责任落实、监管有力的治理格局，使拖欠农民工工资问题得到根本遏制，努力实现基本无拖欠。

二、全面规范企业工资支付行为

（三）明确工资支付各方主体责任

全面落实企业对招用农民工的工资支付责任，督促各类企业严格依法将工资按月足额支付给农民工本人，严禁将工资发放给不具备用工主体资格的组织和个人。在工程建设领域，施工总承包企业（包括直接承包建设单位发包工程的专业承包企业，下同）对所承包工程项目的农民工工资支付负总责，分包企业（包括承包施工总承包企业发包工程的专业企业，下同）对所招用农民工的工资支付负直接责任，不得以工程款未到位等为由克扣或拖欠农民工工资，不得将合同应收工程款等经营风险转嫁给农民工。

（四）严格规范劳动用工管理

督促各类企业依法与招用的农民工签订劳动合同并严格履行，建立职工名册并办理劳动用工备案。在工程建设领域，坚持施工企业与农民工先签订劳动合同后进场施工，全面实行农民工实名制管理制度，建立劳动计酬手册，记录施工现场作业农民工的身份信息、劳动考勤、工资结算等信息，逐步实现信息化实名制管理。施工总承包企业要加强对分包企业劳动用工和工资发放的监督管理，在工程项目部配备劳资专管员，建立施工人员进出场登记制度和考勤计量、工资支付等管理台账，实时掌握施工现场用工及其工资支付情况，不得以包代管。施工总承包企业和分包企业应将经农民工本人签字确认的工资支付书面记录保存两年以上备查。

（五）推行银行代发工资制度

推动各类企业委托银行代发农民工工资。在工程建设领域，鼓励实行分包企业农民工工资委托施工总承包企业直接代发的办法。分包企业负责为招用的农民工申办银行个人工资账户并办理实名制工资支付银行卡，按月考核农民工工作量并编制工资支付表，经农民工本人签字确认后，交施工总承包企业委托银行通过其设立的农民工工资（劳务费）专用账户直接将工资划入农民工个人工资账户。

三、健全工资支付监控和保障制度

（六）完善企业工资支付监控机制

构建企业工资支付监控网络，依托基层劳动保障监察网格化、网络化管理平台的工作人员和基层工会组织设立的劳动法律监督员，对辖区内企业工资支付情况实行日常监管，对发生过拖欠工资的企业实行重点监控并要求其定期申报。企业确因生产经营困难等原因需要延期支付农民工工资的，应及时向当地人力资源社会保障部门、工会组织报告。建立和完善欠薪预警系统，根据工商、税务、银行、水电供应等单位反映的企业生产经营状况相关指标变化情况，定期对重点行业企业进行综合分析研判，发现欠薪隐患要及时预警并做好防范工作。

（七）完善工资保证金制度

在建筑市政、交通、水利等工程建设领域全面实行工资保证金制度，逐步将实施范围扩大到其他易发生拖欠工资的行业。建立工资保证金差异化缴存办法，对一定时期内未发生工资拖欠的企业实行减免措施、发生工资拖欠的企业适当提高缴存比例。严格规范工资保证金动用和退还办法。探索推行业主担保、银行保函等第三方担保制度，积极引入商业保险机制，保障农民工工资支付。

（八）建立健全农民工工资（劳务费）专用账户管理制度

在工程建设领域，实行人工费用与其他工程款分账管理制度，推动农民工工资与工程材料款等相分离。施工总承包企业应分解工程价款中的人工费用，在工程项目所在地银行开设农民工工资（劳务费）专用账户，专项用于支付农民工工资。建设单位应按照工程承包合同约定的比例或施工总承包企业提供的人工费用数额，将应付工程款中的人工费单独拨付到施工总承包企业开设的农民工工资（劳务费）专用账户。农民工工资（劳务费）专用账户应向人力资源社会保障部门和交通、水利等工程建设项目主管部门备案，并委托开户银行负责日常监管，确保专款专用。开户银行发现账户资金不足、被挪用等情况，应及时向人力资源社会保障部门和交通、水利等工程建设项目主管部门报告。

（九）落实清偿欠薪责任

招用农民工的企业承担直接清偿拖欠农民工工资的主体责任。在工程建设领域，建设单位或施工总承包企业未按合同约定及时划拨工程款，致使分包企业拖欠农民工工资的，由建设单位或施工总承包企业以未结清的工程款为限先行垫付农民工工资。建设单位或施工总承包企业将工程违法发包、转包或违法分包致使拖欠农民工工资的，由建设单位或施工总承包企业依法承担清偿责任。

四、推进企业工资支付诚信体系建设

（十）完善企业守法诚信管理制度

将劳动用工、工资支付情况作为企业诚信评价的重要依据，实行分类分级动态监管。建立拖欠工资企业“黑名单”制度，定期向社会公开有关信息。人力资源社会保障部门要建立企业拖欠工资等违法信息的归集、交换和更新机制，将查处的企业拖欠工资情况纳入人民银行企业征信系统、工商部门企业信用信息公示系统、住房城乡建设等行业主管部门诚信信息平台或政府公共信用信息服务平台。推进相关信用信息系统互联互通，实现对企业信用信息互认共享。

（十一）建立健全企业失信联合惩戒机制

加强对企业失信行为的部门协同监管和联合惩戒，对拖欠工资的失信企业，由有关部门在政府资金支持、政府采购、招投标、生产许可、履约担保、资质审核、融资贷款、市场准入、评优评先等方面依法依规予以限制，使失信企业在全国范围内“一处违法、处处受限”，提高企业失信违法成本。

五、依法处置拖欠工资案件

（十二）严厉查处拖欠工资行为

加强工资支付监察执法，扩大日常巡视检查和书面材料审查覆盖范围，推进劳动保障监察举报投诉案件省级联动处理机制建设，加大拖欠农民工工资举报投诉受理和案件查处力度。完善多部门联合治理机制，深入开展农民工工资支付情况专项检查。健全地区执法协作制度，加强跨区域案件执法协作。完善劳动保障监察行政执法与刑事司法衔接机制，健全劳动保障监察机构、公安机关、检察机关、审判机关间信息共享、案情通报、案件移送等制度，推动完善人民检察院立案监督和人民法院及时财产保全等制度。对恶意欠薪涉嫌犯罪的，依法移送司法机关追究刑事责任，切实发挥刑法对打击拒不支付劳动报酬犯罪行为的威慑作用。

（十三）及时处理欠薪争议案件

充分发挥基层劳动争议调解等组织的作用，引导农民工就地就近解决工资争议。劳动人事争议仲裁机构对农民工因拖欠工资申请仲裁的争议案件优先受理、优先开庭、及时裁决、快速结案。对集体欠薪争议或涉及金额较大的欠薪争议案件要挂牌督办。加强裁审衔接与工作协调，提高欠薪争议案件裁决效率。畅通申请渠道，依法及时为农民工讨薪提供法律服务和法律援助。

（十四）完善欠薪突发事件应急处置机制

健全应急预案，及时妥善处置因拖欠农民工工资引发的突发性、群体性事件。完善欠薪应急周转金制度，探索建立欠薪保障金制度，对企业一时难以解决拖欠工资或企业主欠薪逃匿的，及时动用应急周转金、欠薪保障金或通过其他渠道筹措资金，先行垫付部分工资或基本生活费，帮助解决被拖欠工资农民工的临时生活困难。对采取非法手段讨薪或以拖欠工资为名讨要工程款，构成违反治安管理行为的，要依法予以治安处罚；涉嫌犯罪的，依法移送司法机关追究刑事责任。

六、改进建设领域工程款支付管理和用工方式

(十五)加强建设资金监管

在工程建设领域推行工程款支付担保制度,采用经济手段约束建设单位履约行为,预防工程款拖欠。加强对政府投资工程项目的管理,对建设资金来源不落实的政府投资工程项目不予批准。政府投资项目一律不得以施工企业带资承包的方式进行建设,并严禁将带资承包有关内容写入工程承包合同及补充条款。

(十六)规范工程款支付和结算行为

全面推行施工过程结算,建设单位应按合同约定的计量周期或工程进度结算并支付工程款。工程竣工验收后,对建设单位未完成竣工结算或未按合同支付工程款且未明确剩余工程款支付计划的,探索建立建设项目抵押偿付制度,有效解决拖欠工程款问题。对长期拖欠工程款结算或拖欠工程款的建设单位,有关部门不得批准其新项目开工建设。

(十七)改革工程建设领域用工方式

加快培育建筑产业工人队伍,推进农民工组织化进程。鼓励施工企业将一部分技能水平高的农民工招用为自有工人,不断扩大自有工人队伍。引导具备条件的劳务作业班组向专业企业发展。

(十八)实行施工现场维权信息公示制度

施工总承包企业负责在施工现场醒目位置设立维权信息告示牌,明示业主单位、施工总承包企业及所在项目部、分包企业、行业监管部门等基本信息;明示劳动用工相关法律法规、当地最低工资标准、工资支付日期等信息;明示属地行业监管部门投诉举报电话和劳动争议调解仲裁、劳动保障监察投诉举报电话等信息,实现所有施工场地全覆盖。

七、加强组织领导

(十九)落实属地监管责任

按照属地管理、分级负责、谁主管谁负责的原则,完善并落实解决拖欠农民工工资问题省级人民政府负总责,市(地)、县级人民政府具体负责的工作体制。完善目标责任制度,制定实施办法,将保障农民工工资支付纳入政府考核评价指标体系。建立定期督查制度,对拖欠农民工工资问题高发频发、举报投诉量大的地区及重大违法案件进行重点督查。健全问责制度,对监管责任不落实、组织工作不到位的,要严格责任追究。对政府投资工程项目拖欠工程款并引发拖欠农民工工资问题的,要追究项目负责人责任。

(二十)完善部门协调机制

健全解决企业工资拖欠问题部际联席会议制度,联席会议成员单位调整为人力资源社会保障部、发展改革委、公安部、司法部、财政部、住房城乡建设部、交通运输部、水利部、人民银行、国资委、工商总局、全国总工会,形成治理欠薪工作合力。地方各级人民政府要建立健全由政府负责人牵头、相关部门参与的工作协调机制。人力资源社会保障部门要加强组织协调和督促检查,加大劳动保障监察执法力度。住房城乡建设、交通运输、水利等部门要切实履行行业监管责任,规范工程建设市场秩序,督促企业落实劳务用工

实名制管理等制度规定，负责督办因挂靠承包、违法分包、转包、拖欠工程款等造成的欠薪案件。发展改革等部门要加强对政府投资项目的审批管理，严格审查资金来源和筹措方式。财政部门要加强对政府投资项目建设全过程的资金监管，按规定及时拨付财政资金。其他相关部门要根据职责分工，积极做好保障农民工工资支付工作。

（二十一）加大普法宣传力度

发挥新闻媒体宣传引导和舆论监督作用，大力宣传劳动保障法律法规，依法公布典型违法案件，引导企业经营者增强依法用工、按时足额支付工资的法律意识，引导农民工依法理性维权。对重点行业企业，定期开展送法上门宣讲、组织法律培训等活动。充分利用互联网、微博、微信等现代传媒手段，不断创新宣传方式，增强宣传效果，营造保障农民工工资支付的良好舆论氛围。

（二十二）加强法治建设

健全保障农民工工资支付的法律制度，在总结相关行业有效做法和各地经验基础上，加快工资支付保障相关立法，为维护农民工劳动报酬权益提供法治保障。

保障农民工工资支付工作考核办法

国办发〔2017〕96号　2017年12月6日

第一条　为落实保障农民工工资支付工作的属地监管责任，有效预防和解决拖欠农民工工资问题，切实保障农民工劳动报酬权益，维护社会公平正义，促进社会和谐稳定，根据有关规定，制定本办法。

第二条　本办法适用于对各省（区、市）人民政府及新疆生产建设兵团（以下统称各省级政府）保障农民工工资支付工作的年度考核。

第三条　考核工作在国务院领导下，由解决企业工资拖欠问题部际联席会议（以下简称部际联席会议）负责实施，部际联席会议办公室具体组织落实。考核工作从2017年到2020年，每年开展一次。

第四条　考核工作坚持目标导向、问题导向和结果导向，遵循客观公正原则，突出重点，注重实效。

第五条　考核内容主要包括加强对保障农民工工资支付工作的组织领导、建立健全工资支付保障制度、治理欠薪特别是工程建设领域欠薪工作成效等情况。

第六条　部际联席会议办公室组织部际联席会议各成员单位制定年度考核方案及细则，明确具体考核指标和分值。

第七条　考核工作于考核年度次年年初开始，4月底前完成。按照以下步骤进行：

（一）省级自查。各省级政府对照考核方案及细则，对考核年度保障农民工工资支付工作进展情况和成效进行自查，填报自查考核表，形成自查报告，于2月底前报送部际联席会议办公室。各省级政府对自查报告真实性、准确性负责。

(二)实地核查。3月底前,由部际联席会议办公室组织部际联席会议各成员单位组成考核组,采取抽查等方式,对省级政府考核年度保障农民工工资支付工作进展情况和成效进行实地核查,对相关考核指标进行评估。实地核查采取听取汇报、抽样调查、核验资料、明察暗访等方式进行。

(三)综合评议。部际联席会议办公室组织部际联席会议各成员单位根据各地自查情况,结合实地核查和社会治安综合治理、公安、信访等部门掌握的情况,进行考核评议,形成考核报告,报部际联席会议审议。

第八条　考核采取分级评分法,基准分为100分,考核结果分为A、B、C三个等级。

(一)符合下列条件的,考核等级为A级:

1.领导重视、工作机制健全,各项工资支付保障制度完备、落实得力,工作成效明显;

2.考核得分排在全国前十名。

(二)有下列情形之一的,考核等级为C级:

1.保障农民工工资支付工作不力、成效不明显、欠薪问题突出,考核得分排在全国后三名的;

2.发生5起及以上因拖欠农民工工资引发50人以上群体性事件,或发生2起及以上因政府投资工程项目拖欠农民工工资引发50人以上群体性事件的;

3.发生1起及以上因拖欠农民工工资引发极端事件并造成严重后果的。

(三)考核等级在A、C级以外的为B级。

第九条　考核结果报经国务院同意后,由部际联席会议向各省级政府通报,并抄送中央组织部,作为对各省级政府领导班子和有关领导干部进行综合考核评价的参考。考核过程中发现需要问责的问题线索,移交纪检监察机关。

第十条　对考核等级为A级的,由部际联席会议予以通报表扬;对考核等级为C级的,由部际联席会议对该省级政府有关负责人进行约谈,提出限期整改要求。被约谈省级政府应当制定整改措施,并在被约谈后2周内提交书面报告,由部际联席会议办公室负责督促落实。

第十一条　对在考核工作中弄虚作假、瞒报谎报造成考核结果失实的,予以通报批评;情节严重的,依纪依法追究相关人员责任。

第十二条　各省级政府可参照本办法,结合本地区实际制定相关办法,加强对本地区各级政府保障农民工工资支付工作的考核。

第十三条　本办法由部际联席会议办公室负责解释,自印发之日起施行。

工程建设领域农民工工资专用账户管理暂行办法

人社部发〔2021〕53号　2021年7月7日

第一章　总则

第一条　为根治工程建设领域拖欠农民工工资问题，规范农民工工资专用账户管理，切实维护农民工劳动报酬权益，根据《保障农民工工资支付条例》《人民币银行结算账户管理办法》等有关法规规定，制定本办法。

第二条　本办法所称农民工工资专用账户（以下简称专用账户）是指施工总承包单位（以下简称总包单位）在工程建设项目所在地银行业金融机构（以下简称银行）开立的，专项用于支付农民工工资的专用存款账户。人工费用是指建设单位向总包单位专用账户拨付的专项用于支付农民工工资的工程款。

第三条　本办法所称建设单位是指工程建设项目的项目法人或负有建设管理责任的相关单位；总包单位是指从建设单位承包施工任务，具有施工承包资质的企业，包括工程总承包单位、施工总承包企业、直接承包建设单位发包工程的专业承包企业；分包单位是指承包总包单位发包的专业工程或者劳务作业，具有相应资质的企业；监理单位是指受建设单位委托依法执行工程监理任务，取得监理资质证书，具有法人资格的监理公司等单位。

本办法所称相关行业工程建设主管部门是指各级住房和城乡建设、交通运输、水利、铁路、民航等工程建设项目的行政主管部门。

第四条　本办法适用于房屋建筑、市政、交通运输、水利及基础设施建设的建筑工程、线路管道、设备安装、工程装饰装修、城市园林绿化等各种新建、扩建、改建工程建设项目。

第二章　专用账户的开立、撤销

第五条　建设单位与总包单位订立书面工程施工合同时，应当约定以下事项：

（一）工程款计量周期和工程款进度结算办法；

（二）建设单位拨付人工费用的周期和拨付日期；

（三）人工费用的数额或者占工程款的比例等。

前款第三项应当满足农民工工资按时足额支付的要求。

第六条　专用账户按工程建设项目开立。总包单位应当在工程施工合同签订之日起30日内开立专用账户，并与建设单位、开户银行签订资金管理三方协议。专用账户名称为总包单位名称加工程建设项目名称后加“农民工工资专用账户”。总包单位应当在专用账户开立后的30日内报项目所在地专用账户监管部门备案。监管部门由各省、自治区、直辖市根据《保障农民工工资支付条例》确定。

总包单位有2个及以上工程建设项目的，可开立新的专用账户，也可在符合项目所在地监管要求的情况下，在已有专用账户下按项目分别管理。

第七条 开户银行应当规范优化农民工工资专用账户开立服务流程，配合总包单位及时做好专用账户开立和管理工作，在业务系统中对账户进行特殊标识。

开户银行不得将专用账户资金转入除本项目农民工本人银行账户以外的账户，不得为专用账户提供现金支取和其他转账结算服务。

第八条 除法律另有规定外，专用账户资金不得因支付为本项目提供劳动的农民工工资之外的原因被查封、冻结或者划拨。

第九条 工程完工、总包单位或者开户银行发生变更需要撤销专用账户的，总包单位将本工程建设项目无拖欠农民工工资情况公示30日，并向项目所在地人力资源社会保障行政部门、相关行业工程建设主管部门出具无拖欠农民工工资承诺书。

开户银行依据专用账户监管部门通知取消账户特殊标识，按程序办理专用账户撤销手续，专用账户余额归总包单位所有。总包单位或者开户银行发生变更，撤销账户后可按照第六条规定开立新的专用账户。

第十条 工程建设项目存在以下情况，总包单位不得向开户银行申请撤销专用账户：

（一）尚有拖欠农民工工资案件正在处理的；

（二）农民工因工资支付问题正在申请劳动争议仲裁或者向人民法院提起诉讼的；

（三）其他拖欠农民工工资的情形。

第十一条 建设单位应当加强对总包单位开立、撤销专用账户情况的监督。

第三章 人工费用的拨付

第十二条 建设单位应当按工程施工合同约定的数额或者比例等，按时将人工费用拨付到总包单位专用账户。人工费用拨付周期不得超过1个月。

开户银行应当做好专用账户日常管理工作。出现未按约定拨付人工费用等情况的，开户银行应当通知总包单位，由总包单位报告项目所在地人力资源社会保障行政部门和相关行业工程建设主管部门，相关部门应当纳入欠薪预警并及时进行处置。

建设单位已经按约定足额向专用账户拨付资金，但总包单位依然拖欠农民工工资的，建设单位应及时报告有关部门。

第十三条 因用工量增加等原因导致专用账户余额不足以按时足额支付农民工工资时，总包单位提出需增加的人工费用数额，由建设单位核准后及时追加拨付。

第十四条 工程建设项目开工后，工程施工合同约定的人工费用的数额、占工程款的比例等需要修改的，总包单位可与建设单位签订补充协议并将相关修改情况通知开户银行。

第四章　农民工工资的支付

第十五条　工程建设领域总包单位对农民工工资支付负总责，推行分包单位农民工工资委托总包单位代发制度（以下简称总包代发制度）。

工程建设项目施行总包代发制度的，总包单位与分包单位签订委托工资支付协议。

第十六条　总包单位或者分包单位应当按照相关行业工程建设主管部门的要求开展农民工实名制管理工作，依法与所招用的农民工订立劳动合同并进行用工实名登记。总包单位和分包单位对农民工实名制基本信息进行采集、核实、更新，建立实名制管理台账。工程建设项目应结合行业特点配备农民工实名制管理所必需的软硬件设施设备。

未与总包单位或者分包单位订立劳动合同并进行用工实名登记的人员，不得进入项目现场施工。

第十七条　施行总包代发制度的，分包单位以实名制管理信息为基础，按月考核农民工工作量并编制工资支付表，经农民工本人签字确认后，与农民工考勤表、当月工程进度等情况一并交总包单位，并协助总包单位做好农民工工资支付工作。

总包单位应当在工程建设项目部配备劳资专管员，对分包单位劳动用工实施监督管理，审核分包单位编制的农民工考勤表、工资支付表等工资发放资料。

第十八条　总包单位应当按时将审核后的工资支付表等工资发放资料报送开户银行，开户银行应当及时将工资通过专用账户直接支付到农民工本人的银行账户，并由总包单位向分包单位提供代发工资凭证。

第十九条　农民工工资卡实行一人一卡、本人持卡，用人单位或者其他人员不得以任何理由扣押或者变相扣押。

开户银行应采取有效措施，积极防范本机构农民工工资卡被用于出租、出售、洗钱、赌博、诈骗和其他非法活动。

第二十条　开户银行支持农民工使用本人的具有金融功能的社会保障卡或者现有银行卡领取工资，不得拒绝其使用他行社会保障卡银行账户或他行银行卡。任何单位和个人不得强制要求农民工重新办理工资卡。农民工使用他行社会保障卡银行账户或他行银行卡的，鼓励执行优惠的跨行代发工资手续费率。

农民工本人确需办理新工资卡的，优先办理具有金融功能的社会保障卡，鼓励开户银行提供便利化服务，上门办理。

第二十一条　总包单位应当将专用账户有关资料、用工管理台账等妥善保存，至少保存至工程完工且工资全部结清后3年。

第二十二条　建设单位在签订工程监理合同时，可通过协商委托监理单位实施农民工工资支付审核及监督。

第五章 工资支付监控预警平台建设

第二十三条 人力资源社会保障部会同相关部门统筹做好全国农民工工资支付监控预警平台的规划和建设指导工作。

省级应当建立全省集中的农民工工资支付监控预警平台，支持辖区内省、市、县各级开展农民工工资支付监控预警。同时，按照网络安全和信息化有关要求，做好平台安全保障工作。

国家、省、市、县逐步实现农民工工资支付监控预警数据信息互联互通，与建筑工人管理服务、投资项目在线审批监管、全国信用信息共享、全国水利建设市场监管、铁路工程监督管理等信息平台对接，实现信息比对、分析预警等功能。

第二十四条 相关单位应当依法将工程施工合同中有关专用账户和工资支付的内容及修改情况、专用账户开立和撤销情况、劳动合同签订情况、实名制管理信息、考勤表信息、工资支付表信息、工资支付信息等实时上传农民工工资支付监控预警平台。

第二十五条 各地人力资源社会保障、发展改革、财政、住房和城乡建设、交通运输、水利等部门应当加强工程建设项目审批、资金落实、施工许可、劳动用工、工资支付等信息的及时共享，依托农民工工资支付监控预警平台开展多部门协同监管。

各地要统筹做好农民工工资支付监控预警平台与工程建设领域其他信息化平台的数据信息共享，避免企业重复采集、重复上传相关信息。

第二十六条 农民工工资支付监控预警平台依法归集专用账户管理、实名制管理和工资支付等方面信息，对违反专用账户管理、人工费用拨付、工资支付规定的情况及时进行预警，逐步实现工程建设项目农民工工资支付全过程动态监管。

第二十七条 加强劳动保障监察相关系统与农民工工资支付监控预警平台的协同共享和有效衔接，开通工资支付通知、查询功能和拖欠工资的举报投诉功能，方便农民工及时掌握本人工资支付情况，依法维护劳动报酬权益。

第二十八条 已建立农民工工资支付监控预警平台并实现工资支付动态监管的地区，专用账户开立、撤销不再要求进行书面备案。

第六章 监督管理

第二十九条 各地应当依据本办法完善工程建设领域农民工工资支付保障制度体系，坚持市场主体负责、政府依法监管、社会协同监督，按照源头治理、预防为主、防治结合、标本兼治的要求，依法根治工程建设领域拖欠农民工工资问题。

第三十条 各地人力资源社会保障行政部门和相关行业工程建设主管部门应当按职责对工程建设项目专用账户管理、人工费用拨付、农民工工资支付等情况进行监督检查，并及时处理有关投诉、举报、报告。

第三十一条 人民银行及其分支机构、银保监会及其派出机构应当采取必要措施支持银行为专用账户管理提供便利化服务。

第三十二条 各级人力资源社会保障行政部门和相关行业工程建设主管部门不得借推行专用账户制度的名义，指定开户银行和农民工工资卡办卡银行；不得巧立名目收取费用，增加企业负担。

第七章 附则

第三十三条 各省级人力资源社会保障行政部门可根据本暂行办法，会同相关部门结合本地区实际情况制定实施细则。

第三十四条 同一工程建设项目发生管辖争议的，由共同的上一级人力资源社会保障部门会同相关行业工程建设主管部门指定管辖。

第三十五条 本暂行办法自印发之日起施行。办法施行前已开立的专用账户，可继续保留使用。

工程建设领域农民工工资保证金规定

人社部发〔2021〕65号 2021年8月17日

第一章 总则

第一条 为依法保护农民工工资权益，发挥工资保证金在解决拖欠农民工工资问题中的重要作用，根据《保障农民工工资支付条例》，制定本规定。

第二条 本规定所指工资保证金，是指工程建设领域施工总承包单位（包括直接承包建设单位发包工程的专业承包企业）在银行设立账户并按照工程施工合同额的一定比例存储，专项用于支付为所承包工程提供劳动的农民工被拖欠工资的专项资金。

工资保证金可以用银行类金融机构出具的银行保函替代，有条件的地区还可探索引入工程担保公司保函或工程保证保险。

第三条 工程建设领域工资保证金的存储比例、存储形式、减免措施以及使用返还等事项适用本规定。

第四条 各省级人力资源社会保障行政部门负责组织实施本行政区工资保证金制度。

地方人力资源社会保障行政部门应建立健全与本地区行业工程建设主管部门和金融监管部门的会商机制，加强信息通报和执法协作，确保工资保证金制度规范平稳运行。

第五条 工资保证金制度原则上由地市级人力资源社会保障行政部门具体管理，有条件的地区可逐步将管理层级上升为省级人力资源社会保障行政部门。

实施具体管理的地市级或省级人力资源社会保障行政部门，以下简称“属地人力资源社会保障行政部门”；对应的行政区，以下统称“工资保证金管理地区”。

同一工程地理位置涉及两个或两个以上工资保证金管理地区，发生管辖争议的，由共同的上一级人力资源社会保障行政部门商同级行业工程建设主管部门指定管辖。

第二章 工资保证金存储

第六条 施工总承包单位应当在工程所在地的银行存储工资保证金或申请开立银行保函。

第七条 经办工资保证金的银行（以下简称经办银行）依法办理工资保证金账户开户、存储、查询、支取、销户及开立保函等业务，应具备以下条件：

（一）在工程所在的工资保证金管理地区设有分支机构；

（二）信用等级良好、服务水平优良，并承诺按照监管要求提供工资保证金业务服务。

第八条 施工总承包单位应当自工程取得施工许可证（开工报告批复）之日起20个工作日内（依法不需要办理施工许可证或批准开工报告的工程自签订施工合同之日起20个工作日之内），持营业执照副本、与建设单位签订的施工合同在经办银行开立工资保证金专门账户存储工资保证金。

行业工程建设主管部门应当在颁发施工许可证或批准开工报告时告知相关单位及时存储工资保证金。

第九条 存储工资保证金的施工总承包单位应与经办银行签订《农民工工资保证金存款协议书》（附件1，略），并将协议书副本送属地人力资源社会保障行政部门备案。

第十条 经办银行应当规范工资保证金账户开户工作，为存储工资保证金提供必要的便利，与开户单位核实账户性质，在业务系统中对工资保证金账户进行特殊标识，并在相关网络查控平台、电子化专线信息传输系统等作出整体限制查封、冻结或划拨设置，防止被不当查封、冻结或划拨，保障资金安全。

第十一条 工资保证金按工程施工合同额（或年度合同额）的一定比例存储，原则上不低于1%，不超过3%，单个工程合同额较高的，可设定存储上限。

施工总承包单位在同一工资保证金管理地区有多个在建工程，存储比例可适当下浮但不得低于施工合同额（或年度合同额）的0.5%。

施工合同额低于300万元的工程，且该工程的施工总承包单位在签订施工合同前一年内承建的工程未发生工资拖欠的，各地区可结合行业保障农民工工资支付实际，免除该工程存储工资保证金。

前款规定的施工合同额可适当调整，调整范围由省级人力资源社会保障行政部门会同行业工程建设主管部门确定，并报人力资源社会保障部、住房和城乡建设部、交通运输部、水利部、铁路局、民航局备案。

第十二条 施工总承包单位存储工资保证金或提交银行保函后，在工资保证金管理地区承建工程连续2年未发生工资拖欠的，其新增工程应降低存储比例，降幅不低于50%；连续3年未发生工资拖欠且按要求落实用工实名制管理和农民工工资专用账户制度的，其新增工程可免于存储工资保证金。

施工总承包单位存储工资保证金或提交银行保函前2年内在工资保证金管理地区承建工程发生工资拖欠的，工资保证金存储比例应适当提高，增幅不低于50%；因拖欠农民工工资被纳入"严重失信主体名单"的，增幅不低于100%。

第十三条 工资保证金具体存储比例及浮动办法由省级人力资源社会保障行政部门商同级行业工程建设主管部门研究确定，报人力资源社会保障部备案。工资保证金存储比例应根据本行政区保障农民工工资支付实际情况实行定期动态调整，主动向社会公布。

第十四条 工资保证金账户内本金和利息归开立账户的施工总承包单位所有。在工资保证金账户被监管期间，企业可自由提取和使用工资保证金的利息及其他合法收益。

除符合本规定第十九条规定的情形，其他任何单位和个人不得动用工资保证金账户内本金。

第十五条 施工总承包单位可选择以银行保函替代现金存储工资保证金，保函担保金额不得低于按规定比例计算应存储的工资保证金数额。

保函正本由属地人力资源社会保障行政部门保存。

第十六条 银行保函应以属地人力资源社会保障行政部门为受益人，保函性质为不可撤销见索即付保函(附件2，略)。

施工总承包单位所承包工程发生拖欠农民工工资，经人力资源社会保障行政部门依法作出责令限期清偿或先行清偿的行政处理决定，到期拒不清偿时，由经办银行依照保函承担担保责任。

第十七条 施工总承包单位应在其工程施工期内提供有效的保函，保函有效期至少为1年并不得短于合同期。工程未完工保函到期的，属地人力资源社会保障行政部门应在保函到期前一个月提醒施工总承包单位更换新的保函或延长保函有效期。

第十八条 属地人力资源社会保障行政部门应当将存储工资保证金或开立银行保函的施工总承包单位名单及对应的工程名称向社会公布，施工总承包单位应当将本工程落实工资保证金制度情况纳入维权信息告示牌内容。

第三章　工资保证金使用

第十九条 施工总承包单位所承包工程发生拖欠农民工工资的，经人力资源社会保障行政部门依法作出责令限期清偿或先行清偿的行政处理决定，施工总承包单位到期拒不履行的，属地人力资源社会保障行政部门可以向经办银行出具《农民工工资保证金支付通知书》[附件3(略)，以下简称《支付通知书》]，书面通知有关施工总承包单位和经办银行。经办银行应在收到《支付通知书》5个工作日内，从工资保证金账户中将相应数额的款项以银行转账方式支付给属地人力资源社会保障行政部门指定的被拖欠工资农民工本人。

施工总承包单位采用银行保函替代工资保证金，发生前款情形的，提供银行保函的经办银行应在收到《支付通知书》5个工作日内，依照银行保函约定支付农民工工资。

第二十条 工资保证金使用后，施工总承包单位应当自使用之日起10个工作日内将工资保证金补足。

采用银行保函替代工资保证金发生前款情形的，施工总承包单位应在10个工作日内提供与原保函相同担保范围和担保金额的新保函。施工总承包单位开立新保函后，原保函即行失效。

第二十一条 经办银行应每季度分别向施工总承包单位和属地人力资源社会保障行政部门提供工资保证金存款对账单。

第二十二条 工资保证金对应的工程完工，施工总承包单位作出书面承诺该工程不存在未解决的拖欠农民工工资问题，并在施工现场维权信息告示牌及属地人力资源社会保障行政部门门户网站公示30日后，可以申请返还工资保证金或银行保函正本。

属地人力资源社会保障行政部门自施工总承包单位提交书面申请5个工作日内审核完毕，并在审核完毕3个工作日内向经办银行和施工总承包单位出具工资保证金返还（销户）确认书。经办银行收到确认书后，工资保证金账户解除监管，相应款项不再属于工资保证金，施工总承包单位可自由支配账户资金或办理账户销户。

选择使用银行保函替代现金存储工资保证金并符合本条第一款规定的，属地人力资源社会保障行政部门自施工总承包单位提交书面申请5个工作日内审核完毕，并在审核完毕3个工作日内返还银行保函正本。

属地人力资源社会保障行政部门在审核过程中发现工资保证金对应工程存在未解决的拖欠农民工工资问题，应在审核完毕3个工作日内书面告知施工总承包单位，施工总承包单位依法履行清偿（先行清偿）责任后，可再次提交返还工资保证金或退还银行保函正本的书面申请。

属地人力资源社会保障行政部门应建立工资保证金定期（至少每半年一次）清查机制，对经核实工程完工且不存在拖欠农民工工资问题，施工总承包单位在一定期限内未提交返还申请的，应主动启动返还程序。

第二十三条 施工总承包单位认为行政部门的行政行为损害其合法权益的，可以依法申请行政复议或者向人民法院提起行政诉讼。

第四章 工资保证金监管

第二十四条 工资保证金实行专款专用，除用于清偿或先行清偿施工总承包单位所承包工程拖欠农民工工资外，不得用于其他用途。

除法律另有规定外，工资保证金不得因支付为本工程提供劳动的农民工工资之外的原因被查封、冻结或者划拨。

第二十五条 人力资源社会保障行政部门应加强监管，对施工总承包单位未依据《保障农民工工资支付条例》和本规定存储、补足工资保证金（或提供、更新保函）的，应按照《保障农民工工资支付条例》第五十五条规定追究其法律责任。

第二十六条 属地人力资源社会保障行政部门要建立工资保证金管理台账，严格规范财务、审计制度，加强账户监管，确保专款专用。

行业工程建设主管部门对在日常监督检查中发现的未按规定存储工资保证金问题，应及时通报同级人力资源社会保障行政部门。对未按规定执行工资保证金制度的施工单位，除依法给予行政处罚（处理）外，应按照有关规定计入其信用记录，依法实施信用惩戒。

对行政部门擅自减免、超限额收缴、违规挪用、无故拖延返还工资保证金的，要严肃追究责任，依法依规对有关责任人员实行问责；涉嫌犯罪的，移送司法机关处理。

第五章 附则

第二十七条 房屋市政、铁路、公路、水路、民航、水利领域之外的其他工程，参照本规定执行。

采用工程担保公司保函或工程保证保险方式代替工资保证金的，参照银行保函的相关规定执行。

第二十八条 本规定由人力资源社会保障部会同住房和城乡建设部、交通运输部、水利部、银保监会、铁路局、民航局负责解释。各地区可根据本规定并结合工作实际，制定具体实施办法，并向人力资源社会保障部、住房和城乡建设部、交通运输部、水利部、银保监会、铁路局、民航局备案。在贯彻实施中遇到的重大问题，请及时向人力资源社会保障部报告。

第二十九条 本规定自2021年11月1日起施行。

本规定施行前已按属地原有工资保证金政策存储的工资保证金或保函继续有效，其日常管理、动用和返还等按照原有规定执行；本规定施行后新开工工程和尚未存储工资保证金的在建工程工资保证金按照本规定及各地区具体实施办法执行。

山东省工程建设领域农民工工资专用账户管理实施细则

鲁人社发〔2022〕10号 2022年5月14日

第一章 总则

第一条 为根治拖欠农民工工资问题，规范农民工工资专用账户管理，切实维护农民工劳动报酬权益，根据《保障农民工工资支付条例》《人民币银行结算账户管理办法》《工程建设领域农民工工资专用账户管理暂行办法》《山东省〈保障农民工工资支付条例〉法律责任条款行政执法指引》等有关规定，结合实际，制定本实施细则。

第二条 本实施细则所称农民工工资专用账户（以下简称专用账户）是指施工总承包单位（以下简称总包单位）在工程建设项目所在地银行业金融机构（以下简称银行）开立的，专项用于支付农民工工资的专用存款账户。人工费用是指建设单位向总包单位专用账户拨付的专项用于支付农民工工资的工程款。

第三条 本实施细则所称建设单位是指工程建设项目的项目法人或者负有建设管理责任的相关单位；总包单位是指从建设单位承包施工任务，具有施工承包资质的企业，包括工程总承包单位、施工总承包企业、直接承包建设单位发包工程的专业承包企业；分包单位是指承包总包单位发包的专业工程或者劳务作业，具有相应资质的企业；监理单位是指受建设单位委托依法执行工程监理任务，取得监理资质证书，具有法人资格的监理公司等单位。

本实施细则所称相关行业工程建设主管部门是指各级住房城乡建设、交通运输、水利、铁路、民航等工程建设项目的行政主管部门。

第四条 本实施细则适用于山东省行政区域内的房屋建筑、市政、交通运输、水利及基础设施建设的建筑工程、线路管道、设备安装、工程装饰装修、城市园林绿化等各种新建、扩建、改建工程建设项目。

第五条 各级相关行业工程建设主管部门是专用账户监管部门，负责组织实施本级本行业专用账户制度，并对下级政府相关行业专用账户制度实施情况进行指导监督。

第六条 符合以下情形之一的工程建设项目，可以免开专用账户：

（一）项目造价（施工合同额）在 300 万元以下（含）的；

（二）作业工期不超过 3 个月（含）的；

（三）项目累计使用农民工人数不足 30 人的。

免开专用账户的工程建设项目，总包单位应当在工程施工合同签订之日起 10 日内，向项目所在地专用账户监管部门报送《免开专用账户报告》（见附件 1）及遵守建设市场秩序、落实保障农民工工资支付制度、按时足额支付工资的《免开专用账户总包单位承诺书》（见附件 2）。

第七条 各级各有关部门应当依托农民工工资支付监管平台（以下简称监管平台）强化对专用账户制度落实情况的监督管理。

应当开立专用账户的工程建设项目，全部纳入监管平台管理。免开专用账户的工程建设项目，有条件的市、县（市、区）可将其纳入监管平台管理。

第二章 专用账户的开立

第八条 建设单位与总包单位订立书面工程施工合同时，应当约定以下事项：

(一)工程款计量周期和工程款进度结算办法；

(二)建设单位拨付人工费用的周期和拨付日期；

(三)人工费用的数额或者占工程款的比例等。

前款第三项应当满足农民工工资按时足额支付的要求。

第九条 专用账户按工程建设项目开立。总包单位应当于工程施工合同签订之日起30日内开立专用账户，并与建设单位、开户银行签订《工程建设领域农民工工资专用账户资金管理协议》(见附件3)。专用账户名称为总包单位名称加工程建设项目名称后加“农民工工资专用账户”。在不存在歧义的前提下，工程建设项目名称可采用简称。总包单位开立专用账户时，应当在开户银行预留与专用账户名称一致的印鉴。

总包单位有两个及两个以上工程建设项目的，可开立新的专用账户，也可在符合项目所在地监管要求的情况下，在已有专用账户下按项目分别管理。各项目应分别记账核算，项目间资金不得相互划转。开户银行须确保实现分账户向监管平台传输数据。

纳入监管平台管理的工程建设项目，总包单位应当在专用账户开立后5日内将专用账户信息上传至监管平台。未纳入监管平台管理的工程建设项目，总包单位应当在专用账户开立后30日内报项目所在地专用账户监管部门备案。

以联合体方式承包的工程建设项目，联合体单位合并核算的，专用账户应该由牵头单位开立，成员单位应当与牵头单位签订农民工工资委托支付协议；联合单位平行独立核算的，可分别开立专用账户。

第十条 开户银行应当规范优化专用账户开立服务流程，配合总包单位及时做好专用账户开立和管理工作，在业务系统中对专用账户进行特殊标识，并在相关网络查控平台、电子化专线信息传输系统等作出整体限制查封、冻结或者划拨设置。

开户银行不得将专用账户资金转入除对应的工程建设项目农民工本人银行账户以外的账户，不得为专用账户提供现金支取和其他转账结算服务，不得开通网银代发功能。

第十一条 除法律另有规定外，专用账户资金不得因支付为对应的工程建设项目提供劳动的农民工工资之外的原因被查封、冻结或者划拨。

第三章 人工费用的拨付

第十二条 建设单位应当按工程施工合同约定的人工费用的数额或者占工程款的比例等，于每月10日前将人工费用拨付到总包单位专用账户。人工费用拨付周期不得超过1个月。

采取PPP模式的项目和其他包含施工内容的类似项目，由合同或者协议约定的出资方负责拨付人工费用。

第十三条 人工费用占工程款的参考比例，房屋建筑工程建设项目不低于20%，交通工程建设项目不低于8%，市政、水利等工程建设项目不低于12%，并满足按月足额支付农民工工资的要求。其他工程建设项目参考类似项目比例执行。省相关行业工程建设主管部门可结合行业实际对人工费用占工程款的参考比例进行规范和调整。

工程建设项目开工后，工程施工合同约定的人工费用的数额或者占工程款的比例等需要修改的，总包单位应当与建设单位签订补充协议，将相关修改情况通知开户银行，于协议签订后3日内上传监管平台并及时更新人工费用拨付比例。

第十四条 每月人工费用可采用以下两种方式确定：每月拨付金额＝工程合同总造价×合同约定的人工费用比例÷合同工期(月)，或者每月拨付金额＝上月完成的工程产值×合同约定的人工费用比例。

第十五条 建设单位已经按约定足额向专用账户拨付人工费用，但总包单位仍然拖欠农民工工资的，建设单位应当及时报告人力资源社会保障行政部门和相关行业工程建设主管部门，并督促总包单位支付拖欠的农民工工资。

因用工量突然增加等原因导致按约定比例拨付人工费用后专用账户余额不足以按时足额支付农民工工资的，总包单位应当向建设单位提出需增加的人工费用数额，建设单位应当核准后于工资发放日前追加拨付。

开户银行应当做好专用账户日常管理工作。出现未按约定拨付人工费用等情况的，开户银行应当通知总包单位，由总包单位报告项目所在地相关行业工程建设主管部门和人力资源社会保障行政部门，相关行业工程建设主管部门应当对有关预警信息及时进行处置。

第四章 农民工工资的支付

第十六条 总包单位对农民工工资支付负总责，实行分包单位农民工工资委托总包单位代发制度，总包单位、分包单位应当签订《工程建设领域农民工工资委托支付协议》(见附件4)。

第十七条 总包单位或者分包单位应当按照相关行业工程建设主管部门的要求开展农民工实名制管理工作，依法与所招用的农民工订立劳动合同并进行用工实名登记。总包单位和分包单位应当对农民工实名制基本信息进行采集、核实、更新，建立实名制管理台账。

工程建设项目应当结合行业特点配备农民工实名制管理所必需的软硬件设施设备。

未与总包单位或者分包单位订立劳动合同并进行用工实名登记的人员，不得进入项目现场施工。

第十八条 总包单位应当在工程建设项目部配备劳资专管员，对分包单位劳动用工实施监督管理，掌握施工现场用工、考勤、工资支付等情况，审核分包单位编制的农民工考勤表、工资支付表等工资发放资料。

劳资专管员的配备应当满足项目现场劳动用工管理需要。

第十九条 分包单位应当以实名制管理信息为基础，按月考核农民工工作量并编制工资支付表，经农民工本人签字确认后，与农民工考勤表、当月工程进度等情况一并交总包单位，并协助总包单位做好农民工工资支付工作。

总包单位应当于每月10日前将上月农民工工资支付表上传监管平台。农民工工资支付表应当经农民工本人签字确认，加盖总包单位公章，并在工程施工现场醒目位置进行公示，公示期不少于5日。

第二十条 总包单位应当按时将审核后的工资支付表等工资发放资料报送开户银行，开户银行应当在收到相关工资发放资料后2个工作日内将工资通过专用账户直接支付到农民工本人的银行账户，并在工资发放后1日内将数据上传至监管平台。总包单位应当及时向分包单位提供代发工资凭证。

第二十一条 农民工工资卡实行一人一卡、本人持卡，用人单位或者其他人员不得以任何理由扣押或者变相扣押。

开户银行应当采取有效措施，积极防范本机构农民工工资卡被用于出租、出售、洗钱、赌博、诈骗和其他非法活动。

第二十二条 开户银行应当支持农民工使用本人的具有金融功能的社会保障卡或者现有银行卡领取工资，不得拒绝其使用他行社会保障卡银行账户或者他行银行卡。任何单位和个人不得强制要求农民工重新办理工资卡。农民工使用他行社会保障卡银行账户或者他行银行卡的，鼓励执行优惠的跨行代发工资手续费率。

农民工本人确需办理新工资卡的，优先办理具有金融功能的社会保障卡，鼓励开户银行提供便利化服务，上门办理。

第二十三条 总包单位应当将专用账户有关资料、用工管理台账等妥善保存，至少保存至工程完工且工资全部结清后3年。

第二十四条 建设单位应当以工程建设项目为单位建立保障农民工工资支付协调机制和工资拖欠预防机制，督促总包单位加强劳动用工管理，按时支付、代发农民工工资，并妥善处理与农民工工资支付相关的矛盾纠纷。发生农民工集体讨薪事件的，建设单位应当会同总包单位及时处理，并向项目所在地人力资源社会保障部门和相关行业工程建设主管部门报告有关情况。

建设单位在签订工程监理合同时，可以通过协商委托监理单位实施农民工工资支付审核及监督。

第五章 专用账户的撤销

第二十五条 工程完工、总包单位或者开户银行发生变更需要撤销专用账户的，总包单位应当在施工现场醒目位置将对应的工程建设项目无拖欠农民工工资情况公示30日且无异议后，向项目所在地专用账户监管部门提供以下材料(原件和复印件加盖单位公章)：

(一)无拖欠农民工工资承诺书(见附件5)；

(二)工程建设项目完工证明或者有关变更情况说明；

(三)公示结果报告及施工现场公示图片；

(四)其他需要提供的材料。

第二十六条　总包单位提供的材料符合有关要求的，专用账户监管部门应当通知（见附件6）开户银行取消账户特殊标识，开户银行应当依据通知取消账户特殊标识，按程序办理专用账户撤销手续，专用账户余额归总包单位所有。总包单位或者开户银行发生变更，撤销专用账户后可以按照本实施细则第二章规定开立新的专用账户。

第二十七条　专用账户撤销后仍存在拖欠农民工工资的，由总包单位先行清偿，再依法追偿。

第二十八条　工程建设项目存在以下情形之一的，总包单位不得申请撤销专用账户：

（一）尚有拖欠农民工工资案件正在处理的；

（二）农民工因工资支付问题正在申请劳动争议仲裁或者向人民法院提起诉讼的；

（三）其他拖欠农民工工资的情形。

第二十九条　建设单位应当加强对总包单位开立、使用、撤销专用账户情况的监督。

第六章　工资支付监控预警平台建设

第三十条　省人力资源社会保障厅会同相关部门统筹做好全省监管平台的规划、使用和指导工作，按照网络安全和信息化有关要求，共同做好平台安全保障工作。

省、市、县实现农民工工资支付监控预警数据信息互联互通，逐步与建筑工人管理服务、投资项目在线审批监管、全国信用信息共享、全国水利建设市场监管、铁路工程监督管理等信息平台对接，实现信息比对、分析预警等功能。

第三十一条　总包单位等应当依法将工程施工合同中有关专用账户人工费用拨付和工资支付的内容及修改情况、专用账户开立和撤销情况、劳动合同签订情况、实名制管理信息、考勤表信息、工资支付表信息、工资支付信息等实时上传监管平台。

开户银行应当配合做好数据对接工作，确保专用账户有关数据及时、准确传输至监管平台。

第三十二条　各级人力资源社会保障、发展改革、财政、住房城乡建设、交通运输、水利等部门应当加强工程建设项目审批、资金落实、施工许可、劳动用工、工资支付等信息的及时共享，依托监管平台开展多部门协同监管。

各级要统筹做好监管平台与工程建设领域其他信息化平台的数据信息共享，避免企业重复采集、重复上传相关信息。

第三十三条　监管平台依法归集专用账户管理、实名制管理和工资支付等方面信息，对违反专用账户管理、人工费用拨付、工资支付规定的情况及时进行预警，实现工程建设项目农民工工资支付全过程动态监管。

第三十四条　加强劳动保障监察相关系统与监管平台的协同共享和有效衔接，开通工资支付通知、查询功能和拖欠工资的举报投诉功能，方便农民工及时掌握本人工资支付情况，依法维护其劳动报酬权益。

第七章　监督管理

第三十五条　各级应当完善工程建设领域农民工工资支付保障制度体系，坚持市场主体负责、政府依法监管、社会协同监督，按照源头治理、预防为主、防治结合、标本兼治的要求，依法根治工程建设领域拖欠农民工工资问题。

人力资源社会保障行政部门、相关行业工程建设主管部门及其他有关部门应当建立信息通报、执法协作和重大违法行为查处联合办案机制。

第三十六条　专用账户监管部门应当加强日常监督检查，畅通举报投诉渠道，预防和减少违反专用账户管理规定行为的发生。人力资源社会保障、发展改革、财政、人民银行、银保监等部门应当予以配合。

人力资源社会保障行政部门对在日常监督检查中发现的未按规定开立或者使用农民工工资专用账户的问题，应当及时通报同级专用账户监管部门。

第三十七条　专用账户监管部门对违反专用账户管理规定的行为，依据《保障农民工工资支付条例》及有关规定予以处理。

第三十八条　人力资源社会保障行政部门应当会同相关行业工程建设主管部门等加强监管平台应用培训，及时协调解决系统运行中的问题。相关行业工程建设主管部门负责将符合条件的在建工程建设项目及时纳入监管平台管理。

第三十九条　人民银行及其分支机构、银保监局及其派出机构应当采取必要措施支持银行为专用账户管理提供便利化服务，并督促开户银行依法依规将专用账户数据传输至监管平台。

第四十条　各级相关行业工程建设主管部门和人力资源社会保障行政部门不得借推行专用账户制度的名义，指定开户银行和农民工工资卡办卡银行；不得巧立名目收取费用，增加企业负担。

第四十一条　相关行业工程建设主管部门、人力资源社会保障、发展改革、财政、人民银行、银保监等部门及其工作人员在实施专用账户制度中滥用职权、玩忽职守、徇私舞弊的，依法依规给予处分；构成犯罪的，依法追究刑事责任。

第八章　附则

第四十二条　省有关部门和各市可根据本实施细则，结合实际制定具体监管办法。

第四十三条　同一工程建设项目地理位置涉及两个或者两个以上设区的市的，按照便利高效原则协商确定监管的市；协商不成的，共同提请省相关行业工程建设主管部门商省人力资源社会保障厅确定。

同一工程建设项目地理位置涉及同一设区的市两个或者两个以上县（市、区）的，按照便利高效原则协商确定监管的县（市、区）；协商不成的，共同提请设区的市相关行业工程建设主管部门商同级人力资源社会保障行政部门确定。

第四十四条 本实施细则中的“日”，除注明工作日外，为自然日。

第四十五条 本实施细则自印发之日起施行，《山东省工程建设领域农民工工资专用账户管理办法》同时废止。本实施细则施行前已开立的专用账户，可继续保留使用。

附件：1.免开农民工工资专用账户报告（参考样本）

2.免开农民工工资专用账户总包单位承诺书（参考样本）

3.工程建设领域农民工工资专用账户资金管理协议（参考样本）

4.工程建设领域农民工工资委托支付协议（参考样本）

5.无拖欠农民工工资承诺书（参考样本）

6.同意取消农民工工资专用账户特殊标识通知书（参考样本）

附件 1

编号：

免开农民工工资专用账户报告

（参考样本）

______________（专用账户监管部门）：

我单位承建的______项目符合《山东省工程建设领域农民工工资专用账户管理实施细则》第六条第一款第______项规定，可以免开农民工工资专用账户。

特向贵部门报告。

附件：工程施工合同复印件1份（加盖单位公章）

联系人：　　　　　　联系电话（手机）：

总包单位名称（公章）

______年______月______日

附件 2

编号：

免开农民工工资专用账户总包单位承诺书

（参考样本）

______________（专用账户监管部门）：

我单位承建的______项目符合免开农民工工资专用账户的规定。现作出如下承诺：

1.严格遵守建设市场秩序有关规定；

2.落实保障农民工工资支付有关制度；

3.按时足额支付农民工工资。

如发现工资拖欠情形，一经核实，我单位将立即无条件支付被拖欠的农民工工资，并积极配合有关部门调查处理。

联系人：　　　　联系电话(手机)：

总包单位名称(公章)

年　　月　　日

附件 3

编号：

工程建设领域农民工工资专用账户资金管理协议

(参考样本)

甲方(建设单位)：______________________________

乙方(总包单位)：______________________________

丙方(开户银行)：______________________________

根据《山东省工程建设领域农民工工资专用账户管理实施细则》等规定，为保证农民工工资专用账户(以下简称专用账户)资金专款专用及农民工工资及时足额支付，甲、乙双方委托丙方为________项目(以下简称该项目)专用账户资金监管人，为该项目专用账户资金提供管理，并按照本协议约定履行相关信息披露、报告等职责。甲、乙、丙三方经友好协商，达成以下协议，并共同遵守。

第一章　专用账户开立及管理

第一条　乙方须按《山东省工程建设领域农民工工资专用账户管理实施细则》等规定，在丙方处开立专用账户，专项用于支付该项目农民工工资，不得擅自动用专用账户资金。

专用账户开户行(支行)：____________________

专用账户名称：________________________

专用账户账号：________________________

第二条　专用账户存续期间，丙方负责对专用账户进行管理，根据本协议约定的条件和有关规定办理资金支付，在业务系统中对账户进行特殊标识，并在相关网络查控平台、电子化专线信息传输系统等作出整体限制查封、冻结或者划拨设置。

第三条　甲方、乙方授权丙方将专用账户基本信息、专用账户进出账信息、工资支付信息等，于实际业务发生后及时准确上传至农民工工资支付监管平台。

第二章 托管职责、期限

第四条 丙方作为受托银行，应履行以下职责：

(一)开立专用账户，保管托管资金，确保资金安全；

(二)每月将专用账户对账单报甲方、乙方。

甲方联系人：________________________________

联系电话：________________________________

地址：________________________________

电子邮箱：________________________________

乙方联系人：________________________________

联系电话：________________________________

地址：________________________________

电子邮箱：________________________________

(三)按有关规定将专用账户基本信息、专用账户进出账信息、工资支付信息等，及时准确上传至农民工工资支付监管平台。

(四)在资金到位且乙方提供审核后的工资支付表等工资发放资料后，丙方在2个工作日内，将农民工工资发放到位。

(五)支持农民工使用本人具有金融功能的社会保障卡或者现有银行卡领取工资，不得拒绝其使用他行社会保障卡银行账户或他行银行卡，不得强制要求农民工重新办理工资卡。农民工使用他行社会保障卡银行账户或他行银行卡的，鼓励执行优惠的跨行代发工资手续费率。农民工本人确需办理新工资卡的，免费为农民工办理，农民工工资卡不收取成本费和年费。

第五条 丙方对专用账户内资金履行监督职责的期限自专用账户开立之日起至该专户撤销止。

第三章 资金托管应提供的资料

第六条 乙方须向丙方提供《建设工程施工合同》、每月农民工工资支付表等工资发放材料。

第四章 托管资金收付

第七条 甲方应按施工合同(或补充协议)约定，按时足额将人工费用划入专用账户，人工费用的拨付周期不超过一个月。甲方未按约定拨付人工费用时，丙方应当及时通知甲方和乙方。

第八条 乙方委托丙方代发农民工工资，代发的农民工个人银行账户信息由乙方提供。乙方负责将农民工工资支付表等工资发放材料按丙方通用代发格式报丙方，由丙方从专用账户（在人工费用拨付累计额度内）直接划拨至农民工个人银行卡上。工资支付表、农民工个人银行账户信息等的真实性及准确性由乙方负责。

第九条 专用账户资金实行专款专用，不得挪作他用。丙方不得将专用账户资金转入除本项目农民工本人银行账户以外的账户，不得为专用账户提供现金支取和其他转账结算服务。

第五章 专用账户的撤销

第十条 丙方在收到专用账户监管部门取消账户特殊标识的通知后取消标识。乙方配合提供相关资料后，及时完成专用账户撤销手续。专用账户余额由丙方划至乙方账户。

账户开户行：________________________________

账户名称：__________________________________

账号：_____________________________________

第六章 协议生效与终止

第十一条 本协议经甲、乙、丙方法定代表人或其委托人签字并加盖公章之日起生效。专用账户撤销后该协议终止。

第七章 违约责任和免责条件

第十二条 丙方未按照协议约定的支付条件办理资金支付而形成的直接损失，丙方应承担赔偿责任。

第十三条 如果本协议任何一方因不可抗力不能履行本协议的，可根据不可抗力的影响部分或全部免除该方的责任。任何一方遭到不可抗力时，应及时通知其他方在合理期限内提供到不可抗力影响的证明，并采取适当措施防止其他方损失的扩大和保护资金的完整。

第八章 其他

第十四条 除法律、法规规定，以及因本项目专用账户资金托管业务的需要和三方特别约定外，未经三方同意，协议任何一方不得向外提供涉及甲、乙、丙方商业秘密的资料。

第十五条 本协议生效后，甲、乙、丙三方中任何一方需要变更协议条款时，应经三方协商一致，并签订补充协议，补充协议与本协议具有同等法律效力。

第十六条 本协议一式六份，甲方、乙方、丙方各执两份，每份具有同等法律效力。

甲方：（签章）

法定代表人（委托代理人）：________________

签订日期：____ 年____ 月____ 日

乙方：（签章）

法定代表人（委托代理人）：________________

签订日期：____ 年____ 月____ 日

丙方：（签章）

法定代表人（委托代理人）：________________

签订日期：____ 年____ 月____ 日

附件 4

编号：

工程建设领域农民工工资委托支付协议

（参考样本）

甲方（分包单位）：________________________

乙方（总包单位）：________________________

根据《山东省工程建设领域农民工工资专用账户管理实施细则》等规定，经双方友好协商，现就________________项目农民工工资委托支付事宜达成如下协议：

一、甲方委托乙方代发农民工工资，承诺每月按时将经农民工本人签字确认的工资支付表上报乙方，由乙方审核后委托银行从农民工工资专用账户发放，农民工实名登记、工资金额、农民工个人银行卡等信息真实性由甲方负责。

二、乙方承诺按时足额支付农民工工资，不得以工程款被拖欠或工程数量、质量、造价等存在争议为由拒付农民工工资。

三、农民工工资应按月支付，总包单位委托银行直接支付的农民工工资计入分包工程进度款予以扣除。

四、施工期间，如发生农民工工资拖欠，按下列方式处理：

1.乙方未按月足额拨付农民工工资的，由乙方无条件进行拨付，并承担相应的违约责任。

2.甲方伪造出勤信息、提供虚假身份信息套取、高估冒算农民工工资的，经核实后，套取、高估冒算超出的费用，乙方可依法向甲方索赔，也可从剩余分包工程款中直接扣除。

3.任何一方未履行承诺，对方有权追究其法律责任。

本协议一式二份，双方签字盖章后生效。

甲方：（签章）

法定代表人（委托代理人）：________________

签订日期：____年____月____日

乙方：（签章）

法定代表人（委托代理人）：______________

签订日期：____年____月____日

附件5

编号：

无拖欠农民工工资承诺书

（参考样本）

按照相关规定，我单位承建的________________项目已于____年____月____日完工。现郑重承诺：

该项目无拖欠农民工工资情况；如存在拖欠农民工工资情况，一经核实，我单位将无条件支付被拖欠的农民工工资，并积极配合有关部门调查处理。

联系人：　　　联系电话（手机）：

总包单位名称（公章）

____年____月____日

附件6

编号：

同意取消农民工工资专用账户特殊标识通知书

（参考样本）

________________：（银行名称）

现同意取消______________________项目农民工工资专用账户特殊标识，请你行收到本通知书后，按照《山东省工程建设领域农民工工资专用账户管理实施细则》第二十六条规定办理相关手续。

开户单位：____________________________________

专用账户名称：______________________________

专用账户账号：______________________________

联系人：　　　　联系电话：

专用账户监管部门（公章）

____年____月____日

山东省工程建设领域农民工工资保证金管理实施办法

鲁人社发〔2022〕11号　2022年5月14日

第一章　总则

第一条　为根治拖欠农民工工资问题，规范农民工工资保证金管理，依法维护农民工劳动报酬权益，优化营商环境，根据《保障农民工工资支付条例》《劳动保障监察条例》《工程建设领域农民工工资保证金规定》《人民币银行结算账户管理办法》《山东省〈保障农民工工资支付条例〉法律责任条款行政执法指引》等有关规定，结合实际，制定本实施办法。

第二条　本实施办法所指工资保证金，是指工程建设领域施工总承包单位（包括直接承包建设单位发包工程的专业承包企业，以下简称总包单位）在银行开立专门账户并按照工程施工合同额的一定比例存储，专项用于支付为所承包工程提供劳动的农民工被拖欠工资的专项资金。

工资保证金可以用银行业金融机构出具的银行保函（《农民工工资保证金银行保函》，见附件1）替代，有条件的市还可以探索引入工程担保公司保函或者工程保证保险。

第三条　本省行政区域内工程建设领域工资保证金的存储比例、存储形式、减免措施及使用、返还等事项的管理，适用本实施办法。

第四条　本实施办法适用于房屋建筑、市政、交通运输、水利及基础设施建设的建筑工程、线路管道、设备安装、工程装饰装修、城市园林绿化等各种新建、扩建、改建工程建设项目。

第五条　各级人力资源社会保障行政部门负责组织实施本行政区工资保证金制度。相关行业工程建设主管部门配合人力资源社会保障行政部门共同做好工资保证金制度的实施和监督管理工作。金融监管部门负责监督金融机构规范开展有关业务。

人力资源社会保障行政部门应当建立健全与相关行业工程建设主管部门、金融监管等部门的会商机制，加强信息通报和执法协作，确保工资保证金制度规范平稳运行。

第六条　工资保证金制度由工程建设项目所在地设区的市级人力资源社会保障行政部门统一管理，县级或者设区的市级人力资源社会保障行政部门具体实施。条件具备时，逐步将管理层级上升为省级。

统一管理的设区的市级人力资源社会保障行政部门，以下简称“属地人力资源社会保障行政部门”；对应的行政区，以下统称“工资保证金管理地区”。具体实施的人力资源社会保障行政部门指工程建设项目所在地的县级或者设区的市级人力资源社会保障行政部门。

同一工程建设项目地理位置涉及两个或者两个以上设区的市的，按照便利高效原则协商确定监管的市；协商不成的，共同提请省人力资源社会保障厅商省相关行业工程建设主管部门确定。

同一工程建设项目地理位置涉及同一设区的市两个或者两个以上县（市、区）的，按照便利高效原则协商确定监管的县（市、区）；协商不成的，共同提请设区的市人力资源社会保障行政部门商同级相关行业工程建设主管部门确定。

第七条 各级各有关部门应当依托农民工工资支付监管平台（以下简称监管平台）强化对工资保证金制度落实情况的监督管理。

第二章 工资保证金存储

第八条 总包单位应当在工程建设项目所在地的银行存储工资保证金或者申请开立银行保函。

第九条 经办工资保证金业务的银行（以下简称经办银行）依法办理工资保证金专门账户开户、存储、查询、支取、销户及开立银行保函等业务，应当具备以下条件：

（一）在工程所在的工资保证金管理地区设有分支机构；

（二）信用等级良好、服务水平优良，并承诺按照有关监管要求提供工资保证金业务服务。

第十条 总包单位应当自工程建设项目取得施工许可证（开工报告批复）之日起20个工作日内（依法不需要办理施工许可证或者批准开工报告的项目自签订施工合同之日起20个工作日内），持营业执照副本、与建设单位签订的工程施工合同在经办银行开立工资保证金专门账户存储工资保证金，并于存储之日起5日内将存储凭证上传至监管平台。建设单位应当提示总包单位按时存储农民工工资保证金并上传相关凭证。

工资保证金专门账户名称为总包单位名称加工程建设项目名称后加“工资保证金专门账户”。在不存在歧义的前提下，工程建设项目名称可采用简称。总包单位开立工资保证金专门账户时，应当在开户银行预留与工资保证金专门账户名称一致的印鉴。

采用银行保函替代现金存储工资保证金的，总包单位应当在第一款规定期限内向属地人力资源社会保障行政部门提交银行保函正本，并同时将银行保函上传至监管平台。

相关行业工程建设主管部门（行政审批部门）应当在颁发施工许可证或者批准开工报告时出具《存储工资保证金告知书》（见附件2），告知总包单位在第一款规定时限内存储工资保证金。

工程建设项目依法不需要办理施工许可证或者批准开工报告的，建设单位应当在与总包单位签订工程施工合同时书面告知总包单位在第一款规定时限内存储工资保证金。

第十一条 存储工资保证金的总包单位应当与经办银行签订《农民工工资保证金存款协议书》（见附件3），并将协议书副本送属地人力资源社会保障行政部门备案。

第十二条 经办银行应当规范工资保证金专门账户开立工作，为存储工资保证金提供便利，与开立单位核实账户性质，在业务系统中对工资保证金专门账户进行特殊标识，并在相关网络查控平台、电子化专线信息传输系统等作出整体限制查封、冻结或者划拨设置，防止被不当查封、冻结或者划拨，保障工资保证金专门账户资金安全。

经办银行应当签订合作协议，做好向监管平台的数据传输，确保数据真实有效。

第十三条　工资保证金按工程建设项目施工合同额（或者年度合同额）的一定比例存储，并按照以下标准进行区分：

（一）合同额在1亿元以上（含）的，工资保证金存储比例为1%，存储金额不超过500万元；

（二）合同额在3000万元以上（含）至1亿元的，工资保证金存储比例为1.5%，存储金额不超过100万元；

（三）合同额在1000万元以上（含）至3000万元的，工资保证金存储比例为2%，存储金额不超过45万元；

（四）合同额在1000万元以下（不含）的，工资保证金存储比例为3%，存储金额不超过20万元。

总包单位在同一工资保证金管理地区有多个在建工程建设项目的，存储比例可视情下浮施工合同额（或者年度合同额）的0.5%。具体由工资保证金管理地区人力资源社会保障行政部门会同同级相关行业工程建设主管部门确认。

以联合体方式承包的工程建设项目，联合体单位合并核算的，工资保证金专门账户应该由牵头单位开立，成员单位应当与牵头单位签订农民工工资委托支付协议；联合单位平行独立核算的，可分别开立工资保证金专门账户。

第十四条　工资保证金专门账户内本金和利息归开立账户的总包单位所有。在工资保证金专门账户被监管期间，除工资保证金本金外，总包单位可自由提取和使用工资保证金利息及其他合法收益。

除本实施办法第二十二条规定情形外，其他任何单位和个人不得使用工资保证金专门账户内的本金。

第十五条　总包单位选择以银行保函替代现金存储工资保证金的，银行保函担保金额不得低于按现金方式存储工资保证金的数额。银行保函正本由属地人力资源社会保障行政部门保存。

第十六条　银行保函应当以属地人力资源社会保障行政部门为受益人，其性质为不可撤销见索即付保函。

总包单位承包工程建设项目发生拖欠农民工工资，经具体实施的人力资源社会保障行政部门依法作出责令限期清偿（先行清偿）的行政处理决定，到期拒不清偿的，由属地人力资源社会保障行政部门通知出具银行保函的银行业金融机构依照银行保函约定承担担保责任。

第十七条　总包单位应当在其工程建设项目施工期内提供有效的银行保函，保函有效期至少为1年并不得短于工程施工合同期满后30日。工程建设项目未完工保函到期的，属地人力资源社会保障行政部门应当在保函到期前一个月提醒总包单位更换新的保函或者延长保函有效期。

第十八条 属地人力资源社会保障行政部门应当将存储工资保证金或者开立银行保函的总包单位名单及对应的工程建设项目名称通过其门户网站向社会公布，总包单位应当将工程建设项目落实工资保证金制度情况纳入维权信息告示牌内容。

第三章 工资保证金差异化存储

第十九条 在建工程建设项目施工合同额（或者年度合同额）低于300万元，且总包单位在签订施工合同前一年内承建的工程建设项目未发生工资拖欠的，相关工资保证金管理地区可结合行业保障农民工工资支付实际，免除该工程建设项目存储工资保证金。

前款免除存储工资保证金的，总包单位应当于工程建设项目取得施工许可证或者开工报告批复之日（依法不需要办理施工许可证或者批准开工报告的，自建设单位与总包单位签订施工合同之日）起20日内，项目工期短于20日的于项目完工前，向具体实施的人力资源社会保障行政部门和相关行业工程建设主管部门提供《免于存储工资保证金工程建设项目不欠薪承诺书》（见附件4）。

第二十条 总包单位存储工资保证金或者提交银行保函后，在工资保证金管理地区承建工程建设项目连续2年未发生工资拖欠的，对其新增工程建设项目降低50%的工资保证金存储比例；对连续3年未发生工资拖欠且按要求落实保障农民工工资支付各项制度的，对其新增工程建设项目可免于存储工资保证金。

总包单位存储工资保证金或者提交银行保函前2年内在工资保证金管理地区承建工程建设项目发生过工资拖欠的，对其新增工程建设项目工资保证金存储比例提高50%；因拖欠农民工工资被纳入失信联合惩戒对象名单的，对其新增工程建设项目工资保证金存储比例提高100%。

提高、降低工资保证金存储比例和免于存储工资保证金的，由属地人力资源社会保障行政部门会同同级相关行业工程建设主管部门确认。

第二十一条 按照差异化存储规定降低工资保证金存储比例或者免于存储工资保证金的总包单位，在工资保证金管理地区承建工程建设项目发生工资拖欠的，属地人力资源社会保障行政部门会同同级相关行业工程建设主管部门确认后取消其工资保证金减免待遇，并于3个工作日内书面通知总包单位，总包单位应当于10个工作日内补足按规定比例应当存储的工资保证金；再次发生工资拖欠的，按照第二十条第二款规定提高工资保证金存储比例。

第四章 工资保证金使用

第二十二条 总包单位所承包工程建设项目发生拖欠农民工工资的，经具体实施的人力资源社会保障行政部门依法作出责令限期清偿（先行清偿）的行政处理决定，总包单位到期拒不履行的，属地人力资源社会保障行政部门可向经办银行出具《农民工工资保证金支付通知书》(见附件5,以下简称《支付通知书》),书面通知有关经办银行和总包单位。经办银行应当在收到《支付通知书》后5个工作日内,从工资保证金专门账户中将相应数额的款项,以银行转账方式支付给属地人力资源社会保障行政部门指定的被拖欠工资农民工本人。

总包单位采用银行保函替代工资保证金发生前款情形的,出具银行保函的银行业金融机构应当在收到《支付通知书》后5个工作日内,依照银行保函约定支付农民工工资。

第二十三条 工资保证金使用后,总包单位应当自使用之日起10个工作日内将工资保证金补足。

采用银行保函替代工资保证金发生前款情形的,总包单位应当自使用银行保函之日起10个工作日内提供与原保函相同担保范围和担保金额的新保函。总包单位开立新保函后,原保函即行失效。

总包单位未按照前两款规定补足工资保证金或者提供新保函的,视同未按规定存储工资保证金或者未提供银行保函。

第二十四条 经办银行应当每季度分别向总包单位和属地人力资源社会保障行政部门提供工资保证金专门账户对账单。

第五章 工资保证金返还

第二十五条 工资保证金对应的工程建设项目完工,总包单位书面承诺(《无拖欠农民工工资承诺书》,见附件6)该工程建设项目不存在未解决的拖欠农民工工资问题,并在施工现场维权信息告示牌及属地人力资源社会保障行政部门门户网站公示30日无异议后,可以向属地人力资源社会保障行政部门提出返还工资保证金或者银行保函正本的书面申请(《工资保证金返还(销户)申请书》,见附件7)。

第二十六条 属地人力资源社会保障行政部门应当在收到总包单位书面申请后5个工作日内审核完毕,并在审核完毕后3个工作日内出具《工资保证金返还(销户)确认书》(见附件8),或者《工资保证金不予返还(销户)确认书》(见附件9),分别书面通知有关总包单位和经办银行。经办银行收到《工资保证金返还(销户)确认书》后,应当解除工资保证金专门账户监管,取消特殊标识,相应款项不再属于工资保证金,总包单位可自由支配账户资金或者办理账户销户。

选择使用银行保函替代现金存储工资保证金并符合第二十五条规定的,属地人力资源社会保障行政部门应当自收到总包单位书面申请后5个工作日内审核完毕,并在审核完毕后3个工作日内返还银行保函正本。

属地人力资源社会保障行政部门在审核过程中,发现工资保证金或者银行保函对应的工程建设项目存在未解决的拖欠农民工工资问题,应当在审核完毕后3个工作日内书面告知总包单位,总包单位依法履行清偿(先行清偿)责任后,可再次提出返还工资保证金或者银行保函正本的书面申请。

第二十七条 属地人力资源社会保障行政部门应当建立工资保证金定期（至少每半年一次）清查机制，对经核实工程建设项目完工且不存在拖欠农民工工资问题，总包单位在工程建设项目完工后6个月内未提出返还申请的，应当主动启动返还程序。

第二十八条 总包单位认为有关行政部门的行政行为损害其合法权益的，可以依法申请行政复议或者向人民法院提起行政诉讼。

第六章 工资保证金监管

第二十九条 属地人力资源社会保障行政部门应当加强工资保证金管理能力建设，建立工资保证金管理台账，严格规范财务、审计制度，加强账户监管，确保专款专用。

相关行业工程建设主管部门对在日常监督检查中发现的未按规定存储工资保证金的问题，应当及时通报同级人力资源社会保障行政部门。

对未按规定执行工资保证金制度的总包单位，除依法进行处理外，应当按照有关规定计入其信用记录，依法实施信用惩戒。

第三十条 具体实施的人力资源社会保障行政部门应当会同同级相关行业工程建设主管部门和其他有关部门，加强对工程建设项目总包单位落实工资保证金制度情况的监督检查，及时处理监管平台相关预警信息，预防和减少有关违法行为的发生，并对有关违法行为依法进行处理。

第三十一条 银保监局及其派出机构应当依法采取必要措施支持银行为工资保证金专门账户管理提供便利化服务。

第三十二条 工资保证金实行专款专用，除用于清偿（先行清偿）对应的工程建设项目拖欠农民工工资外，不得用于其他用途。

除法律另有规定外，工资保证金不得因支付为对应的工程建设项目提供劳动的农民工工资之外的原因被查封、冻结或者划拨。

第三十三条 总包单位未依据《保障农民工工资支付条例》和本实施办法规定存储、补足工资保证金（或者提供、更新银行保函）的，由具体实施的人力资源社会保障行政部门责令限期改正；逾期不改正的，责令项目停工，并处5万元以上10万元以下的罚款；情节严重的，由相关行业工程建设主管部门按规定限制总包单位承接新工程，由颁发相应资质证书的主管部门对总包单位采取降低资质等级、吊销资质证书等处罚措施。

经办银行违反协议约定的，由属地人力资源社会保障行政部门会同有关部门取消其经办资格，并由有关部门依法依规予以处理。出具银行保函的银行业金融机构未能按本实施办法第二十二条规定履行担保责任的，由属地人力资源社会保障行政部门会同有关部门取消其办理银行保函业务资格，并由有关部门依法依规予以处理。被取消资格的，由属地人力资源社会保障行政部门会同有关部门向社会公布。

对有关行政部门及其工作人员擅自减免、超限额收缴、违规挪用、无故拖延返还工资保证金的，严肃追究责任，依法依规对有关责任人员予以问责；涉嫌犯罪的，移送司法机关处理。

第七章　附则

第三十四条　房屋市政、铁路、公路、水路、民航、水利领域之外的其他工程建设项目，参照本实施办法执行。

采用工程担保公司保函或者工程保证保险方式替代工资保证金的，参照本实施办法银行保函的相关规定执行。

第三十五条　各设区的市可根据本实施办法，结合实际制定具体办法。

第三十六条　本实施办法中的“日”，除注明工作日外，为自然日。

第三十七条　本实施办法由省人力资源社会保障厅会同省住房城乡建设厅、省交通运输厅、省水利厅、人行济南分行、山东银保监局、青岛银保监局、上海铁路监管局、民航山东监管局负责解释。在贯彻实施中遇到的重大问题，请及时向省人力资源社会保障厅及有关部门报告。

第三十八条　本实施办法自印发之日起施行，相关行业工程建设主管部门制定的农民工工资保证金管理规定同时废止。本实施办法施行前已按工资保证金管理地区原有工资保证金政策存储的工资保证金或者开立的银行保函继续有效，其日常管理、使用和返还等按照原有规定执行。本实施办法施行后新开工的工程建设项目和尚未存储工资保证金或者开立银行保函的在建工程建设项目按照本实施办法执行。

附件：1.农民工工资保证金银行保函（参考样本）

2.存储农民工工资保证金告知书（参考样本）

3.农民工工资保证金存款协议书（参考样本）

4.免于存储工资保证金工程建设项目不欠薪承诺书（参考样本）

5.农民工工资保证金支付通知书（参考样本）

6.无拖欠农民工工资承诺书（参考样本）

7.工资保证金返还（销户）申请书（参考样本）

8.工资保证金返还（销户）确认书（参考样本）

9.工资保证金不予返还（销户）确认书（参考样本）

附件 1

农民工工资保证金银行保函

（参考样本）

编号：____________

开立日期：____________

____________：(属地人力资源社会保障行政部门)

根据《保障农民工工资支付条例》《工程建设领域农民工工资保证金规定》和《山东省工程建设领域农民工工资保证金管理实施办法》，____________（总包单位名称）(统一社会信用代码：____________）需依法存储____________（金额大写：____________）的农民工工资保证金。应____________（总包单位名称）申请，我行（担保银行名称、地址）兹开立以贵局为受益人，金额不超过____________元（金额大写：____________）的不可撤销见索即付保函，保证____________（总包单位名称）支付所承包的____________（工程建设项目名称）发生的拖欠农民工工资款项。

我行保证在收到贵局出具的《农民工工资保证金支付通知书》及本保函正本原件后5个工作日内，在上述担保金额范围内，根据《农民工工资保证金支付通知书》向贵局承担担保责任。

本保函有效期自　　年　　月　　日起至　　年　　月　　日止。本保函超过有效期、担保义务履行完毕或者在我行就同一工程建设项目开立新保函时，本保函即行失效，无论本保函是否退回我行注销。

开户银行(盖章)：____________

地址：____________

签字时间：　　年　　月　　日

附件 2

编号：

存储农民工工资保证金告知书

（参考样本）

____________：(总包单位名称)

请根据《山东省工程建设领域农民工工资保证金管理实施办法》规定，自工程建设项目取得施工许可证（开工报告批复）之日起 20 个工作日内（依法不需要办理施工许可证或者批准开工报告的项目自签订施工合同之日起 20 个工作日之内），持营业执照副本、与建设单位签订的工程施工合同，在工程建设项目所在地经办银行开立工资保证金专门账户并存储工资保证金，并将存储凭证上传至农民工工资支付监管平台（也可以用银行保函、工程担保公司保函或者工程保证保险替代，保函正本提交属地人力资源社会保障行政部门并上传农民工工资支付监管平台）。

相关业务办理过程中如遇任何问题，请及时与具体实施的人力资源社会保障行政部门联系（联系人：____________，联系电话：____________，地址：____________）。

特此告知。

相关行业工程建设主管部门（行政审批部门）

（盖章）

年　　月　　日

附件 3

编号：

农民工工资保证金存款协议书

（参考样本）

为做好农民工工资保证金监管，根据《保障农民工工资支付条例》和《山东省工程建设领域农民工工资保证金管理实施办法》，农民工工资保证金存储企业和银行就农民工工资保证金（以下简称工资保证金）的管理事项达成以下协议：

一、工资保证金存储企业（以下简称存储企业）依法缴存保障为其承包工程建设项目提供劳动的农民工工资报酬权益的保证金，除发生《山东省工程建设领域农民工工资保证金管理实施办法》第二十二条的情形外，任何单位和个人不得使用工资保证金。

二、存储企业承诺按照《山东省工程建设领域农民工工资保证金管理实施办法》确定的具体缴存比例存储（补足）工资保证金，银行对存储（补足）是否足额不承担审查义务。

三、银行对存储企业缴存的工资保证金，按照（ ）年定期、到期自动转存管理。本金和全部利息收入归存储企业所有。

四、存储企业不得以缴纳工资保证金的有关凭证设定担保，银行应当在出具的工资保证金有关凭证上注明“专用款项不得担保”字样。

五、工资保证金使用按照如下方式执行：

发生《山东省工程建设领域农民工工资保证金管理实施办法》第二十二条情形需要使用工资保证金的，工程建设项目所在的属地人力资源社会保障行政部门出具《农民工工资保证金支付通知书》（以下简称《支付通知书》），书面通知存储企业和经办银行。经办银行应当在收到《支付通知书》后 5 个工作日内，从工资保证金专门账户中将相应数额的款项，以银行转账方式支付给属地人力资源社会保障行政部门指定的被拖欠工资农民工本人。

非以上规定的情形而出现工资保证金减少，银行应当承担补足责任，但因有权机关依法冻结、划拨的除外。

对超出存储企业实际缴存的工资保证金数额的，银行不承担任何支付义务。

六、银行须确保将有关工资保证金存储信息数据及时准确传输到农民工工资支付监管平台。

七、工资保证金使用后3个工作日内，银行应当将工资保证金使用的有关情况通知存储企业和属地人力资源社会保障行政部门。

八、银行应当每季度出具工资保证金专门账户对账单一式两份，分别发送给存储企业和属地人力资源社会保障行政部门。

九、本协议一式两份，存储企业和银行各存一份，复印件送属地人力资源社会保障行政部门备案。

附注一：工程建设项目基本信息（项目名称、项目所在地、施工合同期限、施工合同造价、工资保证金存储比例等）

附注二：存款金额

存款金额： 佰 拾 万 千 佰 拾 元 角 分

小写：

附注三：人力资源社会保障行政部门、存储企业和开户银行基本信息

人力资源社会保障行政部门：__________

通信地址及邮编：__________

联系人：__________

电话：__________

传真：__________

存储企业：__________

统一社会信用代码：__________

通信地址及邮编：__________

联系人：__________

电话：__________

传真：__________

开户银行：__________

通信地址及邮编：__________

联系人：__________

电话：__________

传真：__________

存储企业（盖章）__________ 开户银行（盖章）__________

法定代表人或授权委托人　　　　　　　　　　法定代表人或授权委托人
（签字：　　　　　）　　　　　　　　　　　（签字：　　　　　）

签字时间：　　年　月　日　　　　　　　　签字时间：　年　月　日

附件4

编号：

免于存储工资保证金工程建设项目不欠薪承诺书

（参考样本）

__________人力资源和社会保障局、__________（相关行业工程建设主管部门）：

我公司承建的____________________项目符合《山东省工程建设领域农民工工资保证金管理实施办法》第十九条第一款相关规定，免于存储工资保证金。根据有关规定，我公司郑重承诺：

1.严格遵守建设市场秩序有关规定；

2.落实保障农民工工资支付有关制度；

3.按时足额支付农民工工资。

如存在拖欠农民工工资情况，一经核实，我单位将无条件支付被拖欠的农民工工资，并积极配合有关部门调查处理。

联系人：__________联系电话（手机）：__________

总包单位名称（盖章）
年　　月　　日

附件5

编号：

农民工工资保证金支付通知书

（参考样本）

工资保证金存储企业名称		统一社会信用代码	
通信地址及邮编			
法定代表人		联系电话	
工资保证金开户银行		联系电话	
工资保证金专门账户名称		对应的工程建设项目账号	
取款（付款）原因	工资保证金存储企业所承包工程建设项目发生拖欠农民工工资，经人力资源社会保障行政部门依法作出行政处理决定，责令限期清偿或者先行清偿，该企业到期拒不履行。依据《保障农民工工资支付条例》和《山东省工程建设领域农民工工资保证金管理实施办法》，人力资源社会保障行政部门依法决定使用农民工工资保证金专门账户资金。		
取款（付款）金额	大写：	小写：	
行政执法文书	人力资源社会保障行政部门依法作出的行政处理决定书（附后）		
人力资源社会保障行政部门意见	请你行在收到本通知书后5个工作日内从农民工工资保证金专门账户中（或者依据你行出具的银行保函）将上述款项支付给本通知书列明的支付对象。（支付对象身份信息及其收款行账号和开户行附后） 经办人签字：　　单位盖章： 签字时间：　　负责人签字： 联系电话：　　签字时间：		

附件6

编号：

无拖欠农民工工资承诺书

（参考样本）

________（属地人力资源社会保障行政部门）：

按照相关规定，我单位承建的__________项目已于______年____月____日完工。现郑重承诺：

该项目无拖欠农民工工资情况。如存在拖欠农民工工资情况，一经核实，我单位将无条件支付被拖欠的农民工工资，并积极配合有关部门调查处理。

联系人：　　　　　　　联系电话（手机）：

总包单位名称（公章）
年　　月　　日

附件7

编号：

工资保证金返还（销户）申请书

（参考样本）

______________（属地人力资源社会保障部门）：

我公司承建的________________项目于____年____月____日开工，于____年____月____日以现金方式存储了农民工工资保证金。该工程建设项目已于　　年　　月　　日完工，不存在未解决的拖欠农民工工资问题，并已在施工现场维权信息告示牌及属地人力资源社会保障行政部门门户网站公示30日无异议，符合《山东省工程建设领域工资保证金管理实施办法》第二十五条规定。现提出农民工工资保证金返还（销户）申请。

农民工工资保证金专门账户名称：

账号：

附件：1.工程建设项目完工证明；

2.公示结果报告及施工现场公示图片；

3.无拖欠农民工工资承诺书；

4.其他需要提供的材料。

联系人：　　　　　　　联系电话（手机）：

总包单位名称（盖章）
年　　月　　日

附件 8

编号：

工资保证金返还(销户)确认书

(参考样本给银行)

____________(银行名称)：

现同意对____________(总包单位名称)__________项目农民工工资保证金予以返还(销户)，请你行收到本确认书后，按照《山东省工程建设领域农民工工资保证金管理实施办法》第二十六条规定办理相关手续。

农民工工资保证金专门账户名称：____________________

账号：____

联系人：____________联系电话：____________

人力资源社会保障行政部门(盖章)

年　　月　　日

编号：

工资保证金返还(销户)确认书

(参考样本给总包单位)

________________：(总包单位名称)

你单位提交的《工资保证金返还(销户)申请书》于____年____月____日收悉。经审核，你单位承建的____________________项目符合《山东省工程建设领域农民工工资保证金管理实施办法》第二十五条规定。现同意你单位工资保证金返还(销户)申请。

农民工工资保证金专门账户名称：____________________

账号：____

联系人：____________联系电话：____________

人力资源社会保障行政部门(公章)

年　　月　　日

附件9

编号：

工资保证金不予返还(销户)确认书

(参考样本)

______________:(总包单位名称)

你单位提交的《工资保证金返还(销户)申请书》于____年____月____日收悉。经审核,你单位承建的______________项目存在______________情形,不符合《山东省工程建设领域农民工工资保证金管理实施办法》第二十五条规定。现不予同意你单位工资保证金返还(销户)申请。

农民工工资保证金专门账户名称:________________

账号:____________________________

如对本确认不服,可以依法申请行政复议或者向人民法院提起行政诉讼。

联系人:____________　　　联系电话:____________

人力资源社会保障行政部门(公章)

年　　月　　日

索　引

法律和法律性文件

行政法规

部门规章

司法解释与其他规范性文件